权威·前沿·原创

皮书系列为
"十二五"国家重点图书出版规划项目

北京旅游绿皮书

GREEN BOOK OF
BEIJING'S TOURISM

北京旅游发展报告
（2014）

ANNUAL REPORT ON BEIJING'S TOURISM DEVELOPMENT
(2014)

编　著／北京旅游学会

社会科学文献出版社
SOCIAL SCIENCES ACADEMIC PRESS (CHINA)

图书在版编目（CIP）数据

北京旅游发展报告. 2014/北京旅游学会编著. —北京：社会科学
文献出版社，2014.7
（北京旅游绿皮书）
ISBN 978 - 7 - 5097 - 6162 - 5

Ⅰ.①北…　Ⅱ.①北…　Ⅲ.①旅游业发展 - 研究报告 - 北京市 -
2014　Ⅳ.①F592.71

中国版本图书馆 CIP 数据核字（2014）第 126391 号

北京旅游绿皮书
北京旅游发展报告（2014）

编　　著 / 北京旅游学会

出 版 人 / 谢寿光
出 版 者 / 社会科学文献出版社
地　　址 / 北京市西城区北三环中路甲 29 号院 3 号楼华龙大厦
邮政编码 / 100029

责任部门 / 皮书出版分社（010）59367127　　责任编辑 / 高　启　王　颉
电子信箱 / pishubu@ ssap. cn　　　　　　　　责任校对 / 卢江涛
项目统筹 / 任文武　　　　　　　　　　　　　责任印制 / 岳　阳
经　　销 / 社会科学文献出版社市场营销中心（010）59367081　59367089
读者服务 / 读者服务中心（010）59367028

印　　装 / 北京季蜂印刷有限公司
开　　本 / 787mm×1092mm　1/16　　　　　印　　张 / 31.25
版　　次 / 2014 年 7 月第 1 版　　　　　　　字　　数 / 501 千字
印　　次 / 2014 年 7 月第 1 次印刷
书　　号 / ISBN 978 - 7 - 5097 - 6162 - 5
定　　价 / 88.00 元

本书编撰人员名录

报告撰稿人（以姓氏笔画为序）

丁红玲	于文涛	马金良	马晓龙	王　刚
王书珍	王红彦	王继伟	王焕之	方忠权
文春英	牛　颖	厉新建	卢　川	叶银丹
申京阁	田彩云	付　健	白　帆	冯　涛
曲囡囡	朱万峰	朱仕生	朱彦玲	华　云
刘　玉	刘　宇	刘　敏	刘　锋	刘永江
刘贵清	刘德谦	刘耀忠	齐　飞	安金明
李　享	李　恒	李林洁	李金玺	李宝春
李洪良	李雪敏	李尊敬	李鹏亮	吴泰岳
何　赢	邹　颖	邹伟南	邹兆莎	邹统钎
辛　涛	宋　宇	宋昌耀	宋彦亭	张　迁
张　军	张　峰	张小艳	张飞飞	张双锁
张书利	张宇婷	张志林	张丽君	张宝良
张春利	张凌云	张婷婷	陈　健	林　琳
林德仁	罗东霞	金　川	周玉华	庞世明
郑　锋	郑爱娟	胡新宇	胡德忠	袁丽民
贾丽梅	贾淑敏	徐　婧	徐凯睿	殷　平
高欣娜	郭　蕊	陶　犁	陶隽语	黄　璜
黄贵宝	黄姝敏	曹鹏程	龚福照	常少辉
梁　爽	葛国保	蒋曦宁	韩玉灵	程　璐

曾博伟　谢　雯　甄　峰　蔡　红　戴学锋

魏诗华

总　纂

刘德谦

《北京旅游发展报告》编辑部

李尊敬　呼建梅　姜　岩　王红彦　张雪梅

张　静　范峻萌　哈秋华　于文涛

摘　要

《北京旅游发展报告（2014）》是北京旅游学会组织北京旅游学界、业界编著的"北京旅游绿皮书"年度报告的第三本。2014 年的这本书仍将本着它一开始就已明确的目标定位进行它的编撰工作，即：立足北京，加强北京旅游发展的研究，以期能够对北京旅游和全国旅游的发展有较多的参考价值。

2014 年的"北京旅游绿皮书 No. 3"，由 2 篇主报告和 36 篇专题报告组成。

主报告 G. 1 的《旅游业是推动北京国际一流和谐宜居之都建设的功能性产业》，是贯彻中央精神对发挥北京旅游业在建设国际一流和谐宜居之都中的功能的再思考，文章不仅实事求是地分析了首都旅游发展面临的机遇和挑战，并且科学具体地规划了下一阶段的措施与战略。主报告 G. 2，是主报告 G. 1 的补充，它对 2013 年首都旅游业卓有成效的工作做了一个简明的总结，以期让读者通过文中所说的 15 个方面工作了解 2013 年北京旅游发展的一个大略。

其余的 36 篇专题报告，则是北京旅游业实践工作者和北京科研机构与高校的专家学者们从不同角度与不同侧面对 2013 年北京旅游发展的总结与分析，实践工作者和理论研究者不仅充分发挥了自己专业之所长，更可喜的是北京旅游学会设在科研机构、高等学校、旅游企业等处的多个研究中心与研究基地都发挥了积极的作用，同时还得到了北京市统计局等相关主管部门的积极支持。

书中的 36 篇专题报告分为互为补充的四个板块，分别是"北京创新与前沿研究篇""市场调研与产业运行篇""科学管理与经营分析篇""区县发展与区域创新篇"。

"北京创新与前沿研究"板块有 12 篇专题报告，共由两部分组成，一部分是新时期如何推进北京旅游业改革创新的思考，如适应新时期发展的旅游事业改革创新、环境友好型与资源节约型示范产业的建设、市场主导与政府有为的旅游管理体制和运行机制的构建、旅游要素市场的优化配置等；另一部分则是对此前北京旅游创新工作的总结和探索，如世界旅游城市联合会（WTCF）成立与工作的推进、72 小时过境免签政策的实施研究、以"9 + 10"为例的区域旅游合作机制研究、"北京礼物"旅游商品的品牌提升等。

"市场调研与产业运行"板块有 9 篇专题报告，也是由两个部分组成的，一部分是市场调研的实证分析，如对国内居民来京旅游状况的调研、对入境旅游市场和旅游在线关注度的分析，以及对北京市东城区旅游消费需求的调研分析等；另一部分是产业运行的分析，如北京旅游价格指数和北京旅游市场景气指数的研究，以及对乡村旅游、住宿业发展状况的分析等，而且这些报告大多在分析之后提出了对策建议。这些基础性工作的开展，不仅为北京旅游业的进一步发展奠定了基础，也为全国业界、学界和管理层深入研究问题提供了难得的资料。

"科学管理与经营分析"板块有 7 篇专题报告，由两部分构成，既有顶级企事业单位的经营管理，也有北京市的全行业管理，如世界遗产颐和园启动的"智慧颐和园"的智能化管理、全国不多的几家白金五星级饭店（中国大饭店）的创建经验及启示、北京旅游咨询服务体系的发展状况、北京旅游上市企业多元化运营状况、北京旅游业财税贡献研究等，这些都应该是全国业界、学界和管理部门十分关心的问题。

"区县发展与区域创新"板块有 8 篇专题报告，由两部分构成，主要反映北京市各区（县）旅游发展的创新探索，如大兴区有关都市休闲新城发展战略研究、通州区有关首都城市副中心旅游发展的思考、密云县有关旅游业推动"新三起来"（推动土地流转起来、推动资产经营起来、推动农民组织起来）的探索、门头沟区关于利用京西古道打造国家步道的思考，以及石景山、房山、昌平、延庆等区（县）的诸多创新，这些都正在丰富着北京市旅游发展的整体创新内容。

2014 年的"北京旅游绿皮书 No. 3"，一共有 100 余位作者为它撰稿，有 10 多位编委为它审稿改稿。他们既有各自不同的历验与心得，也有各自不同的专业研究积淀，所以这些报告各有新意，各有专攻。撰稿人的这些研究报告，既反映旅游业界、管理层和研究者的探索，也反映他们的锐意创新。而他们观察问题的立足与视角的差异，不同侧面与不同层次的分析，又正好构成十分难得的互相补充，从而也就使得本书适应不同读者的需求。

Abstract

The Annals of Beijing's Tourism Development-2014 by Beijing Tourism Society (hereafter abbreviated as BTS) is the third book of the series in "Green Books of Beijing's Tourism". As the one did in 2013, it aims for serving Beijing and is based on Beijing so as to strengthen the research of Beijing tourism, which is expected to have a more significance on the development of Beijing tourism industry and our country's tourism as well.

It is made up of 2 general reports and 36 special reports. One general report (Main report 1) is "Tourism Industry is Functional Industry in Constructing Beijing Into the International First-class Harmonious Livable City", which not only attempts to revalue the functional roles of Beijing tourism industry in the development guided by the Spirit of the Central committee of Chinese Communist Party but also practically analyzes opportunities and challenges Beijing Tourism Development is faced with, and moreover, scientifically outlines the measures and strategies to be taken in the next phase. The other general report (Main report 2) as a supplement makes a concise summary of great achievements by Beijing tourism working staff, which is expected to present its readers an overall picture of Beijing tourism development in the year of 2013 in terms of 15 aspects concerned in the report.

The 36 special reports are the summaries and analyses of Beijing tourism development in 2013 made from different angles and different aspects by the workers in tourism enterprises in Beijing, experts and scholars from scientific research institutions and universities in Beijing. In making the reports, not only field workers and theorists work together to make full use of their advantages, but also the research institutions, institutions of higher learning, tourism enterprises, research centers and research bases in Beijing Tourism Society all play their active roles, at the same time, the reports are strongly supported by Beijing municipal bureau of statistics and other relevant departments.

The 36 special reports are complementarily compiled in four parts: "Innovation and Frontier Research of Beijing", "Market Research and Industry Operation", "Scientific Management and Business Analysis", "Aevelopment of District and Regional Innovation".

"Beijing Innovation and Frontier Research" consists of 12 reports divided into 2 groups: one group is about Reflections on how to promote the reform of Beijing tourism industry in the new period of innovation. For example, Adaptation to the reforms and innovation in the development of tourism in the new period; Construction of the model enterprises of environmental friendly and resource-saving industries; Construction on tourism management system and operational mechanism with market-dominated, government-guaranteed and tourism market-optionally allocated.

The other group of papers is the summary and analyses of what has been achieved in Beijing tourism innovation and exploration. For example, World Tourism City Federation (WTCF) and its Progresses; Research on the Policy of 72-hour visa-free transit; Study on Regional Tourism Cooperation Mechanism: a case study of the "9 + 10" regions; Study on Beijing tourism gift in commodity brand promotion.

"Market Research and Industry Operation" consists of 9 reports divided into 2 groups: one group is empirical analysis of market investigation. For example, Research on domestic tourist arrivals in Beijing; On the inbound tourism market; the analysis of Beijing tourism online visits; and the Research on Beijing Dongcheng district tourism consumption demand. The other group of papers is the analysis of tourism industrial operation. For example, Research on Beijing tourism price index and Beijing tourism market indicators, and the Analysis of rural tourism, accommodation industry operation. And most of these reports are concluded with suggestions after the analysis, all of which lay a sound foundation not only for the further development of Beijing tourism industry, but also are expected to offer unique data to the in-depth research in the national industry, academic circle and management circle as well.

"Scientific Management and Business Analysis" consists of 7 reports divided into 2 groups. One group is about both top management of enterprises and institutions, but also the whole industry management in Beijing, such as Smart management on the site of the Summer Palace, a world heritage, Successful experiences of founding a few national platinum five-star hotels: a case of China world hotel, research on the development of Beijing tourism information service system, diversified operating conditions of Beijing tourism listed companies, and study of financial contribution of Beijing tourism, all of which are the focus concerned by the national industry, academic circle and the management.

"Development of District and Regional Innovation" consists of 8 reports divided into 2 groups. One group mainly reflects innovation practice in each district and county of Beijing tourism development, such as Strategic study of new urban leisure development in Daxing district, thinking on tourism development in Tongzhou District as a sub-center, Exploration on the New Three (to promote the land and the assets circulate, and encourage farmers organize) in Miyun county, Thinking on Jingxi ancient road in building national trails, and innovation Practices in the counties of Shijingshan, Fangshan, Changping, and Yanqing, all of which are enriching overall innovation practice of the Beijing tourism development.

The number of the authors for this year's tourism green book 3 reaches more than 100, and more than ten editors work on it in its reviewing and correcting. With years of their own experiences and professional accumulation, the authors have accomplished the unique reports, which not only reflect in-depth exploration of tourism industry, management circle and researchers but also adventurous innovation.

With different standpoints, and perspectives, and analysis of different aspects and different levels, the reports result in a kind of rare complementary achievement, thus providing different needs for their readers to find what they really want to get in the book.

序　言

北京旅游业科学发展，离不开全面系统的理论支撑、产业研究和市场分析；越是旅游业改革发展任务繁重，越需要加强旅游理论研究。"北京旅游绿皮书"的诞生、发展和完善，为我们准确把握和科学推进北京旅游业发展提供了系统的理论支撑和强大的思想武器。

2013 年，面对全球经济持续低迷、地缘政治不稳定等多种挑战和学习贯彻《旅游法》、加快推进旅游综合改革等重要机遇，北京着眼首都城市性质和功能定位，强化"大旅游"发展理念，坚持多形态转型、大尺度创新、高品质升级，北京旅游业在新的起点上实现了新的进步。

党的十八大以来，习近平总书记就我国旅游业发展发表了一系列重要讲话，在北京考察工作时对新形势下的首都发展提出了明确要求，为北京旅游业持续健康发展进一步指明了方向。北京将以十八届三中全会和习总书记系列重要讲话精神为指导，加快推进北京旅游综合改革，全面打造北京旅游升级版。

希望大家继续关注和支持北京旅游业发展，继续垂注和指正北京旅游绿皮书，共同把它打造成有特色、有影响的学术品牌。谢谢所有关心、帮助我们的朋友！

宗宇

2014 年 5 月

目录

皮书数据库阅读**使用指南**

CONTENTS

G I   General Report

G II   Special Reports

Beijing Innovation and Frontier Research

Market Research and Industry Operation

Scientific Management and Business Analysis

主 报 告

General Report

G.1

旅游业是推动北京国际一流和谐
宜居之都建设的功能性产业

宋 宇*

　　围绕建设世界一流旅游城市的战略任务，北京市提出把旅游业作为推动首都经济发展方式转变、产业结构优化升级的重要抓手，作为建设资源节约型、环境友好型社会的重要载体，作为展示首都形象魅力、人民幸福生活的重要窗口，着力打造成首都功能性产业和人民群众更加满意的现代服务业，实现与首都城市发展相协调、与首都功能完善相统一。新形势下，旅游业是推动北京国际一流和谐宜居之都建设的功能性产业和重要引擎。

一　北京旅游业发展面临的机遇和挑战

　　习近平总书记在北京考察工作时，明确了北京是全国政治中心、文化中

---

*　宋宇，北京市旅游发展委员会党组书记、主任，大学学历，高级工程师；研究方向为旅游战略研究。

心、国际交往中心、科技创新中心的城市战略定位，要求坚持和强化首都核心功能，深入实施人文北京、科技北京、绿色北京战略，努力把北京建设成为国际一流的和谐宜居之都。这为北京旅游业持续健康发展进一步指明了方向，北京旅游业发展迎来了前所未有的黄金机遇期。

（一）面临的重要机遇

1. 形势变化带来的机遇

（1）为审视旅游业功能定位带来了新机遇。习总书记关于北京"四个中心"和"一个之都"的首都城市战略定位，要求首都旅游业要把宜游、宜业、宜居作为重点来关注、来规划，努力做到想旅游问题要把握城市战略定位，作各项决策要考虑到发挥首都的影响和示范作用。

（2）为加强旅游规划建设带来了新机遇。城市规划在城市发展中起着重要引领作用，考察一个城市首先看规划。长期以来，城市的规划建设都是以常住人口数量为基数确定的，并没有旅游人数的考量，而目前城市旅游接待人数远高于常住人口数量，需要认真研究解决。

（3）为推进古都风貌保护带来了新机遇。北京是世界著名古都，有着3000多年建城史和860多年建都史，蕴含着丰富的历史文化遗产和深厚的历史文化底蕴。在加速城市化过程中，历史风貌减弱、厚重文化难寻、城市特色弱化等问题，已成为推进城市化进程中面临的重大课题。

（4）为提升旅游公共服务和管理带来了新机遇。健全城市管理体制，提高城市管理水平，尤其要加强市政设施运行管理、交通管理、环境管理、应急管理，推进城市管理目标、方法、模式现代化。这为我们进一步认识和把握首都旅游公共服务和管理问题指明了方向、明确了思路。

（5）为促进旅游资源整合带来了新机遇。目前，绝大多数旅游资源的服务设施基本处在满足一般观光游服务需求的状态，还不能适应日益扩大的旅游观光与大众休闲度假并存的社会需求。只有做好服务能力匹配，才能进一步激发消费潜力。

（6）为扭转入境游局面带来了新机遇。大气污染防治已经作为一个系统工程和重大民生问题，全力以赴抓紧抓好。这就要求我们在加强对境外专业旅行商的市场推广，创新海外市场营销机制的同时，把握舆论引导的主动权，积极回应境外媒体关注的问题，努力实现入境游的平稳增长。

（7）为推动京津冀旅游协同发展带来了新机遇。自觉打破自家"一亩三分地"的思维定式，跳出北京看北京，充分发挥首都旅游业的带动和辐射作用，着力推动三地旅游业朝着目标同向、措施一体、作用互补、利益相连的路子走下去，努力打造现代化的新型首都旅游经济圈。

2. 旅游产业发展带来的机遇

（1）旅游业发展环境进一步趋好。从全球看，加快发展旅游业成为很多国家和地区的战略决策，旅游业作为世界第一大产业的发展重心逐步东移；从国内看，近年来国家出台了一系列促进旅游业发展的重大举措，2014年还将出台"促进旅游消费的意见"，旅游消费市场和消费结构将会发生明显变化。目前，北京人均国内生产总值已达 1.5 万美元，城镇居民人均可支配收入超过4 万元，农村居民人均纯收入超过 1.8 万元，旅游已成为市民的基本生活方式，这些都为北京旅游业发展创造了良好环境和发展基础。

（2）旅游业法制化建设实现根本性突破。《旅游法》的出台和实施，为维护旅游者和旅游经营者及其从业人员合法权益奠定了法律基础；为规范旅游经营、旅游服务合同、旅游市场秩序提供了法律依据；为健全旅游管理体制、发挥政府主导作用、促进旅游业持续健康发展创造了法制环境，首都旅游业步入了"依法治旅、依法兴旅"的健康发展轨道。

（3）各项改革全面推进。党的十八届三中全会通过的《中共中央关于全面深化改革若干重大问题的决定》和北京市委做出的《关于认真学习贯彻党的十八届三中全会精神的决定》，为首都旅游业带来了重大机遇和巨大发展空间，必将有利于加快北京旅游的全面转型升级，激发市场活力、培育市场主体、释放消费需求，形成市场在资源配置中发挥决定性作用的发展模式。

（4）龙头带动作用凸显。新时期旅游业作为扩大消费需求的重要领域，作为发展现代服务业的重要组成，作为建设资源节约型、环境友好型社会的重要产业，作为提高人民生活水平、提升幸福指数的重要指标，将在这些重大的战略性调整中，进一步凸显旅游业在转变经济发展方式中的龙头带动作用。

（5）大众旅游进入新的发展阶段。《旅游法》和《国民旅游休闲纲要》

出台实施后，进一步促进休闲旅游发展，多样化、休闲化、个性化的旅游需求更加旺盛，老百姓常态化的休闲旅游潜能进一步激发。快行慢游、自驾车旅游、无景点旅游、一地深度游等大众旅游方式层出不穷，旅游市场未来发展空间十分广阔。

（6）新型城镇化加速发展。新型城镇化建设，将有力促进城乡区域一体化和京郊旅游转型升级。随着城市发展新区和生态涵养区新的功能定位调整，旅游将成为其新的经济增长点和发展引擎，市场空间格局将进一步扩大，旅游业进一步与城乡一体化融合发展，促进郊区生态环境改善、推动农业产业转型、带动农民增收致富，京郊旅游发展潜力巨大。

（二）面临的主要挑战

1. 在认识方面

按照习近平总书记对北京市重要批示精神，在新时期北京旅游业战略功能定位、推进京津冀旅游协同发展、全面深化旅游业改革、破解制约首都旅游业可持续发展和转型升级中的重点难点问题等方面，需要进一步提高认识、统一思想、深入研究。

2. 在体制方面

推进旅游综合协调、促进产业发展、提升公共服务、加强行业管理、整合旅游资源和要素、优化空间布局、提升城市的旅游综合服务功能、增强北京旅游的国际吸引力与核心竞争力，建立健全"大旅游"发展格局的体制机制，以及北京市区（县）两级权责明确、相互促进的管理机制还需要进一步完善。

3. 在市场方面

首都观光游、都市游、郊区度假游和乡村休闲游，面临着多形态转型、大尺度创新、高品质升级的新挑战。入境游市场由于受到全球经济持续低迷、地缘政治不稳定、国际市场竞争加剧、人民币持续升值、雾霾天气不客观宣传等多重因素影响，面临的挑战更加严峻。

4. 在服务方面

当前旅游公共服务基础仍较薄弱，公共投入不足，地区发展不平衡；行业服务标准化、规范化水平还需进一步提升。这些都与人民群众日益增长的服务需求不相适应，旅游美誉度和满意度与首都的地位还存在差距。

5. 在人才方面

适应首都现代旅游经济发展要求的专业人才相对缺乏。特别是高级公共管理人才、职业经理人、旅游业与其他产业融合的复合型管理人才十分缺乏，难以适应未来旅游业发展的迫切需要。

二 北京旅游业发展展望

2014年北京旅游业发展将深入贯彻落实党的十八大、十八届三中全会和习近平总书记一系列重要讲话精神，根据北京市委、市政府和国家旅游局工作部署，按照市场主导、政府有为、企业主体、社会参与的原则，大力践行"游客为本、服务至诚"的旅游行业核心价值观，稳中求进、改革创新，坚持政府职能转变与市场作用发挥、改革创新与转型升级、产业促进与行业提升、旅游投资与旅游消费、都市旅游与京郊旅游、传统旅游与智慧旅游、区域合作与融合发展、行业培训与人才培养、执法管理与市场监管协同推进，大力提升首都旅游美誉度和满意度，努力打造北京旅游升级版。主要任务核心是"一条主线、两大战略、三类市场、四项改革、五种机制、六个重点"，即突出建设世界一流旅游城市一条主线，确立首都功能性产业和人民群众更加满意的现代服务业两大战略，发展国内来京游、入境游和市民在京游三类市场，推进综合配套、管理体制、现代市场和行业监管四项改革，健全综合协调推进、产业发展促进、城市形象推广、公共服务提升、行业运行优化五种机制，抓好提升产业促进效益、挖掘旅游消费潜能、开拓入境旅游市场、改善旅游公共环境、加强旅游交流合作、推进旅游人才队伍建设及机关作风建设六个重点。

（一）突出建设世界一流旅游城市一条主线

着眼建设世界一流旅游城市目标，认真研究规划北京旅游业健康持续发展的总体框架，努力形成有利于加快发展的战略规划和指标评价体系。

1. 加强战略规划体系顶层设计

加大战略研究力度，深入研究北京旅游在新时期的功能及定位，着力破解制约北京旅游业发展的重大理论课题与实践难题；推进修订《北京市旅游管理条例》立法进程。推动旅游规划与北京市国民经济社会发展规划、城市总体规划、土地利用规划等各类规划相衔接，科学编制《北京旅游业空间布局规划》和《北京旅游业中长期发展规划（2015～2030年)》。

2. 构建世界一流旅游城市指标评价体系

将建设世界一流旅游城市宏伟目标与指标量化体系相结合，按照现代化、国际化方向，围绕旅游业绩、旅游资源、服务接待、旅游人才、国际营销等方面竞争力和经济环境、公共设施、社会环境、生态环境、国际交流等方面支持力，科学构建世界一流旅游城市指标评价体系。

（二）确立首都功能性产业和人民群众更加满意的现代服务业两大战略定位

旅游业是符合首都城市性质和城市战略定位要求的战略性支柱产业和转型升级的龙头产业，是展示首都魅力和人民幸福生活的窗口行业。北京旅游业必须围绕新时期首都城市战略定位，实现与首都城市发展相协调、与首都功能完善相统一。

1. 着力打造成战略性支柱产业和转型升级的龙头产业

大力促进产业发展和市场开发，建成全国首家旅游担保平台，努力争取境外游客旅游购物退税政策出台，积极推动大型旅游项目和驻场演出落地，使旅游业战略性支柱产业的地位作用进一步凸显。深入贯彻落实《旅游与文化融合发展的意见》，促进旅游业与一、二、三产业，与教育、科技、文化、医疗、体育和金融等领域深度融合发展，充分发挥旅游业在首都经济结构转型中的龙头带动作用。

2. 将旅游业重点培育成展示首都魅力和人民幸福生活的窗口行业

继续加大《旅游法》的宣传贯彻力度，引导行业树立以人为本的价值观、企业树立可持续的发展观、游客树立正确的旅游观。下大力提升首都旅游美誉度和满意度，坚持走内涵式、质量效益型和可持续的发展道路，提高公共服务、市场秩序、行业监管和安全保障水平。全力做好APEC峰会、全国"两会"和庆祝中华人民共和国成立65周年等重大会议活动服务保障工作，提升国家形象，展示首都风采，打造人民群众更加满意的窗口服务行业。

（三）促进国内来京游、入境游和市民在京游三类市场转型升级

紧紧把握首都文化和皇城文化资源优势，认真规划和设计首都观光游、都市游、郊区度假游、乡村休闲游的营销方式，促进北京旅游市场转型升级。

1. 巩固发展国内来京游市场

以提升观光游和都市游品质为重点，巩固发展国内来京游市场。借助新兴媒体和特色宣传品，深度推介北京观光游和都市游资源；鼓励区（县）积极参加国内旅游产品推介活动，打造知名景区和旅游目的地，大力开拓国内游客市场。针对散客游、自驾游等大众化、个性化需求，开发特色产品，提供优质服务。

2. 积极扭转入境游局面

以都市游为重点，夯实基础市场、巩固重点市场、发展新兴市场、培育潜在市场，努力实现入境游的平稳增长。加强对境外专业旅行商的市场推广，创新海外市场营销机制，加大对美欧、韩国等传统核心市场以及澳大利亚、印度等亚太新兴市场的推广力度。把握舆论引导主动权，积极回应境外媒体关注的问题。充分发挥世界旅游城市联合会及入境游旅行社作用，扩大北京国际旅游城市的品牌影响力。

3. 大力提升在京游品质

以郊区度假游和乡村休闲游为重点，坚持与新型城镇化建设、新农村建设和现代农业建设协调发展，着力打造一批生态休闲度假聚集区、乡村旅游新业态集聚区、乡村农家乐联合体和综合性农业休闲园区，深入挖掘市民到郊区休闲旅游潜力，提高人均消费水平。持续开展乡村旅游进社区活动，鼓励区（县）采用多种方式宣传旅游产品，开拓游客市场。

（四）推进综合配套、管理体制、现代市场和行业监管四项改革

以推进旅游综合改革为抓手，正确处理政府与市场、部门与区（县）、政府与协会的关系，注重从产业结构向功能定位深化，从政策条文向法规制度深化，从政府管控向市场决定深化，从行政管理向社会治理深化，不断激发北京

旅游业发展活力。

1. 推进旅游综合改革试点

认真落实北京市委《关于认真学习贯彻党的十八届三中全会精神的决定》，从加快推进旅游管理体制改革、大力发展核心要素市场、优化旅游空间布局、创新旅游投融资体制、提升旅游公共服务水平、改善旅游市场秩序等方面入手，推动出台《北京市人民政府关于旅游综合改革的实施意见》，积极探索市场经济条件下促进旅游业发展的新机制、新办法。同步推进延庆旅游综合改革试点县在土地利用、经营流转等方面先行先试。

2. 推进旅游管理体制创新

探索放权于区县、放责于协会、放事于市场的管理体制机制。加强旅游协会和学会自身建设，充分发挥其社会职能，将旅游饭店星级评定移交行业协会；推进事业单位分类改革，筹建新的信息中心和旅游咨询服务中心。积极推动建立市区对应、体系顺畅、职能完备、权责清晰的区县旅游管理体制。

3. 推进现代市场体系建立

鼓励企业采取资源整合、资产重组、收购兼并、连锁经营、委托管理等方式整合旅游产业链，做强北京旅游服务品牌。探索农村集体经营性建设用地以租赁、入股等方式发展旅游业。

4. 推进行业监管方式改革

坚持标本兼治、疏堵结合，多措并举、综合治理，改革"一日游"监管执法思路，实施旅游团队电子行程单监管，启用等级景区导游证验证系统，建立行业监管信息平台，健全旅游违法行为查处信息共享和投诉统一受理、转办机制，加大违法行为查处力度，提高依法监管能力。加强宣传引导，提高游客文明旅游素质。

（五）健全综合协调推进、产业发展促进、城市形象推广、公共服务水平提升、行业运行优化五种机制

本着与区域、北京市各委（办、局）、区（县）、行业社团、旅游企业五方加强联动的原则，健全内容衔接、功能配套、相互促进的五种机制。

1. 健全综合协调推进机制

充分发挥首都旅游产业发展联席会的作用，加强和改进旅游综合协调机制，健全工作制度，统筹旅游与相关领域融合发展，推动京津冀旅游协同发展。

2. 健全产业发展促进机制

建立旅游产业项目规划、实施、监管、评估的产业促进标准和政策体系。围绕功能区规划，积极发展新型业态，推动旅游综合体大项目落地。

3. 健全城市形象推广机制

建立起覆盖从海外媒体到国内媒体、从中央媒体到市属媒体、从平面媒体到网络媒体、从传统媒体到现代媒体的全方位、多层次媒体资讯网络，形成城市形象推广的渠道选择、过程跟踪和效果评估新机制。

4. 健全公共服务水平提升机制

建立旅游公共服务体系建设与管理机制，完善旅游集散中心、旅游咨询中心、旅游指示标识等公共服务设施的管理制度，完善无偿向旅游者提供旅游景区、线路、交通、天气、舒适度、医疗急救等信息和咨询服务机制。

5. 健全行业运行优化机制

建立加强行业培训、提高旅游从业人员素质的长效机制。推动制定景区最大承载量核定和流量控制办法。健全景区开放审核、城镇和乡村居民利用自有住宅经营旅游业务管理、旅游突发事件监测和应对等机制。

（六）抓好提升产业促进效益、挖掘旅游消费潜能、开拓入境旅游市场、改善旅游公共环境、加强旅游交流合作、推进旅游人才队伍建设和机关自身建设六个重点

围绕2014年旅游总收入同比增长7.5%，旅游购物和餐饮消费占全市社会消费品零售额20%以上的目标，着力抓好以下六个重点工作。

1. 着力提升产业促进效益

进一步放大旅游功能区效应，重点打造5~10个特色鲜明、功能突出的旅游小城镇。研究旅游与所有资源融合发展管理平台，加大建设旅游文化集聚区推进力度和探索建立中关村智慧旅游园区。深化旅游业投融资体系改革，研究设立旅游创业投资引导基金。进一步发挥财政资金的引导放大作用，释放旅游

资源交易平台融资功能，改善旅游企业融资环境。

2. 着力挖掘旅游消费潜能

全力打造"北京礼物"品牌，举办 2014 第三届北京国际旅游商品博览会、第十一届"北京礼物"旅游商品大赛，推动"北京礼物"进入 2014 年巴西世界杯足球赛。积极创新"吃在北京"品牌推广方式，加强以老北京小吃和北京老字号餐饮名店为重点的美食推广活动。

3. 着力开拓入境旅游市场

加大 72 小时过境免签政策宣传推广力度，研究开发配套旅游产品，完善配套政策，争取签证便利化和旅游购物离境退税政策，建立适应现代旅游推广的市场促进体系。进一步发挥高端旅游产业联盟作用，完善会奖旅游奖励办法，开展奖励旅游区域合作，鼓励开发深度休闲旅游产品。精心筹划中国（北京）国际商务及会奖旅游展览会、新年倒计时、第三届京交会、美国"梅西大游行"、第十一届北京国际旅游博览会、第十六届北京国际旅游节等品牌活动，打造国际一流旅游目的地城市形象。

4. 着力改善旅游公共环境

全面加强旅游公共服务基础建设，深化旅游公共信息服务、旅游交通便捷服务、旅游惠民便民服务、旅游公共服务建设标准化四大体系建设。推动智慧旅游向纵深发展，抓好 20 个智慧旅游建设项目，加强智慧管理平台建设。启用行政许可自助查询系统、导游自助年审系统和领队证管理系统，进一步提高"一站式"服务水平。健全安全管理、应急处置和"一日游"联合执法规范化、常态化机制。

5. 着力加强旅游交流合作

加强世界旅游城市联合会建设，积极推进会员发展工作，年内会员总数力争达到 150 个；深化世界旅游城市评价体系研究，择机发布世界旅游城市排行榜；积极探索商业化运营模式，推出联合会银行卡；升级联合会官方网站，搭建世界旅游城市信息交流平台；筹建联合会总部基地大厦，筹办 2014 北京香山旅游峰会。充分发挥首都旅游业的带动和辐射作用，深化区域旅游合作，着力在推进京津冀协同发展中走在前列、做出亮点。

6. 着力推进旅游人才队伍建设和机关作风建设

建立适合现代旅游业发展的人才培养体系，制定《北京旅游人才中长期规划》。筹建北京旅游大学，建立北京旅游专家人才库。完善旅游职业资格、职称和技能等级制度，探索导游职称制度、导游职级、服务质量与报酬相匹配的激励机制。举办首届全市导游之星选拔推荐活动。推进京郊"百千万"旅游人才培养工程向深度拓展。围绕建设务实高效、风清气正的服务型机关，加强领导班子和干部队伍建设，充分发挥党组织的引领作用，统一思想、凝聚力量，营造想干事、能干事、干成事的良好氛围。深入转化党的群众路线教育实践活动成果，认真抓好43项整改措施全面落实，构建学习培训、项目监管、风险防控、效能监察、行风建设和案件查办"六位一体"的廉政风险防控体系。

2014年是全面深化改革的开局之年，是北京旅游业推进实施综合改革的重要一年，各项工作任务十分繁重。北京市旅游系统要深入贯彻党的十八届三中全会和习近平总书记重要指示精神，落实北京市委、市政府各项决策部署，改革创新，真抓实干，切实将旅游业打造成推动北京国际一流和谐宜居之都建设的功能性产业。

G.2

主报告附录 盘点 2013 年北京旅游：
15 个方面工作卓有成效

北京旅游学会*

2013 年是北京旅游业取得重要发展的一年。北京市旅游系统面对国际经济持续低迷的新挑战、贯彻落实《旅游法》的新契机、实施国家旅游综合改革试点的新机遇，认真贯彻落实中央和市委、市政府关于加快旅游业发展的一系列指示精神，着眼首都城市性质和功能定位，坚持"政府主导、市场运作、企业主体、社会参与"发展思路，突出投资消费双轮驱动、城市郊区两个市场、区域合作共赢发展，部门横向联动，市区上下合力，做了大量富有成效的工作，实现了北京旅游业持续健康较快发展。全年旅游总人数 2.52 亿人次，比上年增长 9%；旅游总收入 3963.2 亿元，比上年增长 9.3%。

一 旅游发展"高"字当头

1. 高起点启动了旅游综合改革试点工作

旅游综合改革试点取得积极进展，北京旅游业发展活力和动力不断释放。北京市委、市政府审议通过了《关于旅游与文化融合发展的意见》，为旅游与文化的融合发展指明了方向。根据《北京市人民政府关于加快北京市旅游产业发展若干意见》，明确了部门分工，启动实施 15 项重点工作，起草了《北

---

* 本报告策划并执笔人：安金明，北京市旅游发展委员会副主任，北京旅游学会会长，管理学博士，高级经济师，研究员，研究方向为政策法规、旅游综合改革、新形势下首都旅游战略功能定位、旅游经济运行分析、旅游统计等；李尊敬，北京市旅游发展委员会政策法规处处长，主要研究方向为旅游经济管理、法制建设、社会管理等；王红彦，北京市旅游发展委员会政策法规处主任科员，主要研究方向为政策调研、旅游综合改革。

京市旅游综合改革实施意见》和《北京市贯彻国民旅游休闲纲要的实施意见》。成功举办了"可持续的城市发展与北京旅游转型升级"座谈会，组织研究并出版了《旅游思辨》《广义旅游学》《新型城镇化与旅游发展》等最新研究成果，为推进旅游综合改革提供了智力支持。

2. 高水平保障了各项重大会议和活动

针对首都大型活动多、政治要求高、国际影响力强的特点，牢固树立"万无一失、一失万无"的理念，周密部署，严密组织。先后完成了全国"两会"、十八届三中全会、APEC（2013）非正式高官会、第九届中国（北京）国际园林博览会、第十六届中国北京国际科技产业博览会、世界审计组织第二十一届大会、第二届中国（北京）国际服务贸易交易会、第三届北京国际电影节、中国网球公开赛、创意城市北京峰会、第八届中国北京国际文化创意产业博览会等国际国内重大活动的服务保障工作。

3. 高效率推进了《旅游法》的宣传贯彻

认真落实国务院贯彻《旅游法》电视电话会议精神，采取专项部署、专题讲座、召开全市旅游管理部门电视电话会议、印制发放单行本和旅游者权利义务指南宣传折页、借助旅游活动宣传等多种形式，兴起学习宣传贯彻《旅游法》的高潮，推动《旅游法》进部门、进区县、进企业、进游客。积极抓好《旅游法》实施配套制度完善，持续推进《北京市旅游管理条例》立法进程，完成了规范性文件和北京市政府规章清理工作。全系统、全行业认真学习贯彻《旅游法》，遵法、守法、用法意识明显增强，进入了依法兴旅、依法治旅的新阶段。

二　旅游经济持续增长

4. 突破难点加大产业促进力度

注重把产业发展中的难点瓶颈问题作为突破口，搭建了规划、政策、金融、科技"四位一体"的产业支持体系。旅游大项目明显增加，古北水镇、环球影城、岔道古城等项目取得重大进展，全市投资 1 亿元以上的项目达 54 个，总投资超过 1200 亿元。旅游投资快速增长，旅游发展基金累计投资金额达 7.2 亿元，带动 70 亿元的社会资本投入北京旅游产业。依托产权交易所建立了全国第一家旅游资源交易平台，已有 58 个项目上线交易，融资需求达 70 亿元。

5. 围绕重点拓展会奖旅游资源

北京高端旅游与会议产业联盟、中国会奖旅游城市联盟和北京高端旅游资源库的重点平台作用进一步凸显。会奖旅游市场推广方式更加多元，编制中英文版的专业营销手册，强化 BCVB 网络服务平台和 BCVB 专题网站功能，规范改善相关栏目，入库资源单位多达 400 余家、联盟成员高达 232 家。成功主办的 2013中国（北京）国际商务及会奖旅游展览会，规模和影响均创下亚洲之最。

6. 突出亮点挖掘旅游消费潜能

围绕"必购、必吃、必看、必住"消费热点，突出"北京礼物"和"吃在北京""看在北京"亮点，持续挖掘消费潜能。成功举办了 2013 北京国际旅游商品博览会和第十届"北京礼物"旅游商品大赛。"北京礼物"市场营销体系建设取得新进展，已开业和试营业礼物店近百家，在售"北京礼物"近2000 款，"北京礼物"电子商务网站投入试运行。创新"吃在北京"旅游美食推广方式，举办了旅游美食贺岁季和美食春晚，推出了"看在北京"系列旅游演出推广手册和 33 家"北京人家"。

7. 紧扣特点组织宣传推介活动

以宣传 72 小时过境免签政策、拉动三大市场为重点，成功举办了新年倒计时庆典、第十五届北京国际旅游节、第十届北京国际旅游博览会等重大推介活动；首次在美国好莱坞环球影城举办北京旅游庙会、在纽约联合国大厦举办北京旅游图片展、在纽约中央火车站举行北京旅游路演活动，将旅游推广受众层次提升到新的高度；推出《Love Beijing》微电影、《北京故事》系列旅游纪录片、北京旅游新的宣传片等。北京旅游官方微博粉丝和《悠游北京》APP浏览量突破 280 万人次，北京城市形象和旅游品牌国际国内影响力增强。

三 旅游品质全面提升

8. 环境综合整治持续加强

采取联合治理、专项整治、例会工作制和建立工作台账等有效措施，推动重点景区周边一公里范围内的环境、交通、设施、购物、秩序等综合整治，游客反映的突出问题得到阶段性解决。建立协调联动的综合治理机制，会同北京市公安、工商、城管、交通等部门，全年出动 3.5 万人次执法人员，"一日游"市场秩序逐步好转。旅游投诉受理工作成效明显，为游客挽回直接经济损失 400 余万元。

9. 行业依法管理有力推进

以提升旅游服务质量和游客满意度为核心，研究创新旅行社、导游员管理与准入机制措施，重启旅行社等级评定，首批 60 家等级旅行社榜上有名。认真开展旅游星级饭店和等级景区管理及评定与复核工作，34 家星级饭店、4 家 A 级景区被取消资质，16 家星级饭店、8 家 A 级景区被限期整改，社会反响强烈。行政许可事项精减合并，行政审批工作更加注重引导和延伸服务，工作效率和效益同步提升。旅游行业节能减排工作成效明显，主要做法被中央电视台、新华网等 50 余家新闻媒体刊载或转载。乡村旅游加快发展，市级民俗旅游村和京郊旅游新业态数量不断增加。安全管理有序推进，应急处置能力进一步增强，全年实现旅游安全生产责任零事故。

10. 公共服务体系逐步规范

编制了区（县）"十个一"和景区"九个一"便民服务工作达标创优细则，制定了北京旅游信息化发展规划（2014～2016 年）和旅游咨询服务管理规范。完善了市旅游咨询服务中心、区（县）旅游咨询服务中心、旅游咨询站三级管理机制，年接待游客突破 1150 万人次，创历史新高。"旅游进社区"项目荣登"2013 年中国旅游公共服务创新 TOP 10"榜单。北京旅游网 2013 年 Alexa 全球 3 个月综合排名 5 万位，居全国政府旅游公共服务官方网站之首。

11. 行业人员素质有效提升

采取创先争优与典型激励相结合、集中培训与技能竞赛相结合等方法，组织开展了第十四届"首都旅游紫禁杯"评选表彰活动，树立宣扬旅游行业 100 个先进集体和 200 名先进个人；先后完成了全市 3 万名导游员年审、22684 名人员"百千万"京郊旅游培训、19647 名导游员和领队的资格考试及 400 余名 4 星级以上饭店、4A 以上景区总经理和副总经理的集中培训；广泛开展了旅游行业的职业技能比赛、安全知识竞赛和导游员大赛等活动，收到很好效果。

12. 旅游设施建设日益完善

本着便利化、配套化、规范化、智能化的原则狠抓旅游基础设施建设，景区、民俗村、乡村旅游游客服务中心、停车场、厕所和游览导视牌进一步改造升级，全市旅游景区交通标识牌和 A 级旅游景区 5 种文字全景牌得到改善。110 家 A 级景区自助导游系统和 30 家 4A 级以上景区虚拟旅游项目正式运营，延庆旅游集散中心完成改造，建成北京旅游咨询天安门站，推出中英文版"i 游北京"APP 手机智能终端。建成全国旅游系统首家旅游产业运行监测调度中心，创新节假日发布 40 个重点景区游览舒适度指数及周边道路、气象相关信息。

四　旅游合作实现多赢

13. 世界旅游城市联合会工作成效显著

世界旅游城市联合会成立仅仅一年多，会员总数已达 111 个，成立了世界旅游城市联合会专家委员会、民航服务分会、旅游服务分会和媒体合作分会四个分支机构，引起包括联合国在内的国际社会高度关注。世界旅游城市联合会与联合国国际环境与健康组织签署了战略合作伙伴协议，并联合举办了"城市可持续发展与旅游"圆桌会议。北京香山旅游峰会的国际影响力迅速提升，首次推出了由中国城市主导制定的世界旅游城市服务指南，首次发布了引导世界旅游城市推动城市可持续发展的基本评价体系。国务院副总理汪洋出席了2013 北京香山旅游峰会并讲话，对推动中国和世界各旅游城市加深了解、扩大合作产生了深远影响。

14. 国际交往和区域旅游合作水平不断提升

国际旅游交流与合作更加深入，以"中俄旅游年"为载体，组织北京家庭赴莫斯科开展旅游交流活动，习近平主席出席俄罗斯"中国旅游年"开幕式时给予了高度肯定；全年接待法国大巴黎区、美国芝加哥、加拿大渥太华、意大利米兰、丹麦哥本哈根、芬兰赫尔辛基、韩国京畿道和厄瓜多尔旅游部等10 多个城市和地区旅游部门及拉美国家部分市长议员的来访，组织 20 多批次的境外出访。成功召开第五届 "9 + 10" 区域旅游合作会议，达成 "2013 北京共识"，倡导成立了入境旅游、旅游媒体、旅游研究机构和旅游投资促进四个合作联盟，区域旅游合作机制进一步完善。对口援助工作取得新进展，宣传对口地区旅游资源，组织三省三区对口地区参加北京大型展会和旅游管理干部培训。发挥首都旅游发展联席会作用，推动跨行业、跨部门旅游综合项目落实，促使社会资源向公众更多开放。

五　区县旅游加速发展

15. 区县旅游各具特色加速发展

各区县按照北京市旅游工作总体思路，旅游管理机构职能调整到位，结合区县功能定位，发挥资源优势，形成各具特色的发展局面。东城区坚持文旅融合，打造文化旅游强区。西城区着力加强旅游功能区建设，接待游客总人数和旅游总收入实现新突破。朝阳区立足特色商务旅游资源，加大国际化和现代化营销力度。海淀区积极推进科教旅游，"三山五园" 皇家园林旅游节成为特色亮点。丰台区圆满举办了第九届中国（北京）国际园林博览会，为都市旅游注入了新活力。石景山区着眼自身优势，推出茶文化节、狂欢之夏、光影文化季、洋庙会四季旅游活动。房山区充分利用独具特色的人文历史和地质科普资源，推进文化观光游向历史文化体验游、山水观光游向地质科普体验游转型。门头沟区树立 "文化引领、文游合一、农游合一" 新理念，稳步推进全域景区化建设。通州区积极推进与湖南张家界、四川广元等国内城市的区域合作，打造京东生态旅游线路。顺义区努力打造新产品，"时尚休闲、多彩顺义" 品牌初步形成。昌平区推进精品旅游景区建设，积极拓展营销渠道，提升 "爱上昌平" 品牌影响力。大兴区打造 "三农" 品牌，农业观光园和民俗旅游成效明显。平谷区充分放大旅游节庆活动综合效应，重点打造国际冰雪节和国际桃花音乐节两大品牌。怀柔区集中实施综合整治，雁栖湖等重点景区环境明显改善。密云县狠抓重点旅游项目建设，古北水镇等新型旅游综合体建设取得重大进展。延庆县坚持开拓创新，全国旅游综合改革示范县试点工作稳步推进。

专题报告

·北京创新与前沿研究篇·

G.3

适应新时期发展　推进北京旅游事业改革创新

曾博伟[*]

摘　要：

推动北京旅游事业发展意义重大。从旅游业发展的历程看，重新关注旅游的事业特征是旅游属性认识螺旋式上升的体现；从社会发展的角度看，旅游作为公民的一种基本权利是国家为人的全面发展创造条件的重要内容；从政府发展旅游业的角度看，需要更多关注旅游业的事业属性。具体需要从6个方面进行旅游事业的改革创新：一是保障市民旅游权利，提高市民幸福度；二是挖掘传统文化资源，将古都风貌保护与旅游业发展有机结合起来；三是加强社会资源的旅游化利用，进一步提高北京的

---

* 曾博伟，国家旅游局政策法规司政策研究处副处长，中央民族大学旅游经济博士；研究方向：旅游政策研究。

开放程度；四是打破自然资源的分割管理，将旅游业发展融入自然资源的科学管理之中；五是进一步转变政府职能，提高旅游公共服务水平；六是激发社会活力，完善旅游事业发展机制。

关键词：

北京旅游　事业　改革

党的十八届三中全会为未来中国的改革发展指明了方向，同样也为北京旅游业的改革和发展提供了新的思路。三中全会决议明确提出："实践发展永无止境，解放思想永无止境，改革开放永无止境"。因此推动北京旅游业的改革发展首先就要按照新时期旅游业发展的要求，解放思想，锐意改革，不固守传统的旅游认识，不固守传统的发展思路，不固守传统的工作手段，进一步开拓北京旅游事业改革和发展的新境界。需要说明的是，旅游事业和旅游产业既是相对独立，也是你中有我，我中有你，因此推动北京旅游事业改革创新，主要不是如何改革旅游事业本身，而是从旅游事业的视角，从政府重点应该发挥的作用出发，推动旅游业新的发展。

一　对旅游业事业属性的认识

旅游事业不是一个新概念，在过去旅游业发展中就有旅游事业的表述，在2013年4月出台的《旅游法》第三条中也明确提出"国家发展旅游事业，完善旅游公共服务，依法保护旅游者在旅游活动中的权利。"要推动北京旅游事业的改革创新，首先就需要对旅游业的事业属性有新的认识。

（一）重新关注旅游的事业特征是旅游属性认识螺旋式上升的体现

从旅游业发展的历程看，中华人民共和国成立之后至改革开放之初，国家将旅游业视为"民间外交"，作为国家外交活动的补充。作为外事接待，旅游业并不关注经济回报，属于政府管理的社会事业范畴。随着改革开放不断深化，特别是 1992 年邓小平同志"南方谈话"后，旅游业的产业属性开始显现，并逐渐为社会各界所认识和接受。在这一时期，由于强调旅游的经济特征，极大地调动了地方政府和旅游企业发展旅游业的热情，产业化发展也因此成为过去 20 多年推动旅游业发展的主要动力。但伴随旅游业快速发展，单一的产业思维对旅游实践中出现的一些现象并不能做出很好的解释。比如，如果旅游业只有产业属性，那么旅游业主要关注经济效益即可；但实际的情况是，国家发展旅游业首先关注的是社会效益，其次才是经济效益和生态效益，以及文化效益。再比如，国家要求公益性的城市公园、博物馆、纪念馆等，应当逐步免费开放，这就意味着在旅游业发展中有一部分参与者不是以追求市场最大化为目标。此外，现在各地在旅游业发展中都非常重视旅游公共服务，这也是其他经济产业发展中所没有的。面对这些问题，我们需要加强对旅游业事业属性的认识，才能更好把握旅游业运行的特征和规律。对北京这样的城市发展旅游业，看重的并非单纯的旅游收入，更看重的是旅游业对北京城市的全面带动，而这正是旅游事业改革创新所需要关注的内容。

（二）旅游作为公民的一种基本权利是国家为人的全面发展创造条件的重要内容

从社会发展的角度看，在西方许多发达国家，保障公民的休闲与旅游权是社会的普遍共识，休闲与旅游不仅被看成是国民的福利，更是国民的权利；为民众提供相应的休闲与旅游服务，不是一种恩赐，而是政府应尽的职责。像瑞士、法国等欧洲国家，甚至还有专门为低收入群体、弱势群体提供旅游机会的福利旅游制度。在中国，随着经济社会的发展，城乡居民的需求层次在不断提升，旅游也因此不再是少数人享受的特权，开始从"旧时王谢堂前燕"，"飞入寻常百姓家"。对城乡居民而言，旅游正在成为一种越来越重要的生活方式。更为重要的是，旅游这种生活方式，不仅仅是民众自我消费的过程，同时也是民众通过"行万里路读万卷书"来提高身体和文化素质的过程，因此可以说，公民参与旅游实际上也是为国家提供优质劳动资源的过程。对政府来说，满足公民的正常需求是其职责所在，因此如何为民众这种日常化的旅游生活创造条件，如何整合、调动和引导各方面资源来满足公民的旅游权利，是需要政府认真思考和解决的问题。而从满足权利的角度审视旅游，公民的旅游行为既需要在与市场主体的经济交易中得到满足，也需要通过政府履行相关职责为公民出游提供便利得到保障。由于旅游是一个涉及面宽，链条很长的消费活动，因此更多的时候，旅游权利的满足是通过企业和政府共同配合完成的。这也意味着旅游业除了产业属性，还有很强的事业属性。对北京这样以建设世界城市为目标的城市而言，应该为保障国民的旅游权利做出表率，这也就需要加强旅游事业的改革创新。

（三）需要更多关注旅游业的事业属性

从政府发展旅游业的角度看，三中全会提出："经济体制改革是全面深化改革的重点，核心问题是处理好政府和市场的关系，使市场在资源配置中起决定性作用和更好发挥政府的作用。"这意味在推进经济体制改革的过程中，并不能一味地强调市场化，而需要同时强调发挥好政府的作用。旅游业作为产业，伴随市场经济体制的完善，已基本步入正轨。未来，政府推动旅游产业化发展主要是健全市场规则，维护旅游市场秩序，为各类市场主体公平竞争提供良好的环境；同时，政府还需要在旅游产业化发展中加强政策的引导，推动产业持续健康发展。总体来看，过去政府抓旅游产业发展有不少措施和经验，积极性也很高；但是，与此相对应的是，政府对抓旅游事业发展却重视不够，方法和手段也比较欠缺，亟须在今后的工作中予以加强。同时，政府要按照三中全会的精神，加快职能转变，建设服务型政府，同样需要对旅游事业发展予以更多关注。所谓事业，一般是正外部性比较强，综合效益比较突出，单靠市场机制难以解决的领域。从旅游供给看，一方面一些商业旅游项目（不包括以旅游项目为名义的地产投资）经济回报率并不高，但对地方未来发展有重大意义，如果没有政府支持，完全用"市场之手"引导，不利于吸引相应的旅游投资。另一方面实现旅游目的地持续健康发展，离不开旅游公共设施和公共服务等方面的投资，而这只能由政府进行投入。总体来看，由于政府对发展旅游事业重视不够，在一定程度上影响了旅游业的全面发展，影响了旅游业综合带动作用的发挥，同样也制约了旅游产业的进一步发展。与文化、体育等领域过去重视事业，忽视产业不同；旅游业是产业强，事业弱。对北京这样的城市而言，未来要实现旅游业的全面发展，迫切需要政府在旅游事业上下更大功夫。

二 推动北京旅游事业改革创新探索

（一）保障市民旅游权利，提高市民幸福度

党的十八届三中全会明确提出改革要"以促进社会公平正义、增进人民福祉为出发点和落脚点"，要"让发展成果更多更公平惠及全体人民"，要"促进人的全面发展"。随着大众化旅游时代的来临，旅游更加普及，旅游权利也越来越受到游客和政府的关注，因此落实十八届三中全会精神，首先就要保障公民的旅游权利。2012 年，北京人均 GDP 达到 1.4 万美元，已经接近富裕国家水平，这就意味着北京对市民权利的保障应该从生存型逐步转变为发展型和自我实现型。因此，花更多功夫保障市民的旅游权利，提高市民幸福度是北京发展旅游事业的应有之义。从市民的角度出发，北京市政府保障旅游权利可以从以下两个方面入手。

1. 按照《旅游法》的要求保障市民的旅游权利

保障市民的旅游权利主要是要创造条件保障市民自主选择旅游产品和服务的权利，知悉所购买旅游产品和服务真实情况的权利，要求旅游经营者按照约定提供产品和服务的权利，旅游者人格尊严、民族风俗习惯和宗教信仰受到尊重的权利，在人身、财产安全遇到危险时，请求救助和保护的权利和依法获得赔偿的权利等。除此之外，北京应进一步落实带薪休假新制度。《国民旅游休闲纲要》明确提出，到 2020 年，"职工带薪年休假制度基本得到落实"。早在 2008 年，山东、广东、江苏、浙江等省就在积极推动国民旅游休闲计划。比如 2011 年出台的《山东省国民休闲发展纲要（2011～2015 年）》就明确要求，"将职工带薪年休假落实情况纳入同级机关事业单位年度考核、企业单位的企业社会责任体系考核，确保职工带薪年休假制度落实到位。鼓励职工根据个人意愿，灵活安排年休假时间，实现与法定节日相连接，形成集中休闲时间"。从经济发展水平看，北京在全国居于领先地位，有责任也有条件在落实带薪休

假方面走在全国的前列。

2. 积极探索福利旅游制度

目前，在我国旅游业发展中实际上已经体现了一些福利旅游的做法。比如，旅游景区对学生、老年人等群体实行半价优惠。在《旅游法》中也提出特殊群体有享受便利和优惠的权利，但总体而言，我国的福利旅游还没有真正起步。从国际看，福利旅游在许多国家，特别是经济发达国家都是非常普遍的做法。在法国，持有全国度假支票机构发放的度假支票，个人只要付180欧元就可以在法国境内一些指定城市享受一周的美好时光。法国度假代金券和社会福利行动计划总局（ANCV）是一个公立机构，它把与假期有关的社会福利行动计划资金管理盈余额全部用来资助退休人、贫穷街区青少年、单亲家长、残疾人或智障者外出度假。瑞士REKA在全国经营着数百家低价住宿设施，为了鼓励低收入群体的入住，根据使用者的收入水平，会予以10%～15%的折扣优惠，对于特困家庭，REKA会邀请其免费利用REKA的各种设施。日本在1955年成立了观光审议委员会福利旅游研究会，建立了"国民旅游村"等各种旅游设施。西班牙也在开发"低价度假村"等。对北京发展旅游事业而言，可以瞄准国际上的一些先进做法，在福利旅游方面进行更多的探索。

（二）挖掘传统文化资源，将古都风貌保护与旅游业发展有机结合起来

文化体制改革是十八届三中全会的重要内容，也是促进文化大发展大繁荣的重要动力。虽然十八届三中全会没有对传统文化问题进行明确的阐述，但是提出了"建设社会主义文化强国，增强国家文化软实力"，"以激发全民族文化创造活力为中心环节，进一步深化文化体制改革"等方面的内容。而要完成好这一任务，通过发展旅游，保护和利用好传统文化资源是自然的选择。需要指出的是，推动传统文化资源的旅游化利用最主要的并不是为了旅游的经济价值，更看重的是旅游的社会效益和文化效益。因此，北京促进旅游事业的改革创新必须更好地发挥旅游在促进古都风貌保护方面的作用。

北京旧城区是北京市最具吸引力的文化旅游资源，也是北京市旅游业发展的核心竞争力所在。根据《北京市城市总体规划》对历史文化名城保护的原

则，需要"积极探索小规模渐进式有机更新的方法，在政府主导下妥善处理居民生活条件改善与古都风貌保护的关系"。需要"合理调整旧城功能，防止片面追求经济发展目标；强化文化职能，积极发展文化事业和文化、旅游产业；增强发展活力，促进文化复兴，推动旧城的可持续发展"。需要"调整和健全历史文化名城保护管理的机制与体制"。同时按照《北京市城市总体规划》，为了实现旧城的保护与复兴，需要"疏导不适合在旧城内发展的城市职能和产业，鼓励发展适合旧城传统空间特色的文化事业和文化、旅游产业"。因此探索旧城历史文化资源的保护与利用的体制机制，特别是北京中轴线（永定门至鼓楼 7.8 公里）传统文化资源的保护和利用，是北京市旅游事业改革创新亟须解决的问题。

在挖掘北京旧城文化资源中，比较突出的是旧城中四合院的保护和利用问题。四合院是北京文化的重要体现。目前北京有 1000 多条胡同，上万个四合院。值得注意的是，一方面在旧城改造中，北京的胡同和四合院正在迅速消失；另一方面这一对京外游客极具吸引力的重要旅游资源由于没能转化为旅游产品，使得北京旅游业的发展大打折扣。由于缺少经济的支撑，四合院居民保护四合院的动力不强。要解决这一问题，只有通过发展文化旅游业，提高四合院的旅游经济价值，才能形成可持续的保护和利用机制；同时，也能改善四合院居民的生活条件，改变四合院居民"守着金饭碗要饭"的局面。目前，推动旧城居民用四合院经营旅馆业的障碍主要是利用民宅开展住宿等经营活动与公安、工商等部门的管理规定违背，因此需要创新政策，为旧城居民利用四合院经营旅馆创造条件。根据《旅游法》第46条，"城镇和乡村居民利用自有住宅或者其他条件依法从事旅游经营，其管理办法由省、自治区、直辖市制定"。因此北京市有必要按照《旅游法》的要求，调整和完善相关规定，为旧城居民发展四合院旅游创造条件。在相关政策允许之后，北京市旅游部门还可以及时跟进标准化管理和推出相应扶持政策，推动形成一批最具北京味的四合院旅游住宿产品。

（三）加强社会资源的旅游化利用，进一步提高北京的开放程度

党的十八届三中全会没有对社会资源的利用问题进行具体的阐述，但是按照全会的精神，促进各类公共性的社会资源对外开放，有助于很好地展示一个

地方的自信与包容，同时也是"增进人民福祉"，"解放和增强社会活力"的直接体现。北京作为国家的首都，其发展离不开全国人民的支持，也理应对全国人民更加开放。北京的公共性社会资源很多，而这些社会资源对广大游客也有很强的吸引力。因此，北京需要以更广阔的视野和更大的决心进一步开放社会资源，促进旅游事业的改革和创新。

目前，北京市旅游委员会虽然在推动社会资源向游客开放方面做了不少工作，但同美国、日本等旅游发达国家以及我国台湾地区等地相比，北京在社会资源的旅游化利用方面还有很大的改善空间。下一步北京还需要不断深化此项工作，从目前应景式的开放到常态化开放转变，从目前浅层次展示到深层次体验转化。未来北京应该进一步争取中央在京单位以及市属各有关部门的支持，积极推动公共性和公益性的社会资源有选择有步骤地对游客开放，做好服务的精细化和体验的高端化等方面的文章，而这也必将对北京都市旅游发展、城市形象的改变产生积极而深远的影响。

北京作为现代化国际大都市，有不少地标性建筑。从城市建设角度看，地标性建筑不仅有经济功能，同时也应该承担起一定的社会责任。地标性建筑正是北京可以大加利用的社会旅游资源。地标性建筑的主要旅游用途包括高层建筑城市观光和典型建筑参观。对前一类，北京西三环的老中央电视塔等已经作为旅游产品长期运营，但北京还需要制定相关政策，借鉴国外著名高层建筑、台北101大厦、上海金茂大厦、广州"小蛮腰"等的做法，更好地实现旅游效益；对后一类，像北京的鸟巢、水立方等奥运建筑已经开放供游客参观，下一步需要提升和丰富。从操作层面看，可以由旅游部门和规划部门一道，制定地标性建筑旅游开放的政策文件，将地标性建筑设计中有无相应的旅游通道安排作为项目规划审核的必备内容。

建设"没有围墙的大学"，加强学校与社会公众的交流互动是欧美国家通行的做法。北京的知名学校不仅是北京的资源，也是全国人民的资源，因此需要通过推动开放高校旅游，来吸引游客，特别是青少年游客。北大、清华等高校已经在尝试对外开放校园旅游。但目前存在的主要问题是，知名学校开放不多，高校旅游还比较无序，高校旅游还基本停留在浅层次的走马观花上。这需要通过北京市与教育部的沟通，建立起北京旅游部门与北京知名高校的协作机制，提高知名高校的旅游水平，未来可以将高校的校史宣传以及相关讲座对游客进行常态化开放，通过旅游部门和高等院校建立共同预约制等方式，引导更多游客参与到教育旅游当中来。此外，北京高水平的科研院所很多，其研究的内容对求知欲强的外来游客有很大的吸引力，未来可以探索建立起科研院所与旅游部门的协作机制，通过预约制的科普知识讲座和科研展示等方式，搭建游客和科研院所的交流平台。

十八届三中全会提出，"继续推进国有经营性文化单位转企改制"，随着国有经营性文化单位转企改制的不断深入，其对快速增长的旅游市场需求也更为迫切。另外，北京有数十项国家级非物质文化遗产，每天有数十场文化演出活动，这些都是北京作为国家文化中心的重要体现。目前，外地游客来京旅游，除了参观游览几个知名的旅游景区以外，由于缺少引导，很少参加到北京众多的文化活动中来。这不利于对外展示北京丰富多彩的文化魅力，不利于北京的文化产业发展，同时也不利于北京旅游业的转型升级。造成这一问题的主要原因在于缺少相应的协调机制和政策引导。因此要通过旅游事业的改革创新，出台相关扶持政策，完善相关体制机制，一方面推动北京文化院团转企改制，走向市场；另一方面通过庞大的游客群体，为北京的文化大发展大繁荣提供巨大的市场支撑。

北京作为首都，每年都有不少体育赛事，比如北京的中国网球公开赛已经具有很大影响力。目前外来游客来京观赛，在订票等环节缺少相应的保障，不利于促进观赛游的发展。同时，北京有大量全国甚至世界知名的运动员，这些运动员对于广大民众有很强的影响力和号召力，但目前缺少相应的机制，将其与旅游连接起来（比如，一些知名运动员的部分训练可以通过某种机制向外来游客开放）。除此之外，由于目前缺少体育和旅游部门的合作机制，在北京许多体育运动项目（比如定向运动、攀岩运动等）没有成为广大游客的旅游项目，未来可以考虑采取旅游、体育部门共同制定体育旅游示范基地等方式，推动各类参与性体育旅游项目的发展。

（四）打破自然资源的分割管理，将旅游业发展融入自然资源的科学管理之中

党的十八届三中全会关于生态文明制度建设，对自然资源管理改革提出了

新的要求，明确指出，要"形成归属清晰、权责明确、监管有效的自然资源资产产权制度"。"健全国家自然资源资产管理体制，统一行使全民所有资源资产所有者职责。完善自然资源监管体制，统一行使所有国土空间用途管制职责。"特别值得关注的是，三中全会借鉴国际上的普遍做法，首次提出了"建立国家公园体制"。可以预见，这一体制的变革将对自然资源的管理产生深远的影响，同时也会对旅游业的发展产生深远的影响。

受计划经济时期管理思维的影响，各个行政部门习惯于划定一个区域，作为其管理的对象。这种做法的优点是有利于突出某一区域的某一管理任务，但是随着时代的发展，这种做法带来的负面效益逐渐显现。一方面造成了部门的"地盘意识"，另一方面也不利于一个区域的持续健康发展。目前，对自然资源管理体制的具体改革还没有明确的方案，特别是国家公园体制的建立也不会是一蹴而就的。但我们有理由相信：未来的改革必然有助于打破自然资源分割管理的格局，有助于实现自然资源的保值增值。而从旅游业发展的角度看，不论哪一类自然资源，旅游业都能很好地融入其中，无论是建设部门管理的风景名胜区，还是环保部门管理的自然保护区、林业部门管理的森林公园、水利部门管理的水利风景区，旅游功能都是必不可少的功能。旅游也因此可以超越部门利益，很好地发挥促进资源保护和利用的作用。从这个意义上讲，景区本身的属性和归哪个主管部门管理并不重要，重要的是其能不能在保护的前提下，实现资源的有效利用，满足游客观光休闲的需要。未来尽管旅游业与自然资源的统一管理如何结合还有待探索，但是北京在推动旅游事业的改革创新上需要对此问题给予积极关注，领先一步，为全国摸索出更多的经验。在具体的推进上，旅游部门要积极主动参与到自然资源管理体制的改革中来，在国家公园等制度设计中，全方位地体现旅游发展的诉求，使国家公园在促进自然资源保护的同时，也成为国民重要的旅游休闲区。

（五）进一步转变政府职能，提高旅游公共服务水平

党的十八届三中全会明确提出："必须切实转变政府职能，深化行政体制改革，创新行政管理方式，增强政府公信力和执行力，建设法治政府和服务型政府。"同时强调："加强地方政府公共服务、市场监管、社会管理、环境保

护等职责。"按照全会精神，发展旅游事业就需要把旅游公共服务摆在重要的位置。作为旅游事业的重要组成部分，迅速增长的旅游消费已经对旅游公共服务提出了迫切要求，提供旅游公共服务也理应成为政府应尽的职责。需要强调的是，加强旅游公共服务不是另起炉灶，而是在旅游目的地现有公共服务基础上围绕游客需求进行提升和完善，同时要统筹考虑游客和居民的公共服务需要，在城市规划、土地规划等相关规划中把旅游的需要考虑进去，提前预留旅游公共服务空间。从北京的实际情况看，推动公共服务领域旅游事业的改革创新需要着重从三个方面入手。

1. 形成覆盖广泛、体系健全的旅游公共服务体系要完善旅游咨询体系、旅游集散体系

未来的城市将逐步从原来突出强调工作、居住、交通三大功能向同时强调工作、居住、交通和休闲四大功能的理性回归，这种回归对公共服务提出了新的要求。为此，北京要高度重视旅游公共服务在新型城镇化建设中的地位。要把旅游公共服务纳入乡（镇）农村尤其是重点旅游县、乡、村的公共服务设施规划，列入相应政府的财政预算。城市地标性建筑应考虑旅游观光功能，增设必要的旅游公共服务设施。长途汽车站、火车站、机场等基础设施以及高速公路服务区（加油站），要规划设计旅游问询中心等旅游公共服务设施。

2. 改善旧城公共交通

适度开行北京旅游观光巴士，完善旅游大巴在旧城的运行和泊车管理。旧城既是北京文化旅游的主要区域，也是交通拥堵的主要区域，因此统筹协调旧城内的市民交通与旅游交通十分重要。在旧城，公共交通基本可以满足市内居民的需要，同时也可以满足外来散客的需求。对外来散客来说，可以考虑在交通管理部门的统一管理之下，在旧城区非上下班高峰时期，开行旅游观光巴士，以满足部分游客的特殊需求。此外，对大量团队游客来说，旅游大巴是其主要的交通工具，而在旧城很少有合适的停车场供旅游大巴泊车，这既给游客带来了不便，同时旅游大巴的运行也给旧城交通造成了很大压力，这需要通过旅游部门与交通等部门完善相应机制，逐步加以解决。

3. 完善旅游综合执法机制

抓紧建立旅游违法行为查处信息共享机制，建立统一的旅游投诉受理机制，在旅游热点区域，探索建立综合性的旅游执法机构、旅游警察制度。从广义上讲，保障旅游市场秩序也是政府重要的公共服务内容。党的十八届三中全会明确提出要"深化行政执法体制改革。整合执法主体，相对集中执法权，推进综合执法，着力解决权责交叉、多头执法问题，建立权责统一、权威高效的行政执法体制"。因此在推动联合执法中解决旅游执法问题将是旅游执法领域重要的改革方向。目前，由旅游部门单一受理旅游投诉机构的主要问题是，旅游部门接到旅游投诉之后，往往由于职能所限，无法及时解决游客反映的问题，特别是散客反映的问题。因此，北京市有必要通过抓紧设立超越某一部门的投诉受理机构，并根据各部门职能，及时处理相关涉旅投诉。未来北京应该通过改革，依托统一的旅游投诉受理平台，为一揽子解决外来游客在北京旅游过程中出现的各种问题奠定基础，树立起北京"宜游"的新形象。除此之外，在一些旅游热点地区，旅游活动是造成各种矛盾和相关问题的主要原因，因此用一般性的联合执法机制，不能很好地解决日常的执法问题，这就有必要通过各职能部门统一授权给一个综合性的旅游执法机构，对旅游热点地区出现的各种问题进行及时有效的处理。

（六）激发社会活力，完善旅游事业发展机制

党的十八届三中全会在创新社会治理机制中，提出"正确处理政府和社会关系，加快实施政社分开，推进社会组织明确权责、依法自治、发挥作用。适合由社会组织提供的公共服务和解决的事项，交由社会组织承担。支持和发展志愿服务组织。限期实现行业协会商会与行政机关真正脱钩，重点培育和优先发展行业协会商会类、科技类、公益慈善类、城乡社区服务类社会组织，成立时直接依法申请登记"。旅游管理的主体除了政府部门以外，还有相应的社会中介组织。政府和社会中介组织基于分工协作进行旅游大管理，有利于旅游业的健康发展。《国务院关于加快发展旅游业的意见》（国发〔2009〕41号）明确规定："旅游行政管理及相关部门要加快职能转变，把应当由企业、行业协会和中介组织承担的职能和机构转移出去。五年内，各级各类旅游行业协会的人员和财务关系要与旅游行政管理等部门脱钩。"《旅游法》第90条也规定："依法成立的旅游行业组织依照法律、行政法规和章程的规定，制定行业

经营规范和服务标准，对其会员的经营行为和服务质量进行自律管理，组织开展职业道德教育和业务培训，提高从业人员素质。"从国际发展经验看，欧美发达国家旅游协会发育比较成熟，在旅游管理中扮演了重要的角色。目前，在北京市旅游业发展中，既存在一些政府管了又没管好的问题，也存在一些应该管而又没有管的问题。未来需要进一步理顺政府和社会的关系，推进旅游社会组织建设，进一步发挥各类协会在促进旅游经营和服务质量方面自律管理的作用。在加强协会自身建设的同时，加强政府同协会的协作，共同完善旅游管理的体制机制。

G.4
北京旅游业建设环境友好型与资源节约型示范产业研究

马晓龙　黄　璜*

摘　要：

党的十八大以来，建设环境友好和资源节约型社会的需求日益高涨。就北京的旅游产业发展而言，环境友好与资源节约具有显著的示范意义，不仅是落实生态文明建设国家战略的具体举措，也是新型城镇化发展和世界城市的关键举措。本文从产业发展阶段和产业发展实践两个方面论证了北京市已经积聚了环境友好和资源节约的客观条件，同时也存在认识不到位、整体部署落实差、缺少行业标准等问题，并从责任落实、制度建设、加大投入、促进公共参与和加强区域合作等角度，提出了努力把北京旅游业建设成为环境友好型与资源节约型示范产业的任务重点。

关键词：

环境友好　资源节约　北京市

---

* 马晓龙，中国旅游研究院区域发展与规划研究所所长，博士，副研究员，研究方向为区域旅游发展与规划；黄璜，中国旅游研究院区域发展与规划研究所，博士，副研究员，研究方向为休闲旅游与老年旅游。

一 建设环境友好型与资源节约型示范产业是
新形势赋予北京旅游业的重要职能

（一）北京旅游业建设环境友好型与资源节约型示范产业是生态文明建设的重要组成要素

1. 宏观战略层面：建设环境友好型与资源节约型社会是党和国家在新形势下做出的重大决策

党的十八届三中全会提出把加快生态文明制度建设作为当前亟待解决的重大问题和全面深化改革的主要任务，强调要紧紧围绕美丽中国的建设、生态文明体制的深化改革，以实现生态文明制度的尽快建立，保证国土空间开发、资源节约利用以及生态环境保护体制的健全，最终达到人与自然和谐发展的社会主义现代化新境界。我国的人均资源处于贫乏或者十分贫乏的状况，保护环境、节约资源以及应对气候变化应该是可持续发展的正确和全面的诠释，是生态文明建设的支柱和内涵。

"将建设资源节约型、环境友好型社会作为加快转变经济发展方式的重要着力点"在国家"十二五"规划纲要中被明确提出来，从节能减排、应对气候变化和发展循环经济等多方面对绿色发展目标进行了细化分解，并完善了考核制度，是对建设绿色北京更高的要求标准。"十二五"时期，是"人文北京、科技北京、绿色北京"高标准建设的关键时期，是快速推进首都科学发展、加快转变经济发展方式的重要时期，在资源环境约束日趋强化和国内外环境日益复杂的背景下，必须有强烈的危机意识和对发展形势的清醒意识，坚定不移地树立绿色、低碳发展理念。

2. 微观实施层面：建设环境友好型与资源节约型的旅游业是北京市生态文明建设的重要抓手

北京旅游业是北京发展的重要产业，在北京建设生态文明社会时，建设环境友好型与资源节约型的旅游业迫在眉睫。"十二五"时期要全面实施"绿色北京"战略，以环境友好型和资源节约型社会建设作为经济发展方式转变的重要抓手，持续推进大气治理，加强绿化建设和生态修复，加快形成绿色生产体系、绿色消费体系，大幅提高首都生态文明水平和可持续发展能力，把北京建设成为既服务于当代市民，又服务于子孙后代的宜居家园。大力开展绿色低碳旅游、有效减少旅游活动中的环境污染以及资源浪费、建设环境友好型与资源节约型的旅游业是建设生态文明，树立生态文明观念，推动科学发展、促进社会和谐的必然要求。加快转变经济发展方式是建设节约型、环境友好型社会、推动生态文明建设的紧迫任务。建设生态文明，是关系人民福祉、关乎民族未来的长远大计。

党的十八届三中全会提出建设生态文明社会，北京作为首都重点开展生态文明建设工作。北京的各个区（县）开展相关建设活动，努力打造生态文明地区，发展环境友好型与资源节约型的旅游业。在生态文明建设过程中，平谷统一思想，从全局和战略高度深刻认识生态文明和城乡环境建设的重要意义。狠抓落实，高水平推进生态文明和城乡环境建设各项工作。精心组织，确保生态文明和城乡环境建设取得实效。此外，延庆群众性生态文明创建活动以巩固国家生态县、国家卫生县城、ISO14001环境管理体系认证三大创建成果为基础，以全县党政机关企事业单位工作人员、学校学生、农村农民、社区居民、餐饮旅游服务行业人员五大群体为主要发动对象，开展绿色机关、生态文明校园、生态文明乡（镇）、生态文明村、生态文明户、绿色社区、绿色商场市场饭店等丰富多彩的创建活动。同时，延庆大力开展活动，打造绿色景区，从根本入手解决旅游行业环境污染、资源浪费问题，建设环境友好型与资源节约型旅游产业。

（二）北京旅游业建设环境友好型与资源节约型示范产业是建设新型城镇化的必由之路

1. 资源供需矛盾较为突出，新型城镇化发展迫切

2012年末北京市常住人口2069万人，比1990年几乎增加90%。2000~2012年，北京市人口增加700万人，是上一个10年人口数量增加值的两倍。在城市人口大量增长的同时，北京的环境资源承载能力不足。北京人均土地面积不足全国平均水平的1/6，人均水资源占有量不足全国平均水平的1/10、世界的1/35。目前北京100%的天然气、100%的石油、95%的煤炭、64%的电力、55%的成品油均需从外地调入。

可见，城市人口规模、产业发展规模和建筑规模不断增加等问题，已经严

重影响到北京的可持续发展，影响首都形象和人民群众的生产生活。北京必须调整发展方式，从传统型的城镇化转变为新型城镇化。重视环境保护，重点发展环境友好型与资源节约型旅游业。

2. 市民的人居环境改善需求对新型城镇化提出了更高的目标要求

北京市市民对改善人居环境需求迫切。北京市已进入中等富裕城市之列，人均GDP超过1万美元。"十二五"时期，随着首都北京向中国特色世界城市的进一步迈进，人民生活水平和文化素质的持续提高，市民的环保意识也不断增强，对环境质量的要求不断提高，对生态环境的诉求由最初的污染治理、园林绿化等基础领域开始逐步向森林释氧固碳、绿色食品、生物能源、康体休闲等高层次、新领域延伸，对绿色北京建设和新型城镇化提出了更高的目标要求。

北京要走资源节约、环境友好、城乡统筹、区域协调、社会和谐、特色鲜明、符合本地区实际的新型城镇化发展道路。在城镇化过程中会出现环境污染、资源浪费、人口分布不均等问题，所以在推进新型城镇化过程中应重视建设环境友好型与资源节约型社会。将环境和资源列入新型城镇化的重点问题，能够帮助北京城镇化道路的健康可持续发展。

3. 环境友好型与资源节约型的旅游业发展有利于推进北京市新型城镇化进程

新型城镇化要求"友好"地对待环境，努力保持"发展"的城市系统与"稳定"的环境系统之间的平衡，实现人与自然的和谐共处。要把环境友好作为城市发展的重要目标，把资源节约作为环境友好的重要途径，加强旅游业环境保护建设从粗放型向集约型转变，减少旅游建设中的资源、能源消耗，走集约型的空间利用之路，不断提高旅游环境容量。一方面在旅游业的规划、建设中，要充分考虑生态环境对旅游业发展的承载能力，协调游客与区域之间的环境依存关系；另一方面要树立环境优先的理念，对游览区自然生态环境、文物建筑等增强保护，对旅游者增强宣传以提高其环境保护意识。

"十二五"时期，随着首都北京向中国特色世界城市的进一步迈进，人民生活水平和文化素质的持续提高，游客对环境质量的要求也不断提高，对自然生态环境的诉求向森林固碳、康体休闲等新领域、高层次延伸。因此北京旅游业建设环境友好型与资源节约型示范产业，有利于全市走资源节约、环境友好、城乡统筹、区域协调、社会和谐、特色鲜明、符合实际的新型城镇化道路。

（三）北京旅游业建设环境友好型与资源节约型示范产业是世界城市的关键产业支撑

1. 将旅游业发展成为环境友好型与资源节约型产业是世界城市发展的重中之重

纵览世界城市的发展历程，世界城市都曾受到广泛性的环境问题影响范围与多重性、综合性的形成机制和背景因素等问题的困扰，不断增加城市环境问题的治理难度。在管理城市环境和解决能源消耗问题上，城市发展、产业经济发展、环境管理和消费方式之间存在着连带关系和连锁反应。因此，城市规划和建设管理成为城市发展初级阶段城市环境管理的重点。纽约、伦敦、东京等世界城市在进入城市化高级阶段后，在城市建设上相继向社会管理、功能管理和环境管理等重点领域转变。

以新加坡为例，新加坡环境友好型社会建设的成就举世瞩目，其成绩是政府、个人和非政府组织、企业多元参与的结果。新加坡的经验有着重要启示：在环境友好型社会建设中，政府主导是基础，多元参与是关键，多种政策工具并用是途径。经过40多年的建设，新加坡的环境友好社会取得了很大的成就。1994年，空气污染指数为优、良和不健康的天数占全年的天数比例分别为49%、46%和5%，而到2004年，这些数字分别为88%、12%和0%；1994年，新加坡二氧化硫的年排放水平是20毫克/立方米，到2004年这一指标降为12毫克/立方米，而美国环境保护署的平均标准是80毫克/立方米。

2. 环境友好型与资源节约型的旅游业发展是北京建设世界城市的关键产业支撑

随着经济发展和人民生活水平的提升，人民群众对生态环境质量提出了新的更高要求。随着人民物质生活水平的不断提升，城市居民重视旅游等精神层面活动的提升，旅游业的重要性不断突出。同时，环境问题的凸显、群众环境意识的增强，不断要求北京旅游业建设成为环境友好型与资源节约型产业。与其他世界城市相比，进一步改善生态环境是我们建设中国特色世界城市迫切需要解决的突出问题。北京仍然是发展中的城市，在加强生态环境建设、实现人与自然和谐相处方面还需要下更大的力气。

在正值北京向城市化高级阶段迈进的时期，北京提出了建设世界城市的发展目标。这要求在城市建设思想上实现根本变革，即实现从主要追求城市经济增长向重视城市经济、社会、环境的复合系统转变的根本变革。北京在城市政策制定和实施中，要处理好经济发展与环境的关系，整合、协调好城市保护等各项政策目标和政策手段，全面认识到城市问题的综合性和复杂性，从而为整个城市的资源可持续利用和生态环境建设提供科学的规划与保障，促成城市永续发展。在不断发展旅游业，增加旅游业经济效益的同时，加大力度整治旅游业环境问题，促进环境友好型与资源节约型的旅游业建设，是北京建设世界城市的关键产业支撑。

二　北京旅游业已经积累了建设环境友好型与资源节约型示范产业的基础

（一）北京旅游产业已经进入追求环境友好与资源节约的发展阶段

1. "十一五"时期北京市旅游业发展取得了较大成就

整个"十一五"时期北京市旅游业成功应对各种挑战，走过了一段既艰难又辉煌的历程。2012 年，北京市全年接待入境旅游者 500.9 万人次，比上年下降 3.8%。其中，外国人 434.4 万人次，下降 2.9%；中国港、澳、台同胞 66.5 万人次，下降 8.9%。旅游外汇收入 51.5 亿美元，下降 4.9%。全年接待国内旅游者 2.3 亿人次，增长 8.4%。国内旅游收入 3301.3 亿元，增长 15.3%。国内外旅游收入总计达到 3626.6 亿元，增长 12.8%。全年出境游人数 272.5 万人次，增长 47.9%。

此外，北京市还建立了"9 + 10"区域旅游合作机制，与环渤海地区 5 省市、环北京 4 省区和 10 个国内热点旅游城市建立"共塑产品、互送客源、共同宣传、异地投诉、联合执法"的旅游合作意向。北京旅游业服务中央，承担了众多重大接待服务，包括奥运会与残奥会、新中国成立 60 周年庆祝活动等。同时，在和谐社会建设、新农村建设等方面发挥了重要作用。

2. "十二五"时期北京市旅游业不断改进，已进入追求环境友好与资源节约的发展阶段

"十二五"时期，北京积极提高生活性服务业保障能力。适应新阶段城乡居民生活需求和消费升级，综合发挥市场和政府作用，整合旅游休闲服务资源，增强旅游业和生活服务业多元化、多层次供给，营造有利于扩大服务消费的社会氛围，旅游业已经成为建设世界城市进程中的重要战略性支柱产业。

"十二五"时期，北京加快产业结构调整步伐，将重点放在高耗能、高污染的低端产业，大力控制低端产业进京。同时，北京不断调整产业结构，加快发展新型环保高附加值产业，注重提升服务业在经济总量中的比重。作为服务业中的龙头产业，旅游业不断改进，已经进入追求环境友好与资源节约的发展阶段。在全市产业结构升级的宏观背景下，追求环境友好型与资源节约型发展对旅游业提出了新的要求。

（二）北京旅游产业已经在局部地区特定领域积累了一系列经验，北京旅游业有责任成为建设环境友好型与资源节约型的示范产业

昌平区将旅游产业发展与生态环境保护相结合。2013 年以来，昌平区大力实施旅游环保工程，切实将清洁空气行动计划落到了实处。一方面升级环保设备，竭尽所能减排降耗，另一方面企业还积极配合政府对重大环境风险源进行重点监控。区旅游委大力实施环境保护工程：其中包括对全区 45 家星级饭店的经理进行环保知识的培训讲座；加大对企业节能环保设施改造的支持投入力度，强化环保责任落实和清洁空气行动计划任务分解实施工作，近百家旅游企业积极响应参与，开展自我排查和设备改造升级，形成了旅游行业齐抓共管的良性互动局面。

北京园博园是"一轴一带多园区"中的永定河绿色生态发展带的核心区。在原垃圾填埋场上建设一座生态环保的园博园，不但有利于修复永定河生态环境，打造北京生态修复新亮点和京西旅游的新景点，进而拉动丰台乃至北京西南地区经济社会的发展。园博园的建设采用不同方式，增强互动性和参与性，向全社会推广绿色生态环保理念，展现节能环保的新材料、新技术、新工艺和

再生水、太阳能、风能等低碳环保技术的科学、合理利用，也将成为该园博会的一个亮点。

三 北京旅游业建设环境友好型与资源节约型
示范产业面临的主要问题

（一）对环境友好和资源节约的重要认识尚未完全到位

作为环境友好型、资源节约型和开放型、文化内涵丰富型的旅游产业性质得到了北京市政府和北京市旅委的高度重视。但是，部分干部群众尤其是区（县）一级，甚至是更低一级行政部门的部分干部群众对生态环境保护重要性的认识不到位，重经济发展、轻环境保护的问题没有从根本上得到解决；资源节约和环境友好型旅游业发展仅是一种理念，尚未形成具体的规划；市民和旅游者对城市环境保护满意率还不够高，对创建国家环境保护模范城市缺乏积极性。在北京旅游业建设环境友好型与资源节约型示范产业时，公众宣传力度不足，市民和旅游者对建设环境友好型与资源节约型社会的认识不到位，群众参与程度不足，主动治理、配合治理的积极性不高。

（二）对环境友好和资源节约的实践缺少整体部署

北京旅游业发展起步较早，且在市委市政府和旅游相关部门的领导下取得了巨大成就。但随着"两型"社会建设的推进，旅游业建设资源节约型和环境友好型产业的需求也日益突出。北京市旅游部门通过乡村旅游、智慧旅游、生态旅游等手段不断提高旅游业发展的环境友好程度和资源节约力度。但在具体实施过程中，环境友好型和资源节约型的旅游业发展，仅仅依靠高层政府推动，却没有实现全社会、各部门的通力合作，致使实施效果存在较大的提升空间。例如，在项目引入方面，绿色引入机制缺乏、绿色门槛较低，从而无法实现对旅游项目选址的严格控制，而且由于缺少相应的环境评价和生态补偿机制，可能在旅游发展过程中会对环境造成不良影响。这些现实问题的解决，需要旅游、环保、林业、水利、国土等部门的合作和共同努力。此外，旅游业在资源节约和环境友好建设方面投入不足、监控力度不足导致旅游企业污染严重等，都给北京旅游业建设环境友好和资源节约型产业的发展带来影响，这些问题都需要引起高度重视，并切实加以解决。

（三）对环境友好和资源节约的执行缺乏行业标准

受技术等诸多因素影响，目前对环境友好和资源节约的执行尚缺少相应的行业标准，致使政府无法对旅游业发展进行统一规范。如对旅游地、旅游景区的生态环境质量无法进行准确评估，对旅游业发展过程中节能环保技术的应用无法准确评价，对旅游业发展的环境友好程度和资源节约力度无法准确判定，从而使得旅游业在资源节约和环境友好建设方面存在的不足难以改进。正是这些客观原因，致使北京旅游产业建设环境友好和资源节约型产业初期速度较快，出现了总体规模大，政绩型、投机型和哄抢型开发突出的苗头。因此，政府一要加强规范产业秩序，制定严格的市场准入制度；二要加大管理力度，要尽快制定行业自律条例，行业规范管理办法，行业规范服务标准。

四 努力把北京旅游业建设成环境友好型与资源节约型示范产业的主要任务

（一）落实责任，建立旅游产业环境友好型与资源节约型绩效考核制度

健全责任追究和绩效考核机制。在完善旅游区域环境保护目标责任制的基础上，关键抓落实。全面分解各项环保任务，落实到各个区（县）相关部门、旅游景区，对环境保护的主要目标和任务进行年度考核，定期公布考核结果，并将考核结果纳入领导干部考评的范围内。

深化部门协调与联动。各级政府部门间在环境质量管理和环境安全管理方面要保持沟通渠道的畅通和信息交流的便捷及时，定期会商、开展联合执法，以形成协调联动的监管机制；在环境应急事件上，提高旅游部门的反应速度与处置能力，协同合作环境突发事件的应急监测和处理。环境保护主管部门要加

大对北京旅游产业建设成环境友好型与资源节约型的示范产业工作的监督、指导、协调和综合管理。在本市城市发展的宏观调控上，发展改革、城乡规划等部门要贯彻落实绿色发展理念，合理规划，转变能源结构和产业结构，从源头上杜绝环境污染。

加强旅游环境规划管理。对纳入规划的重点景区产品须经市级主管部门组织论证审批，严格控制景区功能定位、发展方向、环境容量、建筑风貌、开发强度等。保护区范围内，不允许布局污染企业，禁止从事污染环境、破坏文物和生态的活动；禁止进行森林砍伐、开山挖石等破坏景观的行为；严禁擅自改变景区开发建设方向，确实需要调整的，需按有关程序报批；严禁旅游企业在景区内进行破坏性建设和环境污染；严禁居民在重点景区保护范围内修建不符合规划要求的设施。

创新旅游体系机制。以统筹协调发展、形成合力为指导，加强北京市旅游发展委员会在旅游业环境友好与资源节约型发展中的全局把控、综合协调、行业管理、市场开发、推广宣传等方面的职能，进一步提高对旅游资源和旅游要素的整合能力。对体制机制和配套政策体系进行创新，从而引导旅游发展的改革与创新。按照市场经济的要求，健全旅游行业管理标准和自律机制，推进行业协会的改革，充分发挥旅游行业协会在维持市场秩序、协调各方利益、维护旅游行业形象以及提供公共服务等方面的功能。

（二）加强制度建设，完善环境法规标准体系

对保障旅游业健康运行、促进旅游产业发展的法规和规范体系进行完善健全。包括旅游企业服务质量标准、旅游景区服务质量等级标准、旅游咨询服务中心建设标准、旅游企业服务质量标准、等级旅游景区标示牌建设标准、住宿设施节能减排标准、旅游无障碍设施建设标准、旅游文化演出场所服务质量标准等全国统一标准，和《北京人家住宿服务标准》《星级饭店客用棉织品提供规范》等北京市地方标准。大力推广旅游服务的诚信化、规范化和标准化，形成科学、完整的旅游服务标准化体系。统筹协调旅游相关产业，推动旅游标准项目的研究与制定。以产业发展需求为导向，建立标准化工作模式和运行机制，实现工作管理体制的分工协作、统一管理、科学高效的标准化，最终达到

标准体系的结构合理、重点突出和层次分明的目标。

发挥规划和政策的指导作用。完善和健全北京旅游业建设环境友好型与资源节约型的发展战略规划政策体系，加强对环境保护、资源节约、安全保障的要求，在专项规划和政策制定上强化节能减排、保护环境，实现相关规划的一致协调与合理衔接。对重大决策采取专家咨询、社会听证、公示和信息公开制度，提高决策的公众参与度和透明度，向科学化、民主化决策推进。

严格执行旅游环境法律法规。旅游项目都必须通过环境影响评价方可开发建设，按照生态环境保护设施与项目主体工程同时设计、同时施工、同时投产的"三同时"制度，强化环保设施配套建设；实现污水、烟尘和垃圾科学处置，禁止开展破坏生态环境、破坏生物多样性和污染环境的旅游；旅游组织单位必须严格管理，禁止游客在旅游区内非法破坏野生动植物资源和污染环境。

（三）完善经济政策，确保资金投入

发挥政府资金的引导作用。以保护生态环境、节约资源、节能减排、发展循环经济为导向，加大政府对旅游资源环境保护、资源节约等公益性领域的资金投入，为将旅游业建设成为环境友好型与资源节约型提供财政支持。同时为提高资金的使用效率、充分发挥资金投入的效益，要积极推行预算项目支出绩效考核工作，改进资金预算管理和项目管理。

加大环境保护资金投入。将环境保护作为北京旅游业发展的重中之重并且把旅游业中环境保护投入作为政府支出的重点，从财政支出上支持节能减排等环境基础设施建设、环境监测体系建设、生态涵养林建设、旅游景区环境质量评测建设等。

拓宽生态建设与环境保护的投融资渠道。鼓励引导不同经济成分、多样化投资主体参与到旅游环境基础设施建设中来，以政府资金引导社会资金设立环保产业支持基金，加大对环保有效型旅游企业的资金支持，促进环境友好与资源节约意识推广。最终形成"政府搭台、社会参与、多元化投入"的环保投融资机制。

（四）努力拓宽公众参与程度，深化全社会参与环保的意识

提升公众环境意识。大力宣传将北京旅游业建设成为环境友好型与资源节约型产业理念，普及环境科学知识，倡导绿色出行、低碳旅游等新思想，使生态环保意识成为北京人引领全国的基本素质之一。创新宣传方式，对参与环保的不同群体采用不同的宣传方式。通过大力宣传绿色旅游业等，培养市民低碳旅游意识，帮助建设环境友好型与资源节约型旅游产业。推动建设环境文化，实现生态文明在社会、经济、文化、社会伦理等领域的融合和延伸，引导环境友好、资源节约社会风尚的形成。定期调查市民环保意识，建立公众环境意识评估体系，鼓励广大市民共筑"绿色北京"、切身践行绿色生活。

推进绿色信息传播。创新传统媒体传播渠道，开拓与新型媒体如计算机互联网、移动通信网、电视广播网等的合作渠道。不断优化北京环保公众网网络资源，积极推动与重要门户网站的深入合作。落实好环保法规、政策和重大决策，做好重要成效等信息的宣传工作，增强广大市民和各类旅游企业参与将北京旅游业建设成为环境友好型与资源节约型产业的信心和动力。

搭建公众参与平台。在对广大市民进行环保宣传的同时，也要加强对党政领导干部和企事业管理人员的宣传，形成政府主导推进、企业自觉守法、市民广泛参与的城市环境保护新格局。把握住重要的环境保护纪念日，组织调动社会多种力量共同策划开展环保公益活动，使市民环保意识根深蒂固。对环保重大事项继续执行听取民意制度，保证环境投诉和信访渠道的畅通，确保环境宣传与信息服务的实用性，提高与公众的互动和参与环保活动的水平，从环境保护法律法规、行政处罚等政务制度上进行保障。

（五）推进区域的更广泛合作，拓宽国际环境领域交流的渠道

利用京津冀一体化发展的国家战略机遇，积极参与大区域内的大气污染联防联控工作。在区域大气污染防治中发挥带头领先作用，统一旅游行业污染排放标准，整合产业发展布局。促进产业结构调整和技术升级，减少污染物区域转移。加强旅游业产业升级，控制旅游业带来的环境污染以及资源浪费。继续

推进与河北的合作，在水污染防治、水资源保护、合理利用以及统筹调配方面继续推进与密云水库、官厅水库上游地区的协调。

以中国特色世界旅游城市创建为目标抓手，在更加广阔的国际平台上开展环境保护交流合作。借鉴国际环境保护的成熟经验和先进做法，结合我国各地方的实际情况，应对环境污染、建立生态环境、建设旅游业环境友好型与资源节约型产业。全方位对外交流合作在资金、技术、人才、管理等方面的经验。借助国际组织利用全球资金，开展多边区域环境组织，培养涉外环境问题的处理能力，建立涉外环境处理机制，使有关涉外环境问题能得到积极稳妥处理。

G.5
关于深化北京市场主导、政府有为的旅游管理体制和运行机制的研究

陶 犁 葛国保*

摘 要:

旅游管理体制和运行机制直接影响着北京市旅游产业的发展方向、质量以及经济贡献力,并对旅游产业结构、资源利用方式产生最直接的影响。健全北京旅游管理体制和运行机制,必须充分发挥市场在旅游资源配置中的决定性作用,以市场为主导打造新型旅游公共服务平台,构建市场机制导向下的区域联盟合作机制和营销体系,发挥北京在世界旅游城市联合会中的核心作用,增强国际竞争力;同时,增强旅游委工作职能,提升旅游服务水平,并有效发挥首都区域旅游协同创新中心的功能;在此基础上,凸显企业主体作用,完善社会参与机制;从而积极构建具有国际竞争力的旅游产业体系,促进北京旅游产业升级发展,把北京建设成具有中国特色的世界城市。

关键词:

北京 旅游管理体制 运行机制 区域合作

旅游管理体制和运行机制直接影响着北京市旅游产业的发展方向、质量以及经济贡献力,并对旅游产业结构、资源利用方式产生最直接的影响。通过对北京市旅游产业管理体制与运行机制进行不断完善和创新,积极构建具有国际

---

* 陶犁,首都师范大学首都旅游研究院院长,教授,博导,研究方向为旅游地理、旅游管理;葛国保,首都师范大学首都旅游研究院研究助理,硕士,研究方向为旅游管理、旅游规划。

竞争力的旅游产业体系，大力促进北京旅游产业升级发展，对于北京建设具有中国特色世界城市具有重要意义。

一　创新和完善北京市旅游管理体制与运行机制的必要性

作为13亿人口大国的首都，正处在转型发展的攻坚阶段，面临一系列突出矛盾和挑战。充分认清党的十八届三中全会精神和《旅游法》颁布实施以及党的群众路线教育对旅游业未来发展的重大影响和重要意义，进一步做好首都旅游工作，加快建设国际一流旅游城市，必须科学地审视我们所处的历史方位，准确地把握首都发展的阶段性特征，需要不断创新和完善旅游管理体制和运行机制。

（一）创新和完善旅游管理体制和运行机制是大力发展北京旅游产业的迫切要求

北京市在2012年年底出台了《关于加快北京市旅游产业发展的若干意见》，提出要落实市第十一次党代会提出的"加快建设国际一流旅游城市，使旅游业成为重要支柱产业"的总体部署。近年来，北京市不断推进旅游产业的升级发展，产业经济得以快速发展，产业规模不断扩大，产业效益不断增强。2013年北京市旅游总收入达3963.2亿元，旅游增加值为1448.7亿元，占全市GDP比重的7.43%，旅游产业已经成为首都经济的重要支柱产业。然而，伴随着国际经济持续低迷、人民币持续升值、国内旅游目的地的多元化、国际安全问题等众多不利因素的共同影响，导致北京的入境旅游市场渐失优势。而面对国内旅游的遍地开花之势，北京旅游已然成为固守派的代表，在产业发展上缺乏创新机制，这就决定了北京旅游产业的发展必须创新发展，以适应国内外旅游环境的新变化。同时，必须深化北京旅游产业改革，强化北京市旅游管理体制和运行机制的完善和创新。

（二）创新和完善旅游管理体制和运行机制是提高旅游服务质量的迫切需要

旅游服务质量是旅游产业发展的软实力，北京旅游产业始终将优质服务放在突出位置，并通过不断强化包括旅游服务设施在内的各项旅游基础设施建设，创新旅游产品开发等方式，已经形成北京旅游的品牌服务价值。面对多样化的市场需求，不断追求创新的旅游大环境，北京旅游也日益突出其陈旧与保守之势，如"北京一日游"所出现的各种问题，必须加以综合整治管理。无论是旅游环境的变化，还是旅游管理中所出现的种种问题，究其根源，旅游管理体制的不完善与运行机制不健全是内因。伴随着国民的日益富足，旅游已经成为国民生活的重要组成部分，全民旅游已经成为一种可能。从《国民旅游休闲纲要（2013～2020年）》的出台，再到《旅游法》的颁布实施，中国旅游业日渐全民化与法制化，而作为首都的旅游服务业，国民自然以更高的标准来看待北京旅游业，更为突出地强调北京旅游服务质量和水平。这就要求北京旅游产业的发展必须依托健康有序的旅游管理体制与运行机制。

（三）创新和完善旅游管理体制与运行机制，是树立北京良好形象和扩大对外交往的必然要求

首都北京，作为全国政治、文化、经济的第一中心，是国家形象展示的重要窗口，北京旅游业则是展示北京形象的平台。通过深化与完善北京旅游产业的管理体制与运行机制，强化北京旅游的形象工程作用，正是展现北京都市文明和市民素质，从而树立首都形象的良好途径。

（四）创新和完善旅游管理体制与运行机制是建设美丽首都的重要举措

党的十八大报告提出，"把生态文明建设放在突出地位，努力建设美丽中国，实现中华民族永续发展"。以旅游、文化为引导，形成旅游产业化内生机制，以泛旅游产业撬动大区域社会经济的综合发展，在保护青山绿水的前提下，以小区域局部开发换来大区域整体的综合发展，创造更加和谐的社会经济共同体，是践行生态文明建设的重要举措。通过创新和完善旅游管理体制与运行机制，充分发挥市场主导、政府有为、企业主体和社会参与作用，根据北京的城市功能布局及定位，针对首都功能核心区、城市功能拓展区、城市发展新区和生

态涵养发展区等四大功能区，在充分体验区域旅游特色的基础上，以生态保护为前提，创建各具特色的主题化的旅游功能版块，共同构建美丽新北京。

二 强化市场主导地位，健全市场运作机制

发挥市场在资源配置中的决定性作用，着力清除旅游市场壁垒，提高旅游资源配置效率和公平性。

（一）充分发挥市场在旅游资源配置中的决定性作用

贯彻落实党的十八届三中全会通过的《决定》，正确处理好政府和市场的关系，使市场在旅游资源配置中起决定性作用，推动旅游资源配置依据市场规则、市场价格、市场竞争实现效益最大化和效率最优化。建立公平开放透明的市场规则，充分发挥北京旅游资源交易平台的作用，完善主要由市场决定价格的机制。在确保生态安全和资源保护的前提下，探索试点旅游资源所有权和经营权分离，推进旅游资源市场化运作。目前，北京市 A 级景区中企业和事业单位分别是 104 家和 65 家，从总体经营收入来看，全年事业单位旅游景区收入仅占企业单位收入的 6.2%，管理体制和运行机制在某种程度上限制了景区的发展，需要加快推进事业单位管理的旅游景区改革试点。

（二）以市场为导向构筑全方位、多层次的旅游营销网络体系

要加强市场的主导地位，就需要努力拓宽旅游推介渠道，加大旅游市场的推广力度。根据北京旅游发展的现状与趋势，充分关注传统媒体和新媒体，重新摄制旅游宣传片、制作各类旅游宣传品，推出或重新诠释北京旅游标识体系，制定较长时段的旅游形象口号及年度性促销口号；以市场调研为基础，根据入境游客、国内游客和本地游客的市场需求编制有针对性的营销策划，形成针对不同目标市场群的"旅游营销手册"等等，都是十分重要的。研究建立以"媒体推介度、企业跟进度、公众参与度"等为主要评价指标的旅游宣传推介效果考核体系，并以反馈结果修改下一阶段的旅游宣传工作，提高旅游宣传、定位推介的针对性、时效性。丰富旅游产品、扩大主题旅游线路、提升中

高端旅游的规模、合理开发利用资源体系，稳步提高来京游客的人均旅游消费水平。根据季节的差异性，针对不同游客的差异化需求，主要围绕旅游旺季（如黄金周、小长假、周末）和淡季，积极做好旅游的推介、宣传工作，服务市民及满足外来游客的需要。

以市场为主导，探索新型的旅游品牌管理方式。旅游目的地品牌是旅游目的地在推广自身形象过程中传递给公众的核心概念，这一核心概念是该旅游目的地的属性、功能、价值等所有"地方旅游"特征的总和，并能有效区别于竞争者，得到社会的认可。旅游目的地的营销和宣传一直是各地旅游行政部门工作的重点，也取得了很多成果，但对旅游目的地品牌管理的实践还有待进一步加强，从旅游目的地形象评估，到品牌定位、品牌活化、品牌传播、品牌维护的动态过程，以及到该过程对旅游目的地的作用等方面，都应该积极引入市场机制，以首都旅游经济圈整体品牌的打造为重点，创新区域旅游目的地品牌管理机制，并在此基础上实现首都旅游经济圈内市场的联合、共享和营销。

（三）以市场为主导打造新型旅游公共服务平台

推动首都旅游公共设施和服务的标准化和一体化建设，是促进北京旅游管理和服务水平提高的重要内容，同时也是区域旅游合作实现的保障。以市场为主体，就是在发挥政府引导作用的基础上，顺应市场需求，充分发挥旅游移动信息化平台的作用；同时，在过去常规的旅游公共服务平台的建设之外，需要结合当前旅游需求和旅游供给的新特征，打造新型的区域型的旅游公共服务平台。例如，跨区域旅游金融创新产品、自驾车等，包括多种旅游出行方式结合的设施和配套体系的建设，区域旅游信息平台建设和服务模式的创新等，都对以市场为主体，打造新型旅游公共服务平台提出了更高要求，提供了更广阔的创新空间。

（四）构建市场机制导向下的区域联盟合作机制

区域旅游在空间上使联系目的地和客源地之间的空间呈开放状态，其空间协作效应远远大于分散状态下的旅游景区（点），实现合理的旅游活动的空间组织，是区域旅游合作最直观最具体的外显性表达。创新区域旅游空间组织模式，是建设首都旅游经济圈、促进区域旅游合作的重要任务。伴随着区域合作的深化，单纯的依托政府间的框架性合作已经无法满足区域旅游经济的发展需要，而需要更多地借助市场的力量，整合企业资源，推进区域旅游合作深入开展。

"9+10"区域旅游合作机制为促进区域旅游合作做出了重要贡献，如相互拓展旅游市场，整合"9+10"区域优势旅游资源，共同拓展国内外旅游市场，打造旅游品牌，推进旅游资源共享、客源共享等区域旅游一体化进程，并在旅游规划、旅游市场、旅游信息化和旅游标准化等方面开展了深入合作，基本形成集信息、管理、服务无障碍为一体的大旅游格局，在加强旅游监管合作，建立旅游行政执法协作机制和旅游突发事件应急处理机制等方面也取得了显著成效。但从现实效果来看，"9+10"区域旅游合作仍存在一些突出问题。"9+10"成员区域间虽然签订了一系列框架合作协议，但在行政管理体制、旅游整体规划、市场运作模式、产品开发模式等一体化进程中，仍然只停留在框架协议上，无法取得实质性突破和进展。其根本原因在于缺乏行之有力的推手，即市场的力量。因此，必须抓住国家新一轮改革的重大历史机遇，积极引入市场机制，以旅游产品和市场推动力为合作核心，转变区域旅游合作的理念和机制，转变政府角色，变政府主导为政府有为，着力突出市场主导作用，深化"9+10"等区域旅游合作框架，力推北京旅游与兄弟区域间更多实质化的合作成果，力争实现区域内的资源共享、信息共享、市场共享、人才共享、利益共享等。

（五）发挥北京在世界旅游城市联合会中的核心作用，增强国际竞争力

2012年9月，世界上第一个以城市为主体的国际旅游组织——世界旅游城市联合会（WTCF）在北京宣告成立，联合会的总部会址永久设在北京。北京作为中国的首都、世界旅游城市联盟的总部基地，在推动中国乃至全球城市旅游的发展上，必须突出北京价值，并要起到应有的核心作用。北京价值延伸出北京机会，通过世界旅游城市联合会，北京能够更为便捷地与全球各地城市旅游深入合作，并通过城市商务交流、会议展览、政治外交等途径，提升北京

旅游的国际地位，拉近北京与其他世界城市、世界级旅游目的地的距离，以进一步提高北京旅游的竞争力。

三 发挥政府有为作用，完善部门合作机制

政府要坚持"有所为""有所不为"，政府的职责和作用主要是保持旅游业稳定，加强和优化旅游公共服务系统，保障旅游市场的合理公平竞争，加强旅游行业监管，维护旅游市场秩序，构建市场失灵的应急机制。2011年，北京市旅游发展委员会成立，改变了单一的旅游行业管理职能，重点突出了产业促进、资源统筹、发展协调、服务监管四大职能。其主要职责包含九项，即政策法规体系、产业发展战略、产业发展规划、政府协调机制、多元营销体系、规范市场环境、公共服务保障、应急处置机制、人才队伍建设等。

（一）增强旅游委工作职能，提升旅游服务水平

在北京旅游发展委员会的管理框架下，要想突出政府的角色定位，积极协调市场的主导作用与企业的主体行为，并切实推进旅游管理中的社会参与，就必须准确把握当前北京旅游的工作形势，深刻认识和把握北京旅游发展的阶段性特征，紧紧抓住和用好可以大有作为的重要战略机遇，以《旅游法》为旅游行业管理的基本法则，以旅游行业法规为重要补充，并充分结合北京旅游委的行政主体功能，形成"三定方案"，进一步增强旅游委的管理与服务职能，厘定职责分工和人员编制。进一步整合旅游委内部资源，合理分配各处室工作职能，避免"多头管理"和"失位管理"，如建立由质监所牵头，安全应急处、行管处、执法大队共同参加的"统一投诉受理平台"工作会议机制。

（二）完善旅游委牵头、多部门协作的工作机制

自2011年北京旅游委成立以来，北京旅游的管理体制与运行机制得以不断健全，并初步实现了旅游委牵头，多部门协作的有效工作机制。目前，北京旅游委已经联合了包括13个中央部委在内的80个单位，创建了首都旅游产业发展联席会。创新旅游委兼职委员机制，市交通、商务、文化、文物、外事、

公园管理中心等部门相关负责人担任兼职委员并有效发挥了各自的作用。充分发挥首都旅游产业发展联席会的统筹协调功能，加强与相关行业、旅游市场之间的有机联系，推动北京旅游委与各部门、各区县旅游部门的联动机制，明确区（县）的旅游功能定位和特色定位，共谋首都旅游大发展。

目前，旅游与执法体系部门协作机制不够健全，有力的执法体制和长效管理机制尚未形成制度化、规范化和常态化，与中央和市内环保、税务、水务、体育、公安等部门联动机制还有待进一步建立健全。需要进一步完善旅游产业发展联席会议制度，定期召开联席会议，研究制定旅游产业政策，共同解决旅游产业发展中的主要问题，努力破解北京旅游产业发展中所面临的多部门协调发展的困境，完善由旅游部门牵头，财政、交通、统计、规划、环保等多部门相互协调、密切配合、分工合作的管理体制，为首都旅游科学发展提供制度保障。

（三）加快旅游行业协会改革，强化协会作用

北京的部分旅游行业协会，一般会有一定的政府背景，行政依附性极强，它们多侧重于体制性和政策性资源的管理，对旅游市场管理服务功能相对较弱，行业凝聚力和号召力有待进一步增强。北京旅游发展委员会作为北京旅游的主管部门，应加大对行业协会的扶持和监管力度，建立健全行业管理标准和自律机制，加快行业协会综合改革，推进行业协会与政府管理部门脱钩，协会负责人由政府任命转向由协会会员大会或会员代表大会选举产生，协会的活动经费和工作人员的薪金来源由完全靠财政拨款，转向由会费、财政补贴、社会捐赠和自筹等多种渠道解决。强化旅游行业协会维护行业形象、规范市场秩序、提供公共服务、协调各方利益等方面所能发挥的重要功能。这就要求北京旅游委及各区（县）旅游管理部门必须简政放权，将旅游管理中部分职务下放至行业协会，如旅游服务质量等级评定等。

（四）积极引导体制创新，有效发挥首都区域旅游协同创新的中心功能

旅游中心城市是旅游业的管理中心、旅游交通中心、旅游服务中心和旅游

景点集中分布区，不同区域层次的旅游职能城市共同构成中国旅游活动组织网络。北京作为首都和国际城市，在区域旅游中所起的作用，长期以来主要表现为聚核作用，区域辐射效应发挥不够，这和北京及周边地区的区域经济发展水平的差异性有关。发挥政府有为作用，要通过管理体制的创新，有效发挥首都旅游中心辐射效应，强调其在不同层次旅游地域系统中的地位和作用。首先，北京作为旅游产品丰富和旅游产业配套完善的国际都市，应继续发挥都市旅游、会展旅游、商务旅游的优势，完善旅游目的地功能体系，将北京建设成为旅游者更加满意的旅游目的地。同时，在环渤海旅游区域中，北京不仅要发挥旅游集散中心的作用，还应在区域旅游产业链构建和旅游空间活动组织方面发挥更大的作用，发挥区域旅游协同创新中心的功能。

四　凸显企业主体作用，提升行业服务水平

旅游企业是旅游产业链中最前端，也是最关键的环节，旅游企业自身素质的好坏将直接影响首都城市形象和旅游行业的形象。

（一）进一步做大做强龙头企业，鼓励旅游企业上市

截至 2012 年，北京市拥有星级饭店 612 家，旅行社 1315 家，A 级旅游区 206 个，从规模来看，大多数旅游企业规模偏小，实力较弱，市场竞争力不强。尽管北京地区旅游上市企业数量位居全国之首，共有 6 家，但除了中国国旅、中青旅外，其余四家资产规模均在 25 亿元以下，资产规模偏小，企业核心竞争力不足。要充分借助资本市场力量，应鼓励有条件的旅游企业上市，提升企业品牌影响力和知名度。完善管理层激励机制，建立多元化的管理人员薪酬体系，尝试以奖励股权、期权的形式激励企业核心管理人员，提升企业经营效率。政府对有上市条件的及有成长潜力的旅游企业，要进一步加大政策倾斜及财政补贴力度。

（二）规范旅游企业经营行为，严格导游员准入制度

积极运用现代科技等手段，加快导游员年审自助刷卡系统、出境游领队

证申领审核系统、旅行社业务管理系统手机版以及景区导游证识别系统等管理与服务系统的开发与运用，不断提升行政审批与管理效率。为此，就需要健全诚信评价、信誉监督、失信惩戒和违规退出制度，完善北京旅游企业和从业人员诚信公示系统，规范和约束旅游企业和从业人员的涉旅经营行为。探索旅行社及导游员的新型管理办法，研究旅行社、导游人员的监管与准入机制；推动星级饭店落实精细化管理、标准化服务的行业管理办法；减少餐饮和能源浪费，推行饭店智能化、管理精细化、服务标准化的新型饭店管理体制。

（三）完善行业标准建设，提升企业标准化服务水平

随着旅游业的快速发展，旅游标准化日趋重要，日渐成为规范行业行为、加强行业管理、提高经营服务水平的重要手段，同时也是提高旅游企业品牌价值和核心竞争力的重要内容。近年来，北京市旅游企业积极贯彻实施旅游业的国家标准、行业标准和地方标准，积极参与国家标准、行业标准的起草工作，并行之有效地制定了多项地方标准，在旅游标准化工作中取得了较大较好的成绩。

然而，旅游标准化工作的基础性功能尚未在北京旅游产业中发挥应有的作用。整体来看，北京旅游标准化，缺少北京味，没能体现北京作为国际化大都市所应具备的独特性，且行业导向性不强，部分现行旅游标准严重滞后于旅游发展实践。从行业层面来看，旅游标准化在不同行业之间存在明显差异，饭店业的标准化程度最高，景区业次之，仅有少数大型旅行社注重标准化工作，从行业内部来看，龙头企业与一般企业的标准化工作差距巨大，绝大多数的旅游企业尚未建立旅游服务标准体系，还有一些旅游企业对贯彻标准化存在走过场的现象。

在已有国家标准、行业标准和地方标准的基础上，充分结合首都北京的个性化和首都旅游业的特殊性，推进旅游标准化工作的进一步研究与制定工作，统筹协调旅游关联产业，大力推进北京国际化旅游目的地的建设进程。通过全面开展旅游标准化工作，推动北京旅游业向集约型、品牌化、效益型方向升级发展，提升旅游企业"软实力"，为构建大北京旅游业发挥应有价值。

（四）加快旅游信息化建设，提升企业信息服务水平

依托北京的科技、文化、技术优势，加强旅游信息基础设施建设，构建完善旅游信息服务体系，以智慧旅游为纲，打造智慧景区、智慧饭店、智慧旅行社和智慧乡村旅游等四大工程。在抓好试点示范工程的同时，尤其要在智慧旅游乡村试点示范工程上有更多的资金、人力和技术的投入，以期更好地推进乡村环境与公共服务的完善，建设好北京美丽的乡村。

五　完善参与机制，吸纳社会资本投资旅游

（一）完善旅游建设的公众参与机制

正确认识和妥善处理政府、市场、企业和居民的四维关系，有效协调旅游项目开发建设过程中的利益相关群体，坚持市场主导、政府有为、企业主体、公众参与的协同机制。旅游项目的开发建设，要与当地居民的生活环境和经济利益密切相关，在旅游规划的编制和决策的进程中，必须接纳当地居民的参与，充分考虑他们的诉求，听取他们的意见。只有这样，才能实现旅游开发地区的社会、经济、生态环境目标的协调发展，才能够增强旅游规划和决策实施的可操作性。

（二）建立健全社会参与的监管体系

强化社会参与的监督机制，有机协调主管部门监管、行业监管、社会监督、舆论监督、游客监督，构建全方位的旅游监督网络，并充分利用现代网络技术，推广微博、微信监督平台，充分发挥广大网民参与旅游监管的积极性。在利用电子邮箱、微信、微博等新型平台的同时，继续发挥旅游投诉热线的作用，广泛搜集并积极征求民众对旅游工作的意见，借助报纸杂志、广播电视等大众传媒，对全市旅游行业的服务质量进行有效监督，完善监督机制和应急处理机制，构建旅游褒奖与失信企业的曝光平台，积极营造良性舆论的监管体系，推动旅游企业旅游服务质量的不断提升。

建立健全旅游环境保护监测体系，利用各种手段，打造多种平台，有效监控各景区、宾馆饭店的资源节约与环境保护的职责，有力推动旅游业发展与生态环境保护的良性互动。

（三）吸引社会资本参与旅游业建设

贯彻《关于鼓励和引导民间资本投资旅游业的实施意见》，打破行业、地区壁垒，简化审批手续，鼓励社会资本公平参与旅游业发展，鼓励多种所有制企业依法投资旅游产业。建立和完善旅游投资综合服务平台，创新招商引资方式，确保旅游招商选址工作顺利开展；完善投资商与各个利益相关者之间的合作机制，建立配套责任的招商政策。加快建立旅游项目融资交易平台，引导旅游投融资多元化、方式多元化，引导民营企业与国有企业发挥各自特长和优势，形成资源共享、价值共享的合理化发展模式。区（县）政府要通过采取旅游结构资金贴息，成立旅游融资担保公司、旅游投资控股公司等手段，运用景区经营权转让、BOT融资、产业投资资金等金融工具，吸引和支持更多民营资本介入旅游业。

六　保障措施

（一）全力推进综合试点改革

抓住北京市开展省一级的国家旅游综合改革试点机遇，充分发挥市场配置资源的基础性作用，建立健全旅游资产交易体系，支持各类企业跨行业、跨地区、跨所有制的兼并重组，培育大型旅游企业集团；制定并促进入境旅游的相关政策，努力构建旅游购物免税政策扶持体系；探索并综合考量常住人口和旅游常态人口，完善旅游公共服务设施、基础设施配套用地指标体系；建立健全旅游产业与资源保护利用并重的协调机制，打造一批生态保护与旅游业融合发展的特色沟域。

（二）加快旅游功能区划建设

按照北京市城市总体功能定位，针对首都功能核心区、城市功能拓展区、城市发展新区和生态涵养发展区四大功能，根据其资源特色和规划目标，在充分对接市场需求的前提下，创建各具特色的旅游功能区。运用市场力量培育和发展符合北京特色旅游项目，实现旅游发展和城市建设相融合。通过创新管理体制机制、加强政策保障、切实发挥旅游大项目的带动作用，整合聚集各种旅游要素，挖掘传统旅游资源，促进产业融合。

（三）完善旅游产业优惠政策

认真落实《关于加快北京市旅游产业发展的若干意见》，逐步加大北京旅游发展专项资金的支持力度，逐年提高用于旅游基础设施和公共服务建设的资金比重。充分考虑各区（县）之间、景区之间的差异，进行资金的统筹规划与配置。各区（县）要设立旅游发展专项资金，增加对旅游基础设施的投入力度，同比例增加旅游配套项目的发展资金投入，针对旅游大项目，给予适度的政策倾斜，引入有发展前景的旅游新业态落地北京。

（四）加强旅游产业运行监测

依据"信息资源整合、产业运行监测、应急处置调度"的总体目标，不断丰富和完善"日常""节假日""应急"三种产业运行监测模式。针对旅游企业和游客，加快建设信息监控平台、信息安全管理平台，以及旅游安全决策和应急指挥平台。通过三大监测模式和三大平台的建设，促进旅游产业良性发展。

（五）健全行业法律法规体系

认真落实中央相关法律法规和要求，加快制定符合首都特点的实施细则和地方性法规，加快修订《北京市旅游管理条例》，根据管理条例，出台相应配套保障措施，以及行业规范性制度，强化各项法律、法规、管理条例的实用性及可操作性。通过不断丰富和完善旅游行业政策法规体系，推动北京旅游产业健康发展。

（六）加快旅游人才队伍建设

确立旅游人才战略，通过培养和引进国内外高端旅游人才，为北京旅游产业发展提供充足智库，继续推动北京旅游教育结构的优化与重组，形成由科研机构、旅游高等院校、旅游职业学校和职业培训中心组成的旅游教育与培训网络，使北京成为亚洲旅游人才培养基地。

制定《北京市旅游人才规划》，规范各类旅游专业人才培养及评价标准体系，加强旅游从业人员的从业资质、分级定岗、激励惩罚等制度建设，提高从业人员的基本素质、职业道德水平和服务技能，为旅游业发展提供强大的智力支持和人才保障。

（七）建立旅游绩效考核机制

将旅游发展指标纳入政府绩效考核中，设置并完善旅游附属账户，制定并推行节庆会展、乡村旅游、生态涵养发展区旅游等专项统计方法，完善旅游统计制度，以科学有效的旅游统计工作，准确反映区域旅游发展水平及产业地位，为旅游产业发展纳入责任机构，以及相关责任人的绩效考核提供科学可靠的评判依据。

G.6
北京旅游要素市场优化配置研究

厉新建　张飞飞　华　云　宋昌耀　宋彦亭*

摘　要：

随着旅游改革的深入，旅游要素市场的改革将日益重要。这不仅要从传统的旅游六要素角度来布局，也要从资金、技术、土地等要素方面进行战略思考。目前，尽管在北京旅游资产交易平台搭建、旅游发展基金建立、旅游用地配置等方面都已经取得重大成果，但还存在诸多有待完善的方面。为此，从中央新政策和北京市新规划的精神出发，明确了对旅游要素市场优化配置的基本原则和总体思路，提出要制定北京旅游发展的负面清单，建立和完善综合性要素平台的五点建议和解决资源要素短缺和利用效率不高并存的问题的四项措施，并指出可实施免税购物"即购即提、先征后退"等近十项措施为北京旅游要素资源的市场化配置提贡制度保障。

关键词：

旅游业　要素市场　综合改革　制度创新

一　北京旅游要素市场的研究背景

（一）实践背景

我国实施改革开放政策 30 多年来，要素市场的改革明显滞后于产品市场

---

* 厉新建，北京第二外国语学院旅游管理学院院长，北京第二外国语学院中国旅游经济研究中心主任，北京旅游学会副秘书长，教授，经济学博士，研究方向为旅游经济发展战略、旅游景区经营与管理、休闲产业经济、出境旅游与跨国经营等；张飞飞，北京第二外国语学院硕士研究生，研究方向为旅游经济与新业态；华云，北京第二外国语学院硕士研究生，研究方向为旅游经济与新业态；宋昌耀，北京第二外国语学院硕士研究生，研究方向为旅游经济与新业态；宋彦亭，北京第二外国语学院硕士研究生，研究方向为旅游经济与新业态。

的改革进程。过去，市场化改革主要集中在产品市场层面以及对经济主体进行的一系列经济激励方面的改革。然而，在要素市场领域，尤其是土地、资本、劳动力以及环境等要素市场，各级地方政府出于对经济发展、稳定经济的引导和干预战略目的，普遍存在对要素资源的分配权、定价权和管制权的控制。如在土地要素方面，各级地方政府出于保证地方政府财政收入和招商引资的目的，一方面在商业用地方面，政府以很低的价格征购再以很高的价格卖出，利润一部分被各级流通环节赚取，另一部分则成为地方政府财政收入来源，土地价格被扭曲；另一方面在工业用地方面，地方政府为了吸引外部资金，人为地压低土地价格。在资本要素方面，金融市场化改革和资本项目开放严重滞后，普遍存在利率管制、政府干预信贷决策和资本项目管制等。在劳动力要素方面，由农村到城市的永久定居仍然存在很多政策层面限制（如户籍制度和各种城乡就业、公共服务歧视政策）。过分强调城市资本密集和农村劳动密集的二元分工，使得城乡劳动力市场处于分离与分割状态，造成了中国劳动力要素市场的严重扭曲。

相比其他领域要素市场，旅游要素市场更不完善。在北京市发展旅游业的实践中，存在着诸多的障碍和瓶颈，如大旅游市场和小管理部门的矛盾，全社会对旅游的期望值高、需求高和旅游行政管理部门的统筹能力弱、工作职能弱的矛盾。再比如，旅游公共服务设施以及实体项目建设滞后，旅游消费开发潜力巨大但缺乏相关政策支撑，旅游服务贸易前景广阔但缺乏有力的支撑保障，按照事业单位管理的重点景区内在发展活力不足，缺少适合现代旅游经济发展要求的专业人才等。对此，北京市应调整思路，高度重视，把旅游要素市场的培育和优化配置作为旅游发展的重中之重。

（二）政策背景

转方式、调结构、优化资源配置是党的十八大提出的工作重点。面对我国当前发展不平衡、不协调、不可持续，科技创新能力不强，产业结构不合理，农业基础依然薄弱，资源环境约束加剧等困难和问题，优化土地、人才、资本、技术、信息等市场要素配置是推进改革开放、实现发展突破的重要途径。十八届三中全会将市场的作用推向新高度，提出使市场在资源配置中起决定性作用，建设统一开放、竞争有序的市场体系，为要素市场优化配置提供了新依据，也提出了新要求。

北京市旅游综合改革方案提出探索旅游要素市场改革，推动产业发展。作为首个省一级的旅游综合改革试点城市，北京应着眼于城市功能的完善和产业结构的优化，进一步推进旅游业发展要素的市场化进程，建立与旅游业综合性特征相适应的统筹发展机制，提高旅游业市场化水平。

北京市旅游业通过30多年的发展形成了巨大的产业规模和市场规模，2012年北京旅游总人数2.31亿人次，同比增长8.1%；旅游总收入为3626.6亿元人民币，同比增长12.8%。旅游经济发展不仅要扩大规模，更应该优化结构、提高水平、增加效益。面对巨大的旅游市场，北京旅游经济必将越来越依赖于土地、人才、资本、技术、制度等核心因素，不是简单的继续扩大规模，而是要转变发展方式和调整产业与资本市场的结构。因此，北京旅游业发展应当从存在的问题出发，以市场为导向，完成从扩大规模转向优化结构的转变。

二 北京旅游要素市场发展的现状

随着北京市旅游的快速发展和旅游综合改革的逐步深入，传统的"食、住、行、游、购、娱"六大产业要素和新型的资金、技术、土地、人才等资本要素日益成为影响和制约旅游经济发展的重要部分。

（一）北京市传统旅游产业要素分析

1. 旅游餐饮

北京市旅游餐饮企业种类较多，其中知名餐饮品牌有：全聚德、稻香村和东来顺等。2012年，旅游购物和餐饮零售额为1880.9亿元，同比增长10.5%，占全市社会消费品零售额比重24.4%。旅游餐饮品牌知名度和社会影响度较高，规模化程度较高，对旅游经济的促进作用明显。但是旅游餐饮消费潜力开发缺少有力的政策支持，高端旅游消费需要大幅度的提升；旅游景区餐饮仍存在规范程度不高，特色餐饮较少，对景区环境的污染较大、游客满意度较低等问题。

2. 旅游住宿

截至 2013 年 6 月，北京市共有星级饭店 591 家，星级饭店数量位居全国前列。目前北京主题精品酒店呈现多元化发展趋势，成为酒店发展的新热点。同时，四合院成为游客体味北京的重要资源，但由于政策限制，全市可接待住宿的四合院预订已接近饱和，而且只有 21 家四合院可以作为旅游住宿接待设施转化使用。

3. 旅游交通

北京综合交通体系良好，使得北京成为国际交流的重要窗口，为旅游业的发展提供了优越和坚实的区位优势条件。2013 年，建成了轨道交通 14 号线西段、10 号线二期剩余区段、8 号线二期南段和昌八联络线等 4 条（段）新线，总里程达到 465 公里，网络布局更加完善。城六区路网工作日高峰时段平均交通指数为 5.4，公共交通出行比例达到 46%。同时，伴随着首都机场 T3 楼的启用、北京南站的建成，北京旅游交通接待能力显著增强。但是陆路交通拥堵、高速路收费问题，航空国际航线增设和民用航空的限制问题，仍是制约北京旅游发展的重要因素。

4. 旅游景区、旅行社

旅游景区（景点）在传统六大要素中居于核心地位，是支撑旅游产业发展的基础。截至 2012 年年底，北京共有评 A 的旅游景区（点）206 个，其中 5A 级 8 个、4A 级 63 个、3A 级 87 个；农业观光园 1283 个，乡村旅游接待户 1.6 万户，同比增加 519 户，从业人员 6.8 万人，同比增长 5.2%，市旅游委认定市级民俗村 207 个，共 9970 户；99 处全国重点文物保护单位，326 处市级文物保护单位。从重点旅游景区的管理机构来看，多以事业单位管理为主，发展动力不足；从旅游产品体系来看，旅游产品逐渐从观光旅游占主体地位转向观光旅游、休闲度假旅游和专项旅游（乡村旅游、会展旅游等）协调发展，旅游与文化、体育、商业等行业融合衍生的新型旅游项目不断涌现，但旅游产品复合型体系建立并不完善，还是以观光旅游为主，并主要集中在标志性旅游景点，京郊旅游资源的带动效应不明显，缺乏有整体带动力的旅游大项目。北京市共有旅行社 1315 家。其中，有特许经营中国公民出境业务的旅行社 289

家，外商投资旅行社 27 家。旅行社数量多，但布局分散，缺少真正国际性的旅行社大集团。

5. 旅游购物

2012 年，入境游客在京购物花费占其整体消费比例为 23.5%，约为 12.1 亿美元；外地来京游客在京购物花费为 34.3%，约为 1035.8 亿元人民币。从旅游购物看，北京旅游商品主要由众多中小型企业经营。旅游商品的销售渠道主要有两条：一个是旅游景区旅游商品销售网点，另一个是与旅行社合作的定点旅游商品专卖店。目前旅游商品购物环境欠佳，高档特色旅游商品研发不足，产销体系不健全，免税体系建设相对滞后，尚未形成完整的免税体系。

6. 旅游娱乐

2012 年，入境游客在京文化娱乐占其整体消费比例为 5.4%，约为 2.8 亿美元；外地来京游客在京文化娱乐花费为 0.7%，约为 21.1 亿元人民币。目前北京旅游娱乐主要分为旅游文化演出和夜间休闲酒吧，总体来说，文化娱乐创新不足。北京旅游文化演出场馆主要集中在西城区天桥演艺产业聚集区，多以北京民间戏曲、曲艺、杂技、芭蕾舞和交响乐表演为主，已具有知名度的演出项目包括国家大剧院的古典音乐演出、北京人艺的京味话剧、天桥杂技等。后海酒吧娱乐区成为时尚夜间休闲消费区。

（二）北京市旅游资本要素分析

1. 旅游资金

北京市旅游相关产业投资和专项发展资金规模大。2012 年，旅游相关产业完成投资额 681 亿元，同比增长 26.8%，占全社会固定资产投资比重的 10.5%，旅游增加值 1336.2 亿元，同比增长 12.2%，占全市 GDP 比重 7.5%。2012 年，北京市实际在统筹旅游资源、提升旅游保障、规范旅游市场等方面所安排使用的旅游发展大额专项资金 9.97 亿元，其中产业引导资金 5.2 亿元，行业促进资金 4.76 亿元。虽然现有金融交易平台已经建立，但是旅游资产交易平台尚未完善；京郊乡村旅游发展尽管多渠道引进资金，但社会资本的进入仍存在障碍，民间融资（担保）服务体系不完善。

2. 旅游信息技术

《北京"智慧旅游"行动计划纲要（2012～2015年）》明确指出，北京"智慧旅游"建设重点、内容、发展目标和思路。根据《北京旅游发展报告（2013）》调查显示，目前，北京多数景区智慧化建设仍处于基础阶段，与游客的需求不相适应，主要体现在基础条件比较薄弱，无线网络覆盖率还不够高，信息技术、物联网技术在旅游行业的运用以及为游客主动推送和互动服务的内容、渠道、手段还不够先进。此外，只有少数景区有条件实行自己投资、建设、管理智慧旅游系统的固定建设模式，许多相关技术产品缺少投入和应用的条件。

3. 旅游土地

《北京市土地利用总体规划（2006～2020年）》指出，到2010年和2020年，北京市耕地保有量计划分别保持在2260平方公里和2147平方公里。确保1867平方公里基本农田数量不减少。公共管理与公共服务用地5600公顷，住宅用地9300公顷，商服用地2200公顷。同时，在北京市试点改革建设部《城市用地分类与规划建设用地标准》（GB50137－2011）所规定的建设用地指标只与常住人口挂钩，然而北京现行相关政策的人口基数远低于全市现有常住和旅游人口数量。北京市2010年的常住人口规模已突破城市规划和土地规划预计的2020年人口规模。同时，北京旅游人口也在迅猛增加。北京市现行的旅游产业用地指标和城市旅游功能设施配置已无法满足当前北京旅游产业发展需求。

4. 旅游人才

目前北京旅游专业人才不足，旅游从业人员水平参差不齐，旅游专业人才还不能适应加快建设国际一流旅游城市需要，推动旅游经济和旅游产业发展以及旅游业与城市化融合发展、与其他产业融合的高级公共管理人才、职业经理人、复合型管理人才缺乏，完善旅游人才培养体系显得十分迫切，使得旅游业与新型城市化要求不相适应。

三 北京旅游要素市场存在的问题

（一）旅游资源

北京旅游资源整体定位不明确。北京有世界文化遗产六处，其中五处与皇家文化有关，是世界文化遗产最多的首都城市。同时，旅游景区（点）众多，城市地标性建筑突出，现代服务业发展迅速，流行文化与时尚元素随处可见。北京旅游资源要素供给类型繁多，形式多样，但总体定位不够明确。有以"胡同游""皇家园林游""长城游""奥运主题游"等特色的旅游线路产品开发，有以"美丽北京，世界城市""联合国——北京图片展"等主题的海外推介会，但大都从世界文化遗产、时尚北京着手，与后兴起的北京周边游、商务会展游等推介落差较大。总体而言，北京市旅游资源体量庞大，但整体定位模糊。

北京旅游历史文化资源的保护开发深度不够。北京历史文化资源的集中度高，特色突出，主要有以故宫为中心的皇城宫殿区、以三山五园为主体的西山风景区等。但历史文化景区的偷盗、恶意刻画等犯罪和不文明行为时有发生，景区保护修缮与逐年递增的游客量之间存在矛盾，景区供给与市场需求之间失衡。尤其是近年来假日旅游高峰潮的出现，故宫等历史文化景区在疏散人流、古迹保护、应急预案等方面开发不够。

北京旅游资源由单体向复合体转变统筹力度有待提高。近年来，北京市规划了包括前门——大栅栏文化商业旅游体验区、石景山数字动漫娱乐区、北京源文化旅游区在内的 19 个各具特色的重点旅游功能区。但诸如此类的重大项目建设全市筹划不到位，各区（县）实施欠佳。目前，各区（县）特别是郊区县虽然对旅游发展有所重视，并对重大项目带动区域旅游竞争力的提升已经深入人心，达成共识，但项目难以落地或难以切实达到预期效果是常有的问题，其中有各方面制约因素，尤以土地问题最为复杂。此外，复合型旅游资源的整合缺乏对外宣传的统筹，按行政区划对外宣传很难整合区域内所有特色旅游资源。

（二）产业结构

产业发展受困于体制机制的制约。从产业的角度谈，北京市旅游产业发展的矛盾主要集中在旅游资源的开发利用上。许多优质的旅游资源掌握在园林、文物、宗教等管理部门手中，而这些部门在资源开发上热情不高，管理手段落后，思想也较为局限，难以体现资源的人本价值和内在含义，旅游资源本身的潜力也不能充分释放。同时，现行的行政区划管理体制和区（县）主导旅游开发的发展模式，使得各区（县）之间形成明显的竞争态势，缺乏相互协作、共同开发、整合营销的意识。

要素市场根据市场变化实时调整的能力较弱。随着出境旅游市场的火热，2012 年北京市入境旅游同比减少 3.8%，国内旅游同比增长 6.3%，旅行社接待出境旅游人数同比增长 47.9%。农村民俗旅游接待人次、就业人次都有小幅提升。旅游市场格局的改变，要求北京市旅游市场接待设施和人员配置随之更新。北京乡村旅游兴起后的就业人员培训、信息科技普及、高速网络宣传等方面都处在摸索阶段。"国八条"等强制性政策的出台，对北京以公务旅游、公务会议、公务招待为主的酒店、会议场所和旅行社产生了很大的冲击，有些甚至是致命的打击。

（三）公共服务体系

散客服务体系缺乏人性化服务和统一管理。北京旅游咨询中心和旅游集散中心在历年的发展中，虽已有较大改善，但存在的问题持续不断，诸如主管部门不明确、内部机制和关系混乱、经营思路不明确、缺乏市场经济条件下的市场认知和开拓能力、网络平台发挥作用小、人才配备无法满足需求、中心设置的内部细节等。以上问题至今仍有存在，改善的效果不够显著。从散客服务体系设置是为散客服务的原本出发，人性化服务是最基本的要求，而统一管理为人性化服务提供重要保障。

公共智能化在旅游公共服务体系中推进缓慢。互联网、手机客户端的广泛普及，信息智能化在公共基础设施、城市公共服务和国民休闲旅游中的需求越来越高。近年来，虽然公共智能化的推广得到旅游管理部门的高度认可，但落实推进的速度缓慢。旅游部门与城市公交、地铁、出租等基础交通和城市公共通信等政府部门的合作项目进展较为缓慢。目前，仅在少数几条公交线路有全车 WIFI 覆盖，旅游景区（点）很少有无线覆盖。旅游移动客户端在众多中小创新企业的推动下走向市场，虽然服务形态多样化、服务对象小众化、服务内容个性化等特征凸显，但都以市场化运作方式为主，缺少公共信息平台的推出。旅游公共信息服务体系、旅游交通便捷服务体系、旅游安全保障体系等已被列入《北京市旅游环境与公共服务体系三年建设指导意见》中，但全民参与旅游环境保护的意识、旅游知识普及和旅游责任教育的意识依旧缺乏。

（四）旅游投融资

旅游投融资的观念有待提升。旅游资源的有形性和无形性是旅游资源基本特征，其中土地、景观是有形资产，土地使用权、景观利用权是无形资产。当旅游资源被视作开发利用对象时，资本投入结构主要由土地资本、景观资本和历史文化资本构成。其利用方式主要表现为土地使用权和旅游开发经营权。因此，旅游资源具有资本性，它不属于个人或集体，也不完全属于国家，而是属于全体创造文明的人民。目前，对旅游资源开发的融资方式主要有政府财政、商业银行抵押质押、信贷、担保、私募、信托、项目融资、政策支持性融资、上市融资等。但总的来说，投资商和旅游产权所有者的观念落后，旅游投融资的方式不成体系。

旅游投资管理缺乏统一规划。北京市城市基础设施相对完善，旅游相关行业发达，政府支持广泛，外部环境良好，但内部管理机制缺乏统一规划。例如，旅游基础设施建设的项目由于多头审批，缺乏统一的布局规划，各区（县）的产业配套环境差异较大，各部门和单位只考虑自身利益，盲目争投资和项目，重复布局、超计划建设现象时有出现，导致旅游设施呈现地区性、结构性比例失衡。这种现象在酒店和景区建设中尤其突出，严重影响了投资效益的发挥，甚至出现短期行为，破坏旅游景区（点）的自然和人文景观。旅游产业链长，投资领域多，涉及的旅游项目差异性和复杂性很大，给旅游行业带来不可限量的创意空间，但事实上，旅游投资商对市场的认识不够深入，对区域性旅游产品和功能布局的定位不够准确，导致项目的规划不够系统全面，通常以模仿替代创新。

旅游投融资渠道的开拓限于地方政府和国企。2013年9月30日，由北京市旅游委员会和北京产权交易所联合推出的旅游资源交易平台正式启动，这是北京市打造旅游产业金融支持体系的大胆尝试，是旅游与金融共生的创新举措。从目前投资接洽的项目来看，包括旅游项目招商、旅游企业融资、旅游企业股权交易、旅游实物资产交易、旅游产品发布等各类服务，范围已经辐射全国。目前，该平台主要以国有企业、地方政府的项目招标、融资为主，未对中小企业、特别需要融资的创新型企业提供合适的融资平台。如北京产权交易所虽然有自身平台优势、渠道优势、信息优势突出，但旅游资源与资本的结合仅以国有企业、地方政府的大项目支撑，缺少中小企业和创新型企业的市场推动和资本活力。另外，平台吸引的国际资本较少，旅游资本国际化还有很长的路要走，北京建设成为旅游资源交易中心城市也还需要吸引更多的国内外项目资源。

（五）旅游人才及教育

高质量的旅游人才稀缺。新时期的旅游从业人员不局限于吃、住、行、游、购、娱六个领域的就业，也涉及旅游投资、景区开发、度假旅游、会展策划与管理、旅游公益等方面的进入。北京市"强迫购物""拉客宰客"等现象时有发生，导游人员的素质、接待业人员的服务标准、整体文化修养等都有很大的提升空间。《旅游法》的出台是规范旅游市场的强有力手段，但法律出台的实施需要很长一段时间的规制。新时期旅游新业态的不断涌现，行业分工逐步细化，移动互联网的推陈出新，消费需求灵敏的市场反应，诸如此类创新和挑战要求旅游市场的高端技术人员、高端服务人才跟进。以旅游投资为例，政府和市场积极推出旅游资本化运作政策，旅游投融资主动吸收国外资本，但投资人才却成了阻碍进程的核心问题。因此，北京市高质量旅游人才稀缺，旅游人才培养的校企合作需要深入，旅游人才的培养模式亟待跟进社会发展创新。

旅游人才保障制度有待完善。旅行社在组织旅游活动过程中，多年来饱受"拉客宰客""强行购物"等诟病，薪酬问题和社会地位一直是旅游专业毕业学生不愿选择在旅游领域就业的主要原因。社会就业需要解决的重要问题之一是社会保障，旅游就业入职门槛较低，就业人员的平均工资较其他行业偏低，目前的社会保障还不够完善。若不能让旅游就业人员享受应有的社会保障和社会福利，势必会造成优秀旅游人才流失，出现诸如导游出团"灰色收入"、非正规"一日游"等现象的普遍发生。

四　北京旅游要素市场优化配置

（一）市场化配置的总体思路

1. 强化产业融合，促进旅游业发展

（1）旅游与金融业融合，建立旅游投融资体系。北京旅游金融业面临的发展障碍可总结为如下三点：一是观念障碍，二是平台影响力不够，三是没有建立旅游投融资体系。旅游业的发展需要金融资源的支持，将金融工具和衍生产品的使用融入旅游产业的发展中，推进旅游产业科学发展和转型升级。针对第一个障碍，要积极进行宣传，引导人们正确认识到旅游资源产权、旅游企业产权、旅游企业资产交易的可能性与可行性；从政府层面，要积极探索旅游景区的经营权与所有权分离、开发权与保护权分离的试验，为资本进入旅游景区开发打好基础；以旅游产权交易的实践经验和国外旅游金融业的发展为依据，对旅游从业者和研究者的观念进行更新和改造。针对第二个障碍，尽管旅游资源产权交易中心的业务范围覆盖全国，但是在交易平台成交的单一产权规模与总量都不大，交易的类型主要是围绕产权为主，交易的对象以国有资产为主。因此，北京旅游资源产权交易中心要积极拓展业务、增大业务流量、聚集人气，以扩大交易中心的知名度和影响力；引入国际资本，推介民营项目；此外，还要提供和开发各种适应市场需求的交易类型，如旅游企业资产交易等，满足多样化的需求。针对第三个障碍，要完善金融机构体系，设立旅游投资基金、旅游银行、旅游保险、旅游证券、旅游担保、旅游彩票等公司，形成围绕以"旅游业"为核心的金融体系。此外，要加强旅游投资信息的沟通，使投资商和项目能够对接起来，避免"投资商找不到好的旅游项目，好的旅游项目找不到好的投资商"的尴尬局面，促进旅游经济效益的提高。

（2）旅游与信息技术融合，推动智慧旅游落地。智慧城市是未来城市的发展方向，智慧旅游是未来旅游的发展方向，智慧旅游要解决的问题是旅游信息的搜集与整理、信息的传播与使用、信息的挖掘与分析等问题。旅游的发展离不开互联网技术、信息技术的支撑，旅游要善于借用技术的力量实现服务质量的提升与管理手段的优化。从政府层面来看，要积极搭建旅游信息化运营平台，集旅游行政管理、旅游电子商务、旅游公共服务于一体，提高信息化应用水平、旅游公共服务水平、旅游经营管理和营销水平。从景区管理来看，要建立景区综合管理系统，包括景区内部的办公系统、客流管理、景区安防监控、应急管理及紧急救助、物业管理、设施维护、环境保护、后勤管理、停车场管理、文物保护等的综合管理系统。从景区景点展示来看，依据景区的资源与特色开发电子导览、导购系统、手机 APP 应用系统、景区智能语音播报系统和景区旅游资讯数字化信息发布系统，为游客提供丰富旅游信息。

（3）旅游与制造业融合，发展旅游装备制造业。滑雪、高尔夫球等体育运动型旅游活动的兴起，催生了对相应装备的大量需求，现在国内市场对旅游装备的需求基本上依靠进口，国内相应的产业发展缓慢。因此，要以旅游发展为契机，带动与旅游相关联的新型制造业的发展，以技术创新、商品研发为依托，推动旅游产业与装备制造业相融合，引导具有自主知识产权的旅游装备制造业实现高端化、集约化发展。

2. 协调涉旅部门，突破地理区位限制

（1）协调涉旅部门，组建共同管理委员会。从管理的角度来看，管理要素越来越突出，管理领域正在逐步扩大。整体而言，饭店管理的市场化水平比较高，而旅游景区的管理则相对比较落后。北京市的景区因类型不同而分属于不同的管理机构，如文物保护区的归口管理单位是文化部门，地质公园归口是国土资源部，风景名胜区归口是建设部，国家森林公园归口是林业部，寺庙道观归口是宗教部门等。这种条块分割的管理局面会带来主管部门权责不清晰和利益分配不明确，导致旅游景区的开发与管理缺乏统一性。旅游管理部门要充分发挥旅游融合性的优势，组建旅游景区共同管理委员会，调和不同利益主体之间的矛盾，实现景区开发的科学性、一致性和连贯性。

（2）突破地理区位的限制，强化景区间合作。北京市虽然按照旅游功能区整合了具有共同主题的资源与景点，但是由于不同景点的发展阶段不同、各个景点所隶属的行政区位也不一样，这导致区域旅游不能形成合力，不能提升整体的影响力。这就要求各政府部门要着眼整体利益，在合作中寻求共赢。依托功能区的建设，加强景区间的合作，可采取如下措施：一是统一规划，依据自身优势明确各自的发展方向；二是统一对外宣传，扩大影响力；三是成立合作委员会，就争议的问题进行良好的沟通协调。

3. 转变经营思路，提升旅游服务水平

（1）转变经营方式，实现盈利模式转型。"国八条"的出台对北京以政务会议招待为主营业务的酒店和高端餐饮业造成了极大的冲击，这就迫使相关的企业转变经营方式，谋求新的发展。例如，酒店一方面要重新定位目标市场，将积极开拓商务市场、散客市场；另一方面要加强人力资源的培训，提供人性化服务，开发新的产品以满足市场多样化的需求。

（2）改进公共服务，提高旅游质量。北京旅游公共服务的重点要放在旅游公共信息服务和旅游安全服务两个方面。旅游公共信息服务的现状主要是以游客咨询中心为主，服务内容和手段比较单一；旅游信息服务要与技术相结合，如开发北京旅游APP，又如实现主要景区景点WIFI的覆盖，游客中心要在原有的基础上多一些智能化的设备和多一些人性化的服务。2013年10月1日正式实施的《旅游法》利用一章专门对"旅游安全"做出了规定，北京旅游安全服务主要集中在旅游安全的监测，监测的范围包括旅游产品如食住行等，旅游服务如应急救助技能培训等。

4. 探索人才培养新模式，提高人才队伍水平

（1）加快培养高端旅游人才。旅游产业的快速发展离不开旅游人才的支撑，高端旅游人才是决定旅游行业发展方向的决定因素。旅游高端人才包括懂旅游的研究人才、懂旅游的政府官员、旅游投融资人才、旅游策划规划人才等。旅游的蓬勃发展吸引了其他行业人才的加入，旅游行业在繁荣的背后也出现了一些乱象，如旅游项目规划缺乏科学性，这就需要既懂旅游又有专才的人来为旅游的发展探路问津，使旅游的发展少走弯路。高端旅游人才的培养需要制度作为依托，以保证人才供给的连续性，可积极探索旅游大学建立的思路。

（2）旅游教育要适应市场需求。旅游是一个领域，不是一个专业，现有的旅游教育体系导致人才培养与实践需要相脱节。因此，旅游教育在专业设置上要有针对性，如设置饭店管理、景区规划设计、旅行社管理、会展策划等专业，在培养学生知识广度的同时也要注重培养知识的深度。此外，旅游是一门应用型的学科，教育的发展要与科学技术、社会改革的发展相适应。就现在的问题而言，一是专业要更加细化，二是旅游教育要与时俱进，三是旅游人才的培养要与企业需求相衔接。旅游教育培训作为人才提升的手段之一，对于提升北京旅游市场发展水平具有积极的作用。因此，要加快发展并形成旅游科研机构、旅游高等院校、旅游职业学校和职业培训中心等多层次的旅游教育培训网络，将北京打造为旅游人才培训基地。

5. 构建国际旅游交通枢纽，打造国际一流旅游城市

北京旅游在"十二五"规划期间的定位是将北京建设成为国际一流旅游城市，而国际一流旅游城市的实现需要国际水平的交通体系作为支撑。大力推进交通基础设施建设，逐步实现航空、铁路、公路、水运、城市交通相协调，铁路站场、机场、公路客运站场、水运港口相衔接，动态与静态交通管理建设相结合的综合交通运输体系。在大交通的建设方面，旅游部门要与交通部门、建设部门相协调，要将旅游考虑到交通的建设与规划之中；在小交通方面，旅游部门和企业要在现有交通系统的环境下，设计出良好的旅游出游线路，并对旅游交通系统实施智慧化管理，以提高交通效率。

6. 创新旅游用地政策和管理机制

旅游土地利用要遵循复合型开发模式（景区开发、房地产开发以及其他文化开发和产品开发联动的模式），其核心在于土地的集约型利用，在土地的开发上，要调整思路，尊重市场规律，加强与市场的衔接。

创新用地规划计划管理，推进集体林权制度改革，规范观光农业园区、旅游园区用地，改革宅基地使用和管理制度。探索开展农村集体建设用地流转、征地制度改革及城乡建设用地增减挂钩试点，鼓励农村集体经济组织和农民利用集体建设用地自主开发旅游建设项目，支持农村集体建设用地使用权人以土地使用权联营、入股等形式发展旅游产业。鼓励"未利用地"在不影响原用地功能、不改变原用地性质条件下，建设节地型、不压覆土地或可拆复的旅游服务设施。

（二）市场化配置的创新措施

1. 制定北京旅游发展的负面清单

立足"国家首都，世界城市，文化名城，宜居城市"首都城市功能定位和北京国际活动聚集之都、中国特色社会主义先进文化之都、和谐宜居之都等"五个之都"建设的基本要求，从产业现状、发展趋势、融合创新、低碳环保、转型提升等角度出发，制定北京旅游项目投资建设的负面清单，推动旅游投资管理的市场化革新。

2. 建立和完善综合性要素平台

（1）继续完善基于北京产权交易所的旅游资源交易平台功能，在"9 + 10"框架内优先推动交易中心的市场功能，推动框架内各省市之间的投资信息共享，促进跨地区、跨部门、跨所有制的企业产权交易和资源要素重组；要充分利用北京的首都定位，尽快探索将旅游资源交易平台拓展到京外、国外的机制，尤其是吸引国外旅游产权交易标的进入旅游资源交易平台，从而为北京资本走出去创造条件；继续探索诸如中国林业产权交易所等平台的市场配置价值，推动北京区域性要素市场与全国要素市场之间的对接能力，实现北京的资本、智力、技术与京外的资源、劳动力、土地等要素之间的融合。

（2）完善现有北京旅游发展基金的运作，探索建立北京旅游创业发展基金，促进旅游创新创业人才在京落户，抢占未来旅游产业发展的制高点，提升北京旅游发展的持续创新能力。初期可以优先围绕在线旅游领域的创业进行创业发展基金的运作，并结合北京市大力推进跨境电子商务园（区）建设的大方向，将创业发展基金的运作与北京旅游电子商务园的建设密切衔接，将北京旅游创业发展基金如何与北京市旅游发展专项资金对接的问题也纳入改革范畴，这有助于遵循"先办成、再办好"的思路，让北京旅游创业发展基金尽快落地。

在旅游创业发展基金和旅游发展专项资金中，单列中小旅游企业扶持资金，尤其是符合北京首都功能定位和北京建设世界一流旅游城市目标的高端性、主题性的中小旅游企业和项目，要给予相应的支持。在以乡村旅游为主的农村地区，政府要明确该地区的涉农资金可以集中使用，可以优先用于乡村旅游发展与转型升级项目的引导。设立旅游投融资担保公司，为符合条件的中小型旅游企业贷款提供担保支持。

（3）适时在"9 + 10"区域合作框架下和环首都经济圈的框架下，研究建立区域性旅游人才交流市场。

（4）在安排中央和北京市促进服务业发展、扶持中小企业发展、小城镇建设、新农村建设、扶贫开发、节能减排、文化遗产保护以及其他与旅游业相关的专项资金时，对市旅游委确定的重点旅游项目优先予以支持。

3. 解决要素配置过程中短缺与低效问题

应解决北京旅游发展中资源要素短缺和利用效率不高并存的问题，实现资源要素的"合理配、优质配、合法配、高效配"。

要制定旅游发展专项资金资助企业评价标准，解决之前绩效评估中提出的专项资金资助营利性企业的问题，专项资金不仅要向国有企业开放，更要进一步向民营旅游企业开放。

尽管市政府每年都安排了10亿元旅游发展专项资金，市旅游委也将相当比例的经费用于旅游市场推广，但客观而言，营销推广经费的使用绩效尚难令人满意。为了进一步提高营销经费的效率，可以考虑采用市旅游委向专业机构购买公共服务的模式，将营销推广方案的设计通过市场竞标等方式交由专业的营销策划机构来设计、执行，条件成熟时，可以委托第三方机构对营销执行效果进行监测和评估。鼓励旅游企业建立企业间的营销联盟，根据营销联盟等机构的营销费用实际投入状况，给予相应的补贴或者税前抵扣，以此鼓励旅游企业的市场化营销投入；在市场营销经费中分割出相应比例，采用竞标方式，专项用于面向旅行服务机构（如旅行社、俱乐部等旅行服务机构）的营销费用补贴，以增强营销费用绩效的可考核性与可监测性。要构建旅游目的地营销的生态系统，形成多种营销方式互动推进新格局。旅游部门的营销经费与宣传部门和外宣部门的相关经费用协同使用，组建旅游目的地营销机构，实现企业化、市场化、专业化运作，提高资金使用效果。安排一定比例经费，采用市场采购方式，用于旅游目的地在线声誉的监测和维护。同时，也充分注意利用旅游大数据去挖掘营销的兴趣点、关注点，进行有效的营销方案设计，注意利用旅游大数据进行旅游市场的信息化监管。

除了继续支持"北京礼物"品牌发展与连锁经营外，在现有旅游商品设计奖励经费中安排一定比例的资金用于公益性旅游购物平台的打造，如为民间手工艺创意作品提供展示平台，在民间和创意与旅游者需求之间搭建桥梁，起到了增加北京新的旅游吸引物的效果。"北京礼物"则要贴近市场、适应市场，以提高"北京礼物"研发、推广经费的使用效益。

除了引进投资，建设旅游演艺集聚区外，对旅游演艺产品也要注意应用平台战略，为具有自我表现欲望的民间艺人提供演艺平台，增加演艺作品的市场自给自足特征。对于专项资金支持的项目，如旅游演艺项目等，要为其进入市场，与旅行社等旅游服务机构的客源资源的衔接提供信息、搭建平台，同时也要对旅游演艺项目的最终效果进行评估，评估合格后给付剩余的资助经费尾款。

要提高北京旅游学会这一全国唯一旅游类学会的活跃度，进一步发挥北京旅游学会在研究咨询、专业培训等方面的作用，把北京旅游学会建设成北京市旅游委乃至北京市政府最重要的智库之一。

公共部门数据的开放是旅游业运行进入大数据时代的重要前提，要进一步提高旅游相关信息的发布机制，尤其是旅游经济运行相关数据的发布效率要进一步提高。同时，要改革完善旅游统计制度，提高旅游统计的准确性，完善旅游统计的项目，引导旅游的质量型、效益型发展，为旅游业的发展提供科学的数据支撑。

4. 为北京旅游要素资源的市场化配置提供制度保障

（1）应该允许那些地处历史文化街区和历史风貌保护区内的传统民居用作旅游经营，从事旅游接待、住宿活动。对于历史文物保护片区、乡村地区可用于旅游开发的资源，在实现旅游发展、旧城保护改造或居民致富方面具有突出作用的，工商、公安等相关部门应给予相应的政策倾斜。要探索城乡联动机制，允许乡村居民利用部分宅基地换取城市居民的资金，用于发展乡村旅游以及改善居住条件，城市居民则可以在换得的宅基地上开发符合规划要求的旅游项目。在乡村地区发展面向游客的住宿设施、建设旅游景点等旅游项目，应给予减免税政策优惠。

（2）借鉴美国的发展经验，尝试在生态涵养带建立国家休闲区以及其他各级休闲区。对于国家休闲区内的项目以及其他大型旅游项目的景观用地，要相应制定特殊政策，区别对待景观用地与项目建设用地，为引进市场资金提供制度保障。

（3）在免税店特许经营方面形成突破，采用国外"即购即提、先征后退"

模式，优先考虑在大栅栏等旅游主体功能区内布局，一方面以此挖掘72小时免签政策的潜力；另一方面则可通过免税政策，推动国内旅游消费水平的进一步提升，通过免税规模化导入具有高消费能力的旅游流，以市场化的方式推动主体功能区的发展，以市场化的方式推动旧城改造和社区发展，以市场化的方式拓展古都风貌保护的资金渠道。

（4）将规模化乡村旅游发展纳入农业产业化经营的范畴，从而使得乡村旅游的发展能够适用中央关于"赋予农民对承包地占有、使用、收益、流转及承包经营权抵押、担保权能，允许农民以承包经营权入股发展农业产业化经营"的精神。

（5）依托社会教育培训资源，通过优化整合，逐步推进旅游立体培训体系的建设，最终形成旅游立体培训协同高效的组织体系、灵活多样的平台体系、多元互补的项目体系、产学互动的教育体系、四位一体的基地体系、科学适用的教材体系和互促共享的输出体系。

（6）与国家旅游局等部门合作，提前介入我国国家公园体制的设计，为未来实施国家公园体制后，有效推进面向旅游者满意度的管理方面的工作。

（7）制定北京旅游企业尤其是知名旅游企业集团"走出去"的相关支持政策，加强旅游企业对外投资的引导和服务，通过对外投资合作信息服务系统、投资指南等渠道，为企业提供有效指导；加强对旅游企业对外投资的培训工作，特别是政策、人员和投资环境等方面的培训，提高企业对外投资的针对性和可操作性；鼓励各有关学会、协会、商会、科研院所以及咨询机构加强对境外投资环境、市场信息和产业发展状况的研究分析，发布研究和发展报告，为我国企业"走出去"提供参考。

（8）在继续加大旅游休闲类外资引进政策的同时，要加强民营资本的引资力度。国家旅游局的数据显示，民间资本已成为旅游投资的主力，约占57%；休闲度假类景区成为旅游投资的重点，约占61%；东部地区成为旅游投资的热点，约占65%。休闲度假、文化旅游、乡村旅游、海洋旅游、在线旅游成为旅游投资新亮点。北京尤其要加强对在线旅游方面的引资力度，并重视通过设立旅游创业发展基金和旅游电子商务园等方式吸引在线旅游企业进京，进一步提升北京旅游的创新能力和引领地位。

（9）重新进行北京旅游集散中心的定位，从北京城市形象的角度，将北京旅游集散中心作为城市公益性服务来对待，列入北京市公共服务采购清单。"北京一日游"市场整治也需要从制度上重新认识，所有一日游运营车辆都需要安装GPS设备，保证旅游监管部门能够实时了解运营车辆的运营线路等相关状况；鼓励北京旅游集散中心进行周边运营，拓宽市场，提升盈利能力；通过增加周边运营业务，提升了北京旅游集散中心为北京市民服务的能力，从而促使市政府在旅游集散中心交通架构完善方面发挥更大的作用，形成类似上海的"总站—分站—上车点"的旅游集散体系，充分为本市市民和外来游客提供便利。

（10）为了落实"八项规定"等相关政策，应全面规范政府公务出行的差旅业务，将政府公务差旅业务纳入政府公共采购清单，服务采购可采取年度制或半年制的方式进行社会公开招投标，提高透明度，以市场化方式来配置公务差旅需求。

开放型旅游经济新体制下的北京
入境旅游研究

蔡红 林德仁 李恒*

摘 要:

近年来,北京的入境旅游人数呈现明显下降的态势,已经严重
影响了北京"十二五"旅游规划入境旅游目标的实现。本文通
过大量翔实的旅游统计数据,分析了北京入境旅游的发展现状,
阐述了在当前复杂的国内国际形势下北京入境旅游存在的问题,
并提出了制定北京入境旅游的营销战略规划、实施精准营销定
位、建立有效的海外推广系统、申请恢复"旅游团人数不限"
的口岸团队旅游签证政策等相应对策建议,力求以创新性思维、
开放型视野、前瞻性的举措来推进北京入境旅游市场的发展。

关键词:

北京 入境旅游 营销战略规划 全媒体营销 签证政策

引 言

2009 年,国务院《关于加快旅游业发展的意见》中提出"把旅游业培育
成国民经济的战略性支柱产业和人民群众更加满意的现代服务业"的指导思
想和"积极发展入境旅游"的基本原则,但目前中国三大旅游市场展现出的

---

* 蔡红,首都经贸大学工商管理学院旅游管理系主任,教授,经济学博士,北京旅游学会副秘书
长、北京旅游学会高端旅游研究中心主任,研究方向为高端旅游市场、文化创意旅游、乡村旅
游等;林德仁,传立媒体互动营销主管、北京旅游学会高端旅游研究中心外聘研究员;李恒,
DigitasLBi 乐必扬资深客户执行、北京旅游学会高端旅游研究中心外聘研究员。

国内市场、出境市场增长迅速，入境市场下降的"二升一降"格局。根据国家旅游局公布的2013年旅游数据显示：入境旅游人数12907.78万人次，同比下降2.51%；入境旅游过夜人数为5568.59万人次，同比下降3.53%；入境外汇收入516.64亿美元，同比增长3.27%。而2013年北京共接待入境旅游人数450.1万人次，同比减少10.1%；旅游外汇收入47.95亿美元（合人民币296.9亿元），同比下降6.9%。对比而言，北京入境旅游下降幅度大大超过了全国的平均水平。

2013年，福布斯中国旅游业排行榜显示：北京以丰富的旅游资源、充沛的景区、饭店基础设施等因素，位居全国旅游发达城市之首，各项旅游相关指标也列居第1位或者第2位（见表1）。然而，在旅游资源数量排名首位的北京，入境旅游人数排名却位居深圳、广州和上海之后，这固然由于深圳、广州临近港澳的地缘优势所致，但也在一定程度上意味着北京入境旅游尚存在很大的上升空间，而世界旅游组织对于2014年国际旅游人数将保持4%～4.5%、亚太地区将达到5%～6%的增长幅度预测也给北京入境旅游营造了提升发展的信心。

表1 2013年福布斯中国旅游业最发达城市排行榜

排名	城 市	所属省份	入境旅游人数排名	国内旅游人数排名	旅游外汇收入排名	国内旅游收入排名	星级饭店数排名	4A及以上旅游影区数量排名
1	北 京	北 京	4	2	2	2	1	1
2	上 海	上 海	3	1	1	1	2	3
3	广 州	广 东	2	24	3	4	4	10
4	重 庆	重 庆	12	3	13	5	3	2
5	深 圳	广 东	1	48	4	18	11	70
6	杭 州	浙 江	6	10	5	7	5	5
7	天 津	天 津	9	5	6	3	15	12
8	苏 州	江 苏	8	8	7	6	10	4
9	南 京	江 苏	15	7	10	8	13	23
10	武 汉	湖 北	21	4	20	9	24	19
11	成 都	四 川	23	6	32	11	12	8
12	宁 波	浙 江	22	14	17	12	6	5
13	青 岛	山 东	20	15	16	14	9	14

续表

排名	城　市	所属省份	入境旅游人数排名	国内旅游人数排名	旅游外汇收入排名	国内旅游收入排名	星级饭店数排名	4A 及以上旅游影区数量排名
14	无　锡	江　苏	26	13	21	10	45	12
15	大　连	辽　宁	18	20	14	15	8	31
16	西　安	陕　西	25	12	18	19	14	11
17	沈　阳	辽　宁	33	11	27	16	17	28
18	郑　州	河　南	47	7	58	13	18	52
19	厦　门	福　建	10	51	8	29	38	33
20	长　沙	湖　南	27	17	26	22	33	23
21	桂　林	广　西	13	52	19	67	40	5
22	烟　台	山　东	38	28	28	28	16	19
23	哈尔滨	黑龙江	58	19	55	21	28	23
24	洛　阳	河　南	39	18	57	20	50	19
25	黄　山	安　徽	17	44	34	42	36	16
26	珠　海	广　东	5	86	9	74	29	94
27	东　莞	广　东	7	80	15	64	25	70
28	贵　阳	贵　州	93	16	93	17	40	48
29	绍　兴	浙　江	35	23	46	25	26	37
30	温　州	浙　江	41	22	43	26	21	37

资料来源：福布斯杂志。

党的十八届三中全会提出了"构建开放型经济新体制"的发展战略，为适应经济全球化新形势，尤其是全球旅游经济蓬勃发展的新趋势，北京旅游业需要在开放型旅游经济新体制前提下，客观审视在当前复杂的国内国际形势下以及北京入境旅游存在的问题，要以创新性思维、开放性视野、前瞻性举措来推进北京入境旅游市场。

一　北京入境旅游现状分析

（一）北京旅游的总体表现分析

1. 国内旅游人数上升迅猛，入境旅游人数下降明显

自 2008 年以来，北京国内旅游者人数呈稳步上升趋势（见表 2），而国外旅游者人数与国内旅游者人数差距较大，增长缓慢且在 2012 年之后呈现下降趋势。

表2　2008～2013年北京市入境、国内旅游情况

单位：万人次

年份	来京旅游人数	入境旅游者数	国内旅游者数	旅游外汇收入总额（亿美元）	国内旅游收入（亿元）
2008	14560.0	379.0	14181.0	44.60	1907
2009	16669.5	412.5	16257.0	43.60	2144.5
2010	18390.1	490.1	17900.0	50.44	2425.1
2011	21404.4	520.4	20884.0	54.16	2864.3
2012	23134.6	500.9	22633.7	51.49	3301.3
2013	25188.1	450.1	24738.0	47.95	3666.3

资料来源：北京市统计局、国家统计局北京调查总队、北京市旅游委官方网站。

对于北京而言，2013年入境旅游人数450.1万人次，仅占北京旅游接待总量的2%不到，与"世界旅游城市"的定位相距甚远。相比美国纽约，2013年到纽约旅行的游客数再创新高，达到5430万人次，比2002年年度游客人数净增2000万人次，其中美国国内游客为4290万人次，国际游客数为1140万人次，国际游客占旅游接待总量的21%。两者相比较可以肯定地说，北京的近年来入境旅游情况不尽如人意。

2. 国内旅游收入持续增长入境旅游收入小幅下降

自2008年以来，北京的国内旅游收入呈现持续增长的态势（见图1）。国内游客的人均消费也呈轻微增长（见图2），但其中也包含了物价上升的因素。然而，自2012年以来，北京市入境旅游市场呈现下滑趋势，其中2013年甚至出现了10%以上的负增长（见图3）。入境旅游者人数的下降也直接导致了2012年和2013年旅游外汇收入的下降，但受人民币汇率升值和国内物价上升因素的影响，2013年入境旅游人均消费却略有上升（见图4）。

3. 入境旅游客源依然以亚洲近程市场和美国、欧洲市场为主体

2013年，来京的外国游客中，美国、韩国、日本占较大比例，分别为17%、8%、5%，是北京市旅游的主要客源市场。此外，中国港澳台同胞也占据相当大的比例，占比为14%（见表3，图5）。

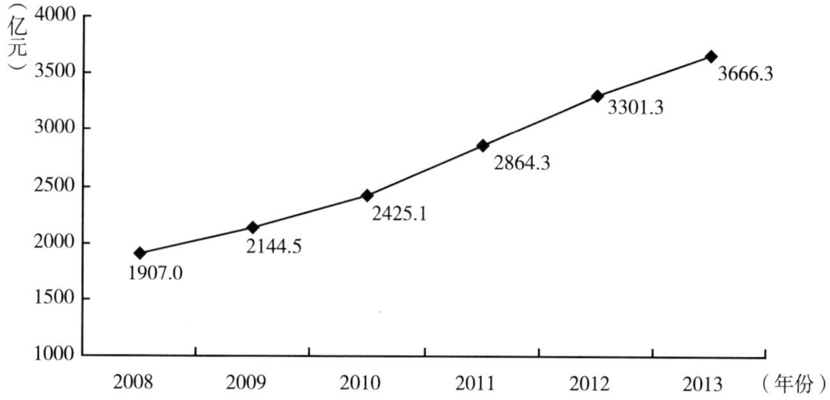

图1　2008～2013年北京国内旅游收入

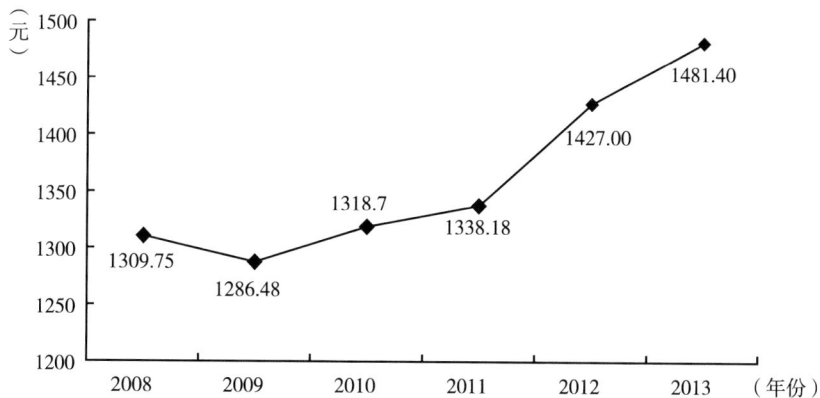

图2　2008～2013年北京国内游客人均消费

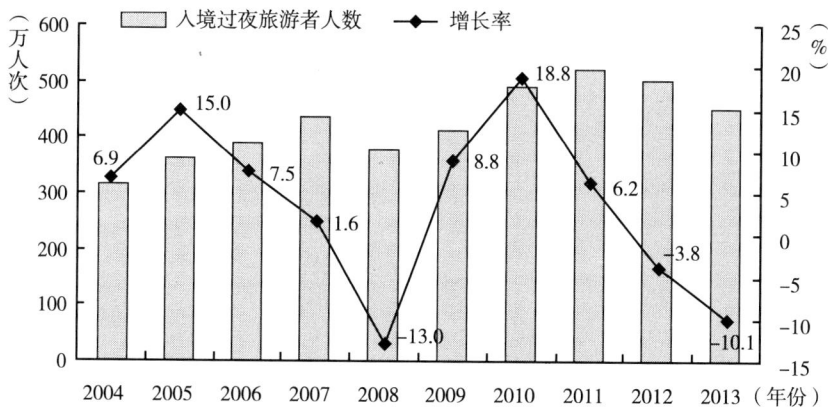

图3　2004～2013年北京入境过夜旅游者人数及增长率情况

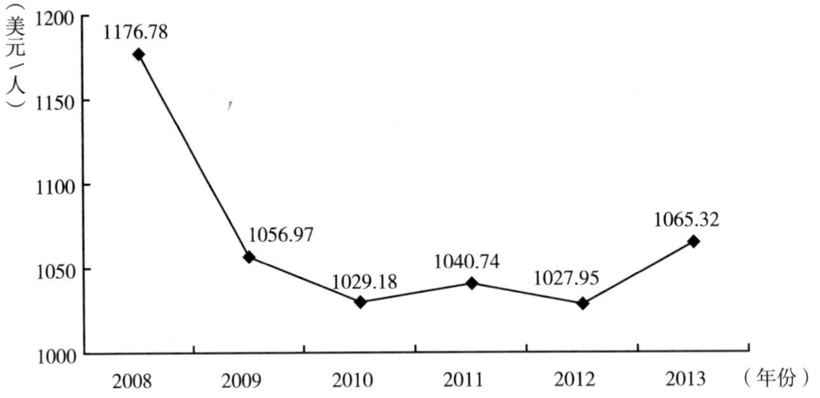

图4 2008～2013年北京国外游客人均消费

表3 2013年北京入境旅游者情况

单位：万人次，%

划分类型			2013年12月		2013年	
			总数	同比增长	总数	同比增长
接待入境旅游者			30.1	-7.2	450.1	-10.1
按洲划分	亚洲(含中国港澳台地区)		15.9	-8.1	201.5	-15.3
	欧洲		6.6	-15.2	117.9	-9.7
	美洲		5.8	5.0	102.0	-0.4
	大洋洲		1.0	-11.0	18.4	-7.1
	非洲		0.7	27.9	9.4	9.4
	其他		0.1	—	0.9	—
按地区和国别划分	中国港、澳		3.1	2.3	37.2	-4.7
	中国台湾		2.0	-11.9	25.3	-7.8
	外国游客	总数	25.0	-7.9	387.6	-10.8
		日本	1.8	-9.2	24.9	-43.1
		韩国	2.8	-6.6	37.7	-14.6
		马来西亚	1.3	-24.4	13.4	-16.9
		新加坡	1.4	-9.0	13.0	-15.9
		英国	0.8	-12.5	17.5	-5.1
		法国	0.7	-8.4	13.4	-10.9
		德国	1.3	-11.6	23.0	-5.9
		俄罗斯	1.2	-20.1	16.7	-16.7
		美国	4.5	7.4	74.7	-0.6
		其他国家	9.2	—	153.3	—

资料来源：北京旅游委。

图 5 2013 年接待入境旅游者比例情况

图 6 为近 5 年主要客源国（地区）入境人数折线图，由图 6 可见 5 年来，主要客源国和地区：美国、日本、中国香港、韩国、中国台湾入境旅游人数都呈下降趋势，除了雾霾天气、人民币升值等因素的影响，北京也需要更加完善自身，解决非法"一日游"，完善服务，加强监管力度。

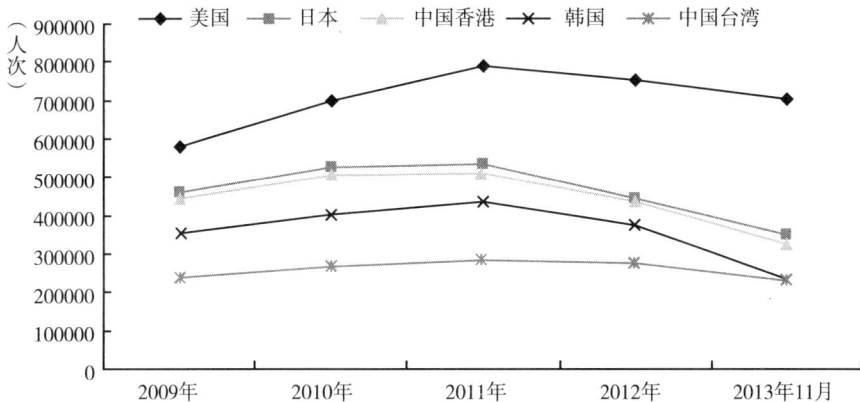

图 6 近 5 年主要客源国（地区）入境人数折线图

基于旅游目的地营销的核心需求和不同类型游客的特点，重点加强对入境旅游海外市场的整合营销和推广，为海外游客提供从事件、节庆到旅游整合传播的多种形式的全方位服务。

（二）旅游收入构成分析

在旅游消费结构中，长途交通、民航、商品销售占有较大比例，其次是餐饮、住宿和游览（见图7）。长途交通对于旅游体验的影响其实没有餐饮、景点、商品销售重要，因而这个结构有优化调整的空间。

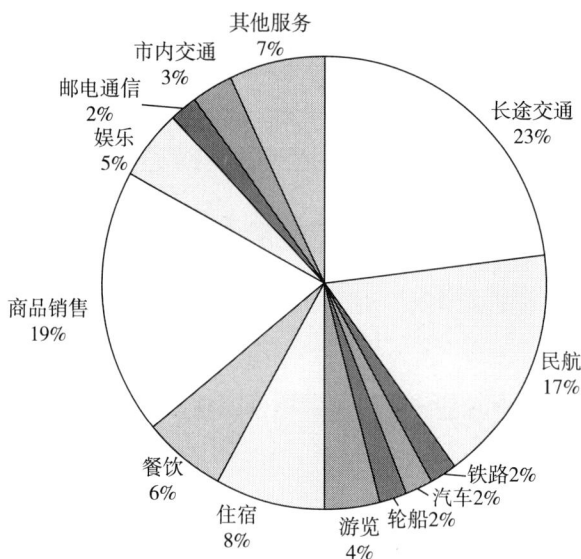

图7　近3年旅游外汇收入及构成（平均值）

二　北京入境旅游存在的问题

由以上分析和对比可以得出，北京入境旅游数量和质量的提升面临如下问题。

（一）错综复杂的国际形势直接影响北京入境旅游

首都北京是中国的政治、经济中心，不免带有浓厚的"政治"烙印。敏感的国际政治关系，让北京的入境旅游受到最为直接的影响。目前中国所面临的国际环境复杂，钓鱼岛事件、南海黄岩岛事件、朝鲜半岛局势等都不同程度影响了北京的入境旅游数量。2012年日本创造了国民出境旅游历史最高纪录，但是因为外交、政治和钓鱼岛事件等，入境中国的旅游者的数字是下降的，入境中国的日本旅游者的增长率为－14.3%，2013年更是下降了43.1%。2013年亦然，相反韩国却借助这个因素，入境旅游得益于中国、日本游客的激增，达到了历史最高水平。从各个国家的具体数据可以看出，入境旅游人数的大量增加还是需要依靠近程市场的助推，而目前不平静的国际环境，显然抑制了入境旅游人数的增长。

（二）各国各地不遗余力地加大旅游营销力度

从国际竞争市场上看，各国加大力度营销本国入境旅游。例如美国旅游发达的各个州近年来在旅游营销的投入上也在不断加大。2012年，夏威夷旅游营销投入为7500万美元、加利福尼亚州为6100万美元、伊利诺伊州为5500万美元、佛罗里达州为3900万美元、得克萨斯州为3600美元、密歇根州为2500万美元。美国各个州的平均旅游预算是1450万美元。密歇根州在2013年又决定追加400万美元，用于加拿大、欧洲和亚洲市场的营销。同时，日本、泰国、韩国在旅游促销费用上也呈现增长的趋势。此外，日本、瑞士针对亚洲、中东等地区的旅游者推出了医疗诊断旅游签证。马来西亚还放松了奢侈品的进口关税，重点推广高尔夫旅游、医疗旅游产品，并推出了系列节庆、事件和演出等活动，吸引国际旅游者的关注。我们所在的亚洲近邻各国，日本、韩国、泰国、新加坡、马来西亚、越南等，在国际市场上的旅游营销的力度都在不断加大，已经对中国的入境旅游市场构成了一定的威胁，也在一定程度上影响了北京的入境旅游市场份额。

从国内城市看，上海、杭州、广州、成都等多个城市不断开展特色营销活动，一定程度上分流了北京入境旅游市场客源。成都的熊猫"快闪活动"走进英国伦敦，将成都与国宝熊猫建立起联想，为成都的英国市场开拓产生了积极的影响。

（三）日益恶化的大城市病严重影响了北京的旅游形象

近年，北京日益恶化的城市环境污染、雾霾、交通拥堵、多元素质人口等大城市病遇到各国主流媒体的夸大报道，一定程度上削弱了北京的旅游形象。而且，北京雾霾的解决却任重而道远。《美国商业周刊》的一篇文章明确表示了雾霾天气将会重创中国的旅游业。另据美国 CNN 的一篇专题报道显示：影响北京 PM2.5 居高不下的因素是受制于周边河北、内蒙古等省份，其影响因素高达 39%。这些客观存在的问题单纯依靠旅游部门、依靠北京一个市的治理是无法解决的，需要协同区域进行综合治理。

（四）72 小时过境免签政策具有很强限定性

改革开放是发展中国特色社会主义的强大动力。当前，我国改革已进入攻坚期和深水区，发展处于转型期和换挡期，需要通过更高水平的对外开放，构建开放型经济新体制。

尽管北京通过实行 72 小时过境免签政策提高了旅游对外开放程度，然而在构建开放型经济新体制的目标中，72 小时过境免签只是北京旅游对外开放的一小步。72 小时过境免签政策在最初申请时，曾被寄予厚望，然而目前 72 小时过境免签有着诸多限定性前提：一是 72 小时的时间限定，二是 45 个国家的公民，三是有效国际旅行证件和已确定日期及座位的前往第三国（地区）联程机票，四是首都机场入境离境，五是北京的行政区域范围。诸多的限定影响了诸多潜在消费者群体的决策。

同时，必须看到，申请 72 小时过境免签的旅游者还具有典型的依托型旅游消费特点，即依托于旅游者最终所选择的目的地（即第三国或者地区），依托于航线分布、机票价格、中转枢纽航空港的竞争力等。同时，在最初出台 72 小时过境免签政策时，仅适用于北京和上海两个城市，即过境选择城市或者选北京，或者选上海。然而，2013 年 6 月 1 日后，广州、成都、重庆等又先后获批可以享受 72 小时过境免签政策，不可否认，这一形势的变化将对全国的旅游产业发展产生积极的影响，但也必将会分流一部分北京的过境免签客人。

（五）"一体化市场"的旅游营销模式有待改善

尽管北京借助 72 小时过境免签政策在海外多国开展了丰富多彩的旅游资

源推介活动，例如"72 小时过境免签·玩转北京""美丽北京世界之城""功夫熊猫""北京旅游图片展"等，进一步让世界了解北京，然而，北京旅游推介活动的受众市场具有一体化特点，市场细分不够，无法更具有针对性地开展旅游营销活动。事实上，作为跨文化营销的入境旅游营销，更要注重跨文化营销中的个性心理。所有的科学，包括心理学，往往忽视个性这一极为重要的事实存在。在跨文化营销中，不同国家不同地区存在着不同的语境文化、成就与归属导向的不同文化、个人主义与集体主义三个价值层面的文化差异，在开展营销活动时需要充分研究当地文化特质，有针对性地开展北京形象传播。

（六）北京旅游海外社交媒体需要加强

21 世纪，新媒体发展迅猛，成为"最令人振奋的传播手段"。新媒体已成为旅游活动中不可缺少的信息工具，如表 4 和图 8 所示。新媒体的兴起已经改变了旅游营销资金的投放比例。根据美国 MMGY Global 公司的调研显示：25% 的被访者属于最后一分钟决定旅行方案的人。这个数据耐人寻味，说明现今的美国人在旅行时的随机性在增强，因此，以营业推广、新媒体营销为代表的营销作用也被放大。尽管北京运用了微博、APP 等新媒体形式，然而，北京目前还没有有效运用海外社交媒体，如 Facebook，Twitter，海外宣传的针对性和互动性还不够强。

表4　美国人自社交媒体（排名前5位）获取信息的比例

单位：%

社交媒体	2012 年度	预计 2013 年度
Facebook	73	74
Linkedin	23	35
Twitter	20	24
Youtube	17	20
Google +	13	16

资料来源：MMGY Global 公司。

通过智能手机完成旅行决策 27
休闲度假者在国外旅行使用智能手机 85
使用手机APP选择航班 29
使用手机APP查询酒店 30
使用苹果APP的社交网络服务 85
拥有智能手机 50
拥有手机 94

0　20　40　60　80　100（%）

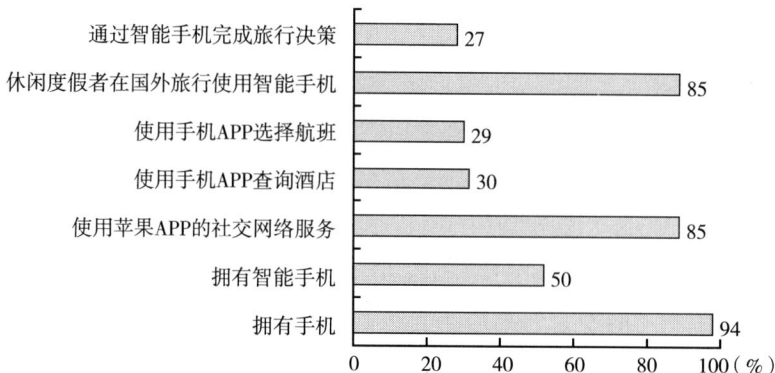

图 8　美国人拥有和使用手机的情况

（七）文化大城市却遭遇文化弱实力

自 20 世纪 90 年代初由哈佛大学教授约瑟夫·奈首次提出软实力的概念后，软实力得到了各国的重视。尤其是作为软实力核心的文化软实力。国际旅游市场的竞争实际上也是国家文化软实力竞争的体现。纵观世界各国，凡是文化软实力发达的国家，其入境旅游必然呈现出良好的发展势头。北京作为 5000 年历史的中国首都，文化底蕴深厚，既有着独特的皇城文化、胡同文化、老北京文化等历史文化，又有着现代化发展的创意文化、新兴文化等。然而，作为文化大城市的北京，文化软实力却未能如只有 200 年历史的现代城市纽约等尽显出来。文化软实力对北京入境旅游的发展作用远未发挥出来。

三　推动北京入境旅游的对策研究

（一）制定北京入境旅游的营销战略规划

美国、英国、德国、加拿大、澳大利亚、日本、新加坡、泰国以及中国的香港和台湾等旅游发达的国家和地区，都建立了具有前瞻性、战略性的体系完善、方案完整的入境旅游营销战略规划。北京市旅游委可以借鉴其经验，借 72 小时过境免签政策优势，做好北京营销战略规划。

从北京入境旅游的内在特质上看，北京拥有丰富的旅游资源和源远流长的历史，是中国文化的中心，也是最能够代表中国的著名旅游城市；而从国家旅游战略规划上看，北京需做到一要从北京旅游业发展看全国旅游发展的现状，二要从北京旅游业的情势变化看全国旅游业的趋势。因而长期目标是发掘和展示北京所蕴含在各个旅游资源中的文化和精神，将北京打造为中华文化和东方文化的窗口，在中华复兴的道路上，成为强劲而持续的旅游引力场和文化输出地。

基于上述目标导向，课题组建议北京应实施的推动入境旅游的战略思路是：以北京旅游委为推广中心和协调枢纽，营造包括诸如意见领袖、旅客、合作城市、旅行社、航空、酒店、景点、交通、媒体等与旅游相关利益团体在内的价值网络，共同发力驱动，打造融合海外旅游推广系统和北京体验系统为一体的旅游生态系统。该系统以市旅游委为协调控制枢纽，以海外目标受众为出发点，以大数据的构建、新媒体的运用、线上线下的融合为特色，制定精准的海外营销推广内容策略和高效的媒介渠道策略，依托日渐完善的旅游公共服务体系和不断创新的旅游产品体系，构建良性的、能形成持续传播的旅游经验。

（二）有效细分市场，实施精准营销定位

以往我们进行国际旅游市场研究时，往往将美国、英国、日本等国家的旅游市场视作一个同质性的细分市场，比较少关注其区域间、人口间的差异。但实际上，以美国为例，由于国土面积辽阔，美国东海岸、西海岸、中部、北部、南部各州的旅游市场的消费者群体存在着很大的差异。即使是临近的两个州，如芝加哥所在的伊利诺伊州和底特律、安娜堡所在的密歇根州，由于经济发展的程度不同，交通状况不同、各州地方法规的差异，其市场都存在着异质性特点。而从人口角度分析，按照美国人口统计局的统计口径，美国人口通常划分为美国白人、非洲裔美国人、拉丁裔美国人、印第安裔美国人、亚裔美国人等，其中亚裔美国人又可细分为华裔、日裔、韩裔、菲律宾裔等 26 个的群组。其不同群组的文化、经济特质也存在着很大的差异。同样的原理一样适用于德国、英国、日本、韩国等国际市场。因此必须实施更加精准的营销策略。

1. 重点关注主体市场，尤其是近程市场

长久以来，美国、日本、韩国、中国港澳台，是北京最主要的入境旅游来

源地，2013 年来自这些地区的旅客占入境旅游者总数的 44%。而 2014 年以来，来自这些地区的游客数量下降幅度较大，因而需着重在这些市场上推广。根据各个发达旅游国家的经验，近程市场是最容易在短期内迅速提升入境旅游人数的市场。如 2013 年美国的出境旅游人数 56275122 人次，比 2012 年增加了 1.6%。其中到亚洲市场是 3945950 人次，比上年同期下降了 −0.2%，占总市场的 7.0%；欧洲是 18.9%，加勒比地区 10.5%，墨西哥 32.8%，加拿大 20.1%，其近程市场占总份额的 63.4%。对于北京而言，日本、韩国等近程市场是中国的主要客源市场，也是北京的重要客源市场，因此，北京在旅游促销宣传层面还需要予以更多的重视，即使在目前中日关系比较紧张的今天，也必须不间断地开展富有针对性的旅游形象宣传活动，以更加具有创新性的旅游产品和丰富多彩的旅游促销活动吸引上述客源市场。此外，德国和俄罗斯入境旅游一直以来所占比重较大，但 2012 年以来的数量逐年减少，这是真正流失而需要恢复的市场。非洲入境者近年上升幅度较大，是值得注意的新兴客源市场。

2. 尝试按照旅游意向程度进行精准营销

结合日本电通广告的 AISAS 模型，可将目标市场分为：对北京旅游的知晓者（Attention）、感兴趣者（Interest）、搜索者（Search）、行动者（Action）和分享者（Share）。这个模型体现了消费者从注意到行为和传播的转换过程，而潜在入境旅游者也分布在这些不同的群体中，针对不同的群体需确立不同的转换目标并依此制定策略。

（1）针对知晓北京的潜在旅游者，可以通过低成本、展示性的媒介，传播北京特色旅游资源、文化、饮食引起他们的兴趣；针对对北京感兴趣的潜在旅游者，可以在他们所阅览的旅游内容的网站上、北京旅游的社交媒体主页上进行引导和链接，增强其互动。

（2）针对搜索者，则需要通过搜索引擎上的通用词（如亚洲旅游、历史名城）和品牌关键词（如北京景点），结合重定向（retargeting，一种新型互联网广告技术，根据用户之前搜索、浏览的信息，在其新浏览的页面定制广告信息，以提升投资回报率）将其引向旅游计划的制订和机票、酒店的消费过程中。

（3）针对产生行为的旅游者，应着重于优化他们的旅游体验，比如前文显示入境旅游者在交通上面花费过高，远高于消费和景点的花销，这就可以通过交通上的折扣、套票等方式方便他们出行，使他们将预算分配到景点游览和消费等深入体验北京旅游的活动中，另外通过线下互动、折扣、完善服务体系的方式最大化提升其满意度。

（4）针对分享者，需要提供鼓励和刺激因素，借助他们的参与实现最大化传播效果。韩国曾邀请9位热爱韩国文化的博主入境亲身体验韩国文化，这种将线下体验和线上传播有机结合的举措大大推广了韩国旅游。同样，也有一批亲身经历过北京的景色、文化，并有独特体验的外国游客（比如徒步从北京走到新疆，并将经历写成《徒步中国》的德国人雷克[①]），这些游客通过分享他们的经历，将他们眼中最真实、独特的北京传播给大众，是很重要的意见领袖。可以将他们的故事拍摄成微纪录片，通过连载的方式在视频网站上和社交媒体上造势。

（三）建立有效的海外推广系统

该系统主要面向对北京的知晓者、兴趣者和搜索者，通过新媒体与传统媒体的结合、全网的互动，促使这些目标受众产生行为。

1. 推广内容选择

调研显示：美国游客数量下降的重要原因是对于空气质量的顾虑和对于人权问题的偏见。对于前者，可以参考新加坡应对2013年6月大雾霾的措施。2013年6月20日，新加坡遭遇了一场严重的雾霾，但是其入境旅游人数和入境旅游收入并没有受到太大影响，第二季度数字反而同比、环比皆有增长。[②]除却新加坡旅游品牌的持久吸引力，新加坡政府的一个举措是设立了一个以雾霾为主题的网站（http：//www. haze. gov. sg/home. aspx），在这个网站上不断更新每日每地的空气质量，以权威的角度介绍雾霾的相关知识，不同程度的空气质量对不同人群的影响，以及在不同空气质量条件下，对居民的外出活动建议和答疑。在第一时间以直面问题的态度，和权威的形象抢夺了话语权。此外，推广北京郊区的小众旅游资源，激发受众探索欲望也不失为一个策略。针对一些的偏见，一方面通过媒体对于国家改革的大力举措的报道会逐渐减少这

---

① 新浪微博，http：//weibo. com/2097331385/yhF8tvpBa？ sudaref = www. google. com. hk。

② STB, *Tourist arrivals remain strong despite haze.* http：//news. xin. msn. com/en/singapore/tourist - arrivals - remain - strong - despite - haze - stb。

种偏见；另一方面可以着重展示北京历史文化悠久的魅力，从美国的孔子学院、汉学专业和汉语班入手，促进华裔后代溯源活动，以及增加这些交流活动的曝光，培养一批意见领袖。

日本、韩国是同属于东方文化的国家，对于北京的理解更为深入，对其可以采取求同存异的策略。同，即文化渊源的相同，中日韩很多传统文化都有交集，如棋、画、武术、建筑等。因而可以鼓励和支持民间组织举办文化、技艺的交流、切磋活动。

2. 线上推广渠道选择

（1）搜索引擎。根据一份调查显示，62%的旅游者会在制订旅游计划时搜索信息，这是最普遍的旅游信息渠道。因而搜索引擎的优化（SEO）和付费关键词（SEM）至关重要，能在用户主动搜寻信息时抓住他们的注意力，将他们引向旅游推广的页面和机票、酒店预订的页面。而以上细分市场分别有本国最具影响力的搜索引擎（见表5）。

表5　各国（地区）互联网旅游信息最具影响力的搜索引擎

单位：%

国家（地区）	第一名	占比	第二名	占比
阿 根 廷	Google	95	Bing	4
澳 大 利 亚	Google	87	Bing	3
巴 西	Google	97	Bing	2
加 拿 大	Google	78	Bing	6
捷 克	Seznam	45	Google	45
中 国	百度	76	Google	22
丹 麦	Google	97	Bing	2
埃 及	Google	95	Bing／Yahoo	5
芬 兰	Google	95	other	5
法 国	Google	92	Bing	4
德 国	Google	89	t-online	3
中国香港	Yahoo	N/A	Google	N/A
印 度	Google	95	other	5
印度尼西亚	Google	92	Yahoo	5
伊 拉 克	Google	89	other	11
意 大 利	Google	87	Virgilio	5

国家(地区)	第一名	占比	第二名	占比
日　本	Yahoo Japan	56	Google	31
马来西亚	Google	92	Yahoo	5
墨西哥	Google	91	Bing	7
荷　兰	Google	94	vinden	3
新西兰	Google	93	Bing	2
菲律宾	Google	N/A	Yahoo	N/A
波　兰	Google	97	other	3
俄罗斯	Yandex	62	Google	26
沙特阿拉伯	Google	97	Bing/ Yahoo	3
斯洛文尼亚	Google	99	Bing/ Yahoo	1
韩　国	NAVER	73	Daum	18
西班牙	Google	96	Bing	4
土耳其	Google	94	Yandex	N/A
英　国	Google	N/A	Bing	5
美　国	Google	72	Yahoo	14

资料来源：http：//returnonnow.com/2012/06/search－engine－market－share－country/。

比如虽然国际上最具影响力的搜索引擎是谷歌，在日本则是雅虎，在韩国是 Naver。因而可以依次针对这些市场有选择地投放关键词广告和关键词搜索优化。在搜索引擎上，核心的环节在于对关键词的把握。针对来北京旅游有意向的群体，需要主打品牌关键词，如北京景点、北京酒店，链接到交易平台；针对尚未确定旅游目的地的群体，需要主打通用关键词（亚洲旅游、千年景点），甚至购买竞争对手的关键词（如巴厘岛），链接到展示旅游品牌的页面。

（2）垂直门户。香港旅游局在很多旅游攻略网站和抱团预订网站上大量投放广告。这类垂直门户上投放广告的优势在于能够触及最集中的一级用户。因为访问者本身就是对旅游计划产生兴趣的，这类网站上的广告也是将受众变兴趣为行为的临门一脚。Alexa 上的统计显示，用户在旅游话题上最关注的网站有 booking，tripadvisor，xe，expedia，hotels，agoda，priceline，kayak，southwest，united，由于这些网站是消费者制订旅游计划的重要信息来源，在这些网站上投放广告会有更好的效果。

同样，对这些网站上关于北京旅游的内容进行丰富、优化也能与广告相辅相成，达到效果。例如 booking. com 网站上有个最热门景点评选的页面，列出的 99 个景点中北京不在其列，如果在北京的页面上提高互动，丰富内容，将其推向最热景点之列，则对于吸引访问量和订购量会有极大帮助。

（3）社交媒体。社交媒体对于品牌来说主要有两大好处：用户态度、行为的可监测性和即时互动性。北京旅游在很多诸如脸书、推特、linkedin 等社交媒体上尚未设立官方主页，或者欠缺活跃度（见表6）。

表6　日本、韩国、新加坡及中国社交媒体的活跃度

		日本	韩国	新加坡	中国
网站（自有媒体）	海外推广官网	jnto. go. jp	visitkorea. or. kr	yoursingapore. com	cnto. org
	世界范围内访问量	399350	8633	28837	927295
	外部链接	3810	4648	1976	523
	跳出率	0. 558	0. 525	0. 562	0. 568
	美国访客所占比例	0. 085	0. 025	0. 046	N/A
社交网站（赢得媒体）	脸书账号	已设立	两个	已设立	未设立
	脸书关注者	2000 +	totally 140000 +	1400 +	0
	推特账号	@ Visit_Japan	@ Koreatourism	@ Singapore Touris	@ China Tourism
	推特关注者	28000 +	28000 +	600 +	400 +
	Linkedin 账号	已设立	已设立	已设立	未设立
	Linkedin 关注者	170	254	7549	0
	Pinterest 账号	已设立	已设立	已设立	未设立
	Pinterest 关注者	2022	0	56	0

相对来说日本、韩国、新加坡等在这些主页上面有活跃的展现。基于大数据的理念，通过一些互动数据（定量）和关键词抓取工具（定性）的分析，可以在一段时间内衡量传播效果，并了解用户对于品牌及竞争品牌的态度分布和最感兴趣的话题，对于之后的日常内容维护和营销活动开展有很好的借鉴作用。另外，社交媒体与用户是全天候全方位互动的环境，这里既可以即时通过热点话题吸引人们注意，又可以对正面信息推波助澜，对负面信息即时化解。比如针对5月份全球很多地方高校将迎来暑假，在这之前一段时间里，出行、旅游将会是很多社交媒体用户的讨论热点，如果此时趁机推出营销活动，给出攻略，引导大家购买机票，将会产生一定的效果。另外，在社交媒体的主页上

还能参与信息的造势，比如如果一名外国游客分享正面的北京旅游体验，趁机互动，给予感谢和奖励，激发他们再次分享的行为；而假如一名外国游客分享失望的旅游体验，趁机出面解释、表达歉意和支招儿，能在第一时间对危机进行把控。

（4）线上视频。视频对于旅游推广来说至关重要，因为它能提供一个视觉、听觉等多感官的体验、认知。而视频在人们作旅游决策时也扮演重要的角色。21%的休闲旅游者和26%的商务旅游者都会在制定决策时观看视频。在互联网时代里，视频推广的思路也需要转变，不只局限于展示景点的美和利用意见领袖吸引眼球，还可以策划多种互动方式。比如在景点街头随机采访，根据受众最感兴趣的景点排序制订视频播放排期计划。

（5）移动端微信。微信在海外市场的影响已经日益显著，海外注册用户达到1亿户。梅西成为微信的代言人，联合国也开通了微信账号，这是不可忽视的平台。微营销主要立足于公众平台。而公众平台分为订阅号与服务号。

订阅号主要是前期分享信息所用，并不是过分推销的性质；订阅号在于吸引受众眼球与注意力。在中国由于微信属于强关系类社交媒体，受众分享后转发率会更高，从而达到更好地传播效果。在国外，微信可以配合游戏，激励的模式去提高转发率。微信订阅号每天限定发送一条，相比服务号（1个月仅可以发送1条群发消息）可以传播更多的信息。

而服务号是公司或者企事业的账号。具有自定义菜单功能，可以设置与加入北京航班信息，甚至加上北京景点推荐建议。对于海外市场，由于消费者行为不同，单凭微信的传播并不够。我们可以利用O2O模式，结合线上与线下，策划营销活动辅助微信的推广。此外，微信同类产品Line，在日本、韩国和中国台湾非常火爆，可以针对受众细分进行运营、推广。

3. 线下推广

海外受众分布广泛、分散，线下推广主要针对最有可能成为行为者的人群，比如针对对中国文化最感兴趣的孔子学院、汉学专业、华裔学校的学生，既可以将他们转化为旅客，也可以将他们培养成意见领袖，进行二级传播。举例说，位于俄亥俄州的克利夫兰当代中国文化协会下属的中文学校，主要招收的都是华裔子女，他们本着溯源的宗旨会组织学生利用假期时间回到中国体验文化根基。北京旅游委可以多与这些学校建立长期稳定的合作关系，组织中外学生交流，并鼓励主办方在线上通过视频记录和社交网络方式曝光、传播。

4. 价值网络

海外推广不能只靠北京市旅游委之力，还需要整合海外具备推广资源的个人和机构，搭建起双赢的价值网络。比如奥尔巴尼有家帮助美国企业发展对华贸易的机构，可以与他们建立合作伙伴关系，提供促进北京商务会议入境；比如电影《007》《指环王》的上映，曾引起了伦敦、新西兰等地的一波旅游热，这也是一个合作双赢手段。

（四）打造旅游体验系统

1. 签证

相比于北京 72 小时的多项限定，迪拜则有着更为宽松的签证政策——96 小时过境免签政策：包括中国、美国等 184 个国家的居民（其护照必须具有 6 个月以上的有效期）到迪拜旅游，预定了阿联酋航空公司的电子客票并得到起飞时间的确认函件，都可以通过阿联酋航空公司的管理预订系统在网上申请落地签证。在线申请必须在 4 个工作日前完成，通过此服务发出的签证都可以在迪拜停留 96 小时或 30 天。需要说明的是，此项业务不适用有购买其他航空公司机票、由迪拜国际机场出入境的上述国家的旅客。由于实行了宽松的签证政策，再加上巨大的投入、良好的设施、精良的服务、先进的技术、优厚的购物免税政策等因素的吸引，2010 年迪拜机场仅国际转国际的旅客人数就比上年增加了 192 万人次，2012 年迪拜国际机场的旅客量由 2011 年的 5098 万人次快速增长至 5786 万人次，增幅达 13.5%，超越了香港国际机场，成为国际旅客量全球排名第三位的机场。迪拜入境旅游者的大幅增加，其灵活、有效的签证政策也是一个重要的因素。

北京、上海、广州和成都等城市都推出了 72 小时过境免签政策，大家对该政策对于旅游的促进都抱有期望。72 小时过境免签政策具有重要的战略价值，但由于受到航线设置、机票价格等多重因素的制约，近期内不宜将太多的营销宣传费用放在这项政策的宣传和推介上。但是可以在北京举办国际赛事、会展等期间针对来京过夜旅游的游客采用宽松的签证政策。

2. 酒店、景点、旅行社等从业机构

入境旅客在北京的旅游体验，实际上是由入境起，就与机场、交通工具设施、酒店、餐饮、景区等一个个微观的互动体验共同组成的。所以需要提高这些机构和人员的整体素质和服务质量，促进这些机构之间的合作，使他们共同致力于提升北京城市文明形象。比如像新加坡航空和新加坡旅游局的合作那样针对不同情况的旅客，提供不同级别的旅游套票折扣等。

3. 互动

这里可以利用新媒体和移动互联技术与旅客保持全方位的良性互动，以下渠道可供参考：

（1）线下互动屏。近日在朝阳大悦城大厅里出现的互动屏引得众人围观。这种互动屏在游客经过时能够通过对人脸的识别，即时将人脸换成一些卡通形象，或者弹出字幕。此外，还有一种逐渐被众多博物馆所应用的多人互动触屏墙，能够在展示收藏品、景点和背景时提供良好的用户体验，激发分享欲望。

这类互动屏是线下互动的有效方式之一。在外国游客集中的地方，如国际机场，设置这种互动科技，能够在线下进行趣味性的、值得分享的沟通，与线上沟通有机配合，达到传播效果。

（2）微信互动。可以打造微信服务号与线下的二维码结合，对入境旅客提供线路咨询、天气预报、景点介绍等多方位服务。比如旅客不清楚交通时可以查看服务号中的地铁图，到达一个景点扫描该景点二维码可以得到关于景点的语音加文字介绍。

（3）APP。与LBS类别的APP合作，方便旅客查到附近小吃、住宿、消费场所等，也可以用这些游客的评分规范行业。

4. 监测跟踪系统

可以参考日本旅游局的策略，建立健全的体验跟踪系统，即时收集旅客对信息获取、交通便利、服务体验等各个环节的满意度，并根据数据系统针对性地调整策略。

（五）申请恢复"旅游团人数不限"的口岸团队旅游签证政策

很多国家和地区，都实施针对部分国家的落地口岸签证与过境免签的组合式签证政策。据世界旅游组织（UNWTO）和世界旅游及旅行理事会（WTTC）公布的一份新的报告显示，东盟国家通过改进签证流程、制定宽松的签证政策，将在 2016 年产生一个额外的 600 万~1000 万人次的游客量，带来 70 亿~120 亿美元的额外收入。

从北京的实际情况分析，2011 年，公安部与国家旅游局联合下发的《关于授予口岸签证机关团体旅游签证去的通知》文件规定：口岸办理团体旅游签证"旅游团人数不限，在华停留时间最长不超过 1 个月"。仅 2007 年口岸团体旅游签证就签发了 7 万多人次。2008 年奥运会期间，公安部取消了"旅游团人数不限"的规定，只签发 5 人以上（含 5 人）的团体旅游签证，使得口岸团体旅游签证下降幅度很快，2008~2011 年 1 季度的口岸团体旅游签证仅为 2007 年的53.3%。因此，下一阶段，北京可以尝试推动恢复"旅游团人数不限"的口岸团体旅游签证政策，对于增加来京外国人数量有着积极的影响效应。

（六）建议启动北京市旅游委的海外办事机构设置工作

在海外主要客源地派驻专员或者联络员，实施点到点的渗透式的精准营销。目前从国家旅游局到地方旅游主管部门常用海外旅游促销方式，多是出席业界的旅游交易会、展示会、说明会等，但此种形式更多的是针对业界的促销和部分潜在旅游者的促销，无法更加深入地渗透到消费者层面。

海外办事机构可以设立联络员制度，充分利用海外的华人华侨、留学生和学者的力量，吸引他们参与，与外交部、侨办、文化部等单位倾力合作，传播中华文化，传递旅游信息。同时，建议有效地利用世界旅游城市联合会的平台，逐渐构建一个战略营销系统，定期举行会议，在会员城市间，尤其是 30个海外城市实行互为宣传，互相输送旅游客源的合作。

（七）注重国内外高端旅游市场的开拓和维系

目前，美国、法国、德国、日本、马来西亚等国家都在大力助推高端旅游市场。纽约近年来针对不断增长的高端新兴市场，大力拓展对于精品酒店的建设和改造。日本、瑞士针对亚洲、中东等地区的高端旅游者推出了医疗诊断旅游签证。马来西亚也力争成为高端饭店品牌云集的旅游目的地，陆续兴建了四季、文华东方、凯悦、来福士、圣瑞吉斯、阿玛尼饭店和度假饭店、宝格丽饭店等奢侈品牌饭店。马来西亚还放松了奢侈品的进口关税，重点推广高尔夫旅游、医疗旅游产品，2011年有超过57.8万名外国病患者赴马来西亚医院、诊所治疗，花费了1.648亿美元，同比增幅高达19%。

根据马来西亚医疗卫生部的统计，2012年医疗旅游的收益达1.936亿美元，目前马来西亚已经加大了在新加坡、日本、中国以及中东地区的医疗旅游促销活动。政府和私营企业者们在近年来推出了系列节庆、事件和演出等活动，吸引高端消费群体的关注。

此外，北京的空气质量尽管难以在短期内得到改善，但北京的生态涵养区，如密云、延庆、怀柔、门头沟等部分景区的空气质量明显好于城区，适合发展以新业态为主的乡村旅游和休闲度假旅游，以高品质的服务和优质的产品品质，吸引海外重点旅游市场的关注。调研显示，80%的美国人每年至少安排一次旅游活动，其中40%属于商务旅行；在度假类别选择上，43%是以家庭为单位的度假，31%选择海滨度假，25%是都市度假；82%的被访者在度假时希望尝试新的事物，73%的被访者在度假中更倾向选择新的旅游目的地，35%的被访者选择希望看这个世界中的更多的事物，60%的被访者重视旅游品质。

参考文献

北京市旅游委官方网站，http://www.bjta.gov.cn/xxgk/tjxx/index.htm。

北京市旅游发展委员会：《2013年北京旅游业概况》，2014年2月12日；http://www.bjta.gov.cn/xxgk/tjxx/366867.htm。

北京市人民政府：《"北京市即将对部分国家实行72小时过境免签政策"新闻发布会》，首都之窗·直播访谈·市政府新闻发布会，2012年12月6日。

〔德〕雷克：《最遥远的路》，新浪微博，http://weibo.com/2097331385/yhF8tvpBa?

sudaref = www. google. com. hk。

《2013 福布斯中国大陆旅游业最发达城市排行榜》，福布斯中文网·榜单频道，2013年 11 月 29 日。

〔美〕约瑟夫·奈：《美国定能领导世界吗》，何小东、盖玉云译，军事译文出版社，1992。

〔英〕费恩斯·特朗皮纳斯、彼得·伍尔莱姆斯：《跨文化营销》，刘永平、刘洁、郑波译，经济管理出版社，2011。

JNTO, *The number of foreign tourists to Japan* （2012，2013 *Jan-March*）. http：//www. tourism. jp/en/statistics/#inbound.

The Tourist Development Corporation of Malaysia（TDC），*The Annual Report of the Malaysia Tourism Promotional Board for the year 2010.* http：//corporate. tourism. gov. my/aboutus. asp.

STB，*Tourist arrivals remain strong despite haze.* http：//news. xin. msn. com/en/singapore/tourist – arrivals – remain – strong – despite – haze – stb.

发挥 WTCF 平台作用提升北京
旅游业国际影响力

李宝春　黄贵宝　牛　颖*

摘　要：

本文在对北京市旅游业发展现状、入境游市场的制约因素及发展趋势进行分析的基础上，结合世界旅游城市联合会的国际旅游城市影响力和民间外交优势，对北京市旅游委如何充分发挥WTCF的平台作用提出建议，对促进北京市旅游业进一步发展，推动北京国际交往中心城市建设具有一定的参考价值。

关键词：

国际旅游组织　旅游业　东道主城市　国际交往中心　国际影响力

前　言

北京作为中国最具影响力的政治中心、文化中心、国际交往中心、科技创新中心，旅游业的发展经历了由弱到强的历程。在国务院《关于加快发展旅游业的意见》《北京市人民政府关于贯彻落实国务院加快发展旅游业文件的意见》《北京市"十二五"时期会展业发展规划》等一系列政策的支持下，北京市着眼世界城市建设的目标，努力将旅游业培育成为首都经济的重

* 李宝春，北京市旅游发展委员会党组成员，北京市世界旅游城市发展中心主任，世界旅游城市联合会副秘书长、北京股权投资基金协会理事，研究方向：风险投资、私募股权；黄贵宝，世界旅游城市联合会顾问；牛颖，北京城市发展研究院副院长，研究方向：国际经济关系。

要支柱产业和人民群众更加满意的现代服务业，北京国际旅游之都的地位逐渐突显。

为提升中国的国际影响力，提升中国在国际舞台上的话语权，北京倡导成立了世界旅游城市联合会（WTCF）。成立仅仅一年多，已引起包括联合国在内的国际社会高度关注。2013年5月，WTCF理事会主席王安顺率团访问了联合国总部并会晤了联合国秘书长潘基文，潘基文秘书长于6月访问中国时又专程拜访了王安顺主席。潘基文秘书长明确表示高度认同WTCF的国际组织地位、发展宗旨和核心理念，大力支持联合会工作。因此，充分发挥WTCF的平台作用，是北京市旅游业发展的现实需要，特别是对于促进北京入境旅游市场的快速增长，将起到极大的促进作用。

一　北京入境旅游市场发展现状及制约因素分析

（一）近年来北京市入境旅游市场发展情况

入境过夜旅游人数以及国际旅游（外汇）收入是衡量一个国家或城市旅游实力的重要指标；同时，它也是许多国家（包括发达国家和发展中国家）赚取外汇和解决就业的主要途径。北京作为中国的首都，有着极为丰富的旅游资源及庞大的旅游客源市场。但近两年来随着国际旅游市场和国内大环境的变化，入境游人数和外汇收入却连年下降（图1）。

2009~2011年，北京入境游人数和旅游外汇收入呈现缓慢增长。此期间受益于奥运效应以及承办国际性赛事及会议能力的增强，入境游客量年均增长约11.2%，旅游外汇收入年均增长约8.5%。

2012~2013年全年，北京市入境游人数和旅游外汇收入均出现不同程度的下降，并在2013年出现了最大降幅。以2013年为例，全年共接待入境旅游者从2012年的500万人下降到450.1万人次，同比减少10%。主要客源国和地区入境接待量均呈下降趋势。接待亚洲游客（含中国港澳台地区）201.5万人次，占入境来京旅游总人数44.8%，同比减少15.3%；接待欧洲游客117.9万人次，占总人数26.2%，同比减少9.7%；接待大洋洲游客18.4万人次，

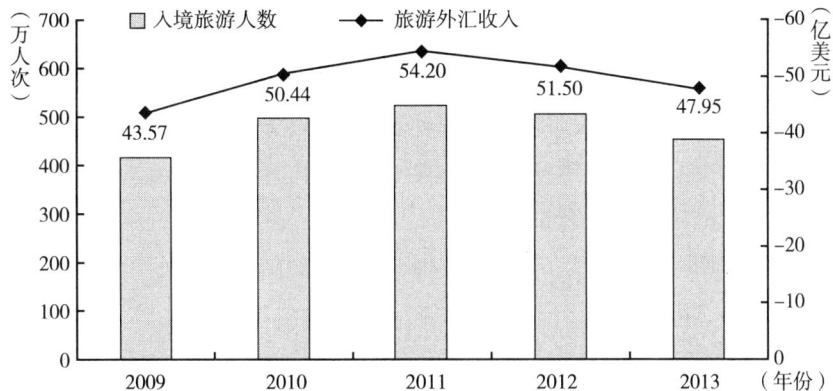

图 1　2009～2013 年北京市旅游外汇收入与入境游市场情况

占总人数 4.1%，同比减少 7.1%；接待美洲游客 102 万人次，占总人数 22.7%，同比增长 0.4%；接待非洲游客 9.4 万人次，占总人数 2.1%，同比增长 9.4%。

全球经济的不明朗前景导致了其他国家（尤其是欧洲国家）需要依赖中国游客来振兴其旅游市场。

（二）北京入境游市场发展的制约因素分析

"十二五"后半期，在国际形势持续低迷、国内经济下滑的背景下，以及雾霾天气多发等对旅游发展不利因素的影响下，北京的入境游市场不可避免地受到波及。一是欧元区国家经济复苏乏力，俄罗斯和北美等国家也受到波及，外国人入境旅游的减弱趋势和旅游市场的不稳定性、不确定性继续上升。二是人民币持续强势以及国内物价过快上涨都导致入境旅游消费的成本上升。航空机票价格和度假酒店价格较高致使交通和住宿成本居高不下，与日本、韩国及东南亚等其他地区同类旅游目的地相比，缺乏价格优势。三是近年来，交通拥堵、雾霾多发等不利因素使得许多中国入境旅游者更愿避开环境因素的影响，选择其他目的地。全世界主要发达工业国如英国伦敦、美国洛杉矶等均经过半个世纪的努力才蜕变为如今的生态之城。雾霾治理是一个长期的系统工程，不能走"先发展后治理"的老路。

二 旅游业与国际交往中心建设

国际交往中心是指在国际交往中具有一定影响，能够在地区或全球事务中发挥重要作用的城市。其在推动城市成为国际交往中心的过程中，也发挥着越来越重要的作用。

（一）旅游业对国际交往中心城市功能提升的经验借鉴

从目前世界主要国际交往中心城市发展情况看，其城市的国际交往功能主要体现在国际机构数量众多，国际交流活动频繁，国际交往人口规模庞大，城市魅力较强，国际交往设施发达，接待服务系统完善等方面，这些方面均与旅游业息息相关。

1. 具有数量众多的国际机构

城市拥有国际组织机构、有影响力的民间机构数量与该城市的国际影响力密切相关。在国际交往中心城市中，巴黎所驻国际组织机构最多，达 200 余家。此外国际商业机构、外交机构和友好城市也对城市的国际交流功能起着重要的作用。

2. 会议设备完善，适合举办国际会议

能够举办大型国际会议是旅游业发达成熟的表现。国际四大都市（美国纽约、英国伦敦，日本东京、法国巴黎）都是著名的国际会议城市，其所在的国家均排在全球举办国际会议最多的国家前 10 名之内。如果按国家排列，中国列第 37 位，按城市北京则到第 54 位。

3. 国际交往人口规模庞大

跨国人员流动性是国际交往中心最本质的特征。巴黎、伦敦、曼谷等海外游客达到 500 万~1000 万人次，海外游客数超过本市居民的半数以上。城市外籍居民数量及占城市总人口的比重是反映城市国际人口构成和城市开放程度的一个重要指标。

4. 具有世界吸引力的旅游吸引物

许多国际交往中心城市本身就拥有丰富的旅游资源，这些世界著名景点直接构成国际交往的核心要素，对世界各地的人们有很强的吸引力。像伦敦的大英博物馆、纽约的大都会博物馆、悉尼的悉尼歌剧院等，借助举办国际性大型节庆活动，对其国际交往中心的确立和发展产生了积极影响。

5. 国际交往设施发达

国际交往中心城市通常拥有众多大型的国际交往设施，特别是大型会议展览设施，其规模和水平反映出城市举办国际活动的能力。20 世纪 80 年代以来，许多城市重点加强了大型会议展览设施的建设，成为会议展览业的"航空母舰"。据世界旅游组织将"进得来、出得去"列为旅游业发展的首要条件，就说明旅游对国际交往设施的依赖。

6. 接待服务系统完备

国际交往中心城市一般都有完善的专门接待服务系统，通常由政府服务系统和社会服务系统组成。如建设一个或多个旅游问询或咨询中心直接为散客服务，使散客旅游更方便、更自由，同时开展网络服务，所有的旅游服务性设施都应具有网络服务功能；加速国际信息标识的建设，运用国际通行的文字、图形来标识交通系统、旅游服务设施系统、提示警示系统、公共服务系统；在保证国家机密不外泄的前提外，尽可能地方便游客查寻信息。

（二）北京建设国际交往中心的制约因素

北京是中国最具影响力的政治中心、文化中心、国际交往中心、科技创新中心。尽管北京国际交往中心建设已初具规模，但也应认识到，其程度与伦敦、纽约、东京等城市相比还存在较大差距。

1. 国际交往活动数量相对较少

北京每年举办的大型国际会议数量通常只有 40 ~ 70 个，仅为巴黎的1/5 ~ 1/4，比亚洲的新加坡、中国香港少一半。2011 年以来，年接待海外游客数量逐年下降，仅为同一时期巴黎、伦敦和中国香港的1/5，不到罗马、曼谷的一半。

2. 国际会议范围面需要拓宽

尽管北京举办过奥运会、世界园林博览会等重要的体育和园林盛会，但联合国等著名国际组织年会、世界博览会等重要活动还是空白。

3. 国际活动影响力有待提高

目前北京仅有 4 个国际组织总部，至今只有联合国的代表处，还没有分支机构，这说明北京的影响力还有很大的提升空间。

4. 北京国际交往工作管理上突出的问题

目前，北京对建设国际交往中心的必要性认识还不统一；国际交往活动缺乏统一规划；国际交流设施总体水平落后，结构不配套，建设布局分散；管理和服务水平不高等。

三 WTCF 的发展历程与北京国际交往中心建设密切相关

（一）WTCF 的成长壮大增强了北京与国际旅游城市间的合作与共赢

WTCF 会员队伍迅速增长了近一倍，由 2012 年成立时的 58 个增长至 115 个（见表 1）。借由 15 位国际旅游专家提供的智力支持成立了 WTCF 专家委员会，并由全球范围内 68 个知名企业、旅游服务机构及媒体机构共同参与发起三个分支机构。不断推动北京世界旅游城市形象的宣传，促进了北京入境游的发展。

表 1 世界旅游城市联合会成立时与目前会员对比

单位：个

		2012 年 9 月 15 日成立时	2013 年	增加
会员		58	115	57
其中	城市会员	47	73	26
	非城市会员	11	42	31

成功开展与国际组织战略合作。如 2013 年 5 月，联合会与联合国国际环境与健康组织签署了战略合作伙伴协议，联合举办了"城市可持续发展与旅游"圆桌会议。

2012 年，WTCF 成立大会上一致通过的《联合会章程》及共同签署的

《北京宣言》等系列文件产生重大影响。这一系列文件展示了联合会参与国际事务的意愿和推动世界旅游业发展的美好愿景。

（二）WTCF 核心理念的推广赢得了国际社会的广泛认同

WTCF 以"旅游让城市生活更美好"的核心理念，致力于世界旅游行业的可持续发展，通过逐步建成的信息、学术、数据、活动、合作、培训等 6 个平台，以及民航、旅游企业和媒体等 3 个分会，积极促进城市会员与非城市会员之间的交流与合作，强化北京与国际旅游城市以及旅游组织的关系，共同培育国际旅游环境，维护国际旅游市场秩序，引领国际规则制定。

在 2013 世界旅游城市北京香山旅游峰会上，洛杉矶、布鲁塞尔、里加、渥太华等多个城市提出申办 2015 年及以后各年北京香山旅游峰会，表明国际社会对世界旅游城市联合会前景看好，对这一组织的国际影响力寄予厚望。

（三）北京国际交往中心建设为 WTCF 的发展提供了必要条件

1. 出入境手续的相关政策简化

为了促进北京入境旅游的发展，北京市旅游委积极争取较为宽松的签证政策；争取在出入境口岸设立旅游团队快速通道、重大会议及活动的快捷通道并提供便捷的入境手续等。同时，还将在主要客源国城市和地区设立旅游办事机构，以吸引国际商务会展等高端客源。此举为 WTCF 的发展提供了更广阔的平台。

2. 一批国际性旅游会议成功举办

北京市旅游委大力支持在北京举办世界性的旅游会议。如 2012 年成功举办国际奖励旅游协会（SIET）全球年会，大大提升了北京在国际旅游业界的知名度，推进了北京"世界城市"形象建设。

3. 大力促进高端入境旅游、活动的发展

北京市积极建立高端旅游促进奖励机制，对企业邀请海外旅游批发商、参加海外促销和展览、申办国际会议等予以奖励，深入开发高端旅游客源市场。在 2012 年的中国共产党北京市第十一次代表大会上，北京就将"努力建设国际活动聚集之都"定位为未来北京市发展的方向之一，并把增强吸引和聚集

国际高端要素的能力，努力建设国际活动聚集之都、世界高端企业总部聚集之都、世界高端人才聚集之都，列入了今后五年的建设计划。

4. 旅游综合服务能力的提升

通过优化旅游发展环境，强化旅游接待服务的软件和硬件建设，继续提升旅游接待服务质量和水平，实现北京市旅游综合服务能力建设与世界城市建设步伐相匹配，高端接待设施数量增多、结构更加优化。北京作为国际性旅游城市，将更具包容性和东方古都魅力，旅游服务功能更加突出。完善城市旅游设施与环境，强化旅游管理与服务，加强城市旅游软环境建设。

四　国际组织总部与东道主城市分析

（一）国际组织总部落户对东道主城市的影响评析

拥有非常活跃的国际组织和非政府组织是国际化大都市共同特征。国际组织对于促进城市发展和推动城市的全球影响力非常重要。

1. 国际组织收入是城市经济的重要组成部分

国际组织及其非政府组织能积极有效地推动城市经济发展，吸引外资的大量流入并带来丰厚的经济效益。国际组织总部所在城市也往往成为大型国际会议的主要举办地，其会展业将迅猛发展。

2. 国际组织为所在城市的第三产业获得发展机遇

国际组织总部所在城市及其周边地区的旅游业、餐饮业、娱乐业等第三产业也将获得难得的发展机遇。纽约市政府曾调查得出结论：纽约为联合国每投入 1 美元即可获得 4 美元的收益。

3 国际组织落户显著提升东道主城市及国家的国际影响力

国际组织的落户本身就是一个城市及国家国际影响力提升的重要表现。国际组织落户后，东道国凭借其得天独厚的优势，在这一国际组织和相关的国际事务中发挥特殊的重要作用。

4. 有利于提升东道国家和城市的国际化程度

随着相关国际组织的落户，东道主城市将更紧密地融入国际社会当中。纽约的联合国等国际组织聚集了大批全球高端人才和专业人士，其运营模式在一定程度上使纽约市资源信息的整合和流动成为可能。

（二）吸引国际组织总部落户对北京的借鉴

目前在北京市落户的联合国机构和国际组织总部共有 6 个，国际经验表明国际组织的落户有利于提高北京的国际影响力，有利于加快北京转变经济发展方式，为北京的经济发展提供新的增长点和新的市场。

1. 做好国际组织落户北京的宣传工作

在全球化的今天，世界城市意味着这个城市广泛的国际影响力以及城市市民开阔的国际视野。目前，北京要借鉴其他城市宣传经验，以传统及新兴媒体为载体，定期发布国际性宣传读物。

2. 完善相关法律法规的制定与修改

北京市政府要建立国际组织落户发展的法律和组织框架，加强法律法规的透明度，以促进国际组织及非政府组织的发展壮大，为下一步吸引国际组织落户构建长效机制。

3. 创造适合国际组织发展的城市环境

北京要继续加强基础设施建设和环境治理，提高城市的组织、运转、监督和管理水平，以吸引更多的国际会议到北京举办。要使国际组织落户同相关城市发展相联系，形成良性互动的格局。

4. 做好吸引国际组织落户的配套工作

在决定吸引国际组织落户的同时还应为塑造和展现良好的首都形象做好配套工作。政府可专门给予财政补贴用于设立办事处和跨国搬迁费用。根据国际社会的惯常做法，东道国往往给予落户的国际组织及其工作人员优惠待遇，具有外交身份的工作人员还可享受相应的外交特权与豁免。

5. 深度开发国际活动市场

（1）对北京活动资源进行整合和配置。一方面是对存量活动资源进行整合；另一方面是对增量活动资源进行新的开发。

（2）要加强对国际活动市场现状、走向及趋势的分析和判断，对可能或适合引进北京的国际活动加强针对性的研究，同时还要加强对外的整体宣传推介。

五 充分利用 WTCF 的平台优势，提升北京的国际影响力

WTCF 是作为国际性非政府组织，比政府性组织具有更大的灵活性。北京市旅游委应依托其平台建设，借鉴经验，致力于营造国际一流的服务环境和条件，进一步强化首都国际交往中心功能，大力开展公共外交，增强对入境游客的吸引力，在服务中提升城市的国际地位和国际影响。

（一）依托 WTCF 公共外交平台，增强国际交往服务能力

1. 服务国家外交全局

高标准服务好 WTCF 年度峰会等重要国际活动。完善现有使馆区、星级酒店等相关区域服务设施，为各机构与组织提供优质服务。

2. 吸引国际组织聚集

北京旅游委应依托 WTCF 总部建设，积极争取中央政策支持，吸引联合国及其专门机构在京设立办事处，鼓励国际组织在国际组织机构集聚区设立分支机构，使北京成为国际组织的重要集聚地。

3. 承办重大国际会议

发挥 WTCF 非政府国际组织的能动作用，将举办国际会议作为增强城市国际影响力和提高国际知名度的重要渠道。积极筹办有国际影响力的旅游、经济、科技、文化等高端论坛。

（二）依托 WTCF 交流活动平台，提升国际交流水平

1. 承办和培育重大国际旅游文化活动

发挥首都具有国际影响力的资源品牌优势，引进一批资源整合能力强的总部旅游企业，增强首都旅游产业的国际影响力和辐射力。努力形成覆盖主要客源国的国际营销网络，立体化宣传北京旅游，提升北京国际高端旅游目的地的形象。

2. 举办具有国际影响力的重大展览活动

加强与国际展览局、国际展览业联盟的协作，完善提升北京现有的会展的国际影响，增强国际采购交易功能。

3. 重新定位世界旅游城市联合会巡展活动

逐步推动北京成为商务会展之都；与联合国、PATA 国际组织合作，树立北京作为世界旅游城市的品牌形象。

（三）依托 WTCF 的城市合作平台，扩展国际城市间的国际互动内涵

1. 依托 WTCF 城市会员间的交流与合作

大力推进旅游国际和区域合作，探索建立国际旅游合作机制，积极融入国际旅游市场体系，构筑分工合作的区域旅游公共服务平台。

2. 完善高层互访和对话机制

推进城市间经济、科技、文化、教育、体育、环境、城市管理等全方位交流合作。广泛开展文化周、旅游月、城市发展论坛、工商业洽谈会等活动。

3. 加强人员交流与民间交往

开展多种形式的公共对外交流活动，夯实对外友好的民意基础。拓展与友好城市所在国家和地区的交流合作。积极开展与世界各国首都城市的交往交流。

（四）依托 WTCF 的国际展示平台，营造国际化的服务环境

加强城市软环境建设，积极争取签证便利化政策，为来京参加重要国际赛事和国际会议人员提供出入境便利。

建立在京外籍人员管理服务综合信息平台，为外籍人员在京工作生活提供一站式服务。改善国际信用卡支付环境。

实施城市外语环境提升工程，开设外语广播和电视频道，设立多语种电话志愿者服务热线，规范城市交通道路、旅游景区的多语种标识。积极发展国际旅游教育和国际医疗服务。

（五）依托 WTCF 学术资源平台，提升北京旅游的国际话语权

1. 着力打造世界旅游城市联合会信息资讯平台，提升联合会对会员单位间价值

针对越来越多的机构和个体出行者开始关注综合性、行业性、特色性以及个性化旅游资讯的趋势，WTCF 需设专门部门，搜集涉及城市会员、非城市会员的相关信息，按周或月形成世界旅游城市三大分会行业资讯，并以电子刊物的形式向各会员单位发送。每隔一季度或者一年，编订成册，并向会员单位征订，以便获得收益。资讯发送的区域可以按照不同会员单位所在的区域，采用该区域通用的语言文字。

2. 加强科研力量，成立世界旅游城市研究机构

在未来一段时间内，在科研工作方面，联合会应依托专家委员会，定期召开研讨会，探讨联合会科研新动向；积极应对世界旅游发展趋势，开展旅游资源评估、旅游市场调查、旅游景气指数预测，定期发布世界旅游城市排名、最佳旅游目的地排名、世界旅游城市晴雨表等，扩大联合会的科研范围；针对旅游城市产业发展、相关行业发展以及人员培训，为会员单位提供定制服务；建立全球旅游资源信息数据库，为旅游经营管理者提供信息服务。

（六）依托 WTCF 培训平台，打造世界旅游业的中国标准

1. 开设国际化的培训课程

组织 WTCF 城市会员及非城市会员的中文导游开展远程培训和集中培训，并给予认证，帮助提高各国家、城市和知名旅游企业的中国游客接待能力。

2. 制订服务标准

在各城市接待中国游客经验的基础上，整合各城市反馈，整理汇编并发行《接待和服务中国游客指南》（标准化服务和无差别化服务），分发主要客源接待城市，由联合会进行接待认证。

3. 加强培训与认证工作

开设旅游城市高级管理人员培训班及认证项目，并设不同发展趋势、发展

战略、优秀案例分享等课程；开设青年学者参与项目，与知名旅游院校合作，提供不同旅游城市实习、交换、工作等合作项目。

结　语

世界城市是北京市发展的长远目标，建设世界城市首先要建设世界一流旅游城市。WTCF 致力于全球旅游城市的沟通和互动，与北京市旅游城市建设的目标相辅相成。随着更加扎实的根植于首都丰富的旅游文化资源以及经济、技术、科研条件，WTCF 逐渐成熟的走向国际舞台，其对北京旅游业在世界范围的影响将会产生越来越大的推动作用，同时，也能够不断发挥国际性非政府组织的外交优势，树立中国和平发展的良好形象，增强中国在世界旅游业的主动权和话语权。

参考文献

Richard Junger, *Becoming the second city*: *Chicago's mass news media*, *1833 – 1898* (Urbana: University of Illinois Press, 2010).

Scott McGuire, *The media city*: *media*, *architecture and urban space University of Mel.* (LosAngeles·London·New Delhi·Singapore: SAGE Publications Ltd, 2008).

蔡寒松：《纽约市与联合国总部翻新计划：国际组织与东道城市相互关系的个案研究》，《国际观察》2008 年第 6 期。

姜莉：《中国非政府组织与政府关系研究——以中国国际商会为例》，黑龙江大学硕士学位论文，2010。

金元浦：《北京：走向世界城市——北京建设世界城市发展战略研究》，北京科学技术出版社，2010。

颜军等：《论城市形象建设中的个性塑造》，《成都理工大学学报》（社会科学版）2006 年第 9 期。

杨松：《如何提升城市国际影响力——以北京打造国际活动聚集之都为例》，《经济日报》2013 年 2 月 8 日。

周汉民：《吸引国际组织总部落户中国》，中国经济网，2006 年 3 月 6 日。

G.9

北京72小时过境免签政策的实施研究

邹统钎　金　川*

摘　要：

目前我国开放的签证优惠政策主要有 APEC 商务旅行卡、组团前往珠三角和海南岛的相关国家公民、72 小时过境免签以及对新加坡、文莱、日本三国公民的免签。北京在 2013 年实施了 72 小时过境免签政策，本文分析了该政策的实施现状和困境，对比国内外发展经验，并提出建议。

关键词：

北京　72 小时过境免签　建议

一　实施现状

根据首都机场网页公开发布的"72 小时过境免签政策调查"的网络问卷及其结果，进行政策实施现状的分析。[①] 截至 2013 年 12 月 27 日，共有 109 人填答，其中中文 55 人，英文 54 人。

（一）旅客类型及人口统计特点

有 68% 的调查对象的出行目的为度假（见表 1），其次是公务（22%）；

---

* 邹统钎，博士，教授，北京第二外国语学院校长助理、研究生处处长，北京旅游学会副会长、北京旅游学会首都旅游与区域合作研究中心主任，研究方向为旅游目的地、遗产旅游、旅游规划；金川，第二外国语学院旅游管理学院 2011 级硕士研究生。

① 中文问卷结果：网址 http：//www. bcia. com. cn/business/voteOnline. jspx？ id = 181；英文问卷结果：网址 http：//en. bcia. com. cn/business/voteOnline. jspx？ id = 201。

有超过一半的旅客是享受72小时过境免签的旅客，其次是国际中转（28%）和国际到达的旅客（19%）。

表1　调查对象类型及人口统计特点

单位：%

游客类型	分布	性别	年龄	
公务(22) 度假(68) 其他(10)	72小时过境免签(53) 国际中转(28) 国际到达(19)	男(72) 女(28)	18~21岁(4) 26~34岁(33) 45~54岁(20) 65~75岁(2)	22~25岁(9) 35~44岁(24) 55~64岁(6) 75岁以上(2)

（二）政策宣传

宣传促销效果在很大程度上影响着政策的认知度和熟悉度，也进一步影响了政策的实施效果。首都机场的宣传介绍、出发地机场、本国网络媒体是主要渠道，出发地旅游局和当地旅行社作用较小。

旅客对过境免签的一些国际惯例比较熟悉，在具体的出入境流程上表现出较低的熟知度（见表2）。出入境流程比较繁杂，宣传上易被忽视。

表2　政策内容熟悉度

单位：%

政策内容	熟悉度	政策内容	熟悉度
72小时免签政策覆盖的特定国家有效	30	在京期间不可离京	17
需持第三国机票	21	入境流程	6
只能从北京首都机场口岸入境和出境	19	出境流程	7

（三）机场服务

1. 通关服务

一部分旅客认为首都机场的引导标志和专用通道不够明显或不清楚，对办理流程及效率满意的占大多数（见表3）。

表3 通关服务满意度

单位：%

	中文问卷		英文问卷		总计	
引导标志和专用通道是否明显	是	36	是	35	是	36
	否	38	否	17	否	28
	不清楚	25	不清楚	48	不清楚	37
办理流程及效率是否满意	是	67	是	78	是	72
	否	33	否	22	否	28

2. 休闲项目

旅客对北京特产和免税品的优惠活动比较感兴趣，对中、西餐和咖啡需求较高，对货币兑换、酒店预订需求较高；如果机场为72小时过境免签旅客提供一站式商旅解决方案，有66%的旅客表示会用到（见表4）。

表4 机场休闲项目需求

单位：%

购物	北京特产/礼品折扣券	30
	书刊八折优惠	10
	免税品买赠	28
	机场周边网点购物优惠	16
	没有能吸引我的活动	17
	其他	—
美食	中餐	40
	西餐	20
	咖啡	20
	休闲茶艺	10
	没有能吸引我的活动	8
	其他	2
商旅	帮您预订酒店	21
	货币兑换优惠	25
	网吧优惠	10
	手机及移动WIFI设备租赁优惠	18
	汽车租赁优惠	7
	美发美甲优惠	3
	足疗保健优惠	5
	没有能吸引我的活动	8
	其他	1
是否可能用到过境免签旅客的服务	是	66
	否	34

（四）旅游需求与选择意愿

最受旅客欢迎的是遗产型的旅游景点（如故宫、长城、颐和园等），其次是城市风光游览（如朝阳公园、鸟巢、水立方等），可见旅客偏爱具有城市历史文化特色和城市风貌的项目（见表5）。

表 5　旅游需求

单位：%

古建筑旅游（如故宫、长城、颐和园等）	25
博物馆游览（如国家博物馆、首都博物馆等）	15
自然风光游览（如十渡、香山等）	9
城市风光游览（如朝阳公园、鸟巢、水立方等）	17
购物（如王府井、秀水街、南锣鼓巷等）	15
美食游（全聚德、东来顺等）	9
探亲访友	8
其他	2

大部分旅客会在可能的情况下选择该政策，中文填答者有更多人选择了"否"，英文填答者体现了更多不确定性（见表6）。

表 6　政策选择意愿

单位：%

中文问卷		英文问卷		总计	
是	76	是	87	是	82
否	16	否	2	否	9
说不清	7	说不清	11	说不清	9

以上分析主要针对旅客需求，下面从政策本身入手，对政策的实施背景和困境进行分析，以便寻找促进政策效果发挥的难点和改善的方向，提出针对性的建议。

二　实施背景和困境

政策的实施背景，源于北京的城市发展目标以及实现发展目标面临的困境。

（一）实施背景

1. 北京市相继提出发展高端旅游和建设世界城市的目标

作为衡量一个城市国际吸引力的核心指标，北京的入境旅游人次与国际一流旅游城市相比有较大差距。纽约和伦敦接待入境旅游者分别占总游客接待人次的20%和43%，而北京却不到3%。[①] 北京的入境旅游者接待人次与亚洲的新加坡、中国香港等地也有较大差距。

2. 首都机场提出要在2015年建成大型国际枢纽机场

对一个枢纽机场来说，需要完善的中枢辐射式的航线结构和很强的航班衔接能力。其中，一个重要的衡量指标是旅客的中转比例要达到30%以上。据统计，2011年首都国际机场7895万人次客流中，中转比例为7%，比国际平均水平低18%。[②] 北京不具备连接世界各大洲的地理优势，中转功能大大受限。

（二）实施的困境

然而，政策的实施背景恰恰也正是签证政策发挥作用的限制因素，使北京陷入国际吸引力、机场中转率和签证政策实施效果相互制约的困境。旨在提升入境和国际化水平的政策，恰恰受到入境和国际化水平的制约，当前实施效果却不甚良好，日接待人数约30人，表现为市场需求不足。

因此，签证政策实施效果的提升单依靠签证政策自身的改善将难以解决，必须与城市发展现状相联系，与城市发展目标相结合，寻找综合的解决思路，才能走出目前困境。

三 国内外实践对比

（一）国外实践

1. 阿联酋

阿联酋签证分为访问签证、旅游签证、工作签证和过境签证。旅游签证有

[①] 李玲：《独家详解45国游客北京过境免签》，《中国旅游报》2012年12月7日。

[②] 李新玲、鄢光哲：《北京明年将第45国游客72小时过境免签》，《中国青年报》2012年12月7日。

效期 30 天, 由酒店或旅行社担保; 96 小时过境签证, 需有第三国机票及有效证件, 由航空公司担保; 海湾合作组织成员国公民可免签入境。

作为东西方航线的热门中转站, 在迪拜机场免签过境可免交机场税, 基地航空公司阿联酋航空提供的申请和担保服务最为便捷。作为传统的贸易港, 迪拜的购物条件仅次于美国, 可与新加坡、中国香港等地比肩。

2. 新加坡

新加坡签证包括免签访问、96 小时过境免签和一般签证, 绝大多数外国人无须签证便可入境新加坡达 30 天, 国际性的航空枢纽樟宜机场可提供丰富的休闲服务 (见表 7)。

表 7　樟宜机场休闲活动

2~3 小时	免费上网 3 号航站楼的蝴蝶花园散步 每个航站楼的免费足部和小腿按摩、购物、用餐
3~4 小时	1 号航站楼鱼疗法按摩 2 号航站楼免费互动游戏机、用餐 3 号航站楼足部按摩和深层组织按摩、快速淋浴
4~5 小时	1 号航站楼楼顶游泳和日光浴 2 号、3 号航站楼免费大片 3 号航站楼酒吧、咖啡馆及餐厅 每个航站楼的美发服务、樟宜风情主题花园
5 小时以上	2 号、3 号航站楼报名免费新加坡游 当地、亚洲和国际美食、免税店、休息区域

新加坡航空公司和樟宜机场共同组织历时两个小时的免费新加坡游, 包括古迹之旅和城市之旅, 可游览新加坡的文化遗产与标志性建筑。

3. 日本

截至 2013 年 6 月, 日本对 66 个国家实施了免签。持美国、加拿大、澳大利亚、新西兰以及欧洲申根公约国家的有效签证, 经东京成田机场转机, 可申请 72 小时过境免签; 如需在不同机场转机, 可停留 3 天。

向中国游客发放团体和个人旅游签证。2009 年 7 月 1 日, 日本开始向中国境内公民发放"个人旅游签证",2010 年 7 月 1 日进一步放宽了其签发限制。日本还开放了中国个人游客对冲绳县及日本东北地区的多次入境签证以及自 2012 年 7 月 1 日起的地震灾区的 3 年多次旅游签证。

4. 韩国

韩国与 101 个国家互免签证,对 50 个国家和地区单向免签。2012 年 10 月 29 日至 2013 年 1 月 29 日,仁川国际机场试行免签入境制度。仁川机场设有韩国官方组织的旅行团,在首尔和仁川两地提供 1 ~ 8 小时的旅游项目,包括寺庙之旅、购物之旅、传统市场之旅等,机场也提供影院、高尔夫球场、韩国文化街、工艺和文化体验馆等休闲项目。

对中国游客开放独特的优惠政策,吸引青年游客,且密切关注日本的优惠政策。2010 年 8 月,韩国法务部发布中国游客签证制度的改革方案,放松职业、经济的限制,允许个人申领,停留时间也比日本多出一倍。自 2006 年 7 月 1 日起,中国观光游客可免签入境济州岛,2014 年 1 月又进一步放宽该地的观光签证和过境签证。

各国签证优惠政策与入境旅游的发展实践对比和总结见表 8 和表 9。

表 8　国外实践对比

国家	阿联酋/迪拜	新加坡	日本	韩国
政策概况	32 国免签海湾组织成员国公民免签 96 小时过境免签	大部分国家免签 96 小时过境免签	66 国公民免签 72 小时过境免签 中国公民团体和个人旅游签证 多次入境签证	101 国互免签证 50 国单向免签证 中国公民个人签证多次入境签证 12 小时首都圈免签 济州岛优惠政策
区位优势	连接东西半球的航空枢纽 运河及海洋优势	东南亚交通枢纽 国际航空中转站 海洋优势	海岸线优势	—
目的地建设	世界瞩目的旅游目的地建设	亚洲会展之都 亚洲旅游门户	东北亚重要旅游目的地	东北亚重要旅游目的地
特色	强大的中转功能 国际吸引力 基地航空公司作用巨大	快捷交通保障 精细旅游产品 机场、本土航空公司作用大	中国游客的多样化政策	免签国家多 精细旅游产品 机场服务项目多

表9　国外经验总结

国　家	经　验
阿联酋	强大的中转功能,较长的过境免签停留时间 对周边国家和区域性组织的优惠政策 航空公司的巨大作用
新加坡	签证政策宽松,覆盖国家多 机场服务好,转机服务丰富而有特色 政策与旅游产品相衔接,服务便捷周到 机场和本土航空公司作用巨大
日　本	签证政策多样灵活 对中国市场的签证优惠政策 运用于灾后危机管理
韩　国	免签国家多,类别多 比肩日本,提供更优惠的政策 提供具当地特色的休闲、旅游产品

国外的实践经验可总结为：签证优惠政策和地缘优势相互促进；对周边主要和强势客源市场、区域国际组织的签证优惠政策；机场休闲服务体系和综合体的构建；开发合理精妙的旅游产品；发挥基地航空公司和本土航空公司作用；枢纽和目的地功能的相互促进。

（二）国内实践

国内主要省市签证优惠政策实践各具特色（见表10），但成熟经验较少。

表10　国内实践对比

城市	北京	上海	广州	海南
签证政策	72小时过境免签	48小时、72小时过境免签 口岸签证便利化	144小时便利签证 72小时过境免签 24小时过境免边检	落地签证 团体口岸签证 26国团体免签
枢纽及目的地建设	空港枢纽建设 国际旅游目的地 世界旅游城市	国际枢纽和世界著名旅游城市	国际航空枢纽 南航中国—澳大利亚第一门户枢纽	国际旅游岛

续表

城市	北京	上海	广州	海南
优势	高等级旅游资源 全国政治、文化中心	区位及经济优势 与日俱增的国际吸引力 加快目的地建设 自由贸易区建设	距香港、澳门近 基地航空公司强大 经济发展快	最为多样的签证 优惠政策 独特旅游资源
劣势	区位不佳 国际吸引力受挑战	——	市内口岸多，产生分流	经济、入境旅游发展水平有限

四 建议

能否吸引国际旅客的过境免签，有两个决定性因素，一是国际中转的方便性和实惠性，二是旅游和服务产品的吸引力。针对目前存在的主要困境，本文从签证优惠政策改善、机场枢纽建设和目的地吸引力提升三方面提出建议。

（一）促进政策效益

1. 权衡市场需求

目前政策实施效果不佳，首要问题是全面权衡当前政策的市场需求和竞争力。除了充分的市场调研外，还可以分析航空公司航线和旅客量的历史数据以了解北京市国际旅游流的大致情况。

（1）市场吸引力分析。北京不具备连接世界各大洲的地理优势，而更可能成为区域内部连接和中转地。此外，城市的国际吸引力、航空公司航线设计和产品价格、机场的服务等均影响了政策的市场吸引力。

（2）市场竞争力分析。为了增强世界和区域的影响力，许多国家和城市都采取了更加开放的姿态，建设区域性门户或者枢纽。在我国内地周边相差3~4个小时航程内，有中国香港、曼谷、新加坡等国际中转站，稍远一点有迪拜作为国际中转站；中国内地的上海、广州等城市均定位于区域中转站。

2. 调整政策倾向

适度调整政策以巩固已有市场，适应新市场，向区域和周边的特定市场群体倾斜。

（1）向周边国家商旅群体倾斜。北京有着国家政治和文化中心的基础，对商旅人群具有较大吸引力。政策调整、产品设计和宣传促销向周边国家的商旅人群倾斜，既符合区域发展实际，也能巩固北京的区域性地位。

（2）向周边国家具有强烈出游动机或是具有较强购买力的人群（如青年人群和老年人群）倾斜。由于中转需求不足，将目前政策拓展为团体旅游签证优惠政策或是更加宽松的个人签证政策将具有更强的市场吸引力。

3. 配套政策服务

（1）机场综合体建设。成熟的机场综合体既满足了过往旅客的商旅和休闲需求，又使得旅客停留期间的价值本地化和最大化。机场综合体与各类城市交通方式相联系，方便旅客在城市内部和城市之间的交通中转，促进机场国内中转率的提高。

（2）旅游产品配套。国外的许多机场综合体本身便设有许多展览性质的旅游景点，机场与航空公司、旅行社、酒店合作，共同为过境旅客和入境旅客提供当地城市的参观游览服务。

（3）政府统筹协调。政府相关部门除了统筹航空公司、旅行社、酒店等企业之外，还需适当统筹相关旅游景点，统筹协调交通、邮电、通信等服务。此外，官方组织的相关旅游产品往往具有较高的可信度，比较容易得到旅游者的信赖。

（4）政策宣传促销。在市场调研的同时，加大政策的宣传促销力度。首都机场的宣传成为旅客对政策的主要了解渠道。今后，还需发挥本土航空公司特别是基地航空公司的作用，政策的宣传渠道应侧重于网络宣传。

（二）提高中转比例

机场和相关航空公司还需要做更多的调研、产品设计及营销工作。

1. 市场调研和战略调整

航空公司和机场掌握了大量旅客出入境的历史数据，对历史数据的分析以及对新兴市场需求的调研，为航程、产品和服务的设计提供依据，有利于机场和航空公司调整自身定位。

2. 航程设计和价格优势

由于飞行行程较长，国际机票价格往往较高，许多国际旅游者对机票价格比较敏感，加之国内外城市和航空公司国际中转业务的市场竞争异常激烈，能吸引国际旅客中转的重要因素是产品的相对价格优势。

（三）提升国际吸引力

1. 完善商务会展功能

商旅人群对价格不够敏感，需求弹性较小。国内各大城市都积极扩大自身国际影响力，调整城市发展战略，拓展城市的商务会展功能，促进旅游产业的转型升级。

2. 加强枢纽功能

（1）扩大对腹地的影响力。从目的地层面上来说，要扩大对市场区域的吸引力和影响力，主要是扩大对腹地的影响力。扩大对周边国家、区域、省份的吸引力和影响力。

（2）促进机场和航空公司的枢纽建设。签证优惠政策的实施效果很大程度上依赖于机场的枢纽功能建设和航空公司枢纽发展战略，机场和航空公司也为中转及入境旅客提供了极其方便的服务，目的地的国际吸引力提升与航空交通的发展密不可分。

区域旅游合作机制研究

——以"9+10"区域旅游合作为例

安金明 张 军 高欣娜*

摘 要:

"9+10"区域旅游合作机制经过五年的发展取得了显著成效,为了进一步深化合作内容,引导企业积极参与旅游合作,成立了"9+10"区域旅游合作4个联盟:入境旅游联盟,通过联盟组织整合"9+10"区域旅游线路,联合开展海外旅游宣传促销等,推动入境旅游客源的增长;旅游媒体合作联盟,通过联盟机制形成常规化的宣传机制,置换旅游宣传版面,共同宣传"9+10"区域旅游资源、旅游线路及优惠政策等;旅游研究机构合作联盟,通过联盟成员推动区域内旅游学术研究水平的提升,加快理论成果的转化,发挥理论对旅游实际工作的指导作用;旅游投资促进合作联盟,通过联盟实现"9+10"区域旅游项目与资本市场的对接,实现国内外先进管理集团与旅游项目的对接,推动区域内的旅游产业快速发展。通过区域旅游合作联盟积极推动区域旅游合作市场化,形成政府引导、市场运营、企业主体、社会参与的合作机制。

关键词:

北京 区域旅游合作 机制 企业参与

---

* 安金明,北京市旅游发展委员会副主任,北京旅游学会会长,管理学博士,高级经济师,研究员,研究方向为政策调研、旅游统计、首都旅游协调、区域旅游合作等;张军,北京旅游发展委员会首都旅游协调与区域合作处处长,主要研究方向为首都旅游协调、区域旅游合作、旅游对口帮扶等;高欣娜,北京旅游发展委员会首都旅游协调与区域合作处干部,硕士,主要研究方向为旅游经济、区域旅游合作等。

为促进区域旅游合作，实现共同发展，2008年年初，由北京发起环渤海地区5省市（北京、天津、河北、山东、辽宁）、环北京4省区（山西、内蒙古、河南、陕西）和10个国内热点旅游城市（北京市、上海市、重庆市、哈尔滨市、南京市、杭州市、成都市、西安市、昆明市、桂林市）建立起了"共塑市场、互送客源、同步宣传、异地投诉、联合执法"的旅游合作机制，目标是以提升旅游产品的整体市场竞争力为核心，打破行政区划界线的壁垒，有效整合旅游资源，统筹规划，全力打造区域旅游整体形象，促进区域旅游全面发展。

一 "9+10"区域旅游合作初步实现多方共赢

5年来，"9+10"区域旅游合作机制为促进区域旅游合作做出了重要贡献。完善了区域旅游协调工作机制，针对旅游产业发展、旅游规划及旅游项目建设等问题进行交流与探讨；相互拓展旅游市场，整合"9+10"区域优势旅游资源，共同拓展国内外旅游市场，打造旅游品牌；推进旅游市场一体化，在旅游规划、市场、信息和标准化等方面开展合作，形成信息、管理、服务无障碍的一体化大旅游格局；加强旅游监管合作，建立旅游行政执法协作机制和旅游突发事件应急处理机制，加强旅游质监和执法部门的信息沟通和执法联动，对重大旅游安全事故提供积极有效的救援和帮助，共同维护旅游市场健康发展。

四届"9+10"区域旅游合作会议的成功召开也对区域各省区市旅游协调发展发挥了重大作用。2008年首届"9+10"区域旅游合作会议上确立区域旅游合作机制，组成了跨区域的旅游协作体，为此后的区域旅游合作提供了有力的政策保障；2008年第二届"9+10"区域旅游合作会议的召开充分发挥了各省区市的优势，9省区市以及10个热点旅游城市携手应对了全球的金融危机，取得了显著成效；2010年第三届"9+10"区域旅游合作会议围绕"十二五"创新、合作、转型、发展的主题，构建了区域旅游一体化，初步实现了"9+10"区域旅游共同发展与繁荣；2011年第四届区域旅游合作会议通过加强各省区市对旅游资源的有效整合，初步形成了旅游产品、市场、信息、客源和利益共享的机制，有效推动了9省区市以及10个热点旅游城市的交流合作与可持续发展等。在"9+10"旅游部门多方的共同努力下，在落实旅游合作机制、相互拓展旅游市场、推进旅游市场一体化、加强旅游监管合作等方面取得了较好的成效，区域各省区市受益良多。

二 "9+10"区域旅游合作机制有待新突破

5年来，"9+10"区域旅游合作虽然取得了一定的成绩，但仍存在一些问题。

（一）合作偏重于务虚，缺乏实际可操作性的措施

自2008年以来，"9+10"区域旅游部门签订了一系列框架协议，2008年第一届"9+10"区域旅游合作会议上签订了《环渤海地区五省市区域旅游合作框架协议》《中国主要热点旅游城市旅游业合作框架协议》，2008年年底签订了《双边旅游协作意向书》（北京市与天津市、辽宁省、河北省、河南省、山东省、山西省、陕西省、内蒙古自治区分别签署），2010年共同签署了《区域旅游合作太原宣言》。但是，合作主要仍是重形式、重研讨、重宣言、重宣传，不少观念还停留在地区旅游性行政管理层面上，缺乏具体的、可操作性的、实实在在的措施和手段，缺乏强有力的区域性协调机构及协调能力。

（二）合作偏重于政府，企业的积极性和主动性不够

区域旅游合作需要政府的努力，但还需要落实到旅游企业的行为上，只有政府的积极性而没有企业的积极性，合作是难以深入持久的。目前，"9+10"区域旅游合作机制企业参与度不高，许多旅游企业对区域合作采取了一种观望的态度，有些旅游企业虽碍于情面或迫于压力参与了区域合作活动，却往往缺乏自身的积极性、主动性和创造性。

（三）合作偏重于局部，市场化程度低

市场实现区域一体化，是区域旅游一体化的前提和关键。当前，"9+10"

区域旅游发展，市场通道还不太通畅，缺乏有效的市场化平台和有效的市场化运作机制，在一定程度上成为区域旅游合作的障碍。市场障碍限制了要素资源和产品在"9＋10"区域内自由流动，削弱了跨行政区域资源与要素整合程度和旅游产品、市场跨行政区域的开发程度。

（四）合作偏重于自我循环，社会认知度不高

传媒在旅游业中的影响是不可估量的。旅游是一个承载物质和精神双重属性的产业，和媒体传播有着天然的联系。当前，"9＋10"区域旅游目的地缺乏有效整合，整体营销力度不够，导致旅游开发滞后、旅游空间结构雷同和旅游产业结构低等。

（五）合作偏重于产业要素，大旅游理论研究不足

当前，关于"9＋10"区域旅游理论研究明显滞后于区域旅游业的发展，相关的学术研究不论从深度上还是广度上都难以满足现实发展的需求。学术研究对于指导实践的发展应起到明确的指导和修正作用，而目前国内对于区域旅游合作的研究在广度上虽然有所进步，但是仍多关注经济效益明显的企业，而对于区域旅游，尤其是大旅游的合作研究较少，仅有的研究也多停留在模式的研究上，特例较多，缺乏普遍的指导意义。

三 形成和完善政府、市场、企业、社会共同参与的合作机制

为深化"9＋10"区域旅游合作，应进一步完善"9＋10"区域旅游合作机制，形成以"加强联合、资源共享、优势互补、互利共赢"为原则，以"政府引导、市场运行、企业主体、社会参与"为抓手的"9＋10"区域旅游合作新机制，促进"9＋10"区域旅游市场一体化，推动旅游公共服务、旅游产品打造、旅游营销、旅游安全与应急、旅游研究、旅游投资和入境旅游、旅游投诉联动深度合作，实现"9＋10"区域旅游共同发展与繁荣。

（一）积极实施政府引导，促进区域旅游合作发展

继续发挥政府及旅游主管部门的引导作用，形成完善的"9＋10"区域旅游合作机制：推动和形成区域合作重大问题联合研究机制，完善合作区域内应急救援联动机制，形成旅游公共信息网络共享机制，开展合作区域内入境旅游产品联合开发和营销机制，形成合作区域内旅游无障碍机制，形成相互参加重大旅游项目投资、城市形象推广等活动参与机制，推动形成省区市之间旅游媒体互动机制，建立旅游信誉系统和信用披露机制等。

通过完善的"9＋10"区域旅游合作机制，为旅游合作发展创造良好的政策环境，为旅游合作发展提供支持。一是研究"9＋10"区域旅游合作发展问题。制定"9＋10"区域旅游合作发展战略、方针，针对区域旅游合作与发展中亟待解决的普遍性问题进行专题研究，商讨对策。二是开展系列活动，相互拓展旅游市场。联合开展旅游促销活动，整合"9＋10"区域优势旅游资源，共同推出旅游精品线路、包装旅游产品，联合参加国内外重要旅游展览会，共同拓展国内外旅游市场，打造"9＋10"区域旅游品牌。三是推动区域无障碍旅游发展。支持"9＋10"区域在旅游规划、市场、信息和标准化等方面的合作，加强公共服务建设，形成信息、管理、服务无障碍的一体化大旅游格局。四是形成区域联动，建立省级旅游信誉信息系统和信用披露制度，建立旅游突发事件的应急处理机制。

（二）推动市场化运营，实现区域无障碍旅游

加强"9＋10"区域旅游协作，需开放旅游市场，实现旅游资源、公共服务、产品和信息的共享，构建无障碍政策、无障碍交通、无障碍服务、无障碍投诉的无障碍旅游。各省区市要树立积极的合作意识，加强横向联合，建立经常性工作协调制度，要加强各地旅游的软硬件建设，创造良好的合作环境，打破地区分割，推进区域合作，对区域内旅游资源进行综合性开发，特别是要以重点景区为依托，以精品线路为纽带，由点到线、由线到面，争取在区域内形成几个知名的旅游产品，形成区域旅游产业链，改善和建立区域内主要客源集散地和目的地之间的交通联系和线路连接，形成区域旅游环线，策划确定共同

的宣传促销主题口号，编印共同的旅游宣传资料，举办共同的旅游节庆活动，开展区域性旅游促销活动，实现市场联动。

（三）增强企业主体地位，实现区域旅游倍增效应

旅游企业是进行旅游合作的主体。在市场经济条件下，企业在经济活动中发挥着基本作用。在政府及旅游主管部门为旅游业发展塑造一定产业环境后，如何把旅游合作组织和实施起来，从根本上需要通过旅游企业的经营活动来实施。也只有通过企业的旅游合作，才能够实现企业之间资源共享、优势互补，实现旅游合作的倍增效应。希望通过成立"9+10"区域入境旅游合作联盟，把旅游主体企业旅行社联系在一起，通过建立成员间交流与合作机制，共同研究入境旅游市场发展状况，评估入境旅游发展趋势，分析联盟成员在入境旅游方面遇到的共性问题，研究解决问题的办法。组织联盟成员考察旅游线路，创新入境旅游产品，并联合开展海外促销，推动入境旅游客源的增长，积极促进"9+10"区域入境旅游的发展。希望通过成立"9+10"区域旅游投资促进合作联盟，由"9+10"区域旅游投资企业及相关旅游机构共同发起成立，目的是搭建国际性、多层次、多元化、高效率的旅游投资促进平台，通过联盟协作，及时收集"9+10"区域内旅游项目与投融资需求信息，搭建旅游项目投融资对接和信息交流平台；积极推介"9+10"区域内旅游投资政策，宣传区域旅游投资环境，塑造区域整体及各地旅游经济形象；为联盟成员寻找、筛选、评估和推介具有高速成长前景的旅游项目，努力协助联盟成员寻求项目投融资机会；发挥联盟成员与区域各级政府旅游主管部门间的桥梁和纽带作用，反映投资人诉求和意见，提出合理化建议，维护良好公平的市场环境；建立面向全国的旅游投资企业库、旅游产业项目库、行业信息库、联盟网站等，切实服务联盟成员。通过联盟合作努力实现"9+10"区域旅游合作项目与资本市场的对接，实现国内外先进管理集团与旅游项目的对接，推动区域内旅游产业快速发展，进而推动区域旅游事业的健康发展。

（四）推动社会参与，提高区域旅游合作影响力

区域旅游合作不是一个新兴课题，却是一个重大难题。对于"9+10"区

域来说，如何充分利用各省区市现有资源，积极参与、推进区域间旅游合作，有众多紧要的问题需要研究。希望通过成立"9+10"区域旅游研究机构合作联盟，推动区域内旅游学术研究水平的提升，加快理论成果的转化，发挥理论对旅游实际工作的指导作用。通过联盟组织，收集国内外区域旅游合作的信息，跟踪国际最新的旅游与休闲研究成果，就区域旅游合作进行国际比较研究；加强旅游研究机构与旅游企业之间的合作，为企业投资、发展、经营和管理提供咨询与建议；发挥行业导航和学术研究优势，组织区域旅游资源整合、产品开发、业态创新、产业融合等方面的学术研讨、交流与协作活动，促进学术研究资源共享、整合与共同发展；对区域旅游合作情况进行调查、分析和预测，为区域旅游发展提供客观、公正、全面的市场调研与评测分析。

旅游的发展需要社会关注，媒体在旅游发展中起到非常重要的桥梁纽带作用。希望通过成立"9+10"区域旅游媒体合作联盟，致力于推动"9+10"区域旅游业发展和社会发展的媒体交流平台，致力于加强"9+10"区域旅游合作的信息交流和形象传播，以旅游为基础，提升"9+10"区域经济、文化的发展，使媒体成为"9+10"旅游行政主管部门及相关产业的智库和传播者。通过媒体联盟，宣传和推广区域旅游形象，积极推介"9+10"区域内旅游媒体机构、新闻资讯、品牌形象，塑造区域整体及各地旅游媒体形象。

总之，在"9+10"区域旅游合作当中，政府及主管部门、企业、媒体、研究机构从不同方面发挥着重要作用。通过完善合作机制，可以更有效调动各方力量，只有政府、市场、企业、社会完美结合，"9+10"区域旅游合作才可以良性健康地发展起来。

G.11

京津冀旅游协同发展机制研究

方忠权*

摘　要：

京津冀旅游协同发展对于京津冀区域一体化的实现具有重要作用。作为我国最早提出区域旅游合作的地区，京津冀的合作进展依然缓慢，其根本原因在于政府作为的质量不高，完善的协同发展机制还没有形成。根据目前京津冀区域旅游合作中存在的问题，需要形成多方参与的重大问题联合研究机制，完善合作区域内旅游安全与应急救援联动机制，形成合作区域内旅游公共信息共享机制，开展合作区域内旅游产品联合开发机制，形成区域旅游合作的补偿机制，建立合作区域城市联合推广机制。

关键词：

旅游　协同发展　京津冀

一　合作背景与历程

近年来，中国区域旅游合作发展迅速，从长三角旅游圈到珠三角旅游一体化再到环渤海旅游区，从编制区域旅游发展规划到建立无障碍旅游区，各种层次各种规模的旅游合作区域遍布全国。京津冀是国内最早提出区域旅游合作的地区。早在1984年，河北省旅游局就提出了"立足本省、依托北京，突出重

---

* 方忠权，北京联合大学旅游学院教授，博士，国家注册规划师，研究方向为旅游开发与规划、会展产业发展。

点、带活全局"的发展思路，并于 1985 年成立了京东旅游区，致力于京东地区两市一省旅游资源的开发和合作。1987 年，北京旅游学会联合天津旅游学会和河北旅游学会，发起召开了第一次"京津冀区域旅游合作研讨会"，探讨了区域旅游合作的思路和对策。此后，河北省旅游局又分别于 1996 年和 1997 年与北京市旅游局和天津市旅游局签署了旅游合作协议，希望进一步推动京津冀地区旅游合作的发展。

2005 年，北京、承德、秦皇岛等环渤海 11 城市签署的"旅游合作框架协议"标志着以北京为中心的环渤海旅游区合作机制正式启动。2006 年，京津冀区域发展被写进了《中华人民共和国国民经济和社会发展"十一五"规划纲要》，京津冀都市圈的发展进一步推动了京津冀地区旅游发展的进程。为使京津冀的旅游合作能得到实质性的进展，2007 年 4 月，京津冀三地的旅游局签署了《京津冀旅游合作协议》。2008 年 2 月，由北京市人民政府牵头的"9 + 10"区域旅游合作会议在北京召开，会议签署了一系列合作协议。随着京津冀区域经济发展上升为国家发展战略，京津冀三地都把推进区域旅游合作相关内容列入了"十二五"规划之中，北京提出要更深入广泛开展与津冀晋蒙及环渤海地区合作，共同推动区域一体化进程和首都经济圈形成，加快推进区域旅游一体化发展；天津提出要深化京津冀区域旅游合作，实现资源共享、客源互送、市场互动；河北则专门制定了环京津休闲旅游产业带发展规划，并在"十二五"规划中提出深化与京津全方位战略合作，全面推进京津冀一体化发展。2014 年 2 月 26 日，习近平总书记在专题听取京津冀协同发展工作汇报时强调，要努力实现京津冀一体化发展，作为京津冀全面协同发展的一部分，京津冀的区域旅游合作受到更大重视。

二 合作中的问题

尽管京津冀区域旅游合作早已提出，三地对推进区域旅游合作的重视程度日益加深，但区域旅游一体化发展的速度却过于缓慢，没有达到几十年来一直期望的结果，而且还有不小差距。对于其中的问题很多学者已经进行了探讨。例如，认为在合作中存在体制障碍和观念障碍，地方保护主义盛行，市场壁垒没有消除，合作偏重于务虚、偏重于政府，企业积极性没有发挥。没有建立区域性的旅游信息平台，缺乏有效的合作推进机制。在旅游资源整合、重大项目协调以及联合促销等方面，还没有显著的突破。跨区域经营的连锁企业、旅游集团还非常欠缺，没有形成强强联合的态势。从区域旅游合作产品基础看，缺乏统一的形象，没有形成旅游一体化凝聚力。

但是，产生这些问题的根源究竟是什么？本文认为，政府作为的质量是造成合作进展缓慢的根源。旅游业涉及吃、住、行、娱、购、游多个方面，区域旅游一体化是一个系统工程。区域内的旅游一体化不仅依赖于区域内的旅游交通一体化，更依赖于区域内旅游及相关行业（和企业）管理体制、运行机制、操作规范、业务流程、服务标准和运作程序等方面的一体化。

区域旅游合作不是仅仅单一的每个项目的合作，不仅涉及本省（市）的交通、通信、配套政策等方方面面，而且还涉及京津冀不同地区的相关部门，既不是点对点的协调，也不是点对线的协调，而是一种网状的协调关系。而旅游局只是一个单一的行政职能部门，在区域旅游的协调过程中，旅游局无权对同级的交通等部门下达指令，只能协商，而且其他部门的业务发展是站在全省（市）的角度，并不仅仅只为旅游业发展服务。因此，这种协调必须上升到省（市）层面，在省（市）层面协调好本地区的关系，再协调各省（市）之间的关系。然而，在我国目前的政治经济体制下，谁都想增强自己的功能，谁都有理由和利益需要增强自身的功能。因此协调中的困难不可避免。特别是北京和天津都是直辖市，由于行政区划的条块分割体制和区域发展的不平衡，对京津冀旅游发展进行跨区域整合的难度相当大，这种"诸侯经济"的利益博弈使政府在区域旅游合作中的作为质量严重偏低，尽管召开了无数的研讨会，签署了众多的框架协议，只能说政府作为的数量有余而质量不足。

另外，如果将学者们提出的各种实现京津冀旅游一体化的对策进行逐条逐条的审视，将会发现，对于每一条对策或措施，如果要有效实施，最后几乎都要落实到政府头上。因此，如果没有足够的行政力量突破条块分割，区域旅游一体化的障碍在短时期内还难以根除。

三　协同发展机制

不少学者从加强规范制度对接、实现精品线路对接、联手开展宣传促销、相互支持举办旅游节事活动、建立信息共享机制、创建无障碍旅游区等方面进行了探讨，提出了很好的建议，本文在此基础上做进一步的补充和完善。

（一）形成多方参与的重大问题联合研究机制

目前，我国的区域旅游合作几乎成为各地旅游局的专门事务。一提到区域旅游合作就是各地旅游局之间签署框架协议、商量合作对策，对于重大问题的研究成了各地旅游局的专项任务，企业和其他相关部门参与不多。旅游业涉及众多的相关部门，区域之间的旅游合作也必然涉及相关部门特别是旅游企业，因此建立多方参与的重大问题联合研究机制非常必要，避免协议总是处于框架状态。

公共治理理论认为区域旅游活动相关的所有公私利益相关者在旅游合作的筹划、规划和执行阶段因为利益关系而被联系在了一起。强调政府和企业之间的平衡关系，即它们均可能在政企合作中发挥领导、供给、扶持或协调作用。因此，区域旅游合作绝不应该仅仅是各地区旅游局之间的行为，旅游局在协作中更多的是发挥起搭台的作用，让企业和相关部门参与进来对重大问题进行联合研究。

目前，京津冀两市一省的旅游合作取得了明显成效，但这种合作更多的是属于政府间的协作，各地旅游业相关企业、商会和行业协会等旅游主体还没有积极参与到区域旅游合作中来，还没有形成"政府主导、市场主体、多元参与"的合作格局。对重大问题的研究要么是各自为政，要么就是按照计划经济时代的思维，按照上级的指令执行。因此，在目前市场经济还不完善的环境下，建立政府主导、市场主体、企业和社会多方参与的研究机制非常必要。同时，应该充分发挥旅游研究联盟的作用，对区域旅游合作中产生的重大问题进行及时的研究和探讨，研究重大问题解决的政策、措施和项目实施的可行性。

（二）完善合作区域内旅游安全与应急救援联动机制

在京津冀区域内成立旅游应急联动中心，其职责是统一受理京津冀各类旅游突发事件和应急求助。组织、协调、指挥和调度相关联动单位应急处理突发事件。同时负责对京津冀应急联动工作的机构、队伍、装备、预案、制度、经费等方面工作进行规划、组织和协调。

首先，要做好旅游安全的预防工作，加强对突发旅游事件的预测和预警。依法将旅游应急管理纳入北京、天津和河北的政府应急管理体系，制定旅游者安全保护制度和应急预案。要对直接为旅游者提供服务的从业人员开展经常性应急救助技能培训，对提供的产品和服务进行安全检验、监测和评估，采取必要措施防止危害发生。

其次，若发生重大旅游安全、质量和突发事件，事件属地旅游局要按相关规定进行及时、妥善处理后，在一定时期内向京津冀区域内旅游联盟成员通报，通报内容包括事件情况、处理过程、原因分析，以便总结经验、防微杜渐。

最后，要加强突发旅游事件应急处置信息资源的交流与共享，为突发公共事件的预防、预警和应急处置提供及时、准确、全面的基础材料、数据、情况及其他有关信息。

（三）形成合作区域内旅游公共信息共享机制

旅游合作区域内的公共信息共享是区域旅游合作的保障，如果地区之间的公共信息不能共享，旅游合作将无法持续。只有合作区域之间充分的信息交流，才能解决合作中的各种问题。例如，只有建立旅游信息共享机制，才能相互及时发布旅游警示和不良旅游企业信息，才能加强旅游执法联动，联合解决旅游者与旅游业经营者之间的争议、纠纷。近年来，京津冀地区的旅游信息化程度在不断提高，但缺乏统一的信息平台，三地重点旅游城市虽然都建立了旅游信息网，但网站内容多侧重于当地的旅游景点介绍，还没有完全形成共享，在某种程度上制约了三地旅游合作的快速发展。

因此，要建立京津冀旅游信息共享平台，提供全天候的区域性的旅游信息服务。构建京津冀区域统一的旅游信息网络平台，能整合各个地区之间的各类旅游信息。通过该旅游信息平台，旅游管理部门能够共享重大旅游招商项目库，共享各自在旅游投资方面的优惠政策，能够联动执法和处理区域内的旅游突发事件；旅游企业能及时掌握旅游者的各类需求，为旅游者提供个性化的服务；旅游者可以及时了解最新推出的旅游项目和旅游线路，各主要旅游城市的宾馆入住率、旅游地的交通情况和天气状况等，充分利用互联网的强大功能，形成旅游者、旅游企业和旅游管理部门之间的互动。

旅游信息平台要加强京津冀旅游企业、旅游咨询机构和旅游高校等的信息交流与合作，及时更新旅游信息，以提高旅游者获得信息的及时性和准确性，提升京津冀区域旅游的口碑。旅游行业内部的数据，比如对游客抽样调查数据、企业调查数据、旅游统计报表等要实现区域内交流共享，供京津冀区域旅游进行宣传推广策划和决策参考之用。同时，利用共享平台，通报"旅游黄金周"节庆和大型旅游主题活动。

（四）开展合作区域内旅游产品联合开发机制

由于京津冀三地旅游资源比较分散，而且旅游资源的有效整合不足，因此缺少区域性的精品旅游线路。在对外统一宣传营销方面，京津冀地区还缺乏对区域整体旅游品牌和旅游形象的谋划，统一的旅游品牌和形象还没有形成。

京津冀要真正实现区域旅游一体化，在旅游产品的联合开发上不应该只注重单个旅游产品的开发，如只注重联合开发区域旅游线路或单个旅游景区（点）的开发，而应该从区域旅游产品系统理论出发，将区域旅游产品看成是一个动态系统。Berg 等认为该系统包括 5 个子产品，一是"首要产品"，它是游客来该地区所要欣赏的对象，如自然风光、历史古迹等；二是"辅助产品"，其本身不吸引旅游者，但却是旅游活动不可缺少的产品，如酒店、餐馆等；三是"内部通达性"，即内部无障碍性，包括旅游者到达景点的便利程度、交通成本、安全情况、景点门票及拥挤情况、旅游咨询系统等；四是"外部通达性"，即外部无障碍性，它包括该地区与外界的距离以及交通便利程度等；五是"区域旅游形象"，主要是指该地区给企业、居民、旅游者和投资者所带来的整体印象。

京津冀的旅游资源具有一定的互补性，有利于旅游产品的联合开发。在具体措施上，要充分发挥北京在人文旅游资源方面的优势，与天津的邮轮旅游、工业旅游以及河北的滨海休闲游的优势，形成一个多方位多层次、能够满足多方面旅游需求的区域性整体，形成市场互动、游客互流，让各地的旅游景区景点联动起来，形成有机的整体。另外，在合作中应该以项目的形式进行，项目推动是区域旅游合作的主要动机之一，同时也能使双方的合作意愿落到实处。

（五）形成区域旅游合作的利益共享机制

实现区域旅游整体利益的最大化是区域旅游合作的根本目的，但由于合作各方均从自身利益出发制定政策和措施，因此协调各方的利益关系非常困难，这也是区域旅游合作难以深入的最根本原因。这一点不仅体现在具有行政经济特色的中国，在市场经济发达的国家也莫不如此。

由于各地区旅游资源分布不均衡，旅游产业的发展水平也存在差异，因此在旅游合作中存在着各合作方实力不均等现象，如果客源流向集中于强势区域，会造成利益分配的不均从而影响到双方合作的发展。另外，企业以追求利益最大化为目标，消除壁垒、实现区域旅游的协调发展就必然会牺牲部分地区或企业的利益，使区域之间的旅游合作，特别是在实现无障碍旅游区过程中必然存在一定的利益冲突，因此建立旅游合作的利益共享机制具有重要意义。从目前我国各地开展的区域旅游合作情况看，各地方政府合作主体达成的共识虽多，但实际合作进展缓慢。

京津冀区域旅游合作共享机制不仅要考虑京津冀三地之间的利益协调问题，更重要的还要考虑北京、天津、河北三地政府与旅游开发地政府以及旅游开发企业和当地居民之间的利益共享。对于京津冀三地的协调而言，利益的共享需要更高层级的机构（例如发改委）来协调；对于省市政府、旅游地政府、旅游企业和旅游地居民间的利益共享，需要通过建立规范的补偿制度来实现各主体之间的利益转移，实现区域内所有参与者共同分享区域旅游利益，并对那些在参加区域旅游合作过程中获益最小的主体给予一定的合理补偿。首先应该对补偿的具体范围和对象做出明确划分，同时不断补充和完善补偿标准与期限。在补偿的措施方面，一是由受益主体进行补偿；二是通过政府援助、无息贷款等方式帮助利益受损地区进行旅游基础设施建设；三是成立区域旅游发展基金，为利益受损主体提供资金方面的援助。

（六）建立合作区域城市联合推广机制

为加强区域旅游合作，京津冀三地采取了一系列举措。2003 年 9 月 19 ~ 21 日，在京津冀旅游界的推动下，三省市旅游局在北京中华世纪坛广场举办了"京津冀旅游宣传周"活动，宣传了京津冀区域整体旅游形象。2009 年 3 月，京津冀三地又联手推出了涵盖近百家景区的京津冀旅游"一卡通"，使三地之间在促进旅游资源共享、旅游市场共拓方面取得了明显成效。为了推动京津冀之间的互动旅游，自 2009 年 7 月 1 日起，京津两地开通了"旅游绿色通道"，减免京津之间旅游大巴的高速公路通行费用。而河北则采取在北京和天津分别举办"河北休闲旅游宣传周"，开展"河北旅游进京津""京津自驾车游河北"等各种活动，进一步开拓京津冀共同旅游市场。2014 年 3 月，北京市旅游委就推进京津两地旅游协同发展，打造京津冀旅游一体化格局，与天津市旅游局进行了深入交流探讨。双方一致认为，"红色旅游"联合推介是京津冀旅游一体化发展的切入点，不仅对"红色旅游"发展具有积极的推动作用，而且对三地"观光游""休闲游"发展也将起到重要的带动作用，实现三地旅游业优势互补、良性互动、互利共赢。

这些措施对于京津冀旅游合作起到了重要作用，但只是一个开端，参与的城市、参与的企业数量有限，推广的领域也不够广泛，整个京津冀区域城市联合推广机制还没有建立。因此，需要进一步加强京津冀之间的合作，进一步加强三地旅游城市之间"互为旅游客源地、互为旅游目的地"的推广活动，扩大合作的规模和范围。联合开发旅游客源市场，并进一步扩大"一卡通"覆盖的地域范围和旅游产品种类。

另外，应该联合开发特色旅游产品，策划举办联动的特色旅游节庆活动，形成节庆活动相互参与机制，联合开展宣传促销，共树区域统一旅游品牌。共同开展市场调研、制订促销宣传计划和方案，共同制定旅游宣传促销管理和奖励办法、政策，积极利用互联网、报刊、电台和世界旅游城市联合会、中国旅游产业博览会、北京国际旅游博览会等平台，联合推广京津冀的旅游形象。最后，应成立京津冀旅游媒体联盟，充分发挥媒体联盟在联合推广方面的作用。

四 结语

一直以来，理论界认为"行政区划刚性约束形成的制度障碍"是中国区域发展中形成的各种问题的根本原因，"突破行政区划刚性约束"是区域治理方式的"重大创新"。然而，现有的政策实施和监管主体仍然离不开现有的行政区。因此冲突不可避免。绝大多数情况下，区域发展矛盾与问题的本质，不在于行政区划的刚性约束，而在于政府作为的质量水平。行政区是政府行政的最基础平台，政府作为质量的有效性是区域发展问题的根源，发挥中央与地方政府的积极性，努力提高政府作为质量的有效性，是解决中国区域发展问题的最主要途径。

因此，无论形成何种机制，在目前的政治经济体制下，在京津冀的旅游合作中，合作能否真正落到实处，合作是否真正收到成效，政府依然起着决定性的作用。

参考文献

刘德谦：《关于区域旅游合作的思考——当前中国区域旅游合作的难点与机遇》，《旅游学刊》2008 年第 3 期。

安金明：《形成和完善政府、市场、企业、社会共同参与的区域旅游合作机制》，载《推进区域旅游合作与构建首都旅游经济圈》（研究专辑），2013 年 12 月。

安金明：《区域旅游合作机制研究》，《中国旅游报》2013 年 12 月 20 日。

冯翔、高峻：《从全新视角看国外区域旅游合作研究》，《旅游学刊》2013 年第 4 期。

王淑娟：《区域合作视角下京津冀、环渤海旅游产业带协调机制研究》，《学术探索》

2012 年第 2 期。

Berg van den L. , Borg van der J. , Meer van der J. , *Urban Tourism* (Aldershot: Avebury, 1995).

Tosun C. , Jenkins C. L. , "Regional planning approaches to tourism development: The case of Turkey," *Tourism Management* 7 (1996).

Smith V - L, Hetherington A. , Brumbaugh M. D. D. , "California's highway 89: A regional tourism model," *Annals of Tourism Research* 3 (1986).

汪宇明:《行政区划与主体功能区划:问题与讨论》,《科学时报》2007 年 2 月 26 日。

G.12

合作共赢视角下的首都
旅游经济圈的构建研究

刘永江　王书珍　朱彦玲　等*

摘　要：

　　环渤海地区五省份以及环北京四省份地区，是中国乃至世界上城市群、工业区、港口区最密集的地区之一，有着立体式交通联盟、优质的资源禀赋、完善的公共服务设施、密集的城市群等四大优势。但九省份经济的发展依然存在产业结构单一，产品供给不足，市场运营乏力等问题，致使大区域合作氛围还没有真正形成。本文基于合作共赢的视角研究"首都旅游经济圈"的形成机理、合作对接思路及构建模式等，力求把九省份现有的和潜在的交通、资源、市场、服务优势转化为发展优势，推动旅游产业转型升级和经济社会发展。

关键词：

　　首都旅游经济圈　合作共赢　合作框架　发展路径

　　世界经济正在发生深刻变革与调整，经济全球化、区域一体化趋势深入发展，加快推进区域旅游合作和一体化进程，比以往任何时候都显得更加重要和紧迫。国家"十二五"规划明确提出了打造"首都经济圈"，这一经济圈的构建必将推进《中国旅游"十二五"发展规划》中指出的"旅游将成为城镇居

---

* 刘永江，北京九度空间创景旅游规划设计院董事长；王书珍，北京九度空间创景旅游规划设计院院长；朱彦玲，北京九度空间创景旅游规划设计院规划中心主任。本研究报告并由北京九度空间创景旅游规划设计院于文涛规划师、梁爽规划师、贾淑敏设计师等共同参与完成。北京九度空间创景旅游规划设计院规划研究方向为旅游规划、景区提升、品牌策划、文化创意等。

民生活的基本内容和刚性需求"，必将对扩展旅游市场、提升旅游品牌、推动旅游产业升级有着非常重要的推动作用。

一 首都旅游经济圈的界定与划分依据

（一）首都旅游经济圈的基本界定

依据区域旅游规划原理、区域经济学、经济地理学等相关理论以及对北京周边城市群的旅游资源、旅游交通条件、旅游基础设施等的综合分析，将首都旅游经济圈界定为以首都北京为中心，外延辐射周边8个省份，约占中国国土面积1/3的圈域范围，囊括了北京、天津、河北、山东、山西、河南、陕西、辽宁、内蒙古等9个省份。

（二）圈域划分依据

1. 划定"自驾游500公里旅游经济圈"

这不是行政区划意义上的城市概念，而是一个被发达的交通网络紧密联系起来的旅游城市群落，即"自驾游500公里所能到达的范围"。从游客出游的一般规律来说，以北京为中心，直径500公里的自驾旅游车程范围内的区域作为旅游经济圈是最适宜的（见图1）。

2. 500公里自驾游车程邻近的省份拥有优质旅游资源的城市

在这个基础上，将河南、陕西这两个省囊括在内，这两个省都拥有国家级乃至世界级的旅游资源。其中河南是中华民族最为重要的发祥地和发源地、华夏历史文明传承区；陕西拥有其他省市无法比拟的世界第八大奇迹的"秦始皇陵兵马俑"。

3. 圈域旅游GDP占全国旅游GDP总量的1/3以上

借鉴欧、美、日等地区和国家已成熟的经济圈，其城市群体的集合在国家经济总量中占有很大比重，其中旅游经济总量也是其中不可或缺的一部分。依据经济圈的发展规律及旅游产业发展趋势来说，只有圈域旅游GDP占全国旅游GDP总量的1/3以上时，才有发展和提升的空间，方能成为全国旅游产业的领头军。

图1　自驾游500公里旅游经济圈（核心·北京）

二　首都旅游经济圈的形成机理

首都旅游经济圈的形成是一个复杂的过程，是旅游发展趋势和经济产业结构转型的必然，是客观事物发展和主观作用相结合的产物，有其形成的基础、动力、环境和条件。

（一）都市经济圈效应放大

环首都经济圈的形成给环首都区域旅游产业带来了新的发展问题，如旅游环境受到破坏，严重影响到游客的旅游质量；城市化的进程加快造成产业发展不均衡等。随着都市圈交通格局日益呈现网络化趋势，环首都经济圈必须提升发展理念，以构建首都旅游经济圈为突破口，充分发挥北京对周边城市的辐射带动作用，提升圈域整体服务能力，在区域合作中创造发展机遇。

（二）旅游客源市场化程度高

环首都区域属经济发展比较快的地方，市场化起步比较早，旅游市场体系也比较完善，旅游市场化程度比较高，能够比较快捷地从市场获得必要的旅游信息，也可以较便捷地通过市场进行跨区旅游活动，有利于促进区际旅游资源流动，从而构建了这些区域之间很强的经济联系。所以，环首都区域市场化程度高，旅游圈的客源市场辐射力较强，有利于首都旅游经济圈的形成和发展。

（三）旅游经济开放性

经济的全球化使得旅游活动更具开放性，区际交流更为迫切。首都区域具有形成高度融合旅游经济体的潜力，通过区际旅游活动，创造了更多的财富，互通有无不仅弥补了不同省份的物资短缺、文化基因缺憾，平衡了相对剩余的产能，还极大地提高了所有参与旅游活动的经济体的运行效率。同时，区域间旅游经济的多元性和交流性将导致旅游生产力的普遍提高和进化的一体化趋势，这也就为首都旅游经济圈的构建提供了良好的环境和条件。

（四）旅游活动的"内聚外拓"规律

旅游活动的发展呈现"内聚外拓"规律。随着旅游业的发展，旅游活动表现出"内聚外拓"的规律。一方面大范围走马观花式的观光旅游活动将逐渐减少，中小区域尺度的休闲度假旅游逐渐时兴。人们更加强调为自己而旅游，静下心来，好好体验异地文化和氛围，这就是"内聚"。另一方面郊区游的范围将逐渐向外拓展，向中小区域尺度的休闲度假旅游发展。随着人们可支配收入和时间的增加、道路交通设施的完善、信息的丰富和快速传递、私家车的增多，一日游、周末游的范围被拓宽了。通过距离的增加，人们能够获得更加完整、新鲜的旅游体验，这就是"外拓"。环首都地区的地域和资源特点，使旅游活动的"内聚外拓"特征更加明显。

三 首都旅游经济圈的合作对接思路

以 9 省市 GDP 占全国 GDP 比重的排名和各省市旅游总收入占自身 GDP 比重的排名为纵、横轴，以 45°均衡线、中点连线为等分线作为辅助，综合表现各省市的旅游业总体发展情况和排名（见图 2、图 3）。

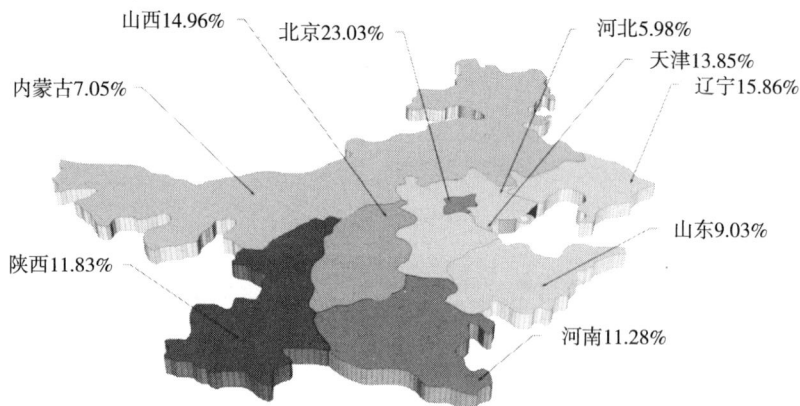

图 2　2012 年 9 省份旅游收入占各省 GDP 比重

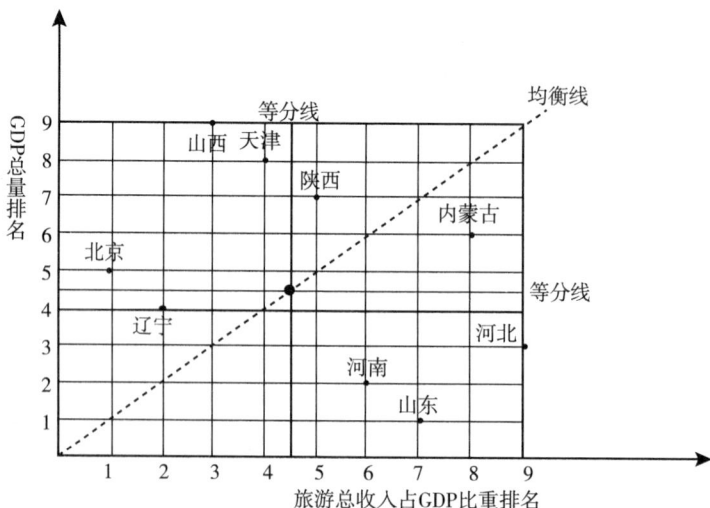

图 3　9 省份旅游业总体发展情况与排名

（一）一象限：旅游业发展转型需求较大

内蒙古：GDP 总量排名居 9 省份第 5 位，旅游总收入占 GDP 比重排名居 9 省份第 8 位，旅游业发展财政支持不足，旅游业地位及 GDP 贡献较低，生态环境退化，旅游业发展转型需求较大。

陕西：GDP 总量排名居 9 省份第 7 位，旅游总收入占 GDP 比重排名居 9 省份第 5 位，旅游资源禀赋高，但旅游业发展后劲较弱，旅游业发展区域化程度较低，与周边联系薄弱。

（二）二、三象限：旅游产业发展水平较高

北京：旅游总收入占 GDP 比重居 9 省份第 1 位。

辽宁：旅游外汇收入较高，旅游产品附加值较高，旅游产业与其他产业的融合度较高，整体发展较为均衡。

山西：旅游业在国民经济中的地位提升，经济转型有初步成效，但 GDP 总量居 9 省份末位，后劲以及持久力不足。

天津：都市旅游资源丰富，港口条件优越，旅游产业发展水平较高。

（三）四象限：旅游产业占 GDP 份额较低

山东：GDP 总量居 9 省份第 1 位，但旅游总收入占 GDP 比重仅排第 7 位，旅游产业占 GDP 份额较低。旅游资源丰富且质量较高，尤以孔子、国学文化突出。需加强投入与重视，亟须加强区域联系。

河北：第三产业比重较低，但燕赵文化较为突出，应加快产业转型和升级，通过区域联合、整合开发，提高旅游产业战略地位。

河南：与河北面临同样发展瓶颈，旅游产业的发展程度与当地 GDP 的水平不匹配，但其旅游资源具有不可比拟性，应延伸产业链条，构建产业集群，以联合开发的态势将旅游产业培育成又一经济增长点。

综上所述，9 个省份可大致划分为表 1。

以 9 个省份所在点到均衡线的垂线距离表明旅游产业的发展程度与当地的

表1　9个省份旅游产业发展程度与各省 GDP 协调度

省份	协调程度	发展方向
辽宁	较高	旅游产业与其他产业的融合度较高，整体发展较为均衡
山东、河北、河南	一般	需加强投入与重视，亟须加强区域联系
北京、山西、天津	高	旅游产业在国民经济中的地位较重要
陕西、内蒙古	较低	亟须发挥旅游产业后发优势

GDP 水平的协调程度，距离越短，协调程度越高，即当地的旅游产业发展水平较高，对当地 GDP 的贡献较大。

四　全方位推动首都旅游经济圈的构建

随着世界经济发展重心正向亚太地区转移，而且普遍看好中国环渤海地区、环北京地区，加之国家政策为这些地区的发展注入强大的动力，推动首都旅游经济圈建设正面临千载难逢的机遇。重点应从以下几个方面着力构建。

（一）构建发展战略

1. 形成一个共识

首都旅游经济圈是首都经济圈的先导。其主导地位的确立表现在：旅游业在国民经济中战略性地位已经确立；旅游经济产业是摆脱"经济低谷"的强力助推器；同时，旅游业也是助力环境友好和绿色生态环境构建的有力推手。并且首都旅游经济圈是实现与环首都经济圈、环渤海经济区对接的核心突破口。首都旅游经济圈的构建，使圈域范围内的省份不但在经济上，而且在社会文化生活方面更快地融入城市经济圈。

2. 凸显两个视角

环境视角——美丽中国之美丽产业，利用首都旅游经济圈作为"亲环境生态空间"发展的桥头堡，全面推进9个省份的重点生态工程建设，努力构筑城市连绵带、产业密集带与生态涵养带相互交融的空间发展格局。

战略视角——打造世界级旅游目的地之标杆区域。构建首都旅游经济圈—双环协作格局，即裂变环（以北京为核心城市的京津冀区域）与聚能环（包括鲁豫蒙辽陕晋6个省份）。

裂变环主要承担着向聚能环进行信息、技术、人才和资金扩散的功能；聚能环则相应地向裂变环提供必要的生态、能源、劳动力和产品支持。凭借双环协作模式，放大9个省份的互补优势，延伸产业链条，拓展产业集群（见图4）。

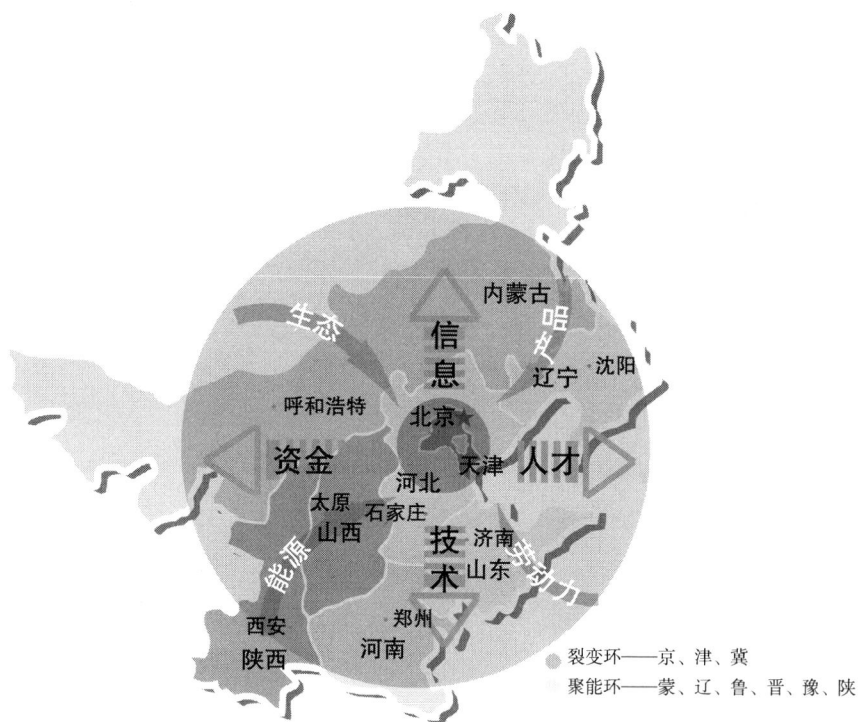

图 4　首都旅游经济圈职能分工

3. 统筹三大发展战略

区域旅游一体化发展战略：促进旅游管理、旅游交通、旅游线路、公共服务的一体化；尤其在旅游线路一体化上，特别强调三种旅游线路，即主题旅游线路、特色旅游线路、自助旅游线路。

（1）主题旅游线路："最中国味"文化休闲体验之旅；"多彩乡村"生态休闲体验之旅；"魅力之城"都市休闲体验之旅等。

（2）特色旅游线路：

北部——皇家文化长城扩张带（一宫两陵、长城风光和蒙古族、满族等少数民族文化及农家乐）；

西部——名山世遗旅游扩张带（太行山山脉，囊括峡景、水景、山景、石景、树景、林景和名胜古迹景观44处，景点400余个）；

南部——母亲河旅游扩张带（囊括壶口、泰山、孔庙、轩辕黄帝城等）；

东部——环渤海旅游扩张带（滨海、湿地等）。

（3）自助旅游线路：游客可根据首都旅游经济圈资源分布图，根据自我需求自主组织旅游线路。

第一，产业系统网络化开发战略：首都旅游经济圈的构建，要突出市场功能与系统功能，确定产业系统网络化开发战略，构建"点—环—圈"的梯度开发模式。其基本思路是："突出一点，做强两环，带动整圈"。

第二，特色文化品牌制胜战略：首都旅游经济圈旅游文化资源是最有价值的财富，是该区域旅游业发展最根本的核心竞争力。要特别突出文化在旅游中的作用，注重文化资源的利用和文化产品的开发，树立品牌形象，共塑区域品牌。

4. 共享四大利益

（1）信息交互机制。通过网络、传媒和各种信息渠道定期地、规范地、无保留地、详尽地将本地的旅游经济政策信息发布出来，接受合作各方监督、查询、了解、分析、评价。这样既可以监督具有地方保护主义色彩的"土政策"，又可以鼓励促进区域合作政策的创新。信息交互机制是建立区域旅游合作的基础性机制。

（2）利益共享机制。首都旅游经济圈的构建，意味着9个省份要共同承担对首都区域的开发。各省份在认识到自身的生存与发展依赖于对方的生存与发展前提下，合作各方本着互惠互利、优势互补、资源共享、整体运作的原则商议利益共享问题，避免保障首都、服务首都的责、权、利不对等的发展障碍。这种合作关系中的动力来自利益共享的政策供给。

（3）评价均衡机制。旅游经济是后工业经济时代占主导地位的经济形态，而区域经济问题是宏观经济问题，没有中央宏观区域政策的规范，区域合作是不可能持续、有效推进的。国家旅游局应该是区域合作关系的倡导者、区域合作政策的制定者、区域经济利益的协调者。

第一，要用政策手段对区域合作给予鼓励和支持，比如，对该区域旅游合作开发项目的投资给予政策的倾斜，对该区域旅游企业给予政策的优惠，对该区域的旅游合作给予政策的肯定。这一切将成为区域旅游合作的原动力。

第二，积极推进区域合作各方政府主管领导的政绩评价体系，以鼓励区域合作，保护区域合作，推动区域合作。以政府主导的手段实现均衡发展。

（4）行为平等机制。以"旅游圆桌"的形式，就首都旅游经济圈发展过程中的问题和任务进行商讨，构建9省份行为平等机制。加强组织和规划指导，创建新型权责制度。比如，日本为开发北海道，专门制定了北海道开发法；按照北海道开发法规定，在中央政府设立北海道开发厅，厅下设北海道开发局，局直接对厅负责，厅和局的办公地点分别设在东京和北海道的札幌市。但开发厅只负责北海道开发中的直辖部门，另有辅助部分交由北海道地方政府负责。这种双重负责的开发体制，从开发计划的调查、制定、预算编制到开发事业的执行，是综合、高效、一体化的执行体制，可以有效协调各项开发活动。

（二）构建协作模式

1. 形成一种协作模式：首都旅游经济圈区域旅游合作机制

以"加强联合、资源共享、优势互补、互利共赢"为原则，构建首都旅游经济圈区域旅游市场一体化，实现旅游业共同发展与繁荣。

2. 建立两个合作平台：公共信息服务平台和区域旅游投融资平台

公共信息服务平台有助于实现大旅游数据、游览和服务等信息的交流应用；区域旅游投融资平台将景区项目投融资公开化、竞争化，优化投融资环境，提高投融资质量。两大平台共同作用，以平台建设规模化、信息服务共享化、资源管理一体化、融资渠道多元化、资产运作市场化为主要措施，整合资源，共享信息、筹集项目资金，为区域旅游增添动力与活力。

3. 促进三大要素流动：技术要素、人才要素和资本要素

资本、技术、人才三种要素的共享与流动既是首都旅游经济圈的要求也是保障，完善区域旅游合作机制，打造区域旅游产品和品牌，推动区域间旅游资本、旅游技术、旅游人才的共享。

4. 推动四个联盟运营：入境旅游合作联盟、旅游媒体合作联盟、旅游研究机构合作联盟、旅游投资促进合作联盟

区域入境旅游合作联盟在旅游入境政策、入境公共服务上为区域旅游的游客流动做好基础的"开源"工作；区域旅游媒体合作联盟在旅游地形象塑造与传播、旅游地间媒体版面互换等的交流传播工作上起"信使"的作用；区域旅游研究机构合作联盟则是在理论性的分析与指导上"保驾护航"；旅游投资促进合作联盟旨在更好地整合区域旅游资源、项目和资本，搭建旅游投资合作平台，推动区域旅游项目与资本对接，为区域内的旅游企业打造具有区域特色的旅游产业投融资服务体系。

5. 形成五条合作路径

（1）多极化、多层次、圈层式合作路径。在旅游业发展格局上以京津冀为裂变层，依托其余6个省份，通过旅游通道连接区域内各旅游景区（点），构成首都旅游经济空间网络体系。

（2）主体多元、行业综合、区域联动合作路径。在提升、完善过程中逐渐形成"政府主导、旅游企业主角、民间组织推动、游客参与"的多元化合作格局。

（3）管理综合协调、政府积极主导合作路径。在管理机制综合协调下，政府应努力打破行政区域分割，建立开放、统一、繁荣、有序的充满活力的旅游大市场。

（4）经济产业整合推动、市场机制调解合作路径。依托市场机制调节，区域间主动承接产业转移，强化产业支撑功能，建成一个经济产业联动的旅游大区域，实现其整合推动。

（5）利益差异兼顾、统筹和谐合作路径。打破省级行政区划，进行跨省的统一规划，各城市为避免被边缘化必须参与到区域经济一体化的发展中，充分统筹都市旅游经济与乡村旅游经济、统筹游客与旅游环境、统筹区块发展与整体发展，构建和谐发展环境。

6. 完善六大发展方式

首都旅游经济圈的发展是一个动态过程，在这个过程中只有遵循经济增长的一般规律，符合合作各方的内在要求，构建区域进步的动力机制，完善互惠互利的组织机构，才能在地域相连或相通的前提下，形成真正意义上的圈层结构，为此需掌握六大发展方式，即主体多元化、资源差异化、产品错位化、市场一体化、资本共享化、技术品牌化。

7. 规划七大行动

（1）一个圆桌会议：打造智囊团式"旅游圆桌"协作。城市轮值，每1～2年轮流召开，由旅游政府主管的高层领导、相关部门的负责人组成，邀请国内外旅游投资企业界、金融界、规划专家、学者等方面的权威人士作为会议嘉宾参加圆桌会议，把握利益均衡、行为平等的原则，就首都旅游经济圈发展进程中的问题和分歧进行商讨。比如，研究制定推进各方合作的意见，决定各方合作中的重大事宜；通报各省有关情况，有效解决区域旅游发展中的具体问题；邀请国内外著名专家对合作中的重大问题进行诊断等。

（2）一个网络服务平台：建立统一的网络平台及营销体系。利用现代网络科技手段，建立"首都旅游公共信息库"，采取"旅游直销联盟"运作模式，实现旅游企业、旅游景点、三星级以上酒店入网，并通过公共信息网统一管理链接，制定统一的旅游电子商务标准；同时，构建人性化、智能化的公共服务平台，倾力打造"体验式"营销重点。

（3）一个规划体系：建立科学合理的旅游规划体系。打破行政区划界限，在对区域旅游资源进行普查的基础上，制定全区科学的旅游规划体系；注重开发各项专题旅游产品，突出资源共享、优势互补、互动互进的关系，开发既有特色项目又不会产生近距离的替代产品；编制如《首都旅游经济圈交通图》《首都旅游经济圈资源分布图》等规划内容。请国家旅游局和国家发展改革委牵头进行旅游发展规划的项目编制，合作各方共同推进规划的编制工作，认真组织实施，并监督执行。

（4）一个立体式交通联盟：实现交通和旅游线路对接。以首都旅游经济圈为试点先行，将72小时适度延长、由北京市内适度扩大到津冀等周边；完善交通线的点到点的平滑对接：出发点—交通站—高速交通线—交通站—旅游景区，完善交通基础设施配置；发展海陆空式立体交通，实现京沪高铁联盟、机场高铁的对接、游轮与铁路的对接等。

（5）一种要素流动形式：完善区域内人才、信息、技术、资本等要素的流动。通过出台《旅游法》营造生产要素充分流动、经济主体平等竞争的环境。清理首都旅游经济圈内各城市现有地方性法规，取消不利于生产要素充分流动和市场主体平等竞争的规定，逐步形成统一、规范的政策，尽快推行"证书互认""资质互通"等一系列制度，为激活生产要素创造良好条件。

（6）一个节庆活动：定期推出大型节庆活动。提供节庆活动理论支持，通过各种大型节事活动，如体育赛事、乡村旅游节、运河文化节、京剧表演大赛、音乐文化季、时尚文化周等积极宣传首都旅游经济圈旅游魅力。每年推出一个主打节事，具体如中国曲艺文化节、国际乡村旅游节等。

（7）一个圈域旅游年：践行圈层式旅游年。9个省份采取"城市轮值"的方式，每年由一地举办旅游年活动，长期开展，形成机制。同时，要丰富旅游年内容，如双方高层领导参与，对话合作，增强影响，强化共识；召开合作论坛，囊括政府、企业、协会及学术界代表；举办旅游产品交易会，形成旅游经济的互通联动；旅游宣传片及宣传材料的相互推介；民俗文化体验活动；互通自驾游活动；青少年夏令营或踏青活动；旅游大篷车活动等。

8. 建立八大运行机制

旅游综合协调机制、旅游联合执法机制、景区流量控制制度、旅游投诉统一受理机制、旅游公共信息和咨询平台机制、旅游安全综合管理机制、旅游形象推广机制、城镇和乡村旅游经营管理机制。

（三）构建目标体系

目标升级：纵横整合，构建"立体交叉"的协同体系。

首都旅游经济圈核心部分的目标体系，终极目标是合作共赢，实现所有合作者利益的最大化，必须要从动态性、前瞻性、逻辑性的角度出发，将9个省份人才、战略、运营流程和谐地统筹起来；使9个省份的旅游执行行为与首都旅游经济圈的长期战略目标、中国文化的厚度等相联系起来，使9个省份都共享中国首都给旅游产业带来的资源效益；纵向平衡短期与长期发展，横向统筹局部与整体的利益关系，不仅要将旅游产业中的每个细节执行到位，还要使旅游产业链条的各个元素有机联系起来，形成旅游的最大的产业能力。

模糊圈域概念，明晰协同体的目标，是构建首都旅游经济圈的最大意义所在。

G.13

高速铁路网与京津冀区域旅游发展方向的调整研究*

殷平 何赢**

摘 要:

京津冀地区将通过高速铁路在 2020 年形成以北京为中心的半小时、一小时和两小时的高速铁路交通圈和经济圈。在高速铁路网络带来的高可达性和时空压缩机制的影响下,京津冀地区各旅游城市的旅游产业定位、旅游资源优势、产品开发方向、产业发展战略等都要发生相应的变化。未来北京将发展成为京津冀地区的旅游集散中心,需要强化集散能力和服务能力;天津、石家庄和唐山成为短途旅游的二级结点;其他城市成为旅游景区(点)。

关键词:

京津冀地区 高速铁路 旅游业

一 引言

伴随高速铁路的快速开发与建设,以高可达性和"时空压缩"为优势的

* 本研究受国家旅游局项目(12TAAK005)、教育部人文社会科学研究青年基金项目(13YJC790184)、北京市哲学社会科学规划项目(13JGC103)、中央高校基本科研业务费专项资金(B13JB00200)共同资助。

** 殷平,博士,北京交通大学副教授,北京旅游学会会员,主要研究方向为旅游产业空间分析、旅游目的地规划与管理;何赢,北京交通大学硕士研究生,主要研究方向为旅游目的地规划与管理。

高速交通网络对旅游目的地的要素配置、产业结构、生产力布局以及产业发展定位产生全面而深刻的影响。近年来，大量的科学研究和产业实践的结果都表明，交通尤其是快速交通作为旅游产业发展的主要要素，不仅影响旅游者的旅游决策和旅游质量，更影响着区域旅游要素的重新配置，进而引发了空间格局的演化与变革。欧洲发达的高速铁路网促使巴黎成为欧洲旅游集散中心和旅游经济网络的中心。法国南部城市配皮与西班牙巴塞罗那之间的跨国高速铁路强化了旅游产业要素在巴塞罗那的集聚，同时降低了配皮的空间竞争力。跨国高速铁路重构了旅游市场格局，将商贸旅游业的旅游市场向国际开拓，同时加快商务酒店的升级换代。统计数据表明，在我国，自2008年8月1日京津城际高速铁路运营以来，北京等周边地区去天津的游客明显增加，天津市接待游客数量和游客消费同比分别增长13.3%和14.2%，为近10年来最高水平。调查还显示，京津城际高速铁路对天津市2008年旅游增长的贡献率为35%，对经济的推动作用十分明显（蒋秀兰等，2009）。由此可见，伴随高速铁路的快速建设与运营，以高可达性和便捷性为优势的快速交通网络对区域旅游产业的要素配置、产业结构、生产力布局等空间结构将会产生全面而深刻的影响。

本文的研究对象京津冀都市圈主要包括北京、天津两大直辖市，以及河北的石家庄、唐山、保定、秦皇岛、廊坊、沧州、承德、张家口、邯郸、衡水、邢台等11个城市。该区域面积占全国的2.3%，人口占全国的7.23%。2010年，京津冀地区集中了全国19.85%的国内游客和5.63%的入境游客，旅游总收入占全国旅游总收入的30%，成为我国重要的旅游区域。随着经济的快速发展，京津冀地区越来越引起中国乃至整个世界的瞩目。《环渤海京津冀都市圈城际轨道交通网规划（2005～2020年）》指出，到2020年京津冀都市圈将形成规划以京津为主轴，以石家庄、秦皇岛为两翼的城际轨道交通网络，覆盖京津冀都市圈的主要城市，基本形成以京津为中心的"两小时交通圈"。可以预见的是，随着城际轨道交通的规划建设、高速铁路的投入运营，京津冀地区城际高速铁路网络将逐步形成，京津冀都市圈交通更为便捷，区域联系愈加便利，城际旅游日益活跃，京津冀地区旅游产业要素的流动将更加频繁，进一步推进区域旅游合作向更深层次迈进，促进区域旅游产业转型升级和区域旅游一体化合作。

二 高速铁路对区域旅游产业发展影响的法国经验

20 世纪 80 年代以来，法国建设了多条高速铁路。1983 年开通运营的东南高铁，将巴黎与里昂（空间距离 460 公里）的旅行时间缩短到 2 小时。1989 年东南高铁向西延伸，将巴黎到勒芒、巴黎到图尔斯的旅行时间缩短到 1 小时（距离 200 公里）。高铁向北延伸，将巴黎到里尔的旅行时间也缩短到 1 小时（距离 210 公里）。2001 年，环地中海高速铁路将巴黎与马赛的旅行时间缩短到 3 小时（距离 770 公里）。20 世纪 90 年代建成的泛欧高速铁路网使巴黎与伦敦之间 2 小时 40 分钟即可到达，巴黎与布鲁塞尔则可以在 1 小时 20 分钟即可到达。

从实践发展来看，高速铁路将巴黎与里昂之间的旅行时间缩短到 2 小时，里昂的商务旅游业得到了极大的发展。为了适应商务游客的需求，里昂的商务酒店设施大量增加，例如会议设施、展馆设施以及酒店的容量都得到数量上的增加和结构上的调整。同时，由于交通便捷程度的提高，里昂在法国的城市知名度也得以提高。然而高速铁路同时也带来了负面影响，最大的影响在于游客过夜率的降低。由于游客可以在一天内往返巴黎，因此里昂游客平均停留时间由 1980 年的 2.3 天下降到 1992 年的 1.7 天。同样的现象也出现在通过大西洋高铁与巴黎连通的城市勒芒。大西洋高铁运营后，勒芒到巴黎的旅行时间缩短为 1 小时，因此勒芒的会议参加者显著增加。尽管游客在勒芒停留时间缩短，但游客在酒店停留的时间延长。勒芒的大量酒店进行了商务改造，以适应会务游客的需要。图而斯的旅游业也由于高速铁路而获得了明显的增长。大量的巴黎游客前往图尔斯旅行。然而很少国外游客乘坐高铁，因为外国游客青睐的旅游产品是"卢瓦尔河风情"，若乘坐高铁就无法体验到该产品的精妙。

很多学者对法国的高速铁路对旅游业的影响进行了研究。Plassard（1991）研究了高速铁路对法国产生的空间集聚效应。TGV 网络的形成加剧了法国经济活动向几个有限的地区集聚，使得巴黎成为区域旅游的中心。Gutierrez（2001）的研究证明西班牙高铁线路马德里—巴塞罗那—法国的高铁提高了西班牙沿线城市的可达性，引发了西班牙国内旅游经济活动向巴塞罗那和马德里的聚集。Sophie 等（2009）以法国佩波尼昂与西班牙巴塞罗那之间的高速铁路所连接的区域为研究对象，指出该高速铁路提高了区域旅游吸引物集聚效应，同时也加剧了区域空间竞争。由于高速铁路的出现，配皮与巴塞罗那面向相同的客源市场时，巴塞罗那的旅游资源吸引力得以强化，形成了集聚效应，而配皮的旅游资源空间竞争力被弱化，游客不断被分流。高速铁路通过影响区位交通向心性和连接度来影响区位可达性，进而影响旅游企业的区位选择。Gutierrez 等运用了交通向心性指标研究了欧洲高速铁路对经济活动的影响。这些研究表明，向心性指标衡量高速铁路对于区域之间经济活动的影响更大。这些研究同时还表明，尺度越小的区域阻抗函数的结果越陡峭。而可达性的另一个指标交通连接度则在衡量区域内部交通与经济区位的影响方面更为优越。Bazin 等（2004）提出，高速铁路对酒店的布局也有一定的影响。高速铁路停靠站附近的商务型酒店、会展类酒店在高速铁路开通后数量有明显的增加。

综上所述，高速铁路对区域旅游产业发展的影响是巨大的，法国的经验显示：

第一，强化中心城市（巴黎）的旅游集散能力，使之成为面向长途旅游市场的区域旅游集散地；

第二，增强高等级、高知名度的旅游城市的吸引力，拓展旅游市场；

第三，释放了低知名度地区的旅游产业潜力，引发了旅游产品的结构调整；

第四，带动了城市旅游和商务旅游的大发展，对于短时间的旅行活动有较大的促进；

第五，影响了区域旅游开发战略，带动了区域对发展方向、产品定位、资源整合、要素组织的重新审视。

三　京津冀区域高速铁路网运营与规划

京津冀都市圈的高速铁路建设始于2005年国家批复的《环渤海京津冀都市圈城际轨道交通网规划（2005～2020年）》。该规划指出，京津冀都市圈将形成规划以京津为主轴，以石家庄、秦皇岛为两翼的城际轨道交通网络，覆盖京津冀都市圈的主要城市，基本形成以京津为中心的"两小时交通圈"。到2010年，将建成北京—天津—塘沽城际轨道交通线，构筑京津冀都市圈城际轨道交通网的主轴，营业里程达160公里；到2020年，将建成北京—石家庄、北京—唐山—秦皇岛城际轨道交通线。截至2013年年底，京津冀地区已经投入运营的高速铁路线路有京津城际高速铁路、京沪高速铁路（京津冀段）、京石客运专线及石武客运专线、津秦客运专线四条。

2008年8月1日投入运营的京津城际高速铁路成为区域铁路交通干线。目前，京津城际高速铁路上运行的城际高速列车、动车及高速动车有108对，运行时间为33~49分钟。据相关部门的统计数据显示，京津城际高速列车日均客流量在6万人次左右，平均上座率在70%以上。周末上下车旅客比工作日略多，黄金周期间运送旅客数量会明显增加；2011年6月30日正式运营的京沪高铁连接了区域内的北京、廊坊、天津、沧州等4个城市，将沧州纳入到首都一小时经济圈中。2012年12月26日投入运营的京石客运专线和石武客运专线连通了北京、保定、石家庄、邢台和邯郸，将石家庄纳入到北京一小时经济圈中，邢台和邯郸则纳入到北京两小时经济圈中；津秦铁路客运专线于2013年12月1日开通运营，通过它的连接，北京到秦皇岛实现两小时到达。

除了已经运营的四条高速铁路（铁路客运专线以外），承德、张家口、唐山等城市在规划中有京承高速铁路、京张高速铁路、京唐高速铁路等线路连接（见图1）。由此，到2020年，京津冀地区将通过以北京为中心的放射状的高速铁路网形成半小时、一小时、两小时的三个交通圈和经济圈，京津冀地区整体形成联系紧密、高速快捷的铁路交通网络和经济共同体。高速铁路的运营带来的通勤观念的转变、经济发展的机遇将从根本上改变区域交通网络空间布局，方便区域人才、物资、资金、信息、技术等产业要素的流动，使资源配置更加合理，促进同城化效应的实现，进而真正实现区域一体化。

高速铁路给京津冀地区的旅游城市带来旅行时间缩短的效果是非常明显的。通过高速铁路网络的联系，京津冀地区的所有城市（除衡水外）都可以通过高速铁路纳入到环北京的两小时交通圈内，为一日游观光、两日游休闲或深度游创造了时间上的可能性。表1是交通时间改变的具体情况。

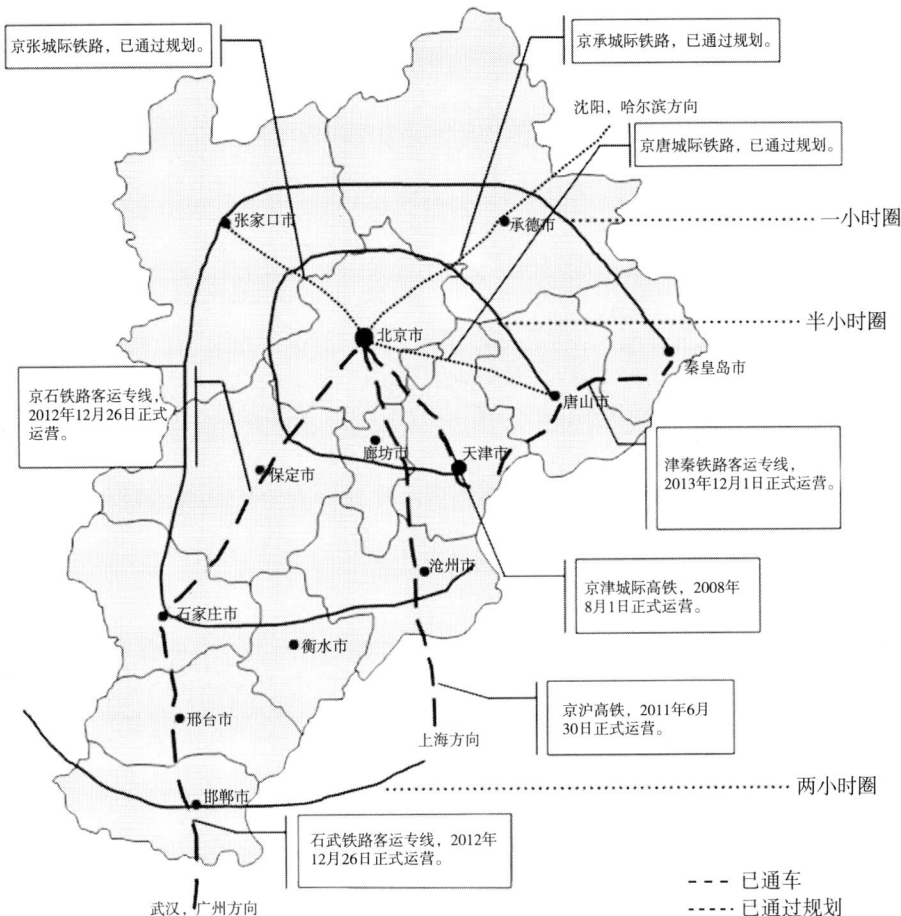

图1　京津冀地区高速铁路网络

表1　京津冀地区旅游交通时间变化表

单位：分

出发城市—目的地城市	高铁前时间	高铁后时间	高铁节约时间	高铁线路
北京—天津	78	33	45	京津城际高速铁路
北京—石家庄	153	79	74	京石铁路客运专线
北京—秦皇岛	145	109	36	京津城际高速铁路的津秦铁路客运专线
北京—唐山	93	72	21	京津城际高速铁路的津秦铁路客运专线

续表

出发城市—目的地城市	高铁前时间	高铁后时间	高铁节约时间	高铁线路
北京—保定	72	41	31	京石铁路客运专线
北京—廊坊	37	21	16	京沪高速铁路
北京—沧州	140	65	75	京沪高速铁路
北京—邢台	205	103	102	京石铁路客运专线和石武铁路客运专线
北京—邯郸	223	121	102	京石铁路客运专线和石武铁路客运专线

注：高铁前时间以快速直达特快或特快列车的时间为准，高铁后时间以高速铁路线上运营的最快列车速度为准。两者均以最短时间计。

从表1的高铁开通前后交通时间的对比可知，高速铁路为石家庄、沧州、邢台、邯郸等城市带来的时间压缩效应最大，均超过1小时。对于旅游者来说，旅行时间的缩短，意味着游玩时间的延长。在未开通高速铁路前无法完成的区域内一日游则可借助高速铁路轻松完成；对于其他地区前往京津冀地区旅游的游客而言，则可以实现在中心城市住宿，并通过高速铁路短时间在其他城市观光旅游。

四　高速铁路影响下京津冀地区旅游产业发展方向调整

由于高速铁路网为游客出行提供了大容量的快速交通工具，在时间替代机制下游客的出行活动将受到巨大影响，随之旅游产业要素和空间格局也将发生重大变化。从根本上说，结点将由于要素的集聚而成为中心，空格点和网外空间将相对边缘化和衰落。

（一）面向长途旅游市场的中心—外围二元结构模式形成

随着高速铁路的逐步开工建设与运营，除在讨论中的京唐高速铁路外，在其他5个方向上都将有高速铁路直接与其他9个城市相连接。在高速铁路网络建成之后，京津冀都市圈除北京外的12个城市中的9个城市都将被纳入到以北京为中心的一小时交通圈中。北京将成为京津冀都市圈最大的高速铁路枢纽，成为区域旅游空间结构中的中心。由北京到达其他地区的交通成本（货币成本与时间成本）逐步降低。北京作为京津冀都市圈旅游接待（住宿、餐饮、娱乐等）的优势将不断积累，最终变成京津冀都市圈的旅游产业集聚中心，其他城市则演变为外围地区。面向长途旅游市场，北京将成为国内外游客到达京津冀都市圈的第一站，并且将成为长途游客的集散地，形成"吃住在北京，游玩在周边"的旅行模式。基于这种模式的形成，各地应当形成不同的响应策略。

（二）短途旅游要素向天津、石家庄、唐山集聚

在连接 12 个城市的京津冀高速铁路网络中，天津、石家庄、唐山 3 个城市都将有两个方向上的高速铁路线，与其他两个城市形成半小时交通圈，因此将成为京津冀都市圈高速铁路网络中的二级结点。由于这些城市交通成本降低，从而使得短途旅游的生产要素向这 3 个城市集聚，形成区域旅游空间格局中的二级中心。

（三）旅游交通端点城市成为旅游景区（点）

除北京、天津、石家庄、唐山等结点城市以外，承德、秦皇岛、张家口、保定、沧州、邢台和邯郸都成为高速铁路网络中的端点城市。这些端点城市的旅游接待（如住宿、餐饮、娱乐等）功能将逐渐弱化，游览功能将得以强化。旅游住宿设施、旅行社等的逐步减少，使承担游览功能的旅游景区的数量、服务水平得以提高，从而成为以北京为中心的长途旅游板块及以天津、石家庄、唐山为二级中心的短途旅游板块中的旅游景点。值得注意的是，衡水市成为脱离了网络成为网格中的城市，加上目前旅游景区和旅游住宿设施的缺乏，该城市未来旅游产业发展的方向和路径值得主管部门深思。

（四）北京强化旅游集散与服务功能

首先，北京应进一步完善游客服务体系，形成种类丰富、等级多样的旅游服务产品。以住宿接待设施为例，除了星级酒店以外，各种经济型酒店、主题酒店的种类和数量要进一步丰富，从而满足不同消费偏好游客的需求。除此之

外，旅游信息供给、旅游接待组织等方式都要发生变化和完善。其次，应当进一步完善游客集散体系，尤其注意其他交通工具与高速铁路的无缝对接。再次，高速铁路站点附近将成为城市旅游集聚区，从而改变北京城市旅游空间结构。经济型酒店、商务型酒店、旅游租车公司等为游客集散服务的设施将集聚于交通枢纽地区，这需要管理部门更多地引导其他配套服务跟进。最后，开拓夜间休闲产品。"吃住在北京，游玩在周边"的旅游模式一旦形成，游客除了白天在外游玩以外，其余的时间都将在北京度过，对各类演艺产品、购物场所、酒吧、茶馆等休闲产品的需求将大大增加。

（五）京郊旅游景区将面临河北旅游景区的竞争

京郊旅游景区的客源空间结构将不再限于北京市民，将沿着高速铁路网络延伸到周边城市，天津、河北各地的市民都将成为京郊旅游景区的客源市场。然而，由于高速铁路带来的交通成本的变化，原先乘坐公路交通到达北京京郊旅游景区，如今用相同的成本却能到达更远的河北某旅游城市，因此京郊旅游景区更多的将是面临河北旅游景区的强大竞争。空间竞争的结果将使得高品质的京郊旅游景区客源市场扩大，而低品质的京郊旅游景区将被河北旅游城市所取代。

五　总结

本文结合京津冀地区高速铁路网的规划、建设和运营现状，分析了高速铁路网对区域旅游产业发展的影响。通过对法国及欧洲高速铁路网的运营对旅游城市、区域旅游发展的影响经验总结，对未来京津冀地区各城市旅游产业发展的方向进行了预测及建议。面向长途客源市场京津冀都市圈将形成中心—外围的二元结构，北京将成为京津冀都市圈最大的旅游服务中心和旅游集散中心，其他地区将成为外围；天津、石家庄和唐山将由于高速铁路网络的二级中心的出现，成为短途旅游市场的二级结点；其他城市则成为京津冀都市圈的旅游景区（点），承担游览功能；衡水则由于处于高速铁路网络的网格中，综合交通可达性不具备优势，旅游业的发展将受到一定的限制。

参考文献

Plassard, F. , " Le train à grande vitesse et le réseau des villes", *Transports* 345 （1991）.

Sophie Masson, Romain Petiot, "Can the high speed rail reinforce tourism attractiveness? The case of the high speed rail between Perpignan （France）and Barcelona （Spain）," *Technovation* 29 （2009）.

Bazin, S. , Beckerich, C. , Delaplace, M. , Masson, S. , Petiot, R. , "La LGV: un outil d' ouverture des espaces et de renforce mentdel' attractivite touristique?" *Revue de l' Économie Méridionale*, 52 （2004）.

蒋秀兰、梁成柱、刘金芳：《高速铁路网对京津冀都市圈经济发展的影响探讨》，《中国铁路》2009 年第 8 期。

国家发改委：《环渤海京津冀都市圈、长江三角洲地区、珠江三角洲地区城际轨道交通网规划（2005～2020 年)》，2005 年 3 月，http://www.sdpc.gov.cn/fzgh/zhdt/t20050720_37593.htm。

Gutiérrez J. , "Location, economic potential and daily accessibility: An analysis of the accessibility impact of the high-speed line Madrid – Barcelona – French border," *Journal of Transport Geography* 9 （2001）.

Gutiérrez J, González R, Gómez G. , "The European high-speed train network: Predicted effects on accessibility patterns," *Journal of Transport Geography* 4 （1996）.

《京沪高铁京津城际周末继续加车》，《北京晚报》2012 年 9 月 7 日。

G.14

"北京礼物" 旅游商品的品牌提升与发展

曹鹏程　申京阁　冯 涛*

摘　要：

"北京礼物" 的面市开创了国内旅游商品品牌化运营的先河，经过近两年的品牌化提升和特许式运营，"北京礼物" 品牌运营管理的规范化水平不断提高，受到业界广泛关注并在多个省市形成了引领、示范效应，品牌知名度与市场影响力逐步显现。同时，按照 "城市品牌、国家名牌" 发展目标，"北京礼物" 将充分发挥首都资源优势，突出市场配置资源的决定性作用，调整优化品牌运营管理机制，继续有效实施品牌化提升与发展。

关键词：

旅游商品　北京礼物　品牌　提升

"北京礼物" 品牌是按照 "政府引导、市场主导、企业主体" 原则，由北京市旅游发展委员会牵头，积极整合首都优势资源，以服务旅游产业发展、引导促进旅游消费为宗旨，着力打造的体现 "北京地域特点、民族文化内涵、首都风貌特征、城市知名品牌" 的旅游商品标志性品牌；是引领北京旅游商品市场发展，带动相关产业融合，促进旅游产业结构升级，推动北京走向中国特色世界城市和国际一流旅游城市的创新举措。"北京礼物" 的出现打破了旅

---

* 曹鹏程，北京市旅游发展委员会副主任，硕士，高级政工师，关注和研究方向为旅游消费政策、旅游与文化等产业融合、旅游消费环境、行政管理等；申京阁，北京市旅游发展委员会旅游消费促进处处长，主要研究方向为旅游消费政策、旅游购物与餐饮行业促进、旅游消费市场等；冯涛，北京市旅游发展委员会旅游消费促进处主任科员，硕士，主要研究方向为旅游商品行业创新发展、品牌经济等。

游商品市场同质化、低水平竞争的状态，开创了旅游商品品牌化运营的新模式，同时也面临着提升与发展的考验。

一 2013年"北京礼物"品牌运营管理情况

2013年，"北京礼物"品牌运营管理以"规范、提升、发展"为主线，大力完善、落实品牌运营管理规范、制度，进一步配套优化品牌扶持办法，广泛吸纳科研、生产和市场资源，积极推进产品研发与渠道建设，全方位开展品牌市场宣传推广，充分利用网络信息平台，有效提升品牌运营管理效率，品牌整体建设水平稳步提升。

（一）品牌标准规范进一步完善

"北京礼物"品牌制定完善了《品牌运营管理手册》《品牌认证防伪管理业务流程与规范》《"北京礼物"旅游商品店设施与服务规范》《"北京礼物"专营店商业形象空间识别（SI）系统手册》等一批标准规范，其中《"北京礼物"旅游商品店设施与服务规范》已获批成为北京市地方标准，品牌运营管理标准规范体系基本建立。委托专业品牌策划机构制订了品牌发展战略规划，清晰了品牌定位、核心要素与发展策略，为品牌近、中、远期发展提供了指导依据。

（二）品牌规范管理进一步强化

"北京礼物"专营店和产品认证防伪管理进一步规范，认证评审标准进一步严格，实现了网络化认证申报、评审和审批，品牌特聘顾问专家作用得到有效发挥，品牌认证防伪管理机制不断完善，管理效率明显提高。建立了店面形象设计、施工监理制度，确定清华大学作为授权监理单位。开通了品牌产品认证防伪信息互联网及手机客户端查询系统，品牌知识产权保护手段进一步完善。为加强品牌日常运营监管，试行了品牌工作小组制度，委托旅游学院对已授牌店面进行了抽查暗访。按照2013年初制定的运营商业绩考评标准，对三家运营商进行了年终综合考评。

（三）品牌扶持措施进一步优化

通过优化完善旅游商品扶持资金奖励办法，持续举办"北京礼物"旅游商品大赛和北京国际旅游商品博览会等举措，"北京礼物"品牌提升发展的外部环境不断改善。第十届"北京礼物"旅游商品大赛汇集了一批优秀旅游商品设计创意和设计、生产企业，为"北京礼物"品牌整合外部优质资源提供了有力支持。北京国际旅游商品博览会正在成为"北京礼物"品牌重要的宣传展示、交易洽谈和市场拓展平台。"北京礼物"品牌与相关高校、科研机构建立了战略合作关系，品牌自主创新的支持条件进一步改善。

（四）产品研发初步形成品牌特色

2013 年，三家运营商立足自身优势，陆续推出了系列新品，"北京礼物"基本形成了品牌特色产品系列。华江文化新研发的"北京礼物"食品礼盒系列、北京二锅头酒、北京风光行李箱等产品，工美集团新研发、转化的"北京礼物"经典红酒、瓷板画等产品，都充分体现了品牌定位和北京特色，符合市场需求，并且获得了较好的市场销量。全年三家运营商研发并获得认证产品共计 364 款。在品牌认证产品中，初步筛选出品牌核心产品 11 个款系。

（五）销售渠道拓展取得一定成效

三家运营商按照预定目标，积极拓展品牌营销渠道。截至 2013 年年底，运营商开设店面近 100 家，其中包括工美集团承建的"北京礼物"首都机场展示中心。"北京礼物"专营店已覆盖了颐和园、"鸟巢"、"水立方"、八达岭等著名景区，首都机场、西客站等重要交通枢纽和前门、王府井等商业街区。"北京礼物"电子商务网站已投入运营，具备了在线浏览、订购及物流配送功能，开通了在线客服和 400 服务电话，网站宣传推广、防伪查询和品牌服务等功能进一步完善。

（六）市场宣传推广收效良好

2013 年，"北京礼物"品牌市场宣传推广力度进一步加大。全年"北京礼物"品牌共参加京台文化创意展、义乌国际旅游商品展、旅博会、旅商会、文博会、APEC高官会等展会活动10余次,举办了品牌春、秋两季新品发布会。"北京礼物"机场高速户外广告牌投入使用,委托旅游杂志社统一印制"北京礼物"购物指南两期共9万册、宣传折页3万张,发放范围涵盖政府机关、企事业单位、星级饭店和旅游咨询中心。"北京礼物"品牌知名度和市场影响力明显提升,《人民日报》、北京卫视和人民网、新华网等媒体对"北京礼物"都给予了持续关注和报道。"北京礼物"也成为国内同行业的关注焦点,并且在多个省市形成了引领、示范效应。

(七)有效助推旅游购物消费增长

在"北京礼物"品牌协力拉动下,2013年北京旅游购物和餐饮消费达到2044.1亿元,同比增长8.7%,占全市社会消费品零售额的比重为24.4%,占旅游总收入的比重为51.6%;全市旅游外汇收入中购物占比为27.6%,国内游客旅游消费支出中购物占比达到30.9%。旅游购物正在成为拉动内需、促进消费新的重要增长点。①

(八)品牌发展仍然面临制约

一是在发挥首都资源优势、整合老字号等优质资源方面,仍需进一步加大力度,历史文化特色突出、受消费者欢迎的主打畅销产品仍然不足。二是品牌运营管理体制机制与当前发展需求仍不相适应,需要大力探索完善。三是品牌宣传推广力度仍然不足,需要面向国内及海外市场进一步提升品牌影响力。

二 "北京礼物"品牌提升与发展总体设计

(一)"北京礼物"品牌升级的总体思路

深入贯彻落实党的十八大和十八届三中全会精神,以首都功能定位和旅游

---

① 北京市旅游发展委员会:《2013年北京旅游业概况》,北京市旅游发展委员会网站,2014年2月12日;http://www.bjta.gov.cn/xxgk/tjxx/366867.htm。

业作为功能性产业的地位、作用为依据，以"城市品牌、国家名牌"为目标，充分发挥北京政治文化中心、国际交往中心与科技创新中心资源优势，突出市场配置资源的决定性作用，调整优化品牌运营管理机制，有效整合老字号等名优品牌和科技、文化创意、都市工业等产业资源，重点打造景区专属旅游纪念品、老字号创意设计升级产品、传统工艺创意旅游商品、旅游书画制品及其衍生品、科技创意旅游商品、文博类衍生旅游纪念品、名优都市工业旅游商品和地方特产包装升级产品，将"北京礼物"旅游商品提升成为展示首都文化、皇城文化、民俗文化的重要载体和促进国际交往的精致城市名片，引导促进旅游购物发展成为旅游产业的重要增长点，充分发挥旅游购物对旅游服务品质提升的支撑作用，推动首都旅游产业转型升级。

（二）"北京礼物"品牌升级的重点

1. 打造景区专属旅游纪念品

围绕北京重要景区、景点，系统梳理各景区特色元素，分批次组织研发景区专属旅游纪念品，彻底改变景区纪念品同质化、低劣化现状。

2. 打造老字号创意设计升级产品

在传承稻香村、吴裕泰、同仁堂、内联升等京城老字号特色文化的同时，结合旅游商品的纪念性、馈赠性、便携性需求和绿色环保理念，引入专业创意设计机构定向设计，引导、支持老字号企业研发一批全新的创意设计升级产品。

3. 打造传统工艺创意旅游商品

继承发扬景泰蓝、雕漆、京绣、脸谱、内画等北京传统手工艺，支持传统工艺与现代创意设计相结合，面向旅游市场打造传统工艺的创意升级产品。

4. 打造旅游书画制品及其衍生品

深入挖掘以北京风物为题材的名家书画作品，鼓励、推动相关书画作品的复制品、实用类衍生品的开发，提升"北京礼物"旅游商品文化品位。

5. 打造科技创意旅游商品

依托中关村科技园区，引导、支持科技企业开发旅游消费市场，将适销对路的科技创意产品转化为旅游商品，提升"北京礼物"旅游商品的科技含量。

6. 打造文博类衍生旅游纪念品

积极推动故宫等文博机构典藏珍品衍生纪念品开发，更好地展示北京优秀传统历史文化魅力，提升北京文化旅游资源的市场开发水平。

7. 打造名优都市工业旅游商品

积极推动红星二锅头、北京手表等名优都市工业品，向旅游商品转化，打造"北京礼物"专属的名优产品。

8. 打造地方特产包装升级产品

配合京郊旅游发展，将各区（县）具有浓郁地方特色的土特产品进行包装升级，使之更具有旅游商品特性，形成品牌化效应，如怀柔板栗、房山柿子、密云"三烧"等。

三 "北京礼物"品牌提升与发展的具体举措

（一）健全优化品牌运营模式

1. 突出市场化导向，进一步优化完善品牌运营管理机制

继续坚持"政府引导、市场主导、企业主体"的品牌运营管理指导原则，突出市场机制的决定性作用，进一步理顺政府、市场与企业的关系，不断优化完善"品牌化提升、特许式经营"运营管理模式，逐步建立"准入严格、开放竞争、考评科学、退出有序"的特许运营管理机制，不断提升品牌运营效益。

2. 探索建立旅游商品促进中心，健全完善品牌管理机构

随着"北京礼物"品牌不断提升发展，设立品牌运营管理专门机构的必要性日益显现。拟探索建立旅游商品促进中心，专职负责"北京礼物"品牌总体规划、工作计划、标准制订、认证评审、宣传推广、监督考核等运营管理工作，使政府、市场、企业三者关系的协调更为顺畅，为"北京礼物"品牌健康、持续发展提供有力依托。

（二）努力打造品牌拳头产品

1. 整合发挥首都资源优势，打造高品质北京特色旅游商品

充分利用北京历史、文化、科技和都市工业资源优势，深入挖掘首都文化、皇城文化和民俗文化特色元素，密切依托老字号等名优企业和高等院校、科技园区、文博机构等科研设计机构，通过包装升级、联合研发、渠道共享和合作推广等形式，切实增强对相关产业优质资源的整合能力，不断推出北京特色鲜明、文化内涵丰富、设计创意精湛、市场反映良好的高品质旅游商品。

2. 有效依托旅游商品大赛，提升"北京礼物"吸纳转化优质资源效率

2014年，市旅游委将联合商务委、经信委、中关村管委会和故宫博物院等单位，共同主办以京城老字号、景区特色纪念品、科技创意旅游商品为主题的第十一届"北京礼物"旅游商品大赛，充分吸纳各类优质设计创意、研发生产资源，加快优秀设计创意向"北京礼物"产品的转化。

3. 持续办好北京国际旅游商品博览会，引导社会资源聚焦北京旅游商品行业

按照"一个中心、两个平台"（国际旅游商品研发、设计、交易中心，买家卖家对接交流和行业发展示范引领平台）目标，继续高水平办好北京国际旅游商品博览会，吸引国际、国内的优质旅游商品资源聚焦、落户北京，为"北京礼物"品牌提升创造良好的市场平台。

（三）拓展完善品牌销售渠道

1. 继续丰富完善销售渠道，做大做强"北京礼物"营销平台

在规范、提升现有的100家"北京礼物"专营店基础上，将按照市场运作与政府指导相结合的方式，推动以4A级以上景区、商业中心区和交通枢纽为重点的"北京礼物"专营渠道建设，进一步完善专营店网络布局。同时，采用店中店、专柜等形式，积极推进与老字号品牌的销售渠道共享，在"北京礼物"专营店设置老字号专柜，并且推动"北京礼物"专柜进入老字号门店，有效充实、拓展品牌营销渠道，进一步增强游客购物消费的便利性。

2. 适应电子商务迅猛发展趋势，建设品牌网络营销渠道

在已开通"北京礼物"电子商务网站的基础上，进一步配套、完善网站信息浏览、防伪查询、品牌服务和在线订购等功能，开发、增设英文版服务，并利用京东商城、淘宝网等电商平台，积极拓展"北京礼物"电商营销渠道。

3. 支持企业建设大型旅游购物综合体，进一步改善旅游购物消费环境

《旅游法》颁布实施后，对旅游购物消费环境提出了更高的要求，如何为中外游客提供可信赖的便利购物场所，日益成为北京旅游业界关注的焦点。市旅游委将积极支持商业企业转型升级现有商业模式，以"北京礼物"品牌为龙头，汇集北京及全国旅游商品精品，建设大型"北京礼物"旅游商品精品展示中心，为境内外游客打造"一站式"购物首选之地。

（四）加大品牌市场推广力度

1. 加大市场宣传推广力度，增强"北京礼物"品牌吸引力

充分利用北京旅游海内外宣传推介平台，将"北京礼物"作为引领性品牌，整合老字号等名优品牌加入，以品牌集群的形式进行市场宣传推广，充分发挥品牌集聚效应，有效提升"北京礼物"品牌吸引力和美誉度，更好地展现北京的城市品牌形象。

2. 有效借助国际会议活动，精心打造北京城市形象名片

北京作为国际交往中心的优势，为"北京礼物"开拓国际市场提供了良好条件，同时也对"北京礼物"服务外事交往提出了更高的要求。针对2014年将在北京召开的APEC峰会，"北京礼物"将积极配合会议组委会工作，认真总结参加APEC高官会的经验，针对会议需求及早准备具有鲜明文化特色、创意做工精良的"北京礼物"产品，提前开展服务人员培训，高标准做好会议期间的相关服务工作。同时，抓住2014巴西世界杯足球赛的机遇和平台，赴巴西举办"北京礼物"走进世界杯主题推介活动，面向来自全球的游客展示"北京礼物"品牌形象和其他北京优质旅游消费资源，更好地提升"北京礼物"品牌美誉度。

3. 充分发挥企业主体作用，切实提高品牌市场营销效益

通过健全完善品牌运营管理机制，发挥好特许运营企业的市场经营主体作用，充分调动企业在市场营销中的积极性和主动性。针对市场销售季节特点和重要节庆、假日，在品牌特许运营企业自主申报的基础上，统筹制订年度市场营销计划，将品牌市场营销绩效纳入特许运营企业年度考评范围，有效引导、支持企业开展市场宣传推广活动，促进旅游人均消费水平增长，提升品牌市场营销活动的综合效益。

（五）扶持保护品牌提升发展

1. 完善扶持政策，加快旅游商品行业转型升级

充分用好现有旅游商品扶持政策，修订完善《北京旅游商品扶持资金管理办法》，充分发挥扶持资金的导向和撬动作用，吸引更多社会资本投入，完善扶持资金使用绩效监管机制，有效引导"北京礼物"及全行业创新发展，培育提升旅游购物市场。筹划做好境外游客购物离境退税政策落地实施各项准备工作，进一步完善配套北京市旅游消费政策，将"北京礼物"专营渠道纳入购物退税体系，努力创造品牌发展的良好环境。

2. 做好品牌商标注册工作，完善品牌知识产权保护体系

"北京礼物"品牌的健康、持续发展，依赖于良好的市场秩序和严格的知识产权保护。"北京礼物"品牌商标注册工作目前正在积极推进。同时，"北京礼物"品牌将扎实推进版权和专利权保护工作，"北京礼物"品牌标志和数百款产品设计已完成版权登记。"北京礼物"品牌将进一步强化认证防伪监管，严格落实店面和产品认证审批流程规范，不断提高品牌认证防伪信息查询的便捷性，为消费者提供可信赖的产品品质保证，有效维护消费者和品牌知识产权权益。

3. 制订完善品牌标准，为规范提升品牌形象提供保证

高标准制订完善"北京礼物"品牌各项标准规范，并积极推动相关标准规范申报成为地方标准，真正发挥引领全行业转型升级的龙头作用。2014年，将修订完善《"北京礼物"旅游商品评定标准》和《"北京礼物"品牌专营店商业形象空间识别（SI）系统》，为进一步规范品牌产品研发、店面设施和销售服务提供依据。

ⒼGREEN BOOK.15

2013 年国内居民来京旅游
状况调查与分析

2013 年国内居民来京旅游状况调查课题组 *

摘　要：

2013 年国内居民来京旅游市场保持平稳增长，除平均停留时间
有所减少外，在游客接待、旅游收入、人均消费等诸多方面均
实现增长。北京旅游资源丰富、购物环境良好，游客满意度较
高。在增强名胜古迹及自然风景区的吸引力和便利性，挖掘文
化内涵，打造多元购物环境、促进消费，提升旅游服务等方面
仍有提升空间。

关键词：

国内居民　来京旅游　消费结构　行为特征　满意度

北京旅游市场可分为国内来京、海外来京和北京居民出游三大市场。
2013 年，北京市接待国内来京游客和市场规模继续保持较快增长，为北京市
提供旅游收入超过八成，是三大旅游市场中体量最大，且保持稳定增长的板
块，在北京市旅游发展中发挥核心作用（见表 1）。本文从游客基本特征、消
费结构、行为特征、满意度等方面展开分析，并提出优化该市场的政策建
议。

---

　* 本报告执笔人：甄峰，中国人民大学统计学院副教授，经济学博士，研究方向为经济统计、创
　新与竞争力；叶银丹、张宇婷，中国人民大学统计学院研究生，研究方向为经济统计。文中数
　据由北京市旅游委委托北京市统计信息咨询中心按季抽样调查获得。

表1　2011~2013年北京市国内来京旅游市场基本情况

单位：万人次，万元，%

年份	游客			总收入			人均花费（元）	停留天数
	总数	增长	占比	总数	增长	占比		
2013	14755	8.3	58.6	3332	10.4	84.1	2258	4.92
2012	13620	6.3	58.9	3020	15.3	83.3	2217	5.01
2011	12818	8.8	59.9	2619	16.8	81.4	2043	5.07

资料来源：北京市旅游发展委员会网站。

一　客源特征

（一）中年游客为主，城镇游客占比超七成

从游客基本特征看（见表2），男性多于女性，男女比例较2012年略有提高；城镇游客为主，占总人数的73.3%；在连续三年中，均有超半数的游客为25~44岁的中青年人。游客家庭所在地和年龄结构与我国总人口特征差异较大。

表2　国内来京游客调查样本基本特征

单位：%

年份	性别		家庭所在地		年龄				
	男	女	城镇	非城镇	14岁以下	15~24岁	25~44岁	45~64岁	65岁以上
2013	57.8	42.2	73.3	26.7	0.0	20.2	54.3	23.4	2.1
2012	57.5	42.5	74.1	25.9	0.0	21.1	54.3	22.5	2.0
我国人口特征	51.3	48.7	52.6	47.4	16.5	74.1			9.4

（二）高收入游客比例提高

2013年，来京游客平均月收入约为5757元（见表3），是全国居民月人均可支配收入1526元的3.8倍。较之2012年，高收入游客占比有所提高，收入3000元以下的游客占比明显下降。

表 3　国内来京游客收入结构

单位：%

收入分类	2013 年		2012 年	
	占比	累计占比	占比	累计占比
3000 元以下	19.70	19.70	24.69	24.69
3001～5000 元	31.08	50.78	32.31	57.00
5001～7000 元	20.14	70.92	18.08	75.08
7001～9000 元	13.26	84.18	9.88	84.96
9000 元以上	14.92	99.10	14.25	99.21

数据来源：北京市旅游发展委员会，除特殊说明外，下同。

（三）职业比例稳定

2013 年，国内来京游客职业结构继续保持稳定，主要客源为个体自由职业者，服务销售，企事业管理人员和专业技术人员占比为 68%。在中央有关精神要求下，企业管理人员和公务员游客占比均有下降。

（四）周边省份客源集中

从住宿和景点样本的客源地结构看，2013 年前 10 位省份提供了 64.4% 的客源，较 2012 年略有上升。其中，河北、山东、河南、山西、内蒙古分列前 5 位，占比合计达 42.4%。从我国各省份来京游客比例和其在全国人口分布比较来看，来京的游客比例明显高于其人口比例的主要是河北、内蒙古、山西等周边省份，明显低于人口比例的为广东、四川、广西、云南和湖南。

（五）来京游客的观光旅游和探亲访友为主

来京游客的旅游目的以因私为主，占总人数的 77.4%。在因私游客中超半数的主要来京目的为观光旅游，另有 28.8% 的游客来京目的为探亲访友。因公到北京游客中有近八成是因为从事商务活动和参加会议，远高于其他因公比例。

二 旅游花费特征

旅游花费是推动产业发展的动力。2013 年，在厉行节约和团费下调的大环境下，来京游客花费仍保持平稳。从人均看，多次来京、中青年、高收入、商务会展和远方游客花费较高。从结构看，购物费占比最高，服装鞋帽和北京特产最受欢迎。

（一）人均花费

1. 人均花费变化趋缓

2013 年国内来京游客中散客人均花费 2122 元，来京参团游客（以下称团客）人均花费为 3597 元，两者基本与 2012 年持平。特别是团客人均花费在 2012 年大幅提升背景下，2013 年变化趋势趋缓（见图 1）。中央厉行节约和各类团费普遍下调则是这一变化趋势的主要原因。

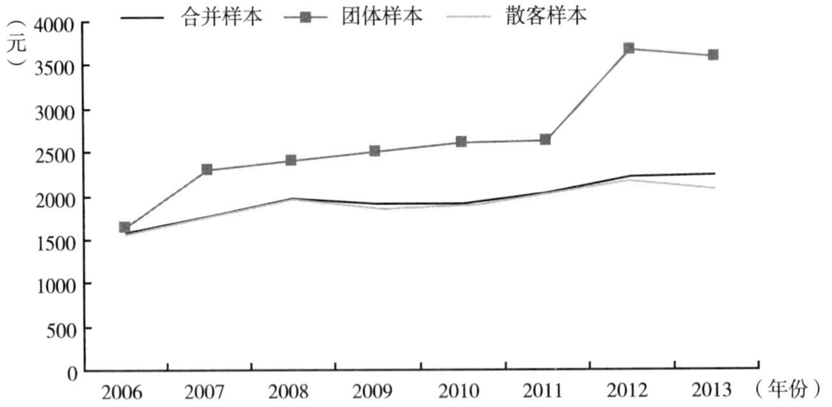

图 1 国内来京游客平均花费变化趋势

2. 多次来京花费更高

从基本分类来看，散客花费中多次来京游客与第一次来京游客差别不大；城镇游客明显高于非城镇游客；男性较高于女性。团客花费中多次来京游客明显高于首次来京游客；城镇游客高于非城镇游客；男性高于女性。

3. 中青年是消费的主力人群

从年龄特征看，散客中 25 ~ 44 岁和 45 ~ 64 岁游客的人均花费最高，但各年龄段游客人均花费差距不大，此外该年龄段游客人数最集中，因此其消费贡献最大。团客中 15 ~ 24 岁游客的人均花费最少，25 ~ 44 岁游客消费能力最强，老年及青少年（15 ~ 24 岁）的消费能力最弱。老年游客团费最高，但个人花费最少。

4. 花费随收入提高而增加，花费收入比降低

随收入提高，游客花费明显提升（见表 4）。散客最高收入组人均花费是最低收入组的 2.65 倍，团客这一比例稍低，为 2.25。随着收入增加，在京旅游花费占月收入（组中值）比例递减。从跨年比较来看，2013 年，散客除拒答组外，人均花费均有不同程度下降；团客除最低收入组和拒答组外，其他四组人均花费也是下降的，其主要原因是这些组的团费显著下降。

表 4　2013 年不同收入水平来京游客人均花费情况

单位：元

月收入水平	散客		团客			
	人均花费	花费/收入	人均花费	花费/收入	团费	个人花费
3000 以下	1404	0.94	2563	1.71	1786	777
3001 ~ 5000	1901	0.48	3049	0.76	2152	898
5001 ~ 7000	2080	0.35	3550	0.59	2679	871
7001 ~ 11000	2548	0.28	4397	0.49	3361	1036
11000 以上	4115	—	5770	—	4340	1430
不知道（拒答）	2273	—	3429	—	2708	722

5. 文体科技和商务会展游客花费较高

从来京目的看，因公游客人均花费高于因私游客；团客人均花费普遍高于散客人均花费。散客花费最高的两项目的为文体科技和参加会议。团客花费最高的两项目的为参加展览和宗教朝拜，其中宗教朝拜的样本较小，有一定特殊性。

6. 远方游客花费更高，地区消费指数保持平稳

客源地经济发展水平与其游客花费情况不相关，距离北京较远省份来京游客人均花费较高。表5列举了个人可比花费前5位省份，即散客个人花费总额、扣除交通费后"落地"花费和团客的非团费部分分别比较。云南、西藏、海南、广东的散客花费总额与落地花费均明显高于其他省份。团客个人花费较高的地区同样为距离北京较远的区域。

表5 2013年国内来京游客个人花费的客源地特征

单位：元

排序	散客个人花费				团客个人花费	
	地区	总额	地区	落地	地区	总额
1	云　南	4259	云　南	3158	黑龙江	1762
2	西　藏	3868	西　藏	2787	吉　林	1621
3	海　南	3577	海　南	2664	广　西	1478
4	广　东	3380	广　东	2572	福　建	1369
5	贵　州	3184	宁　夏	2380	广　东	1299

　　考虑客源地的人口结构，2013年来京游客落地花费的"地区消费指数"见图2。散客地区消费指数前10位省份与2012年一致。团客地区消费指数与散客一致性很强。与2012年相比，团客地区消费指数提升最快的是吉林、四川、辽宁，下降最快的是上海、新疆和云南。

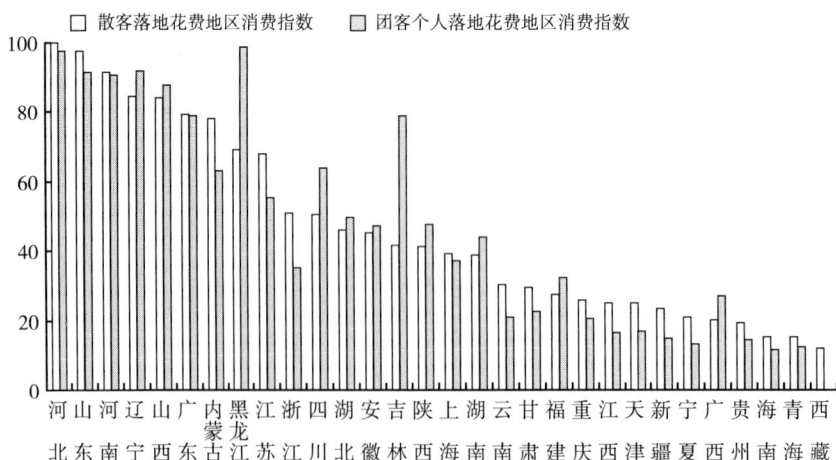

图2 2013年国内来京游客地区消费指数

（二）人均花费结构

1. 购物费占比最高，吃住行支出相当

游客花费最高的支出项为购物，占比 31%，其次为餐饮费、住宿费、长途交通费，占比均在 20% 上下，余下的小部分花费体现在景点游览、市内交通、邮电通信等其他项目（见图 3）。由于团客的样本量相对小，且团费掩盖了除购物外的支出项目，因而分析以散客为主。

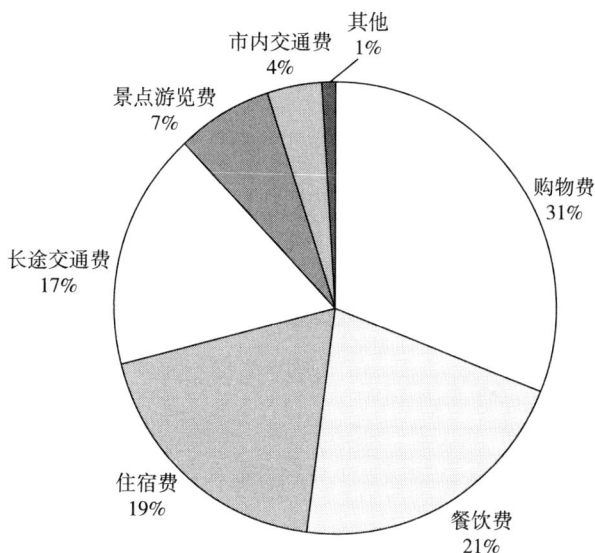

图 3　2013 年国内居民来京旅游散客个人花费支出结构

2. 老年人购物比例低，服装鞋帽和北京特产最受欢迎

随着年龄的增长，游客更倾向于提高旅行质量而减少购物。老年人用于景点游览及餐饮的费用均为最高，但其购物欲望最低（除去 14 岁以下游客），最具购物欲望的是 25～44 岁的游客。从不同年龄游客的购物费结构来看，各年龄段游客普遍较为感兴趣的是服装鞋帽和北京特产，其中对服装鞋帽最感兴趣的是儿童，而对北京特产的兴趣在各年龄段之间差异不大。15～24 岁的游客是对电子产品最感兴趣的人群，且该兴趣随着年龄的增长而减弱。较之于年轻人，老年人对于黄金珠宝和书法字画的兴趣较高。

3. 收入结构对购物结构影响不大

中低收入者在购物和景点游览上的支出比例较高，而在长途交通、住宿和餐饮上的花费较少。高收入者较为注重旅行的舒适度，在住宿和长途交通上的花费较高。从购物结构看，与不同年龄花费结构类似的是，不同收入的游客均对北京特产较为感兴趣，且在购买特产上的花费比例差异不大，但对于书法字画，游客们普遍兴趣不大。随着收入的增加，游客对服装鞋帽的兴趣降低，而对黄金珠宝及奢侈品的兴趣增加。

4. 不同目的游客花费结构差异小，购物费结构复杂

商务游客花费结构差异小，因私旅游花费有一定差异。差异较大的支出项目为长途交通费、住宿费和景点游览费，餐饮费和购物费的差异较小。文体科技游客人均花费最高，为3191.2元。因商务目的（包括会议、参加展览和商务）来京的游客人均花费均较高，且住宿费占比较大。修学旅游的游客长途交通费最高，购物支出比例最低。保健医疗游客在购物费上的支出比例最高，占其总花费的41.5%。探亲访友游客的主要支出为餐饮费和购物费，其住宿费支出最少。

不同来京目的游客在购物上有不同偏好（见图4）。商务游客黄金珠宝花费比例最高，文体科技游客更喜欢工艺品，参加展览游客在书法字画和奢侈品上的花费比例最高，修学旅游游客则对电子产品较感兴趣，保健医疗和就医游客对其他商品的购买比例很高，宗教朝拜游客在北京特产和服装鞋帽上的花费较高。

5. 不同客源地游客餐饮景点花费相似

从落地花费看，各地区游客在餐饮和景点游览上的花费占比相差不大，差别主要体现在购物和住宿上。购物费用占比较高的地区包括河北、天津、湖北、四川、陕西、云南、上海、福建、内蒙古、新疆等地。住宿费用占比较高的地区则是广西、山东、辽宁、重庆、江西、广西、青海、西藏、海南等地。人均落地花费最高的是海南，最低的是河北。

从购物费结构看，不同客源地消费比例最为稳定的产品是北京特产。至于其他商品，不同客源地游客的购物偏好存在明显差异。如浙江和云南游客偏爱奢侈品，对电子产品和黄金珠宝不感兴趣；同样不喜欢电子产品的还有西藏和

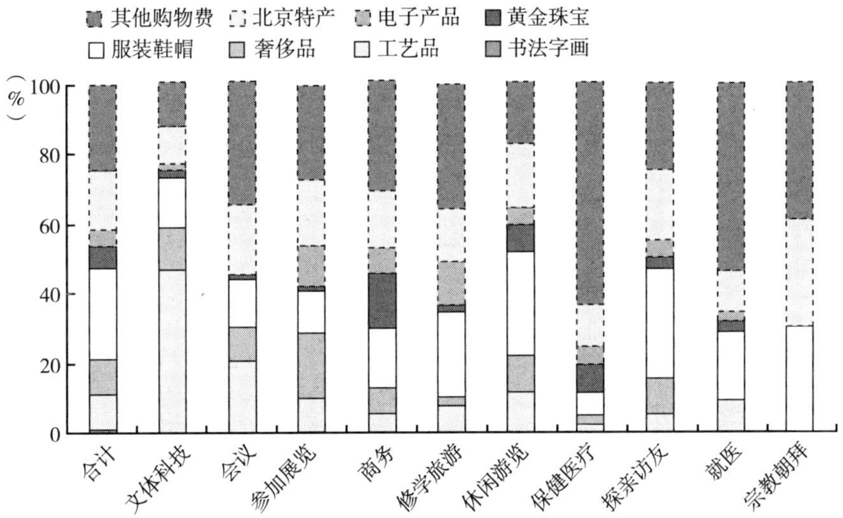

其他购物费　□北京特产　▣电子产品　■黄金珠宝
□服装鞋帽　▣奢侈品　□工艺品　▣书法字画

图 4　2013 年不同来京目的散客购物花费结构

注：除合计外，按照人均花费额降序排列。

宁夏游客，他们喜欢服装鞋帽；海南游客最爱的是黄金珠宝；山东、上海、贵
州和广东游客较喜欢工艺品。

三　旅游行为特征

游客的行为特征直接影响到产业发展规划的制定。来京游客平均停留时间
为 4 ~ 5 日，住宿更倾向于投亲靠友，对名胜古迹有很高的偏好，但实际到访
易忽略名胜而选择购物，团客与散客行为有明显差异，重游率略有提升。

（一）散客停留时间长于团客

2013 年，国内来京游客平均停留时间为 4.82 夜，其中团体游客平均停留
3.85 夜，散客平均停留 4.92 夜。老年游客、因私游客、首次来京游客、非城
镇游客、低收入游客和女性相对停留时间较长。多数地区游客在京停留 4 ~ 5
日，停留时间不足 4 日的游客来自天津、浙江和上海，超过 6 日的游客来自西
藏。

（二）住宿倾向更经济，投亲靠友比例高（口岸样本）

住宿费约占旅游总花费的 20% 左右。因公游客住宿费比例显著高于因私游客，且更多入住旅馆酒店类，而近 50% 的因私游客选择居住在亲友家。城镇游客高于非城镇游客；公务员、企管人员及军警的住宿费较高，农民、服务销售及工人、学生的住宿费较低。此外，随着收入的增加，选择宾馆饭店，尤其是豪华宾馆的比例增加，而选择招待所/旅馆及亲友家的比例大大减小（见表 6）。

表 6　2013 年不同收入（元/月）游客（口岸样本）住宿设施选择结构

单位：%

住　　处	少于 3000 元	3000~5000 元	5000~7000 元	7000~11000 元	11000 元以上
宾馆饭店	5.6	12.2	20.7	25.8	38.7
其中:三星	1.7	5.0	11.2	11.8	13.0
四五星	1.0	1.5	4.1	8.9	17.8
招待所/旅馆	31.0	26.7	20.1	13.9	5.3
亲友家	51.8	43.6	34.2	30.3	17.6

（三）长途交通费与停留时间负相关

长途交通选择主要受地理和支付能力影响。离北京较远地区的游客将支出更多的长途交通费。高收入者和多次来京者更多地选择飞机，停留时间较短；收入较低者则更倾向于选择火车并停留更长时间。城镇居民更多选择飞机，而非城镇居民多选择长途汽车；因公和年龄较大的游客更多地选择飞机。

市内交通花费随着收入的增加而增加。当然，该费用也会随着在京停留时间的增加而增加。此外：城镇居民明显高于非城镇居民；选择飞机等长途交通支付能力较强游客，在市内交通上也支出更多；因公来京高于因私来京，并且来京参加展览、会议和其他商务目的的游客较之于其他游客支付更多的市内交通费。

（四）兴趣偏好名胜古迹，实际到访偏向购物

游客兴趣集中于名胜古迹，但到访率不足；文化娱乐类场所的感兴趣比率和到访率均不足；购物场所和主题公园到访率明显高于感兴趣比率。表7列举了不同游客群体对各类旅游场所感兴趣的比率，各类人群的兴趣选择基本一致，名胜古迹和古迹公园以80％以上的感兴趣比率占据绝对优势，紧随其后的依次是现代公园和主题公园、文博科技场馆、自然风景区和商业街及商场，其兴趣率均高于20％；而庙会、戏剧、音乐、比赛等文化旅游项目则最不能吸引游客，其兴趣率均不超过5％。

表7 2013 年国内来京游客旅游场所感兴趣比率

单位：%

旅游场所	合计	1 次	多次	城镇	非城镇	因私	因公
名胜古迹和古迹公园	84.1	87.9	82.5	83.4	84.5	83.6	83.8
现代公园和主题公园	41.3	42.7	41.0	39.6	46.3	44.0	32.4
商业街及商场	21.8	21.7	22.2	22.0	22.4	23.3	18.1
庙会	1.9	1.8	1.9	1.9	1.9	1.8	2.4
自然风景区	22.8	20.6	23.1	23.3	20.6	22.4	23.1
娱乐场所	3.8	3.2	4.0	3.7	4.1	4.0	3.1
文博科技场馆	24.4	23.8	23.5	25.2	18.9	22.6	26.9
看戏剧、电影	3.2	2.1	3.5	3.4	2.7	3.1	3.5
听音乐或看比赛	3.3	2.6	3.6	3.5	3.2	3.2	4.0
其他	0.6	0.7	0.7	0.8	0.3	0.4	1.6

注：感兴趣和到访地点均为多选，因此本表各列求和不是100％。

从实际到访看（见表8），商业街的到访率超过80％，比感兴趣率高出近66个百分点。名胜古迹和主题公园到访率多超过50％，但前者明显低于感兴趣比率。与游客兴趣所不同的是，到访率在不同游客中存在明显的差异。较之于首次来京游客，多次来京游客在名胜古迹、主题公园和自然风景区的游览上明显减少。因公游客的游览意向明显弱于因私游客。

表8　2013年国内来京游客旅游场所实际到访率

单位：%

旅游场所	合计	1次	多次	城镇	非城镇	因私	因公
名胜古迹和古迹公园	61.7	81.6	53.6	59.8	59.4	67.9	31.5
现代公园和主题公园	53.3	68.2	46.7	51.6	50.8	59.6	23.2
商业街及商场	87.5	87.2	87.4	87.6	86.6	88.8	82.4
庙会	0.2	0.3	0.2	0.2	0.2	0.2	0.1
自然风景区	17.6	25.5	14.0	17.1	14.7	19.0	7.8
娱乐场所	2.5	2.3	2.5	2.5	2.5	2.6	2.0
文博科技场馆	15.4	22.6	11.6	15.6	9.6	15.2	10.0
看戏剧、电影	1.6	2.4	1.3	1.8	0.9	1.8	0.8
听音乐或看比赛	0.4	0.3	0.4	0.4	0.3	0.3	0.4
其他	3.5	2.0	4.1	3.6	3.6	2.1	9.0

注：感兴趣和到访地点均为多选，因此本表各列求和不是100%。

（五）散客以出游为主，团客比例低

2013年北京旅游市场以个人或亲朋结伴的散客为主，贡献了总客源量的91.0%，单位组织和旅行社组织的团队游客客源市场占比仅为9%左右。分类游客特点是：首次来京旅游多选择参团，多次来京参加旅行社比例下降；非城镇居民参团旅游比例较低；因公团队游多选择单位组织；一日游参团比例较高，过夜游客更多地选择与亲友结伴自助游玩的方式。

（六）团客购物偏向特产，散客更多服装鞋帽

从购物费结构看，团客购物的主要特征是偏爱北京特产和工艺品，占其近50%的购物花费；散客最爱的则是更具实用性的服装鞋帽，在北京特产和工艺品上的花费仅为团客的一半左右。两类游客在奢侈品和黄金珠宝上的花费均为20%左右，对电子产品和书法字画的支出均较少。

（七）重游率略有提升

2013年国内居民来京旅游的总体重游率为78.2%，比2012年提升6.6个

百分点；三次以上重游比例为 61.4%。其中，自驾游客、城镇居民、中年游客、因公游客、个人及亲朋结伴游客、不过夜游客、离京较近地区游客和高收入游客重游率较高。此外，商务、会议和宗教朝拜的重游率很高，均达到90% 以上，保健医疗和休闲游览的重游率较低，均不足 75%。

四 满意度评价

2007 年以来，国内来京游客总体满意度保持较高水平，选择很满意和基本满意的游客在 95% 以上（见图 5）。其中基本满意游客占大多数，每年均保持在 55% 以上的水平，相比之下很满意游客比例并不是很高，基本维持在 30%~40% 的水平，因此从基本满意到很满意仍有较大的提升空间。

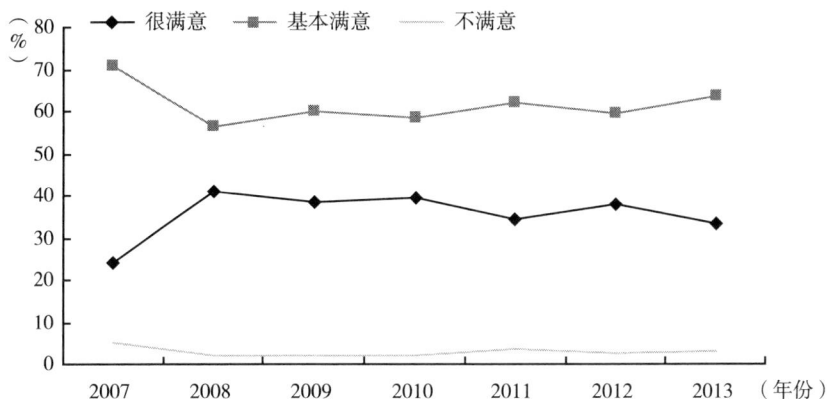

图 5　2007~2013 年国内来京游客总体满意度变化趋势

注：2010 年为上半年调查数据。

从分项满意度得分来看（见表 9，满分为 5），2013 年各项旅游服务满意度得分均在 4 分左右，其中邮电通信、购物和住宿满意度略高，交通和导游满意度相对较低。较之 2012 年，邮电通信和导游的满意度有所下降，住宿、餐饮和交通的满意度有所提高，娱乐和购物的满意度与 2012 年持平。

表9 2011～2013 年北京旅游分项服务满意度

	2011	2012	2013
邮电通信	4.37	4.37	4.29
购 物	4.08	4.19	4.19
住 宿	4.03	4.07	4.12
娱 乐	3.93	4.09	4.09
餐 饮	3.78	3.9	3.94
导 游	3.83	3.9	3.87
交 通	3.73	3.82	3.87

五 主要结论和政策建议

通过对 2013 年国内居民来京旅游市场的总体水平和结构特征的调查与分析，可以得到如下结论和政策建议。

1. 建设名胜古迹路线图，提升景区吸引力

北京旅游地域宽广，名胜风景相对分散，在有限的停留时间内，游客在名胜古迹和自然风景区上的到访率显著低于兴趣程度，名胜景区仍具开发空间。除世界级的传统名胜外，仍可考虑重点打造几条特色名胜旅游线路，加强名胜间的文化系统性和联系便利性，方便游客规划出行计划和便利赏玩，重点吸引重游旅客，提高景区到访率。

2. 满足多样购物需求，开发多层消费市场

购物是游客落地费用差距的主要来源之一，并且在来京游客中，最具消费欲望和能力的中青年人（25～44 岁）连续三年超过 50%，高收入游客占比也有所提升，因此在购物方面仍有潜力可供挖掘。服装鞋帽等具有较高实用性的商品普遍受游客欢迎，而在不同类型的游客中，奢侈品、黄金珠宝等高档商品的消费比例也较为稳定，因此借助北京国际化大都市的优势，打造多层次的消费市场，使北京成为不同游客的购物天堂将有助于提高消费对经济的拉动作用。

3. 丰富文化内涵，打造特产名片

北京对于远途游客的吸引力略显不足，依托北京深厚的文化底蕴和独具特色的人文旅游资源，并加大宣传力度将有助于吸引远途游客。同时，京味十足的北京特产深受广大游客的喜爱，其在各类游客的购物费中均占有较大比例且十分稳定。通过对特产注入文化的灵魂将有助于提高特产对重游游客的吸引力，将北京特产打造成北京文化的名片。

4. 继续提升行业规范，推动满意度提高

来京游客中，很满意的比例有所下降，且显著低于基本满意，这表明游客满意度方面仍存在改进空间。具体看，交通和导游满意度相对较低，两者均涉及旅游规范和执法问题，应继续大力加强市场监管，提升行业规范性，推动游客满意度提升。

5. 发展商务旅游，打造多元市场

因公旅游人均花费高于因私旅游。因商务目的（包括会议、参加展览和商务）来京的游客人均花费均较高，且重游率均达到 90% 以上。目前商务旅行形式还较为单一，其花费中住宿费比例较大。北京作为首都，拥有得天独厚的优势来开展商务旅游。将会议、展览等商务活动与休闲娱乐完美结合的旅游新模式将成为北京旅游的一大特色。

参考文献

北京市旅游局、北京市统计信息咨询中心：《北京国内旅游抽样调查综合分析报告》，2011～2013。

首都旅游协调与区域合作处：《2013 年北京旅游业概况》，北京市旅游发展委员会网站，2014 年 2 月 12 日；http://www.bjta.gov.cn/xxgk/tjxx/366867.htm。

"2012 年国内居民来京旅游状况调查" 课题组：《2012 年国内居民来京旅游状况调查与分析》，载《北京旅游发展报告（2013）》，社会科学文献出版社，2013。

G.16

2013 年北京市入境旅游市场情况分析

2013 年北京市入境旅游市场调查课题组*

摘　要：

入境旅游是衡量从旅游大国走向旅游强国的基础性指标。2013年以来，受国际经济持续低迷，国际客源消费信心不足，出游能力下降；周边国家（或地区）间旅游目的地竞争加剧；以及北京频繁出现的雾霾天气等不利因素影响，北京入境旅游市场形势不容乐观。通过深入分析北京市入境旅游统计数据，从北京市入境旅游市场总体及客源国特征、国内外比较等方面，分析北京市入境旅游市场运行特征、影响因素，为在新形势下应对激烈的入境旅游市场竞争，市场多元化拓展、重聚北京作为国际旅游目的地的吸引力，提供决策依据和政策建议。

关键词：

入境旅游　市场特征　影响因素　政策建议

入境旅游是衡量从旅游大国走向旅游强国的基础性指标，是国际旅游竞争力的重要载体。北京市的入境旅游发展取得了巨大成就，在历经高速发展之后，入境旅游开始呈现出相对平稳的发展态势，即北京市入境旅游逐渐复归常态增长阶段。

2013 年以来，受国际经济持续低迷，国际客源消费信心不足，出游能力

* 本报告执笔人：李享，北京联合大学旅游学院教授，研究方向为旅游市场调查与统计，休闲与旅游行为研究；吴泰岳，北京联合大学旅游学院讲师，经济学博士，研究方向为旅游经济分析与预测。本报告数据来源：北京市旅游发展委员会、北京市统计局、上海市统计局、上海市旅游局、国家旅游局、中国旅游研究院、中国香港旅游发展局、新加坡旅游局、中国台湾"交通部观光局"、以及世界旅游组织等单位官方网站。

下降；周边国家（或地区）间旅游目的地竞争加剧，国际安全问题；人民币持续升值，我国签证、免税、航权等综合性政策长期得不到突破，以及北京频繁出现的雾霾天气等不利因素影响，北京入境旅游市场形势不容乐观。因此，通过深入分析北京市入境旅游统计数据，揭示入境游市场的影响因素，为北京市进一步开拓国际旅游市场、提升旅游服务质量、实现建设一流国际旅游城市的目标提供决策依据和政策建议。

一 北京市入境旅游市场运行特征

（一）北京市入境旅游市场总体特征

2013 年，从规模来看，北京市接待入境旅游人数及旅游外汇收入均同比下降。从客源结构来看，四类客源市场除中国澳门以外均走低；各地区客源市场中，非洲游客依然保持了超过 9% 的增长，美洲游客初显增长势头，其他各州均下降。从质量、效益来看，2013 年北京市旅游外汇收入占比是其人数占比的 4.2 倍（见表 1），表明入境旅游仍然是北京旅游三大板块中最具贡献能力、高产出率、高效益的组成部分；人均花费等入境旅游收入效益指标均增长、向好；入境旅游者的旅游购物消费占比提高，使入境旅游者的消费结构得到进一步优化。

表 1 2013 年北京旅游三个板块贡献能力比较

单位：%

分类	人数（万人次）	人数比重	收入（亿元）	收入比重	收入占比/人数占比（倍）
入境旅游	450.1	1.79	296.9	7.49	4.2
国内来京旅游	14755.0	58.58	3332.3	84.08	1.4
市民在京旅游	9983.0	39.63	334.0	8.43	0.2

1. 人数、收入及其变动情况

2013 年，北京市共接待入境旅游者 450.1 万人次，同比减少 10.1%，降幅较上年扩大了 6.3 个百分点；接待入境旅游者人数占北京市接待旅游总人数的 1.79%（见图 1），接待份额较上年减少 0.38 个百分点。

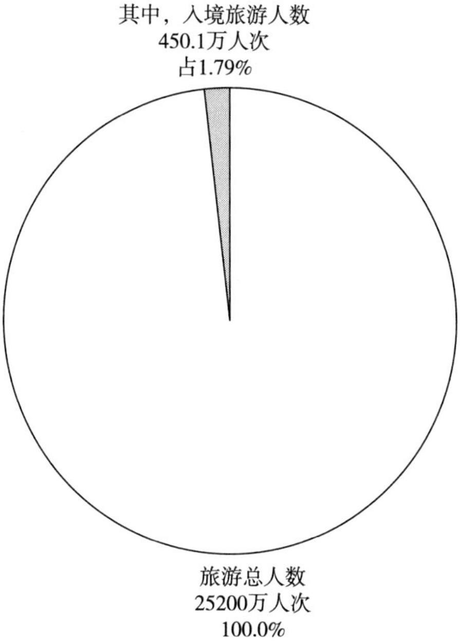

其中，入境旅游人数
450.1万人次
占1.79%

旅游总人数
25200万人次
100.0%

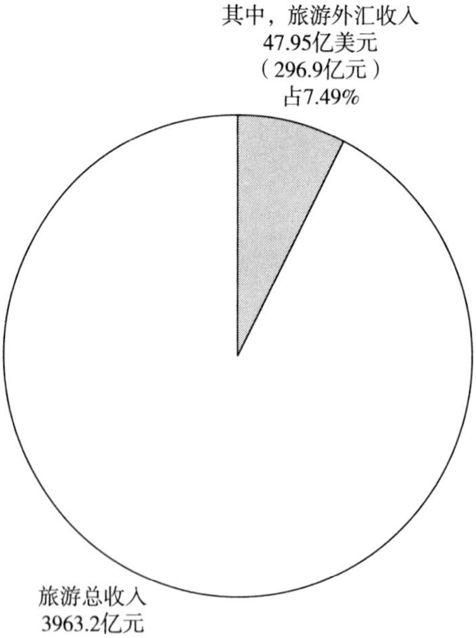

其中，旅游外汇收入
47.95亿美元
（296.9亿元）
占7.49%

旅游总收入
3963.2亿元
100.0%

图1　2013年北京市接待入境旅游者人数、收入及其份额情况

2013 年，北京市旅游外汇收入 47.95 亿美元（合人民币 296.9 亿元），同比下降 6.9%，降幅较上年扩大了 2 个百分点；旅游外汇收入占北京市旅游总收入的 7.49%（如图 1），收入份额较上年减少 1.48 个百分点。

通过图 1 的对比我们不难发现，尽管入境旅游市场在进一步走低，但占北京市旅游总人数仅 1.79% 的入境旅游者，却为北京的旅游总收入贡献了 7.49%，即收入占比是人数占比的 4.2 倍，因此，入境旅游仍然是北京旅游三大板块中最具贡献能力、高产出率、高效益的组成部分。

2013 年，北京入境旅游者在京旅游人均花费 1065 美元，同比增长 3.6%；人均每日花费 252.4 美元，同比增长 3.9%；平均停留 4.22 天，与上年基本持平，即同比微降 0.2%。上述三项均为衡量旅游收入的效益指标，这三项指标的增长或基本持平于上年同期的表现，表明北京入境旅游尽管在规模上有所下降，但质量、效益指标仍在不断提升，这也充分体现了北京旅游业界，在外部环境极其不利的情况下，自身不懈努力的结果。

从花费构成来看，长途交通占 26.9%，购物占 27.6%，住宿占 16.9%，餐饮占 7.3%，娱乐占 3.8%，景区游览占 4.2%，邮电通信占 1.7%，市内交通占 2.5%，其他占 9.1%；其中 2013 年的购物花费所占份额较上年增加 4.1%，其他各项变动幅度较小（见表 2）。此项数据变动表明，入境旅游者的花费结构得到进一步优化，是旅游购物花费营销与促进的成果体现。

表 2　2013 年北京市入境旅游者花费构成及其变动情况

单位：%

花费构成	2013 年	2012 年	差额（2013～2012）
长途交通	26.9	28.0	-1.1
购　　物	27.6	23.5	4.1
住　　宿	16.9	16.5	0.4
餐　　饮	7.3	7.4	-0.1
娱　　乐	3.8	5.4	-1.6
景区游览	4.2	5.0	-0.8
邮电通信	1.7	2.2	-0.5
市内交通	2.5	3.5	-1.0
其　　他	9.1	8.5	0.6
合　　计	100.0	100.0	—

2. 不同类型入境客源市场情况

从不同类型入境客源市场来看，2013 年北京接待外国人 387.6 万人次，同比减少 10.8%，降幅较上年扩大了 7.9 个百分点；中国香港同胞 35.4 万人次，同比减少 5.8%，降幅较上年缩小了 7.7 个百分点；中国澳门同胞 1.8 万人次，同比增长 24.9%，增幅较上年扩大了 13.5 个百分点；中国台湾同胞 25.3 万人次，同比减少 7.8%，降幅较上年扩大了 4.8 个百分点。

上述四类客源市场中，只有中国澳门依然延续增长势头，且增长幅度在不断扩大；其他三类客源市场均延续了走低局面，且降幅进一步扩大。北京入境旅游市场整体呈现一九结构，即一成多的中国港澳台游客，近九成的外国游客（见表3）。

表3 2013 年北京市入境旅游四类客源市场情况

单位：%

分类	人数(万人次)	构成	增长	增长百分点
外国人	387.6	86.11	−10.8	−7.9
中国香港同胞	35.4	7.86	−5.8	7.7
中国澳门同胞	1.8	0.40	24.9	13.5
中国台湾同胞	25.3	5.62	−7.8	−4.8

3. 不同地区入境客源市场情况

按洲际区域分，亚洲游客（含中国港澳台）201.5 万人次，占入境来京旅游总人数 44.8%，同比减少 15.3%，降幅较上年扩大了 7.5 个百分点；欧洲游客 117.9 万人次，占总人数 26.2%，同比减少 9.7%，由增转降，降幅较上年扩大了 11.2 个百分点；美洲游客 102 万人次，占总人数 22.7%，同比增长 0.4%，由降转增，增幅较上年扩大了 4 个百分点；大洋洲游客 18.4 万人次，占总人数 4.1%，同比减少 7.1%，由增转降，降幅较上年扩大了 18.5 个百分点；非洲游客 9.4 万人次，占总人数 2.1%，同比增长 9.4%，增幅较上年放缓了 16.1 个百分点（见表4）。

表 4　2013 年北京市入境旅游洲际客源市场情况

单位：%

分类	人数（万人次）	构成	增长	增长百分点
亚洲（含中国港澳台）	201.5	44.80	-15.3	-7.5
欧　洲	117.9	26.20	-9.7	-11.2
美　洲	102.0	22.70	0.4	4.0
大洋洲	18.4	4.10	-7.1	-18.5
非　洲	9.4	2.10	9.4	-16.1

（二）主要客源国（或地区）的市场特征

2013 年美国来京游客旅华市场呈现企稳回升态势，数据与上年基本持平；韩、日两国来京旅游人数下降明显，其中受中日两国间的政治事端影响，使日本来京旅游人数下滑严重。此外，由于经济复苏缓慢，特别是中国周边旅游目的地间的竞争加剧，使欧洲、东南亚、中国港台、澳新市场均呈现负增长。

1. 美、韩、日三大主要客源市场特征分析

美国、韩国和日本是北京市三大传统的主要客源国，这三国客源量合计占北京入境旅游外国人市场的 35.4%。2013 年，美国、韩国和日本分列北京入境旅游市场前三位（见表 5），其中美国是北京入境旅游市场的第一大客源国，来京游客 74.7 万人次，同比微降 0.6%，占入境外国人市场份额的 19.3%，比第二名的韩国多出近一倍，即 36.98 万人次；韩国游客 37.7 万人次，同比下降 14.6%，降幅较上年收窄 2.6 个百分点，韩国游客占入境外国人市场份额的 9.7%；日本游客 24.9 万人次，同比下降 43.1%，降幅较上年扩大了 28.8 个百分点，日本游客占入境外国人市场份额的 6.4%。

2013 年，美国来京游客基本持平于 2012 年；韩国较 2012 年有所下降，但降幅有所收窄；日本则与 2012 年相比降幅超过 40%，究其原因，既有经济因素，更有政治因素和生态环境因素。

表5 2013年北京市入境旅游按地区和国家划分客源市场情况

单位：%

分类	人次	构成	增长		增长百分点	按人次排序
			2013	2012		
总　　计	4501343	100.00	-10.1	-3.8	-6.3	—
中国港澳台同胞	625144	13.89	-5.9	-8.9	3.0	—
外　国　人	3876199	86.11	-10.8	-2.9	-7.9	—
日　　本	248684	5.52	-43.1	-14.3	-28.8	3
韩　　国	377137	8.38	-14.6	-17.2	2.6	2
马来西亚	134145	2.98	-16.9	16.6	-33.5	10
新加坡	129641	2.88	-15.9	7.4	-23.3	11
英　　国	175414	3.90	-5.1	-1.5	-3.6	5
法　　国	134244	2.98	-10.9	0.4	-11.3	9
德　　国	230278	5.12	-5.9	10.3	-16.2	4
俄罗斯	166823	3.71	-16.7	-2.4	-14.3	6
美　　国	746986	16.59	-0.6	-4.8	4.2	1
加拿大	158529	3.52	-7.7	-5.5	-2.2	7
澳大利亚	155101	3.45	-8.1	10.6	-18.7	8
其他国家	1219216	27.09	-4.5	1.3	-5.8	—

美国2013年来京游客旅华市场呈现企稳回升态势（见图2）。据美国旅游协会U.S. Travel Association发布，截至2013年12月，相较经济中其他部门86%的就业恢复水平，大萧条期间旅游业所缩减的就业岗位中已有99%得以恢复，仅比萧条前水平低5000个岗位。并且，目前旅游业岗位数量只比2000年12月的最高水平低约57000个。延续2013年平均每月创造10000个就业岗位的步伐，且增长速度不断持续提高。延续2012年美国经济复苏势头，投资增加，行业开工率和就业状况稳步改善，使美国公民消费信心增强。

另外，从周边市场竞争来看，仍分流了一部分美国游客，比如澳大利亚在2013年11~12月，其吸引来自美国的入境游客同比分别增长7.1%和8.3%。

2013年，韩国经济亦处于恢复期，国民消费信心逐步显现好转迹象，旅华市场降幅收窄。然而，中国访韩游客量的快速大幅度增长已经开始对韩国来华市场产生挤出效应，航空运力显现不足。再如韩国全年到中国台湾的游客为351301人次，增长35.59%，其中以观光为目的的旅游者为241440人次，增

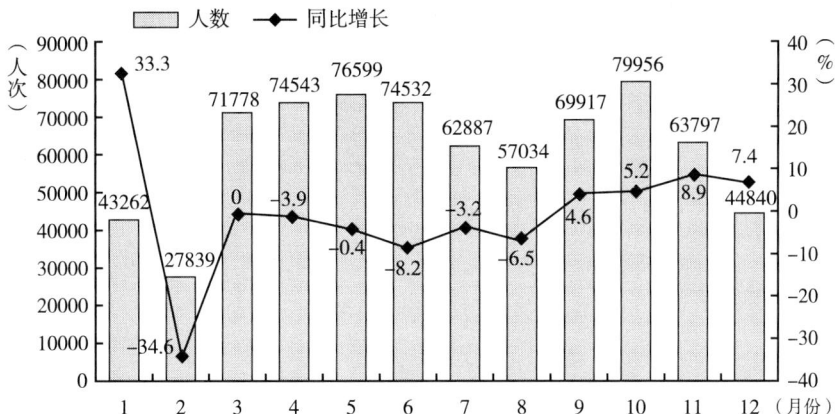

图 2　2013 年美国来京旅游市场情况

长 52.61%，无疑起到了分流国内游客的作用。特别是 12 月，韩国到中国台湾的观光旅客大幅增长了 110.66%，使 2013 年平均大幅增长 35.59%。

日本主要受政治因素影响，2013 年旅华人数下跌明显，跌幅巨大。由于"钓鱼岛"问题、日本首相安倍晋三参拜靖国神社等重大事端，严重影响了两国关系，伤害了中国人民感情，极大地破坏了中日旅游交流的气氛，旅游市场受到严重打击，来华人数急剧下降，全年平均降幅超过 40%。

从日本国内来看，"安培经济学"致使日本经济发展放缓，财政赤字巨大，国内消费不足，实现经济复苏任重道远。此外，新加坡 2013 年 1～9 月接待入境日本游客同比平均增长 11.7%。而日本到中国台湾游客全年虽呈现窄幅负增长，但至 9 月起已恢复稳定正增长，在日本人赴中国台湾双方对飞航班增加、中国台湾观光四大主题（美食、购物、乐活及浪漫）等强力宣传推广作用影响下，12 月赴中国台湾观光增长亮丽。中国台湾"观光局"除积极开发赴台旅游新客源，于日本各大电视台播放中国台湾观光宣传广告外，亦邀请各类型明星担任中国台湾观光亲善大使，争取多元化日本旅客群体赴中国台湾旅游。

2. 欧洲客源市场特征分析

2013 年，北京接待欧洲地区入境旅游者共计 117.95 万人次，占全市入境游总量的 26.2%，占外国人游客市场的 30.4%，人数同比下降 9.7%。欧洲市场的主要客源国是德国、英国、法国和俄罗斯，2013 年这四国来京旅游的人数合计为 70.68 万人次，约占欧洲来京旅游市场的六成，占北京入境旅游市场总量的 15.7%，是继美国、韩国和日本客源市场之后北京接待的第二大入境游市场组团。2013 年，英、法、德、俄四国来京游客量锐减，降幅最少的为英国，达 5.1%，降幅最大的为俄罗斯，达 16.7%。

德国经济基于国内私人和公共部门强劲的消费需求在 2013 年第二季度增长了 0.7%（剔除季节性因素），该增速位于一年多以来的最高点。同时，法国这一指标为 0.5%，表明其已摆脱了轻度衰退。

尽管如此，德国仍是欧洲出境人数最多的国家，也是北京第四大入境旅游客源国，2013 年德国来京旅游人数仅比第三名的日本少 18406 人次，也是 2013 年仅有的四个来京旅游人数超过 20 万人次的国家之一。

欧洲民众视旅游为生活必需，因此 2013 年欧洲客源在周边市场保持了可观的增幅。在新加坡，2013 年 1~9 月俄罗斯抵新游客增长 14.1%，英国抵新游客增长 4.7%。在中国台湾，欧洲游客为 223062 人次，增长 2.30%，以观光为目的的游客为 65908 人次，增长 7.09%。2013 年 12 月欧洲由于英国、法国及德国主要市场赴中国台湾观光增长率皆为正增长，尤其英国赴中国台湾观光人次增长 21.78%，带动赴中国台湾旅游人次稳定增长，2013 年中国台湾"观光局"与欧洲各旅游业者合作促销赴中国台湾观光优惠之方案，刺激欧洲赴中国台湾旅游人数增长，全年欧洲市场赴中国台湾旅客维持稳定正增长。在澳大利亚，英国游客赴澳旅游人数在 2013 年 11~12 月分别达到 4.2% 和 12%的增幅；德国游客赴澳旅游人数在 12 月达到 7.9%的增幅，并跃居澳大利亚前九大客源国之一。

3. 东南亚客源市场特征分析

2013 年，东南亚地区的新加坡、马来西亚、泰国、越南、菲律宾和印度尼西亚等六国来京旅游市场整体下滑，北京接待东南亚六国入境旅游者共计 42.2 万人次，同比减少 14.6%，占北京入境旅游客源市场份额的 9.4%。其中，接待马来西亚和新加坡入境旅游者人数合计为 26.4 万人次，占整个东南亚六国市场份额的六成以上。2013 年，东南亚六国中，降幅最小的是印度尼西亚，达 7.4%，降幅最大的是越南，高达 28.8%。由于我国与菲律宾和越南在南海的主权争议加剧，在一定程度上影响到双方旅游往来。

国际货币基金组织发布，2013 年东南亚五大经济体——印度尼西亚、马来西亚、菲律宾、泰国和新加坡的平均经济增长率为 5%，东南亚经济在持续坚挺的内需和日益复苏的外需带动下仍实现了坚实增长。

尽管 2013 年东南亚地区国家经济普遍保持了稳定增长，然而其出境旅游却转向了周边市场。在澳大利亚，2013 年 11 ~ 12 月接待赴澳旅游的马来西亚游客依次猛增 20.9% 和 30.5%，接待印度游客依次达到 15.6% 和 16.8% 的增幅，接待新加坡游客的增幅也分别达 9.1% 和 15.4%。新加坡在 2013 年 1 ~ 9 月接待的文莱、印度尼西亚、马来西亚、缅甸、菲律宾、泰国、越南等东南亚国家赴新旅游人数均有 2.4% ~ 10.5% 的增长。2013 年新加坡赴中国台湾 364733 人次，增长 11.45%，以观光为目的的游客达 273245 人次，增长 12.43%。由于旅游展促销及两地间廉价航空航班的增加，有利于自由行旅客赴台；中国台湾"观光局"还持续协助旅游团体赴本地观光及深化自由行市场宣传，加强网络营销平台，使旅游人次稳定增长。类似的营销宣传及促销活动，还使马来西亚在 2013 年赴中国台湾 394326 人次，增长 15.63%，以观光目的的游客为 307755 人次，增长 17.05%。

4. 港澳台客源市场特征分析

2013 年北京接待港澳台地区入境旅游者共计 62.5 万人次，占北京入境游客总量的 13.9%；香港和台湾来京游客量比上年分别下降 5.8% 和 7.8%；澳门来京游客同比大幅增长 24.9%，但其所占市场份额过小（0.4%），对总体影响不足。

2013 年香港外围环境不佳，亚洲区生产活动和外贸不振，以外向经济为支撑的香港经济整体表现乏力，经济增长 2.9%。同时，人民币升值削弱了香港同胞赴内地旅游的意愿。2013 年"闷经济"困扰台湾，经济增长不及 2%，与香港类似，外向型经济受到世界经济和欧债危机的影响比较大，出口衰退，岛内投资不足，民间消费增长有限。日本、韩国、新加坡、澳大利亚等国，围绕中国台湾客源市场的竞争力度加大。大陆物价上扬和人民币升值抬高交互作用，抬升了旅游成本，影响了台胞到大陆旅游的积极性。

2013 年 11 ~ 12 月，中国香港赴澳大利亚游客分别增长 14.3% 和 21%；截至 2013 年 9 月中国香港赴新加坡游客增长 17.5%。2013 年港澳市场全年赴台

1183341 人次，增长 16.43%，以观光为目的有 1009862 人次，增长 64.79%。根据不同假期，台湾观光局持续与媒体合作发表赴台旅游行程推广台湾观光，并推出台湾就是精彩——冬游台湾养生趣系列广告，以赴台温泉冬暖游为主要诉求创造港人赴台旅游高峰。

5. 大洋洲客源市场特征分析

2013 年，北京接待大洋洲的入境旅游者共计 18.4 万人次，同比减少 7.1%，占北京入境游总量的 4%。大洋洲地区主要的客源国是澳大利亚和新西兰，占大洋洲客源市场的 96.5%。北京接待澳大利亚游客 15.5 万人次，同比下降 8.1%，接待新西兰游客 2.2 万人次，同比下降 9.4%。

2013 年尽管澳大利亚和新西兰经济增长均保持连续增长，国内经济走势总体平稳且经济复苏迹象明显，这些宏观因素带动了两国出境游市场的活跃，并未惠及北京，两个客源国均比上年呈现一定程度的降幅，客源流向周边市场。1~9 月澳大利亚赴新加坡旅游人数增长 10.4%；2013 年澳新赴中国台湾游客人数增长 2.88%。

（三）全国范围内的北京市入境旅游比较研究

2013 年北京市入境（过夜）旅游人数降幅大于全国水平，全国旅游外汇收入总体增长，而北京这一指标为下降；尽管上述两个规模指标不及全国水平，但北京市旅游外汇收入占全国份额高于人数占比，表明北京市入境旅游的质量效益指标依然好于规模指标。与上海相比，北京市入境旅游人数及其增长指标均不及上海市的水平。从入境游客向外扩散来看，抵京入境游客在各城市间的扩散相对更为均衡，有利于客源市场的多元化拓展。

1. 北京市入境旅游在全国范围内的位置

2013 年全国接待入境（过夜）旅游者人数为 5568.59 万人次，较上年下降 3.53%；北京这一指标的降幅大于全国水平 6.6 个百分点；北京入境旅游人数占全国 8.08%，较上年份额微降 0.6 个百分点。2013 年全国旅游外汇收入为 516.64 亿美元，较上年增长 3.27%；北京这一指标不升反降，降幅大于全国水平 10.2 个百分点；北京旅游外汇收入占全国 9.28%，较上年份额下降 1 个百分点。

从北京市入境旅游占全国的份额来看，依然是收入占比（9.28%）高于人数占比（8.08%），即相对于全国水平，北京市入境旅游的质量效益指标依然好于规模指标。

从主要客源国的比较来看（见表6），2013 年来华人数全国排在前3位的是韩国、日本和俄罗斯，其次超过200万人次的还有美国（列第4位），超过100万人次的还有三个亚洲国家越南、马来西亚和蒙古，依次列第5、6、7位。2013 年来北京的入境旅游者人数排在前3位的是美国、韩国和日本，其次超过20万人次的还有德国（列第4位）。比较发现，来北京的入境旅游者以来自欧美国家的游客居多，而从全国来看，则以来自亚洲国家的游客居多。

表6　2013 年全国及北京按国籍分的入境旅游市场情况

单位：万人次，%

全　　国			北　　京		
主要客源国	来华人数	同比增长	主要客源国	来京人数	同比增长
韩　　国	396.90	−2.48	美　　国	74.70	−0.6
日　　本	287.75	−18.21	韩　　国	37.71	−14.6
俄 罗 斯	218.63	−9.89	日　　本	24.87	−43.1
美　　国	208.53	−1.55	德　　国	23.03	−5.9
越　　南	136.54	20.07	英　　国	17.54	−5.1
马来西亚	120.65	−2.34	俄 罗 斯	16.68	−16.7
蒙　　古	105.00	3.91	加 拿 大	15.85	−7.7
菲 律 宾	99.67	3.61	澳大利亚	15.51	−8.1
新 加 坡	96.66	−5.95	法　　国	13.42	−10.9
澳大利亚	72.31	−6.62	马来西亚	13.41	−16.9
加 拿 大	68.42	−3.40	新 加 坡	12.96	−15.9
印　　度	67.67	10.90	印　　度	7.21	1.8
泰　　国	65.17	0.63	意 大 利	6.74	−17.6
德　　国	64.93	−1.57	蒙　　古	6.32	−13.3
英　　国	62.50	1.07	印度尼西亚	6.20	−7.4
印度尼西亚	60.53	−2.68	泰　　国	5.80	−9.6

2. 北京市与上海市入境旅游比较研究

2013 年上海市接待入境旅游者 614.09 万人次，同比下降 5.7%，较北京市多接待了 164 万人次，同比下降幅度较北京市少 4.4 个百分点。

从主要客源国的比较来看（见表7），2013 年来沪入境旅游者人数排在前

3 位的是日本、美国和韩国，三者均超过 50 万人次，其次超过 20 万人次的还有德国（列第 4 位）。2013 年来京入境旅游者人数排在前 3 位的是美国、韩国和日本，其中只有美国超过了 50 万人次，其次超过 20 万人次的也是德国（列第 4 位）。比较发现，在表 7 所列示的 16 个主要客源国中，北京和上海两地有14 个客源国是相同的（不含来京的印度和蒙古国以及来沪的菲律宾和新西兰）；在前 4 位国家中，来北京与上海的国家相同，人数不尽相同，其中美国来京比来沪入境旅游人数多 11.78 万人次，韩国来京比来沪入境旅游人数少15.93 万人次，日本来京比来沪入境旅游者人数少 62.1 万人次（即少 2/3），德国上述指标两地基本持平；上述指标两地基本持平的国家还有英国、加拿大、澳大利亚和泰国；而上述指标两地差距较大的还有 6 个国家，其中来京俄罗斯游客比来沪多 8.38 万人次，法国、马来西亚、新加坡、意大利和印度尼西亚 5 国来京游客比来沪均少 3 万～5 万人次左右；从入境旅游者人数的增长速度来看，除印度来京旅游人数是正增长以外，其他 15 个国家均为负增长，而上海的前 16 个主要客源国中正、负增长各半。

表 7　2013 年北京及上海按国籍分入境旅游市场情况

单位：万人次，%

北　京			上　海		
主要客源国	来京人数	同比增长	主要客源国	来沪人数	同比增长
美　　国	74.70	-0.6	日　　本	86.97	-21.58
韩　　国	37.71	-14.6	美　　国	62.92	-4.09
日　　本	24.87	-43.1	韩　　国	53.64	-8.95
德　　国	23.03	-5.9	德　　国	25.00	0.23
英　　国	17.54	-5.1	菲　律　宾	18.39	15.50
俄　罗　斯	16.68	-16.7	法　　国	18.09	3.50
加　拿　大	15.85	-7.7	英　　国	17.97	6.61
澳大利亚	15.51	-8.1	澳大利亚	17.00	-3.03
法　　国	13.42	-10.9	马来西亚	16.67	4.32
马来西亚	13.41	-16.9	新　加　坡	16.53	-4.44
新　加　坡	12.96	-15.9	加　拿　大	14.20	-10.73
印　　度	7.21	1.8	印度尼西亚	11.51	7.08
意　大　利	6.74	-17.6	意　大　利	9.59	0.40
蒙　　古	6.32	-13.3	俄　罗　斯	8.30	-3.97
印度尼西亚	6.20	-7.4	泰　　国	7.46	-8.50
泰　　国	5.80	-9.6	新　西　兰	3.14	10.60

3. 北京市入境旅游的流向与扩散路径分析

中国旅游研究院根据 2012 年度的抽样调查资料显示，入境游客以北京为节点向外扩散，排名前 11 位的主要扩散目的地城市依次为：上海、西安、成都、沈阳、广州、杭州、天津、平遥、青岛、大连和重庆（见图 3）。

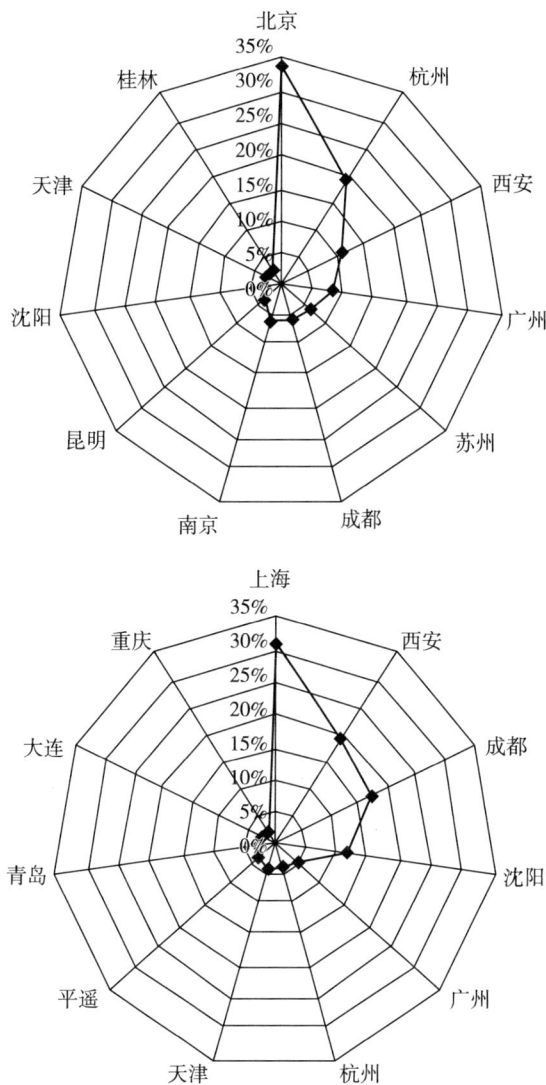

**图 3　入境游客分别以北京（上）、上海（下）
为节点向其他城市扩散雷达图**

从入境游客以北京为节点向其他城市扩散的数量份额来看，北京扩散至上海的游客最多，占总扩散人次的31.29%。入境旅游以上海为节点向外部扩散，排名第一位的是北京，上海扩散至北京的游客人数最多，占总扩散人次的33.53%。

从北京、上海两市的入境客流扩散比较来看，上海扩散至北京的游客占总扩散人次比重高出北京扩散至上海的这一指标2.24个百分点，且以北京为节点的入境游客扩散雷达图所围合的蓝线内区域、较上海的该区域宽一些，表明抵京入境游客向其他城市间扩散的比重较为均衡，抵京入境游客扩散至上海、西安、成都、沈阳均有相当的比重；而上海的这一区域较北京的要窄一些，表明抵沪入境游客向其他城市间扩散的比重较为集中，抵沪入境游客主要集中扩散至北京、杭州两市。上述扩散特点将为入境游客招徕、产品设计、地区间联合营销提供依据。

（四）全球视野下的北京市入境旅游研究

2013年国际旅游客流总量呈稳步增长态势，国际旅游增长的中心持续东移；然而中国及北京的入境旅游指标均不及国际或地区平均水平。

据世界旅游组织（UNWTO）2014年1月20日最新一期发布的国际旅游晴雨表显示，国际游客到中国香港人数在2013年实现增长5%，达到创纪录的10.87亿人次。尽管受到全球经济不景气的影响，国际旅游的表现仍高于之前的预期，国际游客数量在2013年有5200万人次的增长。国际旅游需求最为强劲的目的地为亚洲及太平洋地区（+6%）、非洲（+6%）和欧洲（+5%）；次级区域中处于前列的分别为东南亚（+10%）、中东欧（+7%）、南欧及地中海（+6%）和北非（+6%）。

世界旅游组织（UNWTO）秘书长塔利布·里法伊（Taleb Rifai）指出："2013年对于国际旅游是卓越的一年。尽管有经济疲软和地缘政治的挑战，全世界的旅游部门在应对市场条件变化、增速发展及创造就业方面均表现出非凡的能力。在很多经济体中，旅游相较于其他部门都带来了更多的积极消息。"

亚洲及太平洋地区（+6%）的增长速度处于领先，国际游客数量提高1400万人次，总数达2.48亿人次；东南亚（+10%）是次级区域中表现最好的，同时南亚（+5%）、大洋洲和东北亚（均为+4%）都呈现适度增长。

然而，中国和北京均未达到亚洲及太平洋地区增长 6% 或东北亚增长 4% 的水平。

二 北京市入境旅游发展影响因素分析

（一）季节因素影响走势

从 2013 年各月北京接待入境旅游者人数走势看（见图4），与 2012 年基本一致，从图线看，9 月起与 2012 年重叠，8 月及以前与 2012 年走势基本一致，且略低于 2012 年水平。旅游人数整体上呈现季节性波动，两个接待量高峰期分别为 4~6 月和 9~10 月，这符合北京旅游业具有明显季节性周期变动的特征。

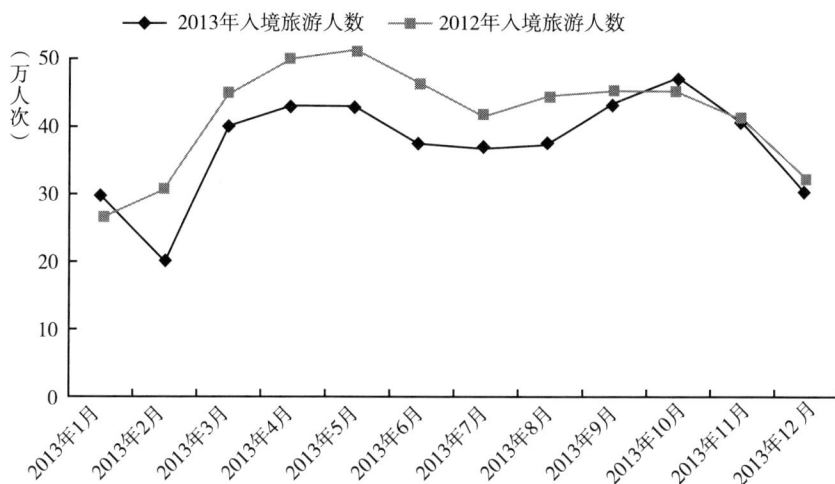

图 4　2012 年和 2013 年北京市月接待入境旅游人数走势

2013 年 1 月北京市出现了大面积、长时间的雾霾天气，空气质量综合指数为 17①，空气污染严重，使开局良好的北京市入境旅游在 2 月份遭受重挫、

---

① 全国 74 个城市空气质量状况月报，来自于中国环境监测总站官方网站，其中所使用的"空气质量综合指数"是描述城市环境空气质量综合状况的无量纲指数，它综合考虑了 SO_2、NO_2、PM_{10}、$PM_{2.5}$、CO、O_3 等六项污染物的污染情况，该指数越大，表明综合污染程度越重。在 74 个被检测的城市中，海口的空气质量综合指数属于最低的城市之一，2013 年各月基本都在 1~2。

跌入谷底。以后各月接待入境旅游者同比增幅多为负增长（见图5）。由于空气质量指标较之于入境旅游指标为先行指标，即入境旅游指标对空气指标的反映需要一段时间、具有时滞性，因此2013年下半年起，随着北京市空气质量趋于平稳（空气质量综合指数在3.5~4.5），入境旅游人数降幅逐渐收窄、并转为正增长。即空气质量综合指数指标下行，经过一个时期后，在其他条件不变的情况下，入境旅游人数指标开始上行。

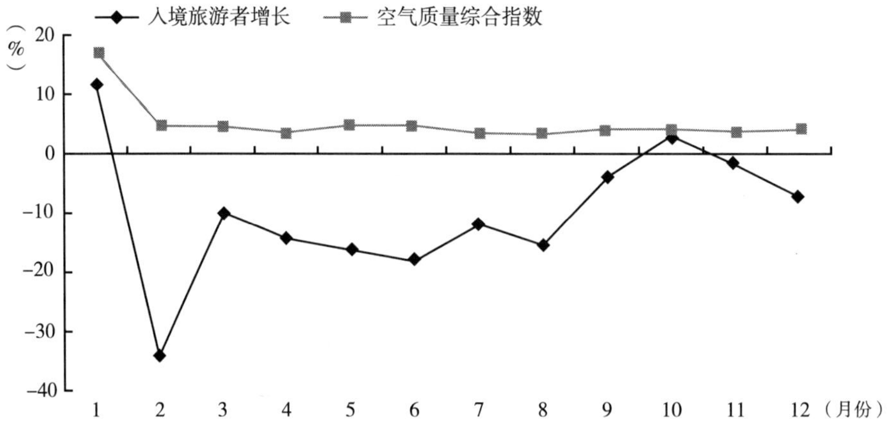

图5　2013年北京市接待入境旅游人数增长幅度及空气质量状况

（二）国内相关因素对北京入境游市场发展的影响

国内政治、经济、市场方面均呈现有利于北京入境旅游发展的宏观环境。目前阶段，对北京入境旅游发展构成负面影响的因素：一是北京市及其周边地区的空气质量等生态环境污染问题；二是中西部城市积极采取鼓励开通国际直通航班的政策，北京的国际交通枢纽作用在减弱。国内其他旅游目的地吸引力相对提升，分流了北京的入境游市场份额，使北京面临前所未有的激烈竞争之中。

（三）国际相关因素对北京入境游市场发展的影响分析

据世界旅游组织2014年1月20日发布的最新一期国际旅游晴雨表，对于2014年世界旅游组织预测仍将有4%~4.5%的增长，仍高于2010~2020年长期预期中年均增长 3.8% 的速度。基于世界范围超过 300 名专家反馈得出的世界旅游组织信心指数也支持这一预测，2014 年将达高于上一年度的增长。

世界旅游组织秘书长塔利布·里法伊指出："2013 年令人鼓舞的结果和对于 2014 年全球经济复苏的预期，使得国际旅游在新年度继续被看好。因此世界旅游组织（UNWTO）呼吁各国政府出台更多相应的促进政策，以促进旅游部门的可持续增长。"2014 年预计增长速度最快的区域为亚洲及太平洋地区（5% ~6%）和非洲（4% ~6%），其次为欧洲和美洲（均为 3% ~4%）。中东地区尽管存在较多不确定因素，但预计仍会有所增长（0% ~5%）。

三　北京市入境旅游发展政策建议

（一）正视北京的空气污染，重聚北京作为国际旅游目的地的吸引力

2014 年，北京可以通过空气质量预警、保险等举措，采取近远期措施结合，联合北京市环保局、北京市环境质量监测站，通过北京市旅游委的平台，即官方渠道，及时对来自境外行前、行中的游客发布空气质量预报和预警信息，以及在不同空气质量环境下如何调整行程、选择适宜的旅游活动。另外，可尝试联合保险公司推出相关险种，以尽最大努力保护旅游者的健康和经济利益。从长远来看，京津冀应协同发展，同呼吸、共奋斗，联合起来、优势互补，积极应对挑战，加大经济结构调整和转型升级力度，以绿色、环保的评价体系为导向，优化产业构成，落实促进包括旅游业在内的绿色、环保产业发展政策，才能从根本上改善空气质量、重塑北京城市形象、重聚北京作为国际旅游目的地的吸引力。

（二）重视周边目的地的激烈竞争

在全面深入研究客源市场需求的基础上，通过编制市场总体营销规划等措施，提升营销效率与效益水平，从而提高入境旅游市场占有率。2013 年，由于北京及其周边地区频繁出现的雾霾天气，使北京作为国际旅游目的地的形象

受损，致使周边竞争性目的地市场乘机而动，抢占了北京的部分入境旅游市场份额，使北京处于与周边目的地之间前所未有的激烈竞争之中。为此，北京必须高度重视，在市场需求调研的基础上，确立新形势下北京国际旅游形象的主题和口号，细分包括初次或复游来京入境旅游者在内的国际旅游客源市场，制定精准化的促销措施，加强利用新媒体促销手段，形成既形式多样又主题统一、形象鲜明、效果叠加的国际旅游营销体系，通过编制北京市入境旅游市场总体营销规划等措施，提升营销效率和效益水平，从而提高入境旅游市场占有率。

（三）积极开拓新兴市场

北京的入境旅游在经历高速增长期之后，将回归一种常态的稳定增长时期，欲寻求新的突破、新的增长点，即需要在维护传统入境市场的同时，积极拓展新兴市场，特别是在充满活力的新兴经济体国家中找寻机会。目前，北京周边的中国台湾、日本、泰国等市场均在走入境旅游市场多元化的发展之路。北京入境旅游客源市场也应进行多元化发展，创造北京入境旅游新的增长点。

（四）通过积极促进解决制约北京入境旅游进一步发展的瓶颈

我国签证、免税、航权等综合性政策长期得不到突破，是一直以来制约北京入境旅游进一步发展的瓶颈问题。除了将"北京市旅行社入境旅游奖励资金"做好、落实以外，在新形势下，还应深入了解入境旅游经营企业的状况，越困难越应加大支持力度，给它们更多政策扶持和奖励，以及提供急需的公共服务，引领其拓展市场、创新产品，充分调动企业经营入境旅游产品的积极性。

（五）促进互为目的地与客源地国家（或地区）间的互惠合作

2013 年中国出境旅游人数 9800 万人次。目前，中国已批准 140 多个国家和地区为中国公民出境旅游目的地。因此，促进互为目的地与客源地国家（或地区）间的互惠合作，借力、联合相互间的政府、协会、企业，共同推进入境旅游。

（六）北京入境游市场驱动力将从"封闭红利"走向"开放红利"

据统计，2012 年 67% 的国际旅游人数和 63% 的国际旅游外汇收入是在欧美发达国家之间产生和消化的。这充分说明，游客重复消费的往往是以差异性为基础的相似性产品，发达国家的游客更倾向于选择生活方式相似的国家作为目的地。以前中国的入境旅游往往是一种封闭式的发展模式，入境游客下飞机后用大巴车接到酒店，再用大巴车把他们送往景区，在这样一个相对封闭的旅游过程当中，入境游客是体验不到常态的中国老百姓生活的。今后北京旅游应选择一条入境游客与居民日常生活零距离接触的新型发展道路。北京的入境旅游将会更加开放，会衍生出更多开放型的产品让普通老百姓的常态生活成为更有吸引力的旅游资源，会有越来越多的入境游客通过体验北京老百姓的生活方式认识一个传统而现代的北京、传统而现代的中国。

总之，2014 年北京入境旅游市场仍面临巨大挑战，将是艰难前行、期待增长的一年。在新形势下，入境旅游发展虽然遭遇了前所未有的挑战，然而，国家、北京市发展入境旅游的决心从未动摇，"中国梦"重新坚定了我们发展入境旅游的信心。在"中国梦"的战略支撑下，入境旅游必将以全新的面貌迎来全新的发展，北京也必将还给世界一幅清新、亮丽、大气、磅礴的新画卷。

参考文献

北京旅游学会：《北京旅游发展报告（2013）》，社会科学文献出版社，2013。

国家旅游局旅游促进与国际合作司、中国旅游研究院：《中国入境旅游发展年度报告（2013）》，旅游教育出版社，2013。

G . 17

北京入境旅游市场韩国入境游分析报告

文春英　张婷婷　陶隽语　张丽君*

摘　要:

　　韩国占北京入境旅游市场的份额举足轻重,曾一度赶超日本成为北京第二大旅游客源国(美国排名第一)。但是最近几年,韩国来京入境旅游人数出现明显下滑趋势,这在一定程度上对北京入境旅游市场产生了冲击。本文通过大量调研和数据整理,获得了北京入境旅游市场的第一手信息资料,同时对韩国驻中国使馆文化院、韩国观光公社、韩国主要旅行社、韩国主要媒体及国家旅游局、北京市旅游委等相关部门进行了深入的访谈。在此基础上,从北京入境旅游发展的大环境、主客观因素、韩国游客现状及韩国游客行为习惯等多个维度,深入剖析韩国来京游客数量下滑的原因,并为北京进一步开拓韩国入境游市场、全面提升北京国际旅游形象提出了切实可行的建议。

关键词:

　　北京　入境旅游　韩国　原因分析　可行性建议

一　北京入境旅游市场韩国入境旅游呈现逐年下滑趋势

(一)北京市场入境旅游人数整体下滑

从 2011～2013 年的北京入境游总人数数据来看,近几年北京入境游人数

---

* 文春英,中国传媒大学亚洲传媒研究中心副主任;张婷婷,中国传媒大学亚洲传媒研究中心城市形象传播研究基地秘书长;陶隽语,中国传媒大学亚洲传媒研究中心城市形象传播研究基地副秘书长;张丽君,中国传媒大学亚洲传媒研究中心城市形象传播研究基地研究员。

一直呈现下滑的趋势。2011 年，全市接待入境旅游者达 520.4 万人次，比上年增长 6.2%；2012 年，全市接待入境旅游者 500.9 万人次，比上年减少 3.7%；2013 年，全市接待入境旅游者 450.1 万人次，同比减少 10.1%（见图 1）。

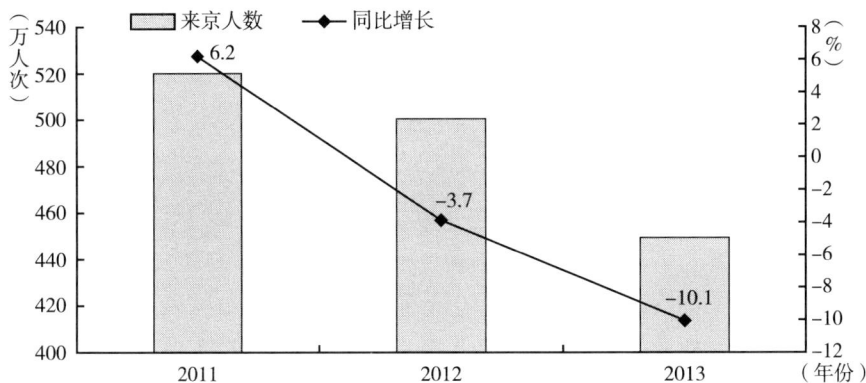

图 1　2011～2013 年北京入境游人数对比情况

最新统计数据显示，2014 年第一季度，北京市接待入境游客仅为 80.9 万人次，比上年同期下降 10.5%。从洲际客源市场情况看，接待亚洲游客（不含中国港澳台）38.2 万人次，下降 11.1%；接待欧洲游客 20.1 万人次，下降 13.3%；接待美洲游客 18.1 万人次，下降 4.3%；接待大洋洲游客 2.6 万人次，下降 19.5%；接待非洲游客 1.5 万人次，下降 3.3%（见图 2）。

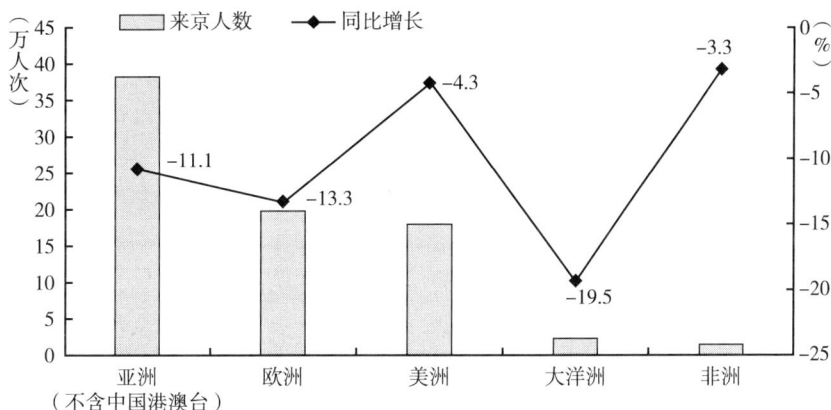

图 2　2014 年第一季度北京入境旅游市场各洲际入境人数情况

（二）北京市场韩国入境旅游人数呈逐年下滑趋势

美国、韩国和日本是北京市入境游三大主要客源国，这三国客源量合计占北京入境旅游市场的份额超过1/3。但最近几年，三大客源国的入境人数呈逐年递减态势，据2014年1月公布的三大客源国入境人数统计，与同期相比，三大客源国均出现严重下滑。

同时，作为已赶超日本、中国香港、德国等客源地成为北京第二大旅游客源国（美国排名第一）的韩国，自2011年之后来京入境旅游人数也呈现出逐年下滑趋势。

北京市统计局最新数据显示，2011年，韩国来京入境人数达53.3万人次，比上年增长5.5%，自2011年之后，北京入境游人数呈逐年减少趋势；2012年，韩国来京旅游人数44.2万人次，比上年下降17.2%，仅占入境游外国人市场份额的10.2%；2013年上半年，更是同比下降了22.3%；2014年1月，韩国来京游客也仅为2.49万人次，同比下降了19.4%（见图3）。

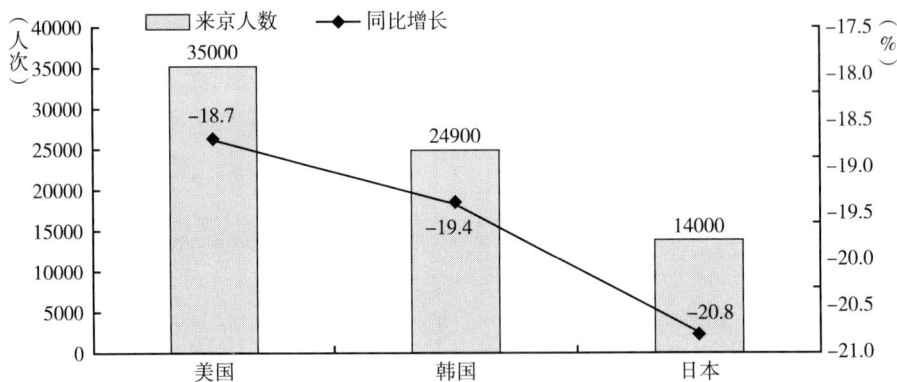

图3　2014年1月北京三大主要客源国入境人数对比情况

（三）现状小结

通过前两部分的数据分析可知，北京近几年入境旅游总人数呈逐年下滑趋势，既包括各个洲的入境旅游人数，也包括韩国来京入境旅游人数。

基于此，课题组通过与北京市旅委、国家旅游局、韩国文化院、韩国观光公社等相关机构负责人进行访谈，整理查阅了大量文献资料，通过组织专家小组研讨，对造成这一现状的原因进行了深入分析，并针对原因提出了具体的可行性建议。

二 北京入境旅游市场韩国入境旅游 人数下滑现状的原因分析

课题组主要从近几年韩国出境游现状及游客行为特点、国内主打韩国旅游市场的省份的发展动向、北京自身主客观因素等多个维度，对可能造成北京市场韩国入境旅游人数下滑的影响因素进行分析，在此基础上，提炼出最具影响力的因素。

（一）韩国出境游整体现状分析

受2008年金融危机影响，韩国出境旅游人数在2008年和2009年下滑明显，但自2010年起快速回升，2010年韩国整体出境旅游人数达1248.8万人次，较上年增长了31.5%；2011年，韩国出境旅游人数达1269.4万人次，较上年增长了1.6%；2012年，达1373.7万人次，较上年增长了8.2%（见图4）。

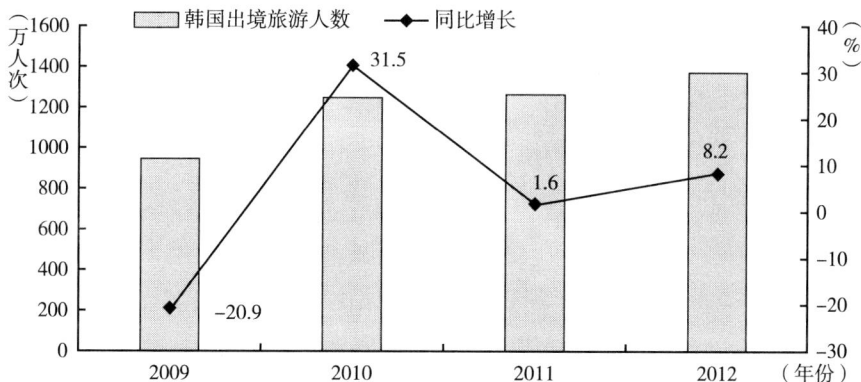

图4 2009～2012年韩国出境旅游总人数情况

通过对比分析韩国在几大主要国家和地区的出境旅游人数，发现韩国出境旅游人数除了在中国、日本有所下降外，整体呈现逐年上升趋势（见表1）。

表1　2010～2012年韩国在几大国家和地区出境游统计

单位：人次，%

出境国家和地区	2010 年		2011 年		2012 年	
	数量	同比	数量	同比	数量	同比
中　　国	4076400	27.5	4185400	2.7	4069900	-2.8
日　　本	2439816	53.8	1658073	-32.0	2044249	23.3
中国香港	891024	44.0	1020996	14.6	1078458	5.6
泰　　国	805445	30.3	1006283	24.9	1171751	16.4
菲 律 宾	740622	48.7	925204	24.9	1031155	11.5
美　　国	1107518	48.9	1145216	3.4	1251432	9.3
越　　南	495902	36.9	536408	8.2	700917	30.7
新 加 坡	360615	32.6	414879	15.0	445157	7.3

通过韩国出境游几大主要国家和地区的旅游人数统计得知，2012 年仅中国出现下滑状态，韩国去越南旅游人数出现了高达 30.7% 的涨幅。

汇总以上数据可知：最近几年，韩国出境旅游总人数并未下降，仍然是中国入境旅游主要客源国。但在 2012 年，对比以上八大国家和地区，唯有中国的韩国入境旅游人数出现了明显下滑。

（二）韩国出境游客年龄及旅游行为变化分析

近几年，集中在 31～60 岁年龄段的韩国出境游客数量上涨幅度要明显高于其他年龄段。在该年龄段中，女性游客数量上涨幅度开始赶超男性游客数量，2012 年，男性游客数量较上年增长 6.2%，而女性出境游客数量较上年增长 10.1%。韩国出境游客年龄及性别的变化差异，也在某种程度上对选择哪个国家、哪个城市、哪种旅游方式产生了影响。

除此之外，课题组也对中国旅游市场韩国出境游客的旅行类型，进行了了解，最近几年主要集中在历史文化游、自然风景游、大都市游三大出境旅游类型。

三大旅游类型	中国主要代表城市
历史文化游	北京、西安、洛阳
自然风景游	张家界、桂林、香格里拉
大 都 市 游	北京、上海、深圳、广州

近几年，韩国来中国入境旅游的游客中，旅游类型由历史文化游逐渐向自然风景游转变，更多的韩国游客选择去张家界、桂林、香格里拉、海南等地，同时，由简单的观光游览、休闲度假逐渐转向户外体验游，比如偏向于去中国河北太行山、河南云台山进行登山体验游。

（三）国内主打韩国旅游市场的省域发展动向分析

韩国出境旅游游客的旅游方式及行为习惯发生的变化，除了与韩国本土地域的文化特点有关外，也与国内城市及景区加大对韩国游客吸引的举措有着很大关系。

以海南为例，海南在2012年组团参加韩国国际旅游展，海南省政府组织代表团参加韩国丽水世界博览会（Expo Yeosu Korea），在世博会上展示海南形象，海南省旅游委组织多家景区、旅行社等前往韩国丽水、首尔、釜山做专项旅游促销，向韩国旅行社、媒体推介海南旅游特色。

烟台，是山东省第一个到韩国开展大规模城市专题旅游促销的城市。自2002年以来，烟台市旅游局基本每年都要组织到韩国进行旅游促销，并联合相关协会组织和旅游企业共同推介烟台旅游资源。韩国到烟台的旅游项目，从常规的观光产品，到登山、高尔夫、修学、体育舞蹈、马拉松、徒步等休闲度假专项产品，可谓品种齐全。同时，烟台还举办了各类主题的中韩旅游交流活动，比如中韩登山大会、中韩高尔夫大赛、韩国入境中国旅行商联盟（KTG）烟台旅游推介会等。

此外，郑州、桂林、张家界、厦门等多个城市，以进行旅游新产品开发、增强媒体投放、举办大型活动等多种方式吸引韩国游客，如郑州举办的"韩国旅游文化节""媒体采风团"等活动，厦门积极举办专门针对韩国游客的高尔夫球赛等。

由此，不难发现，随着近几年中国旅游市场的繁荣，中国更多的城市及景区开始加强对旅游产业的投入，除了结合自身资源加大对旅游产品的开发外，还积极主动向海外推介自身的旅游形象。国内针对韩国入境游市场的竞争，虽然在一定程度上对北京入境旅游市场造成了冲击，但同时也为北京入境旅游市场发展提供了可资借鉴的经验。

（四）北京在韩国入境游市场中的主客观要素分析

韩国出境旅游总人数逐年上升与韩国来京旅游人数逐年下降的不平衡状

态，除了韩国旅游人群及行为特点发生了变化对其造成一定影响外，北京自身旅游市场发展环境也是造成该现象的直接原因。通过与韩国文化院、韩国观光公社及韩国入境旅游游客的座谈访问，我们也从北京自身入境游发展的环境和动态方面，对造成韩国来京旅游人数逐年减少的原因进行了分析。

1. 客观影响因素

该部分内容主要包括国家形势、北京旅游发展环境及外界不可抵抗力等原因。

（1）人民币升值。自 2007 年以来，人民币一直呈现升值状态。伴随人民币升值，汇率也升高，北京物价 CPI 上涨迅速。这使得韩国来京旅游的旅游消费成本大幅上涨。

（2）空气。北京受连续雾霾影响，空气质量严重下降，这对于游客的出行造成了极大的不便。同时，韩国媒体对于北京 PM 数值的报道，更加深了韩国游客对来京旅游的恐惧。

（3）交通。由于人口聚集、交通拥堵、公共设施不足、道路标识国际化不够等多方面的原因，外国游客在北京市内的观光成本、时间成本大幅上升。面向韩国旅行社和韩国游客的调查显示，北京的交通状况在韩国游客心中的形象也是阻碍韩国游客前来的一个客观因素。

2. 主观因素

造成北京市场韩国入境旅游人数下滑的客观因素多与北京城市发展现状及环境因素有关，短时间内无法改善。因此，和北京旅游发展息息相关的主观影响因素，更加需要我们的重视。

（1）旅游产品。北京的旅游产品以"硬件旅游为主"，即景点游、景观游，如北京的王牌旅游招牌为故宫、长城、颐和园等历史文化景观，这些硬件产品是北京的特色也是优势。但随着旅游市场的细分化发展及旅游消费群体行为特点的变化，人们越来越重视"软件旅游"。"软件旅游"即以服务性、体验性为主导的旅游形式及旅游产品，如主题旅游、理念旅游、智慧旅游等多种更具针对性、舒适性、创意性、便捷性的旅游方式及旅游产品。而北京恰恰在"软件旅游"上比较欠缺，亟须以新的思维和活力，加强"软件旅游"的开发。

（2）二次旅游吸引力。课题组分析了自 1978 年以来在韩国出境游中来中国游客人数的构成和变化，可以认为，对于只有 5000 万人口的韩国来说，基本上已经达到每个人（除了老人、儿童和极端贫困人口）都来过一次中国的情况。而对于来过北京旅游的韩国游客来说，20 年前来北京体验的旅游产品与现在来北京能够体验到的旅游产品基本相同，包括能体验的旅游风光、能感受的旅游特色、能购买的旅游产品等。若不加强二次旅游吸引力的投入，韩国来京入境旅游人数还将持续呈现逐年减少的趋势。

（3）旅游方式。从目前北京在韩国投放的旅游产品来看，绝大部分韩国游客来京，只能选择跟团游。跟团游的游客多半是中低收入层且年龄偏大的游客。而各国旅游市场竞相争夺的旅游精力旺盛且旅游消费能力高的高端商务人士及青年旅游群体更喜欢自助游。在当前，北京"硬件旅游"和"软件旅游"都缺乏针对便利自助游的指引和一系列措施的支撑，无法很好地满足自助游群体的需求，从而大大降低对该部分旅游群体的吸引力。

（4）购物条件。就北京的购物商品及旅游相关纪念品而言，两极分化现象明显。一方面品质尚好的商品一般都标价不菲，但由于缺乏规范的市场管理，价格混乱、真假难辨、品质没有保障等都让外国游客难以放心购买；另一方面在长城、颐和园等知名旅游景点遍布的大众旅游纪念品，虽然价格低廉，但是同质化严重，且设计、材质、品质都普遍欠佳。北京旅游纪念品两极分化的现象导致真正能够被大多数外国游客选择购买的产品种类大大减少，这在一定程度上，大大降低了北京的入境旅游消费，也无形中降低了游客来北京的兴趣和动力。

（5）宣传、推广力度。北京与国内其他主打韩国入境旅游市场的城市相比，在进行旅游形象宣传投入上还存在一定差距。比如，三亚在 2013 年分别在韩国大型数字屏幕、知名平面媒体、户外媒体进行了三亚旅游形象的宣传，共计投入 200 余万元。郑州邀请韩国知名媒体组成媒体采风团，并同步在韩国网络媒体上进行持续跟踪报道。而韩国人在韩国国内较少有机会看到关于北京旅游的宣传品，如电视节目、网络广告、视频广告、户外广告以及报纸杂志广告等。同时，在社交媒体日渐活跃的今天，北京旅游也未能找到合适自己的社交平台，真正实现与韩国游客的互动与交流。北京在韩国市场上的消息或声音还不够，直接导致北京不会出现在韩国出境游的选择清单中。

（五）原因分析小结

通过以上数据分析可知：韩国出境旅游人数整体呈现逐年上升趋势，前往越南的旅游人数出现高达 30% 的涨幅，这说明，韩国出境游仍存在很大的市场空间。而针对北京市场韩国入境旅游人数逐渐下降的现状，除了韩国出境游客自身旅游行为及年龄构成变化和国内旅游市场的竞争加剧对其造成一定影响之外，更多的还是需要从北京旅游市场本身找原因，对北京旅游市场进行专业化、科学化升级和改造，加强对韩国入境旅游市场的研究，对目标受众进行细分，深度挖掘用户需求，有针对性地打造旅游产品，并在了解韩国媒体投放特点的前提下，更精准地选择媒体投放，从而从根本上解决北京市场韩国入境旅游人数下滑的问题，提升北京旅游的知名度及影响力，创造良好的经济效益和文化效益。

三　针对北京入境旅游市场韩国入境游的可行性建议

北京的空气及交通等客观因素，需要国家及每个公民的积极参与，是一项长期的任务；而旅游产品的开发、入境旅游二次吸引力的增强、旅游服务及旅游环境的改善及北京旅游形象的提升等主观因素，则需要我们从此刻起，一项一项地去落实，去完善。

近几年，北京市旅游委为推动北京入境旅游市场发展，做了大量工作，也取得了巨大成就，包括实现 72 小时过境免签政策、连续举办多届北京国际旅游博览会、北京国际旅游节、北京国际青年旅游节、中国国际旅游交易会及北京旅游亮相纽约新年倒计时等活动，这在很大程度上推动了北京入境旅游市场的发展，提升了北京国际旅游形象。

在针对韩国入境游市场开展具体工作时，我们需要借鉴以往成功经验，更需要根据韩国出境游现状及韩国游客旅游行为及特点的变化，量身定制合理、有效的市场运作手段，加强对韩国入境游市场的有效推动工作。本文通过对北京市场韩国入境游的调查、研究和分析，对发展北京市场韩国入境游提出以下几点可行性建议。

（一）塑造北京市韩国入境旅游市场的旅游品牌形象

以进一步明确北京旅游发展方向以及提升北京旅游形象为宗旨，对北京市韩国入境旅游市场进行品牌形象塑造，主要包括以下几点。

（1）确立北京清晰的旅游形象定位、旅游宣传主题及口号，打造独属于北京的旅游品牌形象。以此指导所有营销活动及媒体传播等工作的开展，让北京旅游在韩国游客心目中留下深刻且清晰的印象。

（2）对北京市韩国入境旅游游客进行细分，并全面分析入境旅游游客的旅游习惯、爱好需求、消费特点等，深度挖掘其对旅游产品的需求，进而开发更具针对性、更具吸引力的旅游产品及旅游服务。

（3）打造北京旅游的品牌故事，以简述故事的形式传递给韩国受众，加深其对北京旅游的形象认知，并渴望能真正走进北京、认知北京。

（二）重新包装现有旅游产品，并定制开发新旅游产品

北京的旅游线路和旅游产品一直属于粗放型产品，而随着旅游市场的发展、旅游人群消费习惯及媒体环境的变化，人们对旅游产品的选择开始偏向精细化。所以，北京旅游应该顺应这一变化，从以下两个方面着手，定制开发更加精细化的旅游产品。

1. 结合北京独特的资源优势，对已有旅游产品进行全新改造及包装

要从硬件设施、软件应用开发入手，大力开展智慧旅游的推广和落实，适应信息技术的普及和日常化带来的新型旅游方式；从产品理念上融入新的概念，开发体验旅游、主题旅游等。

2. 深度挖掘极具北京特色旅游文化资源，并积极向韩国游客推介

让韩国游客感受到独特的北京文化，感受浓厚的北京特色。北京旅游的核心是对文化的消费，而不是对物理空间的消费，因此应有针对性地研究文化与旅游产品的深度结合。根据课题组与韩国观光公社、旅行社和媒体的访谈，北京可以与旅游对接的文化资源非常丰富，如功夫、中医、书法、陶瓷、京剧、昆曲、北京地下乐队、广场舞等；再比如，《甄嬛传》《包青天》《舌尖上的中国》等中国电视剧和纪录片在韩国热播，可以开发相应的电视剧主题游、皇

家文化游、特色饮食游、中医养生游等。当然，这一开发的前提是要有非常了解韩国市场的专业人员，定期为北京旅游市场的决策提供信息和策略咨询。

3. 根据细分的目标人群，为其量身定制新的旅游产品和旅游路线

按照团组游、自助游、兴趣主题游、购物游以及青年学生、商务人士等多种细分类别，分门别类地了解消费者需求和偏好，有针对性地量身定制旅游线路和旅游产品。此外，北京也可发挥地缘优势，拓展周边，将北京与周边地区的特殊景点结合，设计开发新的旅游路线，比如与天津大型高尔夫球场、河北太行山旅游景区进行合作等，通过丰富的旅游产品及独特的旅游线路吸引韩国游客。

（三）提出针对韩国旅游市场的总体营销规划

针对韩国入境旅游市场，北京曾做了大量的营销推广工作，包括与《朝鲜日报》的合作，包括去首尔举办大型推介活动等，虽然很多举措形成了短期的亮点，但没能产生长期累加效应。在某一市场上的营销既需要时间上的延续，也需要同一时期内多种营销工具的呼应和配合。基于此，需要针对韩国入境旅游市场拟定一个总体的中长期营销规划，在充分了解韩国出境旅游发展形势及出境游客行为习惯基础上，以旅游市场发展为导向，打造一套针对韩国入境旅游市场的营销体系，包括营销愿景、营销目标的拟订、营销渠道的选择、营销时间把控及重大营销事件策划等，从战略和战术上对北京旅游市场营销进行规划和设计，真正实现累计营销效果。

（四）打造大型节庆活动及推介活动，持续吸引游客关注

北京旅游需要借助大型活动的影响力，持续吸引游客关注。我们主要从以下三点，提出具体的活动建议。

1. 吸引社会各方力量参与，加强北京旅游节庆的市场化运作

围绕北京清晰的旅游品牌形象定位，充分利用北京独有的文化资源，打造系列的可持续举办又能真正展现北京旅游形象的大型国际活动。台湾青年旅游节的经验可以借鉴，台湾青年旅游节通过开展创意市集等活动充分调动了学生、社团及民间极具创造力人士的共同参与热情，现已成为台湾地区极具国际

影响力的重大节庆旅游品牌活动。

同时，应该推动北京旅游的市场化运作，实现政府、企业、民间团体和广大民众的共同参与，以新的理念引发大家对北京旅游发展的高度重视和积极参与，为北京旅游市场注入新的活力。

2. 充分调动在京韩国留学生的参与热情

以在北京的韩国留学生为对象，打造针对韩国留学生的活动，激活他们的传播能量。比如，定期举办韩国留学生交流活动，进行北京的地理说明、旅游说明、文化说明等，加深他们在北京的融入感，增强他们对北京的了解。在此过程中，北京可设置环节，鼓励韩国留学生在网络上、社交媒体上为北京发出正面声音，可以采用他们的文章进行二次宣传。

3. 与韩国官方机构联合举办活动，积极走出去，推介北京旅游资源

韩国旅游相关职能部门在北京多设有办事处，我们可利用此便利条件与这些机构进行联合，共同举办活动。比如，联合韩国文化院共同举办中韩文化交流会等，与韩国国家旅游局、旅游振兴部联合举办旅游资源推介会，与韩国观光公社联合举办中韩旅游风情节，与韩国旅游城市开展国际友城交流活动等。此外，还可深入韩国，举办大型旅游资源交流及推介活动。因为，韩国人更相信韩国人自己的推介，我们需要借助韩国官方机构的力量，用韩国人的嘴，为北京旅游做宣传。以此让韩国相关人士能更加深刻、全面了解北京旅游产品和资源，了解北京旅游。

（五）深入了解韩国媒体特点，加大韩国媒体对北京旅游的报道宣传

韩国游客了解中国的旅游资源，更多的是来自媒体宣传。基于此，北京旅游需要在了解韩国媒体特点的基础上，从以下几点加大韩国媒体对北京旅游的报道宣传，从而吸引更多游客的关注。

1. 全面分析韩国媒体特点，深度挖掘合适的媒体资源进行精准投放

韩国的媒体普遍有鲜明的政治立场，政治立场决定了这些媒体的受众在阶层、年龄、喜好等方面有巨大的差异。我们必须对韩国媒体资源进行全面深入了解，深入挖掘韩国媒体资源，找准适合北京旅游形象进行宣传和投放的渠

道，按照其媒体投放特点重新进行资源组合，并有策略地去投放，以此保证媒体广告的投放力度及精准度。

2. 与韩国主流电视台开发电视节目，深度介绍北京旅游资源和产品

首尔曾经与中央电视台联合制作了15集首尔旅游的纪录片，详细介绍了首尔旅游的吃喝玩乐等方方面面，比如哪里的咖啡馆最有情调，在公园的哪个地方曾拍过什么电视剧，怎么购物最经济划算，购买纪念品的最佳店铺是哪家等等，该纪录片播出后，到首尔旅游的中国游客激增。我们可以借鉴该种模式，与韩国主流电视台开发电视节目，深度介绍北京旅游资源和产品。

3. 组建韩国媒体采风团，增强韩国媒体对北京旅游形象的正面报道

韩国大众主要依靠韩国媒体了解中国，北京旅游应该充分重视驻京或驻华韩国媒体记者的作用，积极组建媒体采风团，带他们体验北京新的旅游产品和旅游路线。比如，为扭转韩国游客对北京空气极差的印象，可先行带领媒体团深入京郊自然景观好的地方加以体验，不断增强北京旅游在韩国媒体的曝光度和正面宣传。同时，这样的活动也可以针对在北京的韩国留学生或在北京居住的韩国人。

4. 注重利用社交网络媒体获取关注并实现促销

北京除通过传统媒体向韩国游客介绍北京旅游外，也需在新媒体快速发展的今天，利用社交网络媒体获取关注，并实现促销推广。旅游产品对信息搜索和社交口碑的依赖度大，试想韩国游客只可能在韩国的社交媒体上用韩文搜索和咨询。因此，可以在韩国人使用最多的 Line、KakaoTalk 等社交平台上，注册北京旅游官网账号，及时向游客推送和北京旅游相关的产品信息，实现和韩国游客的即时互动，同时可发布旅游促销信息并发起系列有奖活动，吸引潜在游客的关注，并刺激其参与热情。

（六）启动营销效果评估并建立舆情监测机制

有效的营销评估体系，可以确保北京旅游营销活动及媒体传播朝着既定的目标前进，并且对实施环节进行监测，修正实施过程中出现的问题，并制定下一步的目标。同时，需要建立舆情监测机制，了解旅游市场发展形势、把握舆情动向、洞察韩国游客关注点及旅游行为变化，并能及时处理负面信息。

四 总结

韩国，作为北京入境旅游市场第二大客源国，对北京旅游的效益和发展起着重要作用，近几年该市场的连续下滑，是旅游市场环境、旅游方式、媒体环境变化的一个具体表征和信号，需要予以重视。但同时，改变现状，开展工作需要认真研究、系统思考和详细规划，需要清晰地认知北京旅游市场的现状，对造成该现状的因素进行科学、系统的分析和梳理，从而保证每项建议的提出都更具针对性、更具可行性。

课题组通过对韩国入境旅游的分析及可行性建议的提出，希望能明确北京旅游的形象定位，清晰旅游目标人群，深度了解游客需求，围绕定位及客户需求进行旅游产品开发、旅游资源推介、营销及传播规划等系列工作，以系统性的工作从根本上解决北京市场韩国入境旅游人数逐年下降的问题，希望能真正助力北京市场韩国入境游的发展，也为北京其他旅游客源国的开拓提供参考和借鉴。

2013 年北京乡村旅游的
特征分析与发展建议

殷 平*

摘 要:

乡村旅游是北京市旅游产业发展中的重要内容。2013 年北京市乡村旅游从总体规模和经济规模上都呈现了稳步提升的趋势。住宿收入比例下降,呈现出游客停留时间缩短的趋势。销售农产品及其他商品的收入在旅游总收入中的比重有所下滑,显示出乡村旅游产业链短的特征。全市各区(县)的乡村旅游点数量及经济指标有较大的差距,呈现出空间发展不均衡的特点。为了应对日益激烈的市场竞争,政府应引导乡村旅游地探讨产业融合、延伸旅游产业链的方法,加强规划,丰富产品内涵,开发出独具特色的旅游商品。

关键词:

乡村旅游 收入结构 空间结构 北京市

一 引言

乡村旅游是促进农民增收、拓展农业功能、增强农村发展活力、加快推进农业现代化的重要途径。发展乡村旅游的意义已经形成了社会共识。北京市的乡村旅游经过 20 多年的发展,培育了"一区(县)一色""一沟(村)

---

* 殷平,北京交通大学副教授,博士,北京旅游学会会员,主要研究方向为旅游产业空间分析、旅游目的地规划与管理。

一品""一村一业""八大业态""休闲产业聚集区"等产品体系和空间业态，在区域特色、行业管理、业态创新、政府投资、社区营销、融资模式等方面探索了具有北京特色的发展道路，形成了我国乡村旅游开发与管理的"北京模式"，为中国乡村旅游的发展探索出了一条独特的大都市乡村旅游发展道路。

为了更加全面的了解北京市乡村旅游在 2013 年的发展情况，从更深刻的层面分析乡村旅游"北京模式"在 2013 年呈现的特征与存在的问题，有针对性地提出未来促进北京市乡村旅游健康有序发展的政策建议，本文从北京市乡村旅游的规模和结构特征入手，分析了 2013 年北京市乡村旅游发展的总量规模、经济规模、收入结构、市场结构和空间结构等五大问题。进而分析了北京市乡村旅游产品供给与产业发展中存在的问题，最后为今后乡村旅游的发展提出了相关建议。

由于统计口径的限制，本报告中的"乡村旅游"所指的概念范围特指北京市管辖范围内的观光园与民俗旅游两种乡村旅游类型。京郊的森林公园、地质公园等景区、度假村等乡村旅游发展业态没有包括在本次报告的分析范畴中。

二 2013 年北京市乡村旅游发展的基本情况

（一） 发展规模

1. 总量规模

根据北京市统计局的数据，2013 年北京市共有 1299 个观光园，与 2012 年相比增加了 1.2%；全市从事民俗旅游的农户达到 1.53 万户，其中民俗旅游经营户达到 8530 户，两项数字与 2012 年相比分别增加了 692 户和 163 户。

从观光园与民俗旅游带来的经济收入来看，2013 年，全市观光园总收入 27.36 亿元，相比于 2012 年的 26.88 亿元总收入增长了 1.8%；全市民俗旅游总收入达 10.2 亿元，相比于 2012 年的 9.1 亿元增长了 12.1%。

2. 经济规模

2013 年，全市观光园共接待乡村旅游 1944.39 万人次，民俗旅游户共接待民俗旅游 1806.05 万人次。两者之和为 3750.44 万人次，与 2012 年相比增加了 114.73 万人次。观光园生产高峰期提供就业岗位 5.04 万余个，带动当地百姓就业 3.94 万余人，与 2012 年相比分别增加 3.1% 和 3.6%；民俗旅游期末从业人员达 1.96 万人，比 2012 年 1.87 万人增长了 4.8%。

3. 特征分析

从观光园和民俗旅游的稳步增长都可以看出北京市乡村旅游的稳步发展。乡村旅游需求促使了观光农业、休闲农业的产生，而观光农业、休闲农业是传统农业向旅游业的延伸，是旅游业与农业融合发展的产物。通过旅游业与农业的有机融合，一方面可扩展旅游业的内容，丰富旅游业的形式，满足多元化的旅游需求；另一方面则可推进农业经济技术合作交流，调整和优化农业的产业结构，提高农产品的附加值。乡村旅游的发展，也可以最大限度地解决农村闲置劳动力的问题，实现农村人口"离土不离乡"的目标，提供更多的创业、就业机会。北京全市 2013 年农业观光园从业人员和民俗旅游期末从业人员总数为 8.98 万人，比 2012 年（6.76 万人）增长了 32.84%。由此可见，发展乡村旅游不仅是实现丰富北京居民休闲游憩的重要方式，也是提高农村人均收入和生活质量、满足市区居民出游需求的重要途径。

（二）结构分析

1. 收入结构分析

从 2013 年观光园的收入结构图可见（见图1），采摘收入、出售农产品收入及餐饮收入为观光园收入的前三名。这在一定程度上说明吸引游客到观光园的最主要特色是观光园的采摘活动；同时，住宿收入比例低也证明了观光园接待的游客绝大多数是一日游游客。

从 2013 年与 2012 年的对比分析可见，两个年度的观光园收入结构有一些变化。比例提高的收入种类有：采摘收入、出售农产品收入和餐饮收入；比例下降的收入种类有出售其他商品收入、住宿收入和其他收入。这些变化进一步说明观光园的采摘活动、特色餐饮以及农产品是吸引游客到来的主要原因；

2013年观光园收入结构图

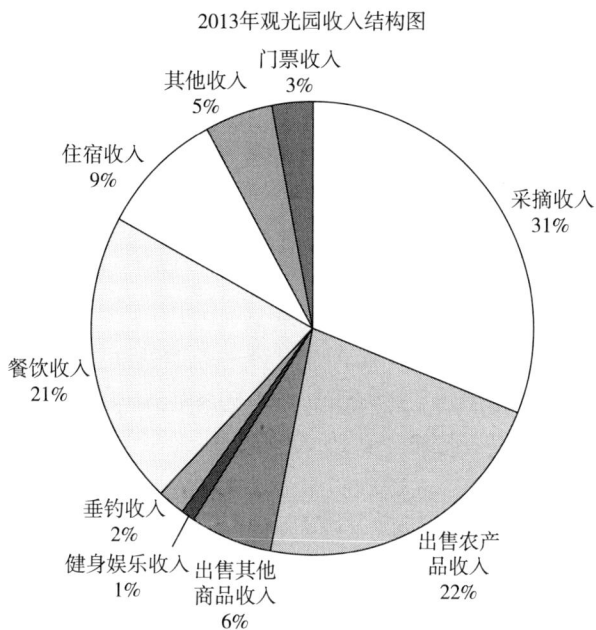

2012年观光园收入结构图

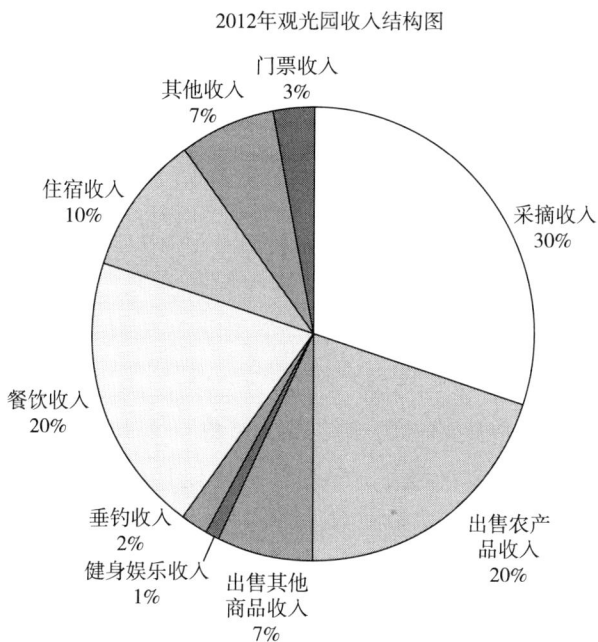

图1　2013年和2012年观光园收入结构对比

而住宿收入比例的变化说明观光园的过夜游客比例进一步下降；其他商品收入比例的下降，一方面说明观光园提供的旅游商品的吸引力下降，另一方面说明观光园的产业链在2013年没有得到延伸。由此可以推断出，观光园的旅游接待收入仍然停留在旅游业的收入增长上，在相关产业的带动作用上没有增强。

相比而言，民俗旅游的收入结构变化变动并不明显。餐饮收入比例有所上升，住宿收入比例有所下降（见图2）。虽然变动比例不大，但仍然需要从数字的变化中得到警示。因为相比而言住宿带来的净利润较高，住宿收入比例下降带来的就是净利润的下降，同时还有住宿资源利用率的下降。

2. 市场结构分析

2013年，北京观光园的接待人数总量为1944.39万人次，其中接待外国游客3.26万人次，中国港澳台游客0.55万人次；2012年的数据分别是1939.95万、2.88万和0.2万人次。从国内游客数量来看，2013年和2012年观光园接待的人数分别是1940.58万人次和1936.87万人次。由此可见，2013年，观光园的旅游人次全面增加，尤其以港澳台游客增加幅度最大，增长率为175.31%。（见图3）。

民俗旅游接待的游客总量呈现稳定的上升态势。这种上升态势主要得益于国内游客市场的贡献。国内游客从2012年的1690.53万人次上升到2013年的1801.64万人次；而外国游客和港澳台游客的人次延续了2012年以来的下降趋势。其中港澳台游客的数量下降的速度和幅度更快，从2012年的0.4万人次下降到2013年的0.22万人次；外国游客则从2012年的4.83万人次下降到2013年的4.69万人次（见图4）。

虽然观光园和民俗旅游村的接待人次总数自2010年以来保持了增长的态势，但却发生了结构性的变化。总接待人次增长的贡献主要来自于国内游客的增长。虽然2013年观光园的外国游客和中国港澳台游客较2012年有所增长，但中国港澳台游客和外国游客的数量与2010年相比仍然处于下降趋势中。

同时需要关注的是不同游客的需求偏好。外国游客更偏好民俗旅游村，中国港澳台游客和国内游客更偏好观光园。

2013年民俗旅游收入结构图

出售和加工自产
农产品收入
8%

住宿收入
18%

餐饮收入
74%

2012年民俗旅游收入结构图

出售和加工自产
农产品收入
8%

住宿收入
19%

餐饮收入
73%

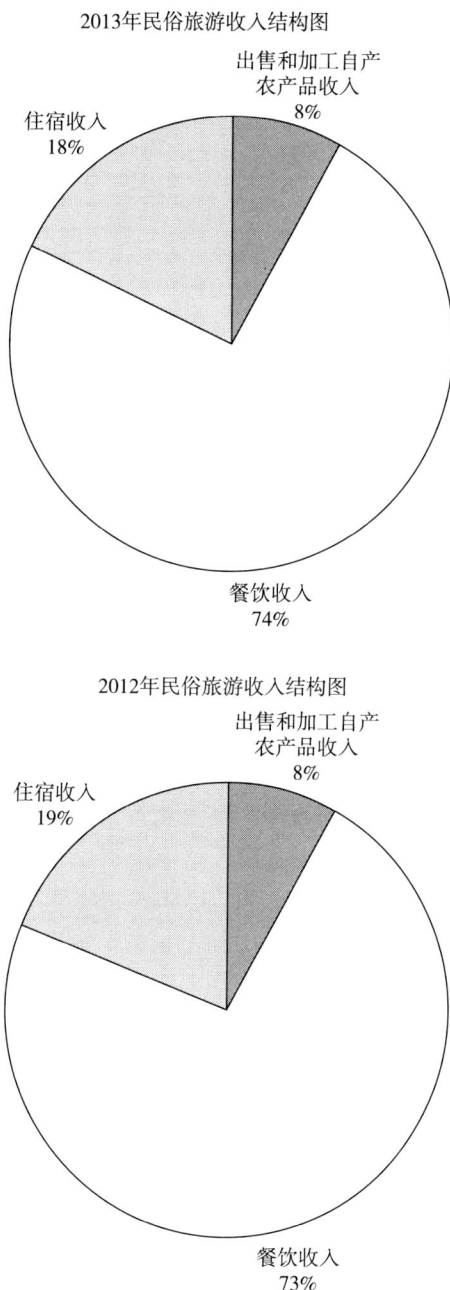

图2　2013 年和 2012 年民俗旅游收入结构对比

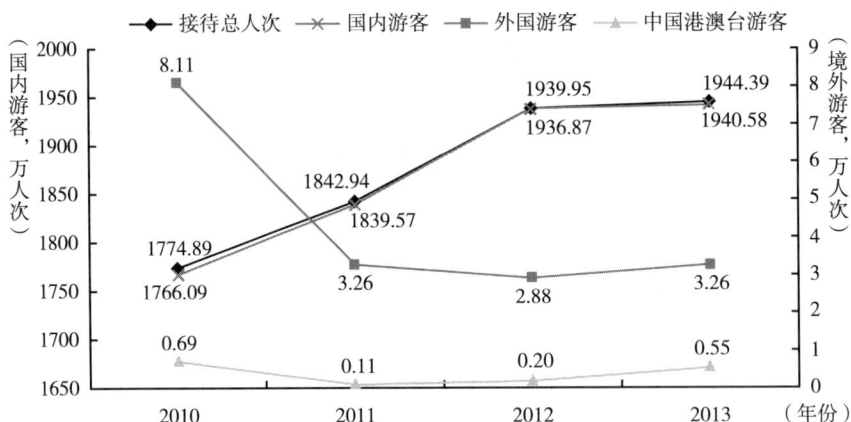

图3　2010～2013年观光园市场结构分析

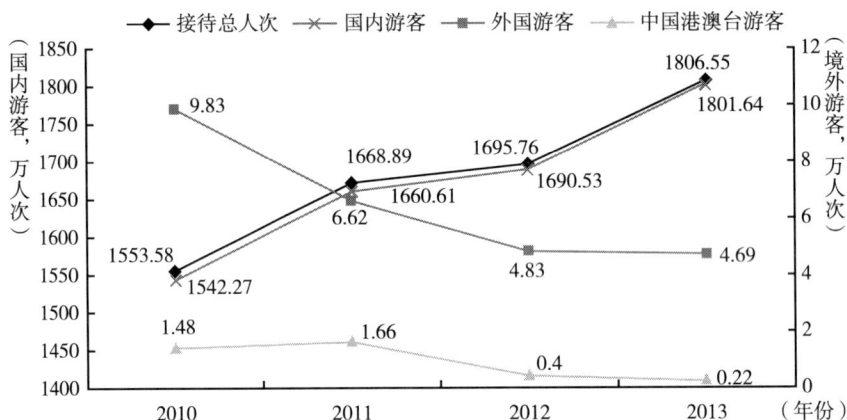

图4　2010～2013年民俗旅游市场结构分析

3. 空间结构分析

（1）观光园的空间结构分析

2013年北京市从各区（县）观光园的数量对比分析得出，怀柔、平谷和昌平的观光园数量依然占据了全市的前三位，分别为217个、213个和199个。丰台、朝阳、石景山是所有区（县）中观光园数量最少的三个区（县）（见图5）。

从观光园的数量变化来看，大部分区（县）的观光园数量与2012年相比有

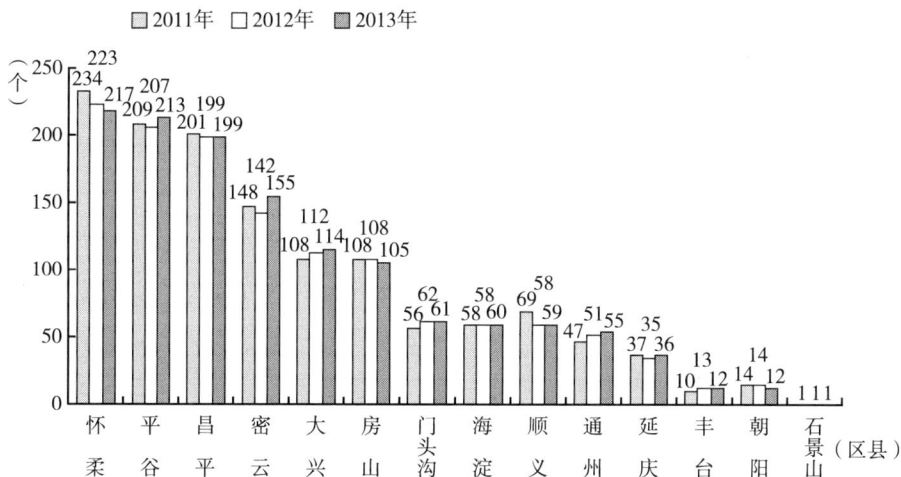

图5　2011～2013 年北京各区（县）观光园数量

所增加。这些区（县）包括平谷、密云、大兴、海淀、顺义、通州和延庆；观光园数量缩减的有怀柔、房山、门头沟、丰台和朝阳；而昌平和石景山观光园数量保持不变。

　　然而，从各区（县）观光园创造的经济总量来看，各区（县）的排名则与观光园数量排名完全不同（见图6）。平谷、密云和大兴接待的游客数量为全市前三位，三者之和占了全市观光园接待游客数量的 47.59%；而从观光园的总收入来看，昌平、密云和朝阳观光园的总收入为全市前三位，三区（县）的收入之和占全市观光园总收入的 49.83%。

　　从各区（县）观光园平均接待人次和平均收入来看（见图7），朝阳区表现极为突出。2013 年朝阳区观光园的数量虽然很少，但接待的游客数量却达到了117.33 万人次，平均每个观光园接待 9.77 万人次；观光园的总收入达到 4.2 亿元，平均每个观光园收入为 3519.08 万元。观光园数量少而平均接待人次和收入多的区（县）还有丰台、通州和顺义。而怀柔的观光园数量在全市列入统计的14 个区（县）中位居第 1 位，其平均接待人次却位居全市第 11 位，其平均收入位居全市第 13 位，这样的反差应当引起旅游主管部门及农业主管部门的注意。

　　（2）民俗旅游的空间结构分析

　　从行政区的角度分析 2013 年北京市民俗旅游户的空间差异，全市民俗旅

图6　2013年北京各区（县）观光园发展情况

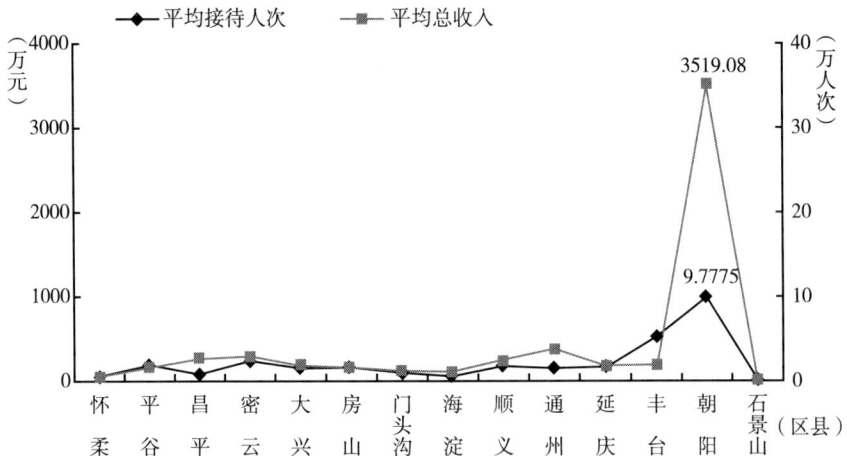

图7　2013年北京各区（县）观光园平均接待人次和平均总收入

游农户最多的前4个区（县）都位于生态涵养区，他们分别是平谷、密云、房山和怀柔。生态涵养区的另外区（县）门头沟与延庆的民俗旅游农户数量也在全市的前列。城市发展新区的通州、大兴、顺义3个区（县）民俗旅游农户较少，而城市功能拓展区的朝阳、海淀和丰台民俗旅游农户数量最少。尤其是丰台，没有农户参与民俗旅游经营活动（见图8）。

从年度数量变动趋势来看，2013年民俗旅游农户数量增加的区（县）有：

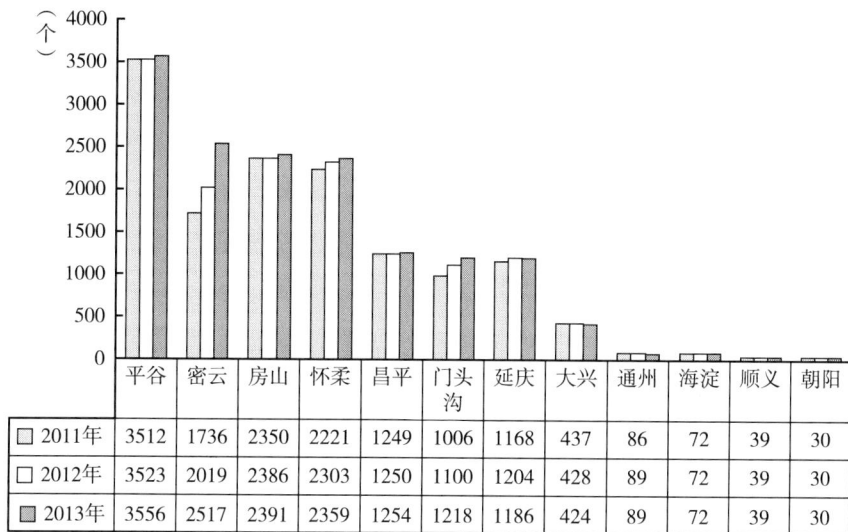

图 8　2011～2013 年北京各区（县）民俗旅游农户总量对比

	平谷	密云	房山	怀柔	昌平	门头沟	延庆	大兴	通州	海淀	顺义	朝阳
□ 2011年	3512	1736	2350	2221	1249	1006	1168	437	86	72	39	30
□ 2012年	3523	2019	2386	2303	1250	1100	1204	428	89	72	39	30
▨ 2013年	3556	2517	2391	2359	1254	1218	1186	424	89	72	39	30

平谷、密云、房山、怀柔、昌平、门头沟；农户数量减少的区（县）有：延庆、大兴；通州、海淀、顺义和朝阳的民俗旅游农户数量保持不变。其中变化最大的是密云，民俗旅游农户数量增加了498户，这一趋势延续了2012年的增长势头，2012年密云也是全市民俗户增加最多的区（县），增加的数量达到283户。

从各区（县）民俗旅游农户所接待的游客人次与总收入来看（见图9），各区（县）的排位序列基本与农户数量排位序列相同。唯一不同之处在于延庆的民俗旅游农户数量虽然仅列参与统计的12个区（县）的第7位，但其接待的游客数量却排在第1位，且总收入排在第2位。这一排序与2012年的排序略有不同。2012年延庆民俗旅游农户无论接待人次还是总收入都排在全市首位，相比而言2013年总收入位次有所下滑，应当引起主管部门的注意。

从民俗旅游户的平均收入来看，延庆以平均19.55万元的收入高居全市榜首，是排在最后的朝阳区平均收入的30多倍（见图10）。这充分说明延庆的民俗旅游发展路径、特色、经验值得其他区（县）学习。同样应当推广经验的是通州与房山的民俗旅游。在全市12个民俗旅游区（县）中，通州与房山的游客人均消费水平高，尤其是通州，民俗旅游游客人均消费为351.57元。这在其他区（县）人均消费基本保持在30～70元水平的对比下显得尤为突出。

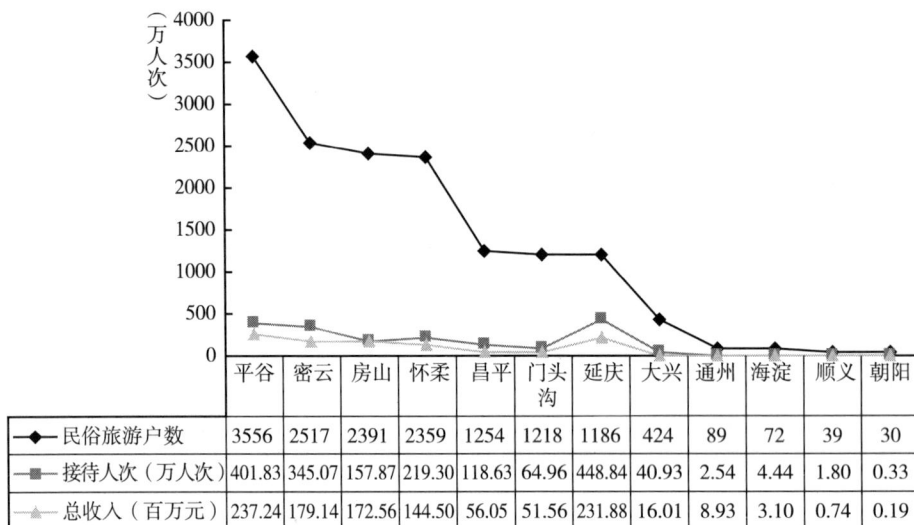

	平谷	密云	房山	怀柔	昌平	门头沟	延庆	大兴	通州	海淀	顺义	朝阳
民俗旅游户数	3556	2517	2391	2359	1254	1218	1186	424	89	72	39	30
接待人次（万人次）	401.83	345.07	157.87	219.30	118.63	64.96	448.84	40.93	2.54	4.44	1.80	0.33
总收入（百万元）	237.24	179.14	172.56	144.50	56.05	51.56	231.88	16.01	8.93	3.10	0.74	0.19

图 9　2013 年北京各区（县）民俗旅游发展情况

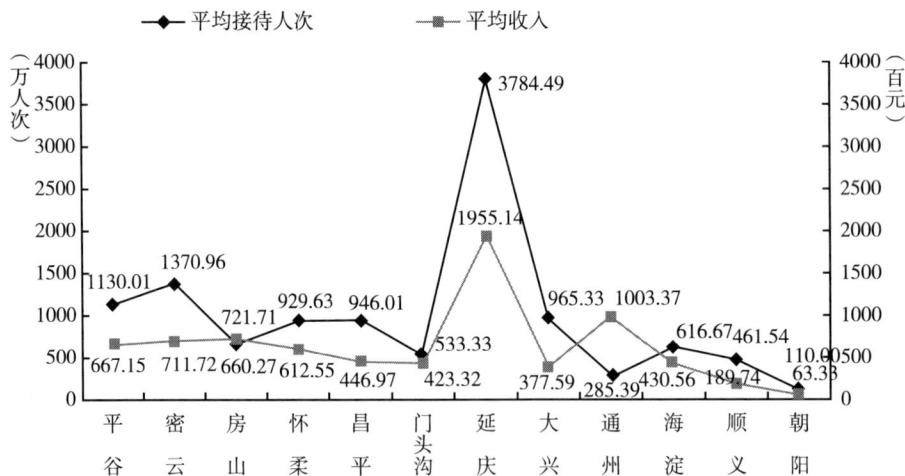

图 10　2013 年北京各区（县）民俗旅游农户平均接待人次与平均收入

三　2013 年北京市乡村旅游发展的特征总结

通过对北京市 2013 年乡村旅游发展相关统计数据的深入分析，总结出如下基本特征。

（一）总量规模与经济规模全面提升，乡村旅游呈现整体活力

2013 年全北京市共有 1299 个观光园、8530 个民俗旅游农户，与 2012 年相比分别增加了 692 户和 163 户；全市观光园总收入 27.36 亿元，全市民俗旅游总收入达 10.2 亿元，与 2012 年相比分别增加了 4779.1 万元和 1.14 亿元；全市观光园共接待乡村旅游 1944.39 万人次，民俗旅游户共接待民俗旅游 1806.05 万人次。两者之和为 3750.44 万人次，与 2012 年相比增长了 114.73 万人次；共提供就业岗位 7 万余个，带动当地百姓就业 5.9 万余人。

（二）游客停留时间缩短，资源潜力有很大的提升空间

2013 年全市观光园的住宿收入比例为 9%，民俗旅游农户住宿收入比例为 18%，与 2012 年相比，两项数字均下滑了 1 个百分点。正如前述，住宿是旅游产品构成中利润额相对较高的部分。2013 年全市乡村旅游产品的住宿收入份额继续降低，说明游客停留时间进一步缩短，带来住宿设施利用率下降的问题，同时也带来乡村旅游利润率下降的潜在威胁。

（三）采摘、餐饮为主要吸引物，乡村旅游产业链亟待全面延伸

在观光园的收入结构中，采摘、餐饮收入的比例之和为 52%，民俗旅游农户的餐饮收入比例高达 74%。由此可见北京市的乡村旅游仍然以实际的物质类旅游产品为主，服务类旅游产品如娱乐产品的开发力度薄弱。同时，出售农产品和其他商品的收入比例在观光园和民俗旅游农户的比例分别是 28% 和 8%。这一部分的收入比例不高，在一定程度上说明乡村旅游的开发，尚未引起其他相关产业的发展。

（四）国内游客为乡村旅游的主要市场，细分市场偏好不同

全市观光园和民俗旅游村的接待人次总数自 2010 年以来保持了增长的态势，但总接待人次增长的贡献主要来自于国内游客的增长。虽然 2013 年观光园的外国游客和中国港澳台游客较 2012 年有所增长，但与 2010 年相比，无论观光园还是民俗旅游接待农户，国际游客的数量仍然呈现出下降的趋势。

从细分市场的旅游偏好来看，外国游客更偏好民俗旅游农户的旅游产品，中国港澳台游客和国内游客更偏好观光园的旅游产品。

（五）城市功能拓展区与城市发展新区的规模小于生态涵养区

从空间布局上来看，无论是观光园还是民俗旅游农户，其数量规模都存在生态涵养区高于城市功能拓展区和城市发展新区的特征。观光园的空间布局中，生态涵养区的6个区（县）共有787个观光园，占全市观光园数量的60.59%；民俗旅游农户的空间布局中，生态涵养区的6个区（县）共有13227个民俗旅游农户，占全市民俗旅游农户的87.39%。由此可见，生态涵养区的区（县）是北京市乡村旅游主要的开发阵地。

（六）全市乡村旅游空间发展不平衡

在上述关于乡村旅游空间特征的分析中可以看到全市乡村旅游发展在空间分布上极不平衡。从观光园的发展来看，观光园数量最多的怀柔有观光园217个，而观光园数量最少的石景山区，只有1个观光园；民俗旅游户最多的平谷区有民俗旅游户3556户，而石景山、丰台没有民俗旅游户。因此，从绝对数量来看全市乡村旅游的发展在空间上极不平衡。

从乡村旅游发展的经济效益来看，朝阳和延庆表现非常突出。朝阳的观光园平均收入3519.08万元，而石景山和怀柔的观光园平均收入仅6万~7万元。而民俗旅游方面，延庆县的民俗旅游农户数量虽然仅仅位列参与统计的12个区（县）的第7位，但其接待的游客数量却排在第1位，且总收入列第2位。

四 北京市乡村旅游发展的政策建议

北京市乡村旅游的发展，不仅是各区（县）之间的竞争，更重要的是在未来城际高速铁路网络不断完善的环境下将会面临京津冀地区其他城市旅游业的强力竞争。未来围绕北京将形成由京津、京石、京沪、京张、京承、京秦等高速铁路或客运专线组成的高速铁路网络。便捷的高速铁路交通在扩大北京市民的出游半径，使得周末两日的出游目的地范围放大。换句话说，京郊乡村旅游开展的区（县）将失去对北京居民这一庞大市场的独占权利，转而成为高铁出行 2 小时范围圈内的普通的可供选择的目的地，面临着京津冀甚至更远一些地区的竞争。北京市民的周末休闲可以选择京郊的乡村旅游地，也可以更容易地离开北京去享用天津、河北的度假村。旅游市场的空间竞争日益激烈，乡村旅游必须在产品创新、商品研发、产业规划、市场开拓等四方面开展系列工作。

（一）丰富产品，增加体验，延长游客的停留时间，提高重游率

由前述的特征分析结论可知，北京市的乡村旅游游客的停留时间较短，其根本原因在于旅游产品内容的单一性。观光园、民俗旅游村（户）作为农业生产和传统农业文化的承载空间，具有"原始、古朴、真实、自然"的独特性，不仅契合了现代旅游者回归自然、返璞归真的需求与愿望，而且在当今城市化、国际化和信息化飞速发展的激流中愈发符合现代旅游者"慢生活"的需求。因此，乡村旅游开发如何将传统文化、农耕文化和民俗文化自然真实地融汇到乡村旅游产品中去至关重要。建议主管部门引导各乡村旅游经营单位在编制景区（点）规划时就要根据各自实际，围绕产品主题和文化内涵，全面提升旅游产品的文化内涵，策划一批游客参与性强、具有体验趣味的活动项目，以延长游客的停留时间，提高重游率。

（二）研发推广具有地方特色和品牌影响力的旅游商品

提高对旅游商品的重视，在设计、研发、生产、销售等各个环节强调地方特色和树立品牌。建议各区（县）的旅游、文化、农业、商业、工商等部门要紧密结合，采取政府引导、市场运作、企业经营的形式，研发推广具有地方特色和品牌影响力的旅游商品。尤其重视开发各地特色的工艺美术品，开发具有当地特色的土特产品，开放特色产品生产加工区，鼓励有一定研发能力的企业成立集研发、生产、销售于一体的旅游商品开发公司。

（三）加强政府引导，延伸乡村旅游的产业链，促进产业融合

当前，产业融合发展的趋势越来越明显。一、二、三产之间，产业发展与

城镇化发展之间相互渗透、相互交织、相互交融。产业融合既是现代产业发展的重要特征，又是经济增长的新动力。以乡村旅游业为先导产业、龙头产业，既能带动区域国民经济其他产业的发展，延伸产业链，同时也能丰富游客的旅游体验，提高旅游收入。因此，建议各区（县）旅游行政主管部门充分研究本区（县）国民经济发展的特点，寻找可以与旅游业相互融合的产业，起草产业融合发展意见提交区（县）政府讨论。在政府引导下，研究以采摘活动、民俗旅游活动为核心产业的乡村旅游产业链的构建。

（四）深挖外国人和中国港澳台游客市场的潜力，扩大市场规模

在乡村旅游的旅游市场中，国内市场（主要是北京本地市场）是最主要的细分市场。然而，需要注意的是，2013 年乡村旅游共接待 3742.22 万国内游客。假设以 2013 年的北京市常住人口 2069.3 万人为基数，平均每位北京常住居民的乡村旅游出游次数为 1.8 次。根据 2010 年第六次全国人口普查的数据，北京市常住外籍人口约为 102 万人。仅以每人 1.8 次的出游率而言，乡村旅游接待外国人和中国港澳台游客的人数可达 183.6 万人次。而 2013 年观光园和民俗旅游农户共接待外国人和港澳台游客仅 8.72 万人。在未来国内市场出游潜力难以挖掘的情况下，适时开发适合外国游客和中国港澳台游客的旅游产品，通过合理的营销方式开拓这部分市场，可以起到扩大市场规模的效果。

（文中所有数据均为北京市统计局的正式数据）

2013 年北京旅游住宿业发展状况与建议

罗东霞　田彩云*

摘　要：

本文综述了 2013 年北京市星级饭店、经济型饭店以及特色住宿业态的发展状况，对各类住宿设施的规模变动以及经营情况进行了分析，从政府推动层面探讨了北京旅游住宿业的总体调控以及品牌化、标准化、规范化、特色化、主题化的具体举措。

关键词：

北京市　旅游住宿业　品牌化　特色化

一　2013 年北京市旅游住宿业发展状况

2013 年北京市住宿业规模逾 8000 家[①]，其中星级饭店近 600 家，其余为非星级饭店和社会旅馆。在星级饭店中，四星级和五星级饭店略有增加，一星级和二星级饭店大幅减少。非星级饭店中，经济型饭店持续增长，特色住宿业态稳步发展。

（一）北京市星级饭店运营状况

1. 星级饭店规模

2013 年北京市星级饭店整体减少，全市高星级饭店供给增加，低星级饭店供给减少。星级饭店由年初的 613 家下降为年末的 591 家，四星级和五星级

---

*　罗东霞，北京联合大学旅游学院酒店管理系副教授，主要研究方向为旅游住宿业及酒店管理；田彩云，北京联合大学旅游学院酒店管理系副教授，酒店管理系主任，主要研究方向为旅游经济及酒店管理。

①　根据去哪儿网的搜索结果，北京市住宿业规模为 8465 家。搜索时间：2014 年 3 月 12 日 12：00。

饭店增加6家，一星级至三星级饭店减少28家。其中，尤以二星级饭店下降幅度最大，减少18家，下降幅度达9.3%（见表1）。

表1 北京市星级饭店规模变动情况

星 级	2013年初	2013年末	变动数量
五星级	62	65	3
四星级	131	134	3
三星级	207	206	-1
二星级	193	175	-18
一星级	20	11	-9
合 计	613	591	-22

资料来源：北京市旅游发展委员会网站。

2013年度星级饭店数量下降的原因主要是政府旅游管理部门严抓星级复核工作，撤销了部分未达到星级标准的饭店的星级资格。北京市旅游发展委员会（下面简称市旅委）在2013年展开星级复核工作，在一星级至四星级饭店中抽取227家进行复核，一星级和二星级饭店复核比例最高，分别为45%和48.7%。经复核后34家星级饭店未予通过，被撤销星级资格，撤销率约15%，其中包括1家四星级饭店、3家三星级饭店、24家二星级饭店和6家一星级饭店。被撤销星级的二星级饭店占接受复核二星级饭店总数的25.5%，反映出北京二星级饭店在经营规范化方面存在一些问题，很多二星级饭店将被连锁经济型饭店或者特色住宿业态代替。

2013年北京市新增五星级饭店3家（北京富力万丽酒店、鹏润国际大酒店、北京丰大国际大酒店）；2013年底提出申请并在2014年1月得到国家旅游局批准的五星级饭店2家（金隅喜来登酒店、瑞麟湾温泉度假酒店）。新增五星级饭店中以商务饭店为主，朝阳区独占两家（北京富力万丽酒店、鹏润国际大酒店），符合朝阳区国际交往重要窗口的功能定位。

2. 星级饭店经营情况

2013年，星级饭店接待住宿人数较2012年下降6.8%，接待住宿人天数较2012年下降7.7%，宾客平均住宿天数为1.92天；星级饭店收入277.67亿元，比2012年下降7.2%；2013年星级饭店分项收入中，下降幅度超过总收入下降比例的是餐费收入和商品销售收入，分别下降了 12.5% 和 32.8%。由于餐费收入占总收入的比例为 32.26%，而商品销售收入仅占总收入的 1.47%，所以餐费收入的大幅下降成为 2013 年星级饭店收入下降的主要原因。2013 年 12 月星级饭店餐费收入下降最为显著，较 2012 年下降幅度为 24.8%。

按饭店星级划分的收入统计资料表明，一至三星级饭店收入较 2012 年下降幅度最大，下降幅度均超过 10%。2012 年全年收入下降幅度最高的为一星级饭店，下降幅度为 18.6%；2012 年 12 月单月收入下降幅度最大的为三星级饭店，下降幅度为 21.1%。2013 年 12 月二至五星级饭店收入较 2012 年 12 月均有大幅下降，下降幅度超过 13%。

表 2　2013 年北京市星级饭店收入情况

单位：%

		2013 年 12 月	同比增长	2013 年 1～12 月	同比增长
星级饭店接待住宿人数（人次）		1541013	-11.6	19588116	-6.8
星级饭店接待住宿人天数（人天）		2920568	-11.2	37695015	-7.7
星级饭店收入合计（万元）		247201	-16	2776672	-7.2
客房收入（万元）		105206	-10	1316691	-4.7
餐费收入（万元）		80271	-24.8	895793	-12.5
商品销售收入（万元）		5015	9.8	40778	-32.8
其他收入（万元）		56709	-13.9	523410	-0.5
按饭店星级划分	一星级	654	7.1	5687	-18.6
	二星级	12325	-17.3	125789	-11.4
	三星级	54558	-21.1	548447	-12.1
	四星级	78368	-15.3	891167	-4.5
	五星级	101295	-13.4	1205582	-6.2

资料来源：北京市旅游发展委员会网站。

分析 2013 年星级饭店餐费收入下降的原因，一方面是中央八项规定以及六项禁令使公款消费大幅减少，另一方面星级饭店接待住宿人数及住宿人天数较 2012 年下降。2013 年来京旅游总人数为 2.52 亿人次，同比增长 9%。尽管 2013 年国内其他省市来京旅游人次持续了近几年来一直保持的增长态势，但 2013 年星级饭店接待住宿人数是近三年来下降幅度最大（6.8%）的一年，说明很多游客选择了非星级饭店和其他住宿业态，日益丰富的住宿业态（经济型饭店、精品饭店以及其他特色住宿设施等）给游客提供了更多的住宿选择。

2013 年北京市星级饭店平均出租率与 2012 年相比基本持平。高星级饭店出租率较高，五星级饭店全年平均出租率为 62.2%，四星级饭店全年平均出租率为 61%；低星级饭店出租率较低，一星级饭店全年平均出租率为 41.3%，是所有星级饭店中最低者。二星和三星级饭店全年平均出租率在 50% ~60%。①

在全国各省份中，2013 年末星级饭店数量多于北京的省市包括广东（993家）、浙江（843 家）、山东（807 家）以及江苏（742 家）。沪浙苏（上海、浙江、江苏）星级饭店总量为 1834 家，高于京津冀星级饭店总量（1081 家）。单就京沪两地星级饭店数量进行比较，可以发现北京星级饭店数量（579 家）高于上海（249 家），这表明沪浙苏旅游经济圈分布更为均衡，而京津冀旅游经济圈则过于倚重北京。随着京津冀旅游合作的深入，京津冀星级饭店分布将更为均衡。北京的星级饭店营业收入在全国各省市中排名第一。与江苏、浙江及山东相比，北京的客房收入比重较高（47%），餐饮收入比重较低（32%）。在平均房价、平均出租率、每间可供出租客房收入以及每间客房平均营业收入等饭店运营指标上，北京均处于领先水平，仅落后于上海（见表 3）。

表 3　2013 年第四季度全国星级饭店经营情况统计表（部分省市）

单位：亿元，%

指标省市	数量（家）	营业收入	餐饮收入比重	客房收入比重	平均房价（元/间夜）	平均出租率	每间可供出租客房收入（元/间夜）	每间客房平均营业收入（元/间）
全国	11895	592.32	43.30	43.38	335.36	56.63	189.93	36165.39
北京	579	70.05	32.16	46.78	529.31	59.52	315.06	59293.52
天津	96	6.72	41.22	42.46	380.18	50.71	192.77	38837.47
河北	406	16.79	49.52	36.92	287.31	48.14	138.3	31083.41
上海	249	51.74	38.84	45.43	643.29	64.68	416.08	84220.15
江苏	742	49.59	56.33	33.52	315.64	61.27	193.38	53104.03
浙江	843	57.15	50.48	35.39	348.33	57.24	199.37	49552.89
广东	993	62.39	42.16	46.54	419.95	56.14	235.76	30075.66
山东	807	34.69	53.27	36.36	275.71	55.97	154.32	35439.59

资料来源：国家旅游局：《2013 年第四季度全国星级饭店统计公报》，国家旅游局网站，2014 年 3 月 4 日。

---

① 北京市旅游发展委员会网站。

社长致辞

我们是图书出版者，更是人文社会科学内容资源供应商；

我们背靠中国社会科学院，面向中国与世界人文社会科学界，坚持为人文社会科学的繁荣与发展服务；

我们精心打造权威信息资源整合平台，坚持为中国经济与社会的繁荣与发展提供决策咨询服务；

我们以读者定位自身，立志让爱书人读到好书，让求知者获得知识；

我们精心编辑、设计每一本好书以形成品牌张力，以优秀的品牌形象服务读者，开拓市场；

我们始终坚持"创社科经典，出传世文献"的经营理念，坚持"权威、前沿、原创"的产品特色；

我们"以人为本"，提倡阳光下创业，员工与企业共享发展之成果；

我们立足于现实，认真对待我们的优势、劣势，我们更着眼于未来，以不断的学习与创新适应不断变化的世界，以不断的努力提升自己的实力；

我们愿与社会各界友好合作，共享人文社会科学发展之成果，共同推动中国学术出版乃至内容产业的繁荣与发展。

社会科学文献出版社社长
中国社会学会秘书长

2014 年 1 月

"皮书"起源于十七、十八世纪的英国，主要指官方或社会组织正式发表的重要文件或报告，多以"白皮书"命名。在中国，"皮书"这一概念被社会广泛接受，并被成功运作、发展成为一种全新的出版形态，则源于中国社会科学院社会科学文献出版社。

皮书是对中国与世界发展状况和热点问题进行年度监测，以专家和学术的视角，针对某一领域或区域现状与发展态势展开分析和预测，具备权威性、前沿性、原创性、实证性、时效性等特点的连续性公开出版物，由一系列权威研究报告组成。皮书系列是社会科学文献出版社编辑出版的蓝皮书、绿皮书、黄皮书等的统称。

皮书系列的作者以中国社会科学院、著名高校、地方社会科学院的研究人员为主，多为国内一流研究机构的权威专家学者，他们的看法和观点代表了学界对中国与世界的现实和未来最高水平的解读与分析。

自 20 世纪 90 年代末推出以经济蓝皮书为开端的皮书系列以来，至今已出版皮书近 1000 余部，内容涵盖经济、社会、政法、文化传媒、行业、地方发展、国际形势等领域。皮书系列已成为社会科学文献出版社的著名图书品牌和中国社会科学院的知名学术品牌。

皮书系列在数字出版和国际出版方面成就斐然。皮书数据库被评为"2008~2009 年度数字出版知名品牌"；经济蓝皮书、社会蓝皮书等十几种皮书每年还由国外知名学术出版机构出版英文版、俄文版、韩文版和日文版，面向全球发行。

2011 年，皮书系列正式列入"十二五"国家重点出版规划项目，一年一度的皮书年会升格由中国社会科学院主办；2012 年，部分重点皮书列入中国社会科学院承担的国家哲学社会科学创新工程项目。

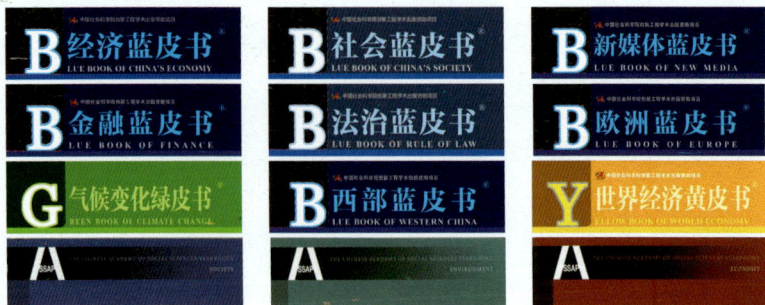

经 济 类

经济类皮书涵盖宏观经济、城市经济、大区域经济，
提供权威、前沿的分析与预测

经济蓝皮书

2014年中国经济形势分析与预测

李 扬 / 主编　　2013年12月出版　　定价：69.00元

◆　本书课题为"总理基金项目"，由著名经济学家李扬领衔，
联合数十家科研机构、国家部委和高等院校的专家共同撰写，
对2013年中国宏观及微观经济形势，特别是全球金融危机及
其对中国经济的影响进行了深入分析，并且提出了2014年经
济走势的预测。

世界经济黄皮书

2014年世界经济形势分析与预测

王洛林　张宇燕 / 主编　　2014年1月出版　　定价：69.00元

◆　2013年的世界经济仍旧行进在坎坷复苏的道路上。发达
经济体经济复苏继续巩固，美国和日本经济进入低速增长通
道，欧元区结束衰退并呈复苏迹象。本书展望2014年世界经济，
预计全球经济增长仍将维持在中低速的水平上。

工业化蓝皮书

中国工业化进程报告（2014）

黄群慧　吕　铁　李晓华 等 / 著　　2014年11月出版　　估价：89.00元

◆　中国的工业化是事关中华民族复兴的伟大事业，分析跟踪
研究中国的工业化进程，无疑具有重大意义。科学评价与客
观认识我国的工业化水平，对于我国明确自身发展中的优势
和不足，对于经济结构的升级与转型，对于制定经济发展政策，
从而提升我国的现代化水平具有重要作用。

金融蓝皮书

中国金融发展报告（2014）

李扬　王国刚 / 主编　2013 年 12 月出版　　定价 :65.00 元

◆　由中国社会科学院金融研究所组织编写的《中国金融发展报告（2014）》，概括和分析了 2013 年中国金融发展和运行中的各方面情况,研讨和评论了 2013 年发生的主要金融事件。本书由业内专家和青年精英联合编著,有利于读者了解掌握 2013 年中国的金融状况,把握 2014 年中国金融的走势。

城市竞争力蓝皮书

中国城市竞争力报告 No.12

倪鹏飞 / 主编　　2014 年 5 月出版　　定价 :89.00 元

◆　本书由中国社会科学院城市与竞争力研究中心主任倪鹏飞主持编写,汇集了众多研究城市经济问题的专家学者关于城市竞争力研究的最新成果。本报告构建了一套科学的城市竞争力评价指标体系,采用第一手数据材料,对国内重点城市年度竞争力格局变化进行客观分析和综合比较、排名,对研究城市经济及城市竞争力极具参考价值。

中国省域竞争力蓝皮书

"十二五"中期中国省域经济综合竞争力发展报告

李建平　李闽榕　高燕京 / 主编　　2014 年 3 月出版　定价 :198.00 元

◆　本书充分运用数理分析、空间分析、规范分析与实证分析相结合、定性分析与定量分析相结合的方法,建立起比较科学完善、符合中国国情的省域经济综合竞争力指标评价体系及数学模型,对 2011~2012 年中国内地 31 个省、市、区的经济综合竞争力进行全面、深入、科学的总体评价与比较分析。

农村经济绿皮书

中国农村经济形势分析与预测 (2013~2014)

中国社会科学院农村发展研究所　国家统计局农村社会经济调查司 / 著

2014 年 4 月出版　　定价 :69.00 元

◆　本书对 2013 年中国农业和农村经济运行情况进行了系统的分析和评价,对 2014 年中国农业和农村经济发展趋势进行了预测,并提出相应的政策建议,专题部分将围绕某个重大的理论和现实问题进行多维、深入、细致的分析和探讨。

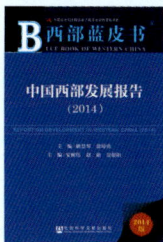

西部蓝皮书

中国西部经济发展报告（2014）

姚慧琴　徐璋勇 / 主编　　2014 年 7 月出版　　估价 :69.00 元

◆　本书由西北大学中国西部经济发展研究中心主编，汇集了源自西部本土以及国内研究西部问题的权威专家的第一手资料，对国家实施西部大开发战略进行年度动态跟踪，并对 2014 年西部经济、社会发展态势进行预测和展望。

气候变化绿皮书

应对气候变化报告（2014）

王伟光　郑国光 / 主编　　2014 年 11 月出版　　估价 :79.00 元

◆　本书由社科院城环所和国家气候中心共同组织编写，各篇报告的作者长期从事气候变化科学问题、社会经济影响，以及国际气候制度等领域的研究工作，密切跟踪国际谈判的进程，参与国家应对气候变化相关政策的咨询，有丰富的理论与实践经验。

就业蓝皮书

2014 年中国大学生就业报告

麦可思研究院 / 编著　　王伯庆　周凌波 / 主审
2014 年 6 月出版　　定价 :98.00 元

◆　本书是迄今为止关于中国应届大学毕业生就业、大学毕业生中期职业发展及高等教育人口流动情况的视野最为宽广、资料最为翔实、分类最为精细的实证调查和定量研究；为我国教育主管部门的教育决策提供了极有价值的参考。

企业社会责任蓝皮书

中国企业社会责任研究报告（2014）

黄群慧　彭华岗　钟宏武　张　蒽 / 编著
2014 年 11 月出版　　估价 :69.00 元

◆　本书系中国社会科学院经济学部企业社会责任研究中心组织编写的《企业社会责任蓝皮书》2014 年分册。该书在对企业社会责任进行宏观总体研究的基础上，根据 2013 年企业社会责任及相关背景进行了创新研究，在全国企业中观层面对企业健全社会责任管理体系提供了弥足珍贵的丰富信息。

社 会 政 法 类

社会政法类皮书聚焦社会发展领域的热点、难点问题，
提供权威、原创的资讯与视点

社会蓝皮书

2014年中国社会形势分析与预测

李培林　陈光金　张　翼／主编　2013年12月出版　　定价：69.00元

◆　本报告是中国社会科学院"社会形势分析与预测"课题
组2014年度分析报告，由中国社会科学院社会学研究所组
织研究机构专家、高校学者和政府研究人员撰写。对2013
年中国社会发展的各个方面内容进行了权威解读，同时对
2014年社会形势发展趋势进行了预测。

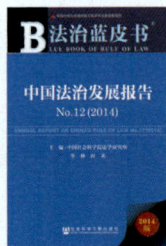

法治蓝皮书

中国法治发展报告 No.12（2014）

李　林　田　禾／主编　　2014年2月出版　　定价：98.00元

◆　本年度法治蓝皮书一如既往秉承关注中国法治发展进程
中的焦点问题的特点，回顾总结了2013年度中国法治发展
取得的成就和存在的不足，并对2014年中国法治发展形势
进行了预测和展望。

民间组织蓝皮书

中国民间组织报告（2014）

黄晓勇／主编　　2014年8月出版　　估价：69.00元

◆　本报告是中国社会科学院"民间组织与公共治理研究"
课题组推出的第五本民间组织蓝皮书。基于国家权威统计数
据、实地调研和广泛搜集的资料，本报告对2013年以来我
国民间组织的发展现状、热点专题、改革趋势等问题进行了
深入研究，并提出了相应的政策建议。

社会保障绿皮书

中国社会保障发展报告（2014）No.6

王延中 / 主编　2014 年 9 月出版　定价 :79.00 元

◆　社会保障是调节收入分配的重要工具，随着社会保障制度的不断建立健全、社会保障覆盖面的不断扩大和社会保障资金的不断增加，社会保障在调节收入分配中的重要性不断提高。本书全面评述了 2013 年以来社会保障制度各个主要领域的发展情况。

环境绿皮书

中国环境发展报告（2014）

刘鉴强 / 主编　　2014 年 5 月出版　　定价 :79.00 元

◆　本书由民间环保组织"自然之友"组织编写，由特别关注、生态保护、宜居城市、可持续消费以及政策与治理等版块构成，以公共利益的视角记录、审视和思考中国环境状况，呈现 2013 年中国环境与可持续发展领域的全局态势，用深刻的思考、科学的数据分析 2013 年的环境热点事件。

教育蓝皮书

中国教育发展报告（2014）

杨东平 / 主编　2014 年 5 月出版　定价 :79.00 元

◆　本书站在教育前沿，突出教育中的问题，特别是对当前教育改革中出现的教育公平、高校教育结构调整、义务教育均衡发展等问题进行了深入分析，从教育的内在发展谈教育，又从外部条件来谈教育，具有重要的现实意义，对我国的教育体制的改革与发展具有一定的学术价值和参考意义。

反腐倡廉蓝皮书

中国反腐倡廉建设报告 No.3

李秋芳 / 主编　2014 年 1 月出版　　定价 :79.00 元

◆　本书抓住了若干社会热点和焦点问题，全面反映了新时期新阶段中国反腐倡廉面对的严峻局面，以及中国共产党反腐倡廉建设的新实践新成果。根据实地调研、问卷调查和舆情分析，梳理了当下社会普遍关注的与反腐败密切相关的热点问题。

行 业 报 告 类

行业报告类皮书立足重点行业、新兴行业领域，
提供及时、前瞻的数据与信息

房地产蓝皮书

中国房地产发展报告 No.11（2014）

魏后凯 李景国 / 主编　　2014 年 5 月出版　　定价 :79.00 元

◆　本书由中国社会科学院城市发展与环境研究所组织编写，
秉承客观公正、科学中立的原则，深度解析 2013 年中国房地产
发展的形势和存在的主要矛盾，并预测 2014 年及未来 10 年或
更长时间的房地产发展大势。观点精辟，数据翔实，对关注房
地产市场的各阶层人士极具参考价值。

旅游绿皮书

2013~2014 年中国旅游发展分析与预测

宋　瑞 / 主编　　2013 年 12 月出版　　定价 :79.00 元

◆　如何从全球的视野理性审视中国旅游，如何在世界旅游版
图上客观定位中国，如何积极有效地推进中国旅游的世界化，
如何制定中国实现世界旅游强国梦想的线路图？本年度开始，
《旅游绿皮书》将围绕"世界与中国"这一主题进行系列研究，
以期为推进中国旅游的长远发展提供科学参考和智力支持。

信息化蓝皮书

中国信息化形势分析与预测（2014）

周宏仁 / 主编　　2014 年 7 月出版　　估价 :98.00 元

◆　本书在以中国信息化发展的分析和预测为重点的同时，反
映了过去一年间中国信息化关注的重点和热点，视野宽阔，观
点新颖，内容丰富，数据翔实，对中国信息化的发展有很强的
指导性，可读性很强。

企业蓝皮书

中国企业竞争力报告（2014）

金 碚 / 主编　　2014 年 11 月出版　　估价 :89.00 元

◆　中国经济正处于新一轮的经济波动中，如何保持稳健的经营心态和经营方式并进一步求发展，对于企业保持并提升核心竞争力至关重要。本书利用上市公司的财务数据，研究上市公司竞争力变化的最新趋势，探索进一步提升中国企业国际竞争力的有效途径，这无论对实践工作者还是理论研究者都具有重大意义。

食品药品蓝皮书

食品药品安全与监管政策研究报告（2014）

唐民皓 / 主编　　2014 年 7 月出版　　估价 :69.00 元

◆　食品药品安全是当下社会关注的焦点问题之一，如何破解食品药品安全监管重点难点问题是需要以社会合力才能解决的系统工程。本书围绕安全热点问题、监管重点问题和政策焦点问题，注重于对食品药品公共政策和行政监管体制的探索和研究。

流通蓝皮书

中国商业发展报告（2013~2014）

荆林波 / 主编　　2014 年 5 月出版　　定价 :89.00 元

◆　《中国商业发展报告》是中国社会科学院财经战略研究院与香港利丰研究中心合作的成果，并且在 2010 年开始以中英文版同步在全球发行。蓝皮书从关注中国宏观经济出发，突出中国流通业的宏观背景反映了本年度中国流通业发展的状况。

住房绿皮书

中国住房发展报告（2013~2014）

倪鹏飞 / 主编　　2013 年 12 月出版　　定价 :79.00 元

◆　本报告从宏观背景、市场主体、市场体系、公共政策和年度主题五个方面，对中国住宅市场体系做了全面系统的分析、预测与评价，并给出了相关政策建议，并在评述 2012~2013 年住房及相关市场走势的基础上，预测了 2013~2014 年住房及相关市场的发展变化。

国别与地区类

国别与地区类皮书关注全球重点国家与地区，
提供全面、独特的解读与研究

亚太蓝皮书

亚太地区发展报告（2014）

李向阳 / 主编　　2014 年 1 月出版　　定价 :59.00 元

◆　本书是由中国社会科学院亚太与全球战略研究院精心打造的又一品牌皮书，关注时下亚太地区局势发展动向里隐藏的中长趋势，剖析亚太地区政治与安全格局下的区域形势最新动向以及地区关系发展的热点问题，并对 2014 年亚太地区重大动态作出前瞻性的分析与预测。

日本蓝皮书

日本研究报告（2014）

李　薇 / 主编　　2014 年 3 月出版　　定价 :69.00 元

◆　本书由中华日本学会、中国社会科学院日本研究所合作推出，是以中国社会科学院日本研究所的研究人员为主完成的研究成果。对 2013 年日本的政治、外交、经济、社会文化作了回顾、分析与展望，并收录了该年度日本大事记。

欧洲蓝皮书

欧洲发展报告 (2013~2014)

周　弘 / 主编　　2014 年 5 月出版　　估价 :89.00 元

◆　本年度的欧洲发展报告，对欧洲经济、政治、社会、外交等面的形式进行了跟踪介绍与分析。力求反映作为一个整体的欧盟及 30 多个欧洲国家在 2013 年出现的各种变化。

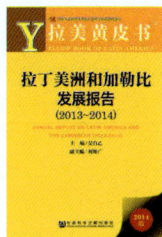

拉美黄皮书

拉丁美洲和加勒比发展报告（2013~2014）

吴白乙／主编　2014 年 4 月出版　定价 :89.00 元

◆　本书是中国社会科学院拉丁美洲研究所的第 13 份关于拉丁美洲和加勒比地区发展形势状况的年度报告。 本书对 2013 年拉丁美洲和加勒比地区诸国的政治、经济、社会、外交等方面的发展情况做了系统介绍，对该地区相关国家的热点及焦点问题进行了总结和分析，并在此基础上对该地区各国 2014 年的发展前景做出预测。

澳门蓝皮书

澳门经济社会发展报告（2013~2014）

吴志良　郝雨凡／主编　2014 年 4 月出版　定价 :79.00 元

◆　本书集中反映 2013 年本澳各个领域的发展动态，总结评价近年澳门政治、经济、社会的总体变化，同时对 2014 年社会经济情况作初步预测。

日本经济蓝皮书

日本经济与中日经贸关系研究报告（2014）

王洛林　张季风／主编　2014 年 5 月出版　定价 :79.00 元

◆　本书对当前日本经济以及中日经济合作的发展动态进行了多角度、全景式的深度分析。本报告回顾并展望了 2013~2014 年度日本宏观经济的运行状况。此外，本报告还收录了大量来自于日本政府权威机构的数据图表，具有极高的参考价值。

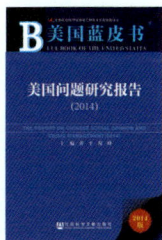

美国蓝皮书

美国问题研究报告（2014）

黄　平　倪　峰／主编　2014 年 6 月出版　估价 :89.00 元

◆　本书是由中国社会科学院美国所主持完成的研究成果，它回顾了美国 2013 年的经济、政治形势与外交战略，对 2013 年以来美国内政外交发生的重大事件以及重要政策进行了较为全面的回顾和梳理。

地方发展类

地方发展类皮书关注大陆各省份、经济区域，
提供科学、多元的预判与咨政信息

社会建设蓝皮书

2014年北京社会建设分析报告

宋贵伦 / 主编　2014年9月出版　估价 :69.00 元

◆　本书依据社会学理论框架和分析方法，对北京市的人口、
就业、分配、社会阶层以及城乡关系等社会学基本问题进行
了广泛调研与分析，对广受社会关注的住房、教育、医疗、
养老、交通等社会热点问题做了深刻了解与剖析，对日益显
现的征地搬迁、外籍人口管理、群体性心理障碍等进行了有
益探讨。

温州蓝皮书

2014年温州经济社会形势分析与预测

潘忠强　王春光　金 浩 / 主编　2014年4月出版　定价 : 69.00 元

◆　本书是由中共温州市委党校与中国社会科学院社会学研
究所合作推出的第七本"温州经济社会形势分析与预测"年
度报告，深入全面分析了2013年温州经济、社会、政治、文
化发展的主要特点、经验、成效与不足，提出了相应的政策
建议。

上海蓝皮书

上海资源环境发展报告（2014）

周冯琦　汤庆合　任文伟 / 著　2014年1月出版　定价 : 69.00 元

◆　本书在上海所面临资源环境风险的来源、程度、成因、
对策等方面作了些有益的探索，希望能对有关部门完善上海
的资源环境风险防控工作提供一些有价值的参考，也让普通
民众更全面地了解上海资源环境风险及其防控的图景。

广州蓝皮书

2014 年中国广州社会形势分析与预测

张　强　陈怡霓　杨　秦 / 主编　2014 年 9 月出版　估价 :65.00 元

◆　本书由广州大学与广州市委宣传部、广州市人力资源和社会保障局联合主编，汇集了广州科研团体、高等院校和政府部门诸多社会问题研究专家、学者和实际部门工作者的最新研究成果，是关于广州社会运行情况和相关专题分析与预测的重要参考资料。

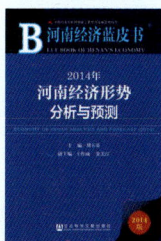

河南经济蓝皮书

2014 年河南经济形势分析与预测

胡五岳 / 主编　2014 年 3 月出版　定价 :69.00 元

◆　本书由河南省统计局主持编纂。该分析与展望以 2013 年最新年度统计数据为基础，科学研判河南经济发展的脉络轨迹、分析年度运行态势；以客观翔实、权威资料为特征，突出科学性、前瞻性和可操作性，服务于科学决策和科学发展。

陕西蓝皮书

陕西社会发展报告（2014）

任宗哲　石　英　牛　昉 / 主编　2014 年 2 月出版　定价 :65.00 元

◆　本书系统而全面地描述了陕西省 2013 年社会发展各个领域所取得的成就、存在的问题、面临的挑战及其应对思路，为更好地思考 2014 年陕西发展前景、政策指向和工作策略等方面提供了一个较为简洁清晰的参考蓝本。

上海蓝皮书

上海经济发展报告（2014）

沈开艳 / 主编　2014 年 1 月出版　定价 :69.00 元

◆　本书系上海社会科学院系列之一，报告对 2014 年上海经济增长与发展趋势的进行了预测，把握了上海经济发展的脉搏和学术研究的前沿。

广州蓝皮书

广州经济发展报告（2014）

李江涛 朱名宏／主编 2014年6月出版 估价：65.00元

◆ 本书是由广州市社会科学院主持编写的"广州蓝皮书"系列之一，本报告对广州2013年宏观经济运行情况作了深入分析，对2014年宏观经济走势进行了合理预测，并在此基础上提出了相应的政策建议。

文 化 传 媒 类

文化传媒类皮书透视文化领域、文化产业，
探索文化大繁荣、大发展的路径

新媒体蓝皮书

中国新媒体发展报告 No.4(2013)

唐绪军／主编 2014年6月出版 估价：69.00元

◆ 本书由中国社会科学院新闻与传播研究所和上海大学合作编写，在构建新媒体发展研究基本框架的基础上，全面梳理2013年中国新媒体发展现状，发表最前沿的网络媒体深度调查数据和研究成果，并对新媒体发展的未来趋势做出预测。

舆情蓝皮书

中国社会舆情与危机管理报告（2014）

谢耘耕／主编 2014年8月出版 估价：85.00元

◆ 本书由上海交通大学舆情研究实验室和危机管理研究中心主编，已被列入教育部人文社会科学研究报告培育项目。本书以新媒体环境下的中国社会为立足点，对2013年中国社会舆情、分类舆情等进行了深入系统的研究，并预测了2014年社会舆情走势。

经济类

产业蓝皮书
中国产业竞争力报告（2014）No.4
著(编)者:张其仔　2014年5月出版 / 估价:79.00元

长三角蓝皮书
2014年率先基本实现现代化的长三角
著(编)者:刘志彪　2014年6月出版 / 估价:120.00元

城市竞争力蓝皮书
中国城市竞争力报告No.12
著(编)者:倪鹏飞　2014年5月出版 / 定价:89.00元

城市蓝皮书
中国城市发展报告No.7
著(编)者:潘家华 魏后凯　2014年7月出版 / 估价:69.00元

城市群蓝皮书
中国城市群发展指数报告(2014)
著(编)者:刘士林 刘新静　2014年10月出版 / 估价:59.00元

城乡统筹蓝皮书
中国城乡统筹发展报告（2014）
著(编)者:程志强、潘晨光　2014年9月出版 / 估价:59.00元

城乡一体化蓝皮书
中国城乡一体化发展报告（2014）
著(编)者:汝信 付崇兰　2014年8月出版 / 估价:59.00元

城镇化蓝皮书
中国新型城镇化健康发展报告（2014）
著(编)者:张占斌　2014年5月出版 / 定价:79.00元

低碳发展蓝皮书
中国低碳发展报告（2014）
著(编)者:齐晔　2014年3月出版 / 定价:89.00元

低碳经济蓝皮书
中国低碳经济发展报告（2014）
著(编)者:薛进军 赵忠秀　2014年5月出版 / 估价:79.00元

东北蓝皮书
中国东北地区发展报告（2014）
著(编)者:鲍振东 曹晓峰　2014年8月出版 / 估价:79.00元

发展和改革蓝皮书
中国经济发展和体制改革报告No.7
著(编)者:邹东涛　2014年7月出版 / 估价:79.00元

工业化蓝皮书
中国工业化进程报告（2014）
著(编)者: 黄群慧 吕铁 李晓华 等
2014年11月出版 / 估价:89.00元

国际城市蓝皮书
国际城市发展报告（2014）
著(编)者:屠启宇　2014年1月出版 / 定价:69.00元

国家创新蓝皮书
国家创新发展报告（2013~2014）
著(编)者:陈劲　2014年6月出版 / 估价:69.00元

国家竞争力蓝皮书
中国国家竞争力报告No.2
著(编)者:倪鹏飞　2014年10月出版 / 估价:98.00元

宏观经济蓝皮书
中国经济增长报告（2014）
著(编)者:张平 刘霞辉　2014年10月出版 / 估价:69.00元

减贫蓝皮书
中国减贫与社会发展报告
著(编)者:黄承伟　2014年7月出版 / 估价:69.00元

金融蓝皮书
中国金融发展报告（2014）
著(编)者:李扬 王国刚　2013年12月出版 / 定价:65.00元

经济蓝皮书
2014年中国经济形势分析与预测
著(编)者:李扬　2013年12月出版 / 定价:69.00元

经济蓝皮书春季号
2014年中国经济前景分析
著(编)者:李扬　2014年5月出版 / 估价:79.00元

经济信息绿皮书
中国与世界经济发展报告（2014）
著(编)者:杜平　2013年12月出版 / 定价:79.00元

就业蓝皮书
2014年中国大学生就业报告
著(编)者:麦可思研究院　2014年6月出版 / 估价:98.00元

流通蓝皮书
中国商业发展报告（2013~2014）
著(编)者:荆林波　2014年5月出版 / 定价:89.00元

民营经济蓝皮书
中国民营经济发展报告No.10（2013～2014）
著(编)者:黄孟复　2014年9月出版 / 估价:69.00元

民营企业蓝皮书
中国民营企业竞争力报告No.7（2014）
著(编)者:刘迎秋　2014年9月出版 / 估价:79.00元

农村绿皮书
中国农村经济形势分析与预测（2013~2014）
著(编)者:中国社会科学院农村发展研究所
　　　国家统计局农村社会经济调查司 著
2014年4月出版 / 估价:69.00元

企业公民蓝皮书
中国企业公民报告No.4
著(编)者:邹东涛　2014年7月出版 / 估价:69.00元

企业社会责任蓝皮书
中国企业社会责任研究报告（2014）
著(编)者:黄群慧 彭华岗 钟宏武 等
2014年11月出版 / 估价:59.00元

气候变化绿皮书
应对气候变化报告（2014）
著(编)者:王伟光 郑国光　2014年11月出版 / 估价:79.00元

区域蓝皮书
中国区域经济发展报告（2013~2014）
著(编)者:梁昊光　2014年4月出版 / 定价:79.00元

人口与劳动绿皮书
中国人口与劳动问题报告No.15
著(编)者:蔡昉　2014年6月出版 / 估价:69.00元

生态经济（建设）绿皮书
中国经济（建设）发展报告（2013~2014）
著(编)者:黄浩涛　李周　2014年10月出版 / 估价:69.00元

世界经济黄皮书
2014年世界经济形势分析与预测
著(编)者:王洛林　张宇燕　2014年1月出版 / 定价:69.00元

西北蓝皮书
中国西北发展报告（2014）
著(编)者:张进海　陈冬红　段庆林
2013年12月出版 / 定价:69.00元

西部蓝皮书
中国西部发展报告（2014）
著(编)者:姚慧琴　徐璋勇　2014年7月出版 / 估价:69.00元

新型城镇化蓝皮书
新型城镇化发展报告（2014）
著(编)者:沈体雁　李伟　宋敏　2014年9月出版 / 估价:69.00元

新兴经济体蓝皮书
金砖国家发展报告（2014）
著(编)者:林跃勤　周文　2014年9月出版 / 估价:79.00元

循环经济绿皮书
中国循环经济发展报告（2013~2014）
著(编)者:齐建国　2014年12月出版 / 估价:69.00元

中部竞争力蓝皮书
中国中部经济社会竞争力报告（2014）
著(编)者:教育部人文社会科学重点研究基地
　　　　南昌大学中国中部经济社会发展研究中心
2014年7月出版 / 估价:59.00元

中部蓝皮书
中国中部地区发展报告（2014）
著(编)者:朱有志　2014年10月出版 / 估价:59.00元

中国科技蓝皮书
中国科技发展报告（2014）
著(编)者:陈劲　2014年4月出版 / 定价:69.00元

中国省域竞争力蓝皮书
"十二五"中期中国省域经济综合竞争力发展报告
著(编)者:李建平　李闽榕　高燕京　2014年3月出版 / 定价:198.00元

中三角蓝皮书
长江中游城市群发展报告（2013~2014）
著(编)者:秦尊文　2014年6月出版 / 估价:69.00元

中小城市绿皮书
中国中小城市发展报告（2014）
著(编)者:中国城市经济学会中小城市经济发展委员会
　　　　《中国中小城市发展报告》编纂委员会
2014年10月出版 / 估价:98.00元

中原蓝皮书
中原经济区发展报告（2014）
著(编)者:刘怀廉　2014年6月出版 / 估价:68.00元

社会政法类

殡葬绿皮书
中国殡葬事业发展报告（2014）
著(编)者:朱勇 副主编 李伯森　2014年9月出版 / 估价:59.00元

城市创新蓝皮书
中国城市创新报告（2014）
著(编)者:周天勇　旷建伟　2014年7月出版 / 估价:69.00元

城市管理蓝皮书
中国城市管理报告2014
著(编)者:谭维克　刘林　2014年7月出版 / 估价:98.00元

城市生活质量蓝皮书
中国城市生活质量指数报告（2014）
著(编)者:张平　2014年7月出版 / 估价:59.00元

城市政府能力蓝皮书
中国城市政府公共服务能力评估报告（2014）
著(编)者:何艳玲　2014年7月出版 / 估价:59.00元

创新蓝皮书
创新型国家建设报告（2013~2014）
著(编)者:詹正茂　2014年5月出版 / 定价:69.00元

慈善蓝皮书
中国慈善发展报告（2014）
著(编)者:杨团　2014年5月出版 / 定价:79.00元

法治蓝皮书
中国法治发展报告No.12（2014）
著(编)者:李林　田禾　2014年2月出版 / 定价:98.00元

反腐倡廉蓝皮书
中国反腐倡廉建设报告No.3
著(编)者:李秋芳　2014年1月出版 / 定价:79.00元

非传统安全蓝皮书
中国非传统安全研究报告（2014）
著(编)者:余潇枫　2014年5月出版 / 估价:69.00元

妇女发展蓝皮书
福建省妇女发展报告（2014）
著(编)者:刘群英　2014年10月出版 / 估价:58.00元

妇女发展蓝皮书
中国妇女发展报告No.5
著(编)者:王金玲　高小贤　2014年5月出版 / 估价:65.00元

妇女教育蓝皮书
中国妇女教育发展报告No.3
著(编)者:张李玺　2014年10月出版 / 估价:69.00元

公共服务满意度蓝皮书
中国城市公共服务评价报告（2014）
著(编)者:胡伟　2014年11月出版 / 估价:69.00元

公共服务蓝皮书
中国城市基本公共服务力评价（2014）
著(编)者:侯惠勤　辛向阳　易定宏
2014年10月出版 / 估价:55.00元

公民科学素质蓝皮书
中国公民科学素质报告（2013~2014）
著(编)者:李群　许佳军　2014年3月出版 / 定价:79.00元

公益蓝皮书
中国公益发展报告（2014）
著(编)者:朱健刚　2014年5月出版 / 估价:78.00元

国际人才蓝皮书
中国国际移民报告（2014）
著(编)者:王辉耀　2014年1月出版 / 定价:79.00元

国际人才蓝皮书
中国海归创业发展报告（2014）No.2
著(编)者:王辉耀　路江涌　2014年10月出版 / 估价:69.00元

国际人才蓝皮书
中国留学发展报告（2014）No.3
著(编)者:王辉耀　2014年9月出版 / 估价:59.00元

国家安全蓝皮书
中国国家安全研究报告（2014）
著(编)者:刘慧　2014年5月出版 / 定价:98.00元

行政改革蓝皮书
中国行政体制改革报告（2013）No.3
著(编)者:魏礼群　2014年3月出版 / 定价:89.00元

华侨华人蓝皮书
华侨华人研究报告（2014）
著(编)者:丘进　2014年5月出版 / 估价:128.00元

环境竞争力绿皮书
中国省域环境竞争力发展报告（2014）
著(编)者:李建平　李闽榕　王金南
2014年12月出版 / 估价:148.00元

环境绿皮书
中国环境发展报告（2014）
著(编)者:刘鉴强　2014年5月出版 / 定价:79.00元

基本公共服务蓝皮书
中国省级政府基本公共服务发展报告（2014）
著(编)者:孙德超　2014年9月出版 / 估价:69.00元

基金会透明度蓝皮书
中国基金会透明度发展研究报告（2014）
著(编)者:基金会中心网　2014年7月出版 / 估价:79.00元

教师蓝皮书
中国中小学教师发展报告（2014）
著(编)者:曾晓东　2014年9月出版 / 估价:59.00元

教育蓝皮书
中国教育发展报告（2014）
著(编)者:杨东平　2014年5月出版 / 定价:79.00元

科普蓝皮书
中国科普基础设施发展报告（2014）
著(编)者:任福君　2014年6月出版 / 估价:79.00元

口腔健康蓝皮书
中国口腔健康发展报告（2014）
著(编)者:胡德渝　2014年12月出版 / 估价:59.00元

老龄蓝皮书
中国老龄事业发展报告（2014）
著(编)者:吴玉韶　2014年9月出版 / 估价:59.00元

连片特困区蓝皮书
中国连片特困区发展报告（2014）
著(编)者:丁建军　冷志明　游俊　2014年9月出版 / 估价:79.00元

民间组织蓝皮书
中国民间组织报告（2014）
著(编)者:黄晓勇　2014年8月出版 / 估价:69.00元

民调蓝皮书
中国民生调查报告（2014）
著(编)者:谢耕耘　2014年5月出版 / 定价:128.00元

民族发展蓝皮书
中国民族区域自治发展报告（2014）
著(编)者:郝时远　2014年6月出版 / 估价:98.00元

女性生活蓝皮书
中国女性生活状况报告No.8（2014）
著(编)者:韩湘景　2014年4月出版 / 定价:79.00元

汽车社会蓝皮书
中国汽车社会发展报告（2014）
著(编)者:王俊秀　2014年9月出版 / 估价:59.00元

青年蓝皮书
中国青年发展报告（2014）No.2
著(编)者：廉思　2014年4月出版／定价:59.00元

全球环境竞争力绿皮书
全球环境竞争力发展报告（2014）
著(编)者：李建平　李闽榕　王金南　2014年11月出版／估价:69.00元

青少年蓝皮书
中国未成年人新媒体运用报告（2014）
著(编)者：李文革　沈杰　季为民　2014年6月出版／估价:69.00元

区域人才蓝皮书
中国区域人才竞争力报告No.2
著(编)者：桂昭明　王辉耀　2014年6月出版／估价:69.00元

人才蓝皮书
中国人才发展报告（2014）
著(编)者：潘晨光　2014年10月出版／估价:79.00元

人权蓝皮书
中国人权事业发展报告No.4（2014）
著(编)者：李君如　2014年7月出版／估价:98.00元

世界人才蓝皮书
全球人才发展报告No.1
著(编)者：孙学玉　张冠梓　2014年9月出版／估价:69.00元

社会保障绿皮书
中国社会保障发展报告（2014）No.6
著(编)者：王延中　2014年9月出版／估价:69.00元

社会工作蓝皮书
中国社会工作发展报告（2013~2014）
著(编)者：王杰秀　邹文开　2014年8月出版／估价:59.00元

社会管理蓝皮书
中国社会管理创新报告No.3
著(编)者：连玉明　2014年9月出版／估价:79.00元

社会蓝皮书
2014年中国社会形势分析与预测
著(编)者：李培林　陈光金　张翼　2013年12月出版／定价:69.00元

社会体制蓝皮书
中国社会体制改革报告No.2（2014）
著(编)者：龚维斌　2014年4月出版／定价:79.00元

社会心态蓝皮书
2014年中国社会心态研究报告
著(编)者：王俊秀　杨宜音　2014年9月出版／估价:59.00元

生态城市绿皮书
中国生态城市建设发展报告（2014）
著(编)者：李景源　孙伟平　刘举科　2014年6月出版／估价:128.00元

生态文明绿皮书
中国省域生态文明建设评价报告（ECI 2014）
著(编)者：严耕　2014年9月出版／估价:98.00元

世界创新竞争力黄皮书
世界创新竞争力发展报告（2014）
著(编)者：李建平　李闽榕　赵新力　2014年11月出版／估价:128.00元

水与发展蓝皮书
中国水风险评估报告（2014）
著(编)者：苏杨　2014年9月出版／估价:69.00元

土地整治蓝皮书
中国土地整治发展报告No.1
著(编)者：国土资源部土地整治中心　2014年5月出版／定价:89.00元

危机管理蓝皮书
中国危机管理报告（2014）
著(编)者：文学国　范正青　2014年8月出版／估价:79.00元

小康蓝皮书
中国全面建设小康社会监测报告（2014）
著(编)者：潘璠　2014年11月出版／估价:59.00元

形象危机应对蓝皮书
形象危机应对研究报告（2014）
著(编)者：唐钧　2014年9月出版／估价:118.00元

行政改革蓝皮书
中国行政体制改革报告（2013）No.3
著(编)者：魏礼群　2014年3月出版／定价:89.00元

医疗卫生绿皮书
中国医疗卫生发展报告No.6（2013~2014）
著(编)者：申宝忠　韩玉珍　2014年4月出版／定价:75.00元

政治参与蓝皮书
中国政治参与报告（2014）
著(编)者：房宁　2014年7月出版／估价:58.00元

政治发展蓝皮书
中国政治发展报告（2014）
著(编)者：房宁　杨海蛟　2014年6月出版／估价:98.00元

宗教蓝皮书
中国宗教报告（2014）
著(编)者：金泽　邱永辉　2014年8月出版／估价:59.00元

社会组织蓝皮书
中国社会组织评估报告（2014）
著(编)者：徐家良　2014年9月出版／估价:69.00元

政府绩效评估蓝皮书
中国地方政府绩效评估报告（2014）
著(编)者：贠杰　2014年9月出版／估价:69.00元

行业报告类

保健蓝皮书
中国保健服务产业发展报告No.2
著(编)者:中国保健协会 中共中央党校
2014年7月出版 / 估价:198.00元

保健蓝皮书
中国保健食品产业发展报告No.2
著(编)者:中国保健协会
　　　　中国社会科学院食品药品产业发展与监管研究中心
2014年7月出版 / 估价:198.00元

保健蓝皮书
中国保健用品产业发展报告No.2
著(编)者:中国保健协会 2014年9月出版 / 估价:198.00元

保险蓝皮书
中国保险业竞争力报告 (2014)
著(编)者:罗忠敏 2014年9月出版 / 估价:98.00元

餐饮产业蓝皮书
中国餐饮产业发展报告 (2014)
著(编)者:中国烹饪协会 中国社会科学院财经战略研究院
2014年5月出版 / 估价:59.00元

测绘地理信息蓝皮书
中国地理信息产业发展报告 (2014)
著(编)者:徐德明 2014年12月出版 / 估价:98.00元

茶业蓝皮书
中国茶产业发展报告 (2014)
著(编)者:李闽榕 杨江帆 2014年9月出版 / 估价:79.00元

产权市场蓝皮书
中国产权市场发展报告 (2014)
著(编)者:曹和平 2014年9月出版 / 估价:69.00元

产业安全蓝皮书
中国烟草产业安全报告 (2014)
著(编)者:李孟刚 杜秀亭 2014年1月出版 / 定价:69.00元

产业安全蓝皮书
中国出版与传媒安全报告 (2014)
著(编)者:北京交通大学中国产业安全研究中心
2014年9月出版 / 估价:59.00元

产业安全蓝皮书
中国医疗产业安全报告 (2013~2014)
著(编)者:李孟刚 高献书 2014年1月出版 / 定价:59.00元

产业安全蓝皮书
中国文化产业安全蓝皮书(2014)
著(编)者:北京印刷学院文化产业安全研究院
2014年4月出版 / 定价:69.00元

产业安全蓝皮书
中国出版传媒产业安全报告 (2014)
著(编)者:北京印刷学院文化产业安全研究院
2014年4月出版 / 定价:89.00元

典当业蓝皮书
中国典当行业发展报告 (2013~2014)
著(编)者:黄育华 王力 张红地
2014年10月出版 / 估价:69.00元

电子商务蓝皮书
中国城市电子商务影响力报告 (2014)
著(编)者:荆林波 2014年5月出版 / 估价:69.00元

电子政务蓝皮书
中国电子政务发展报告 (2014)
著(编)者:洪毅 王长胜 2014年9月出版 / 估价:59.00元

杜仲产业绿皮书
中国杜仲橡胶资源与产业发展报告 (2014)
著(编)者:杜红岩 胡文臻 俞瑞
2014年9月出版 / 估价:99.00元

房地产蓝皮书
中国房地产发展报告No.11 (2014)
著(编)者:魏后凯 李景国 2014年5月出版 / 定价:79.00元

服务外包蓝皮书
中国服务外包产业发展报告 (2014)
著(编)者:王晓红 李皓 2014年9月出版 / 估价:89.00元

高端消费蓝皮书
中国高端消费市场研究报告
著(编)者:依绍华 王雪峰 2014年9月出版 / 估价:69.00元

会展经济蓝皮书
中国会展经济发展报告 (2014)
著(编)者:过聚荣 2014年9月出版 / 估价:65.00元

会展蓝皮书
中外会展业动态评估年度报告 (2014)
著(编)者:张敏 2014年8月出版 / 估价:68.00元

基金会绿皮书
中国基金会发展独立研究报告 (2014)
著(编)者:基金会中心网 2014年8月出版 / 估价:58.00元

交通运输蓝皮书
中国交通运输服务发展报告 (2014)
著(编)者:林晓言 卜伟 武剑红
2014年10月出版 / 估价:69.00元

金融监管蓝皮书
中国金融监管报告 (2014)
著(编)者:胡滨 2014年5月出版 / 定价:69.00元

金融蓝皮书
中国金融中心发展报告 (2014)
著(编)者:中国社会科学院金融研究所
　　　　中国博士后特华科研工作站 王力 黄育华
2014年10月出版 / 估价:59.00元

金融蓝皮书
中国商业银行竞争力报告（2014）
著(编)者:王松奇 2014年5月出版 / 估价:79.00元

金融蓝皮书
中国金融发展报告（2014）
著(编)者:李扬 王国刚 2013年12月出版 / 定价:65.00元

金融蓝皮书
中国金融法治报告（2014）
著(编)者:胡滨 全先银 2014年9月出版 / 估价:65.00元

金融蓝皮书
中国金融产品与服务报告（2014）
著(编)者:殷剑峰 2014年6月出版 / 估价:59.00元

金融信息服务蓝皮书
金融信息服务业发展报告（2014）
著(编)者:鲁广锦 2014年11月出版 / 估价:69.00元

抗衰老医学蓝皮书
抗衰老医学发展报告（2014）
著(编)者:罗伯特·高德曼 罗纳德·科莱兹
尼尔·布什 朱敏 金大鹏 郭弋
2014年9月出版 / 估价:69.00元

客车蓝皮书
中国客车产业发展报告（2014）
著(编)者:姚蔚 2014年12月出版 / 估价:69.00元

科学传播蓝皮书
中国科学传播报告（2014）
著(编)者:詹正茂 2014年9月出版 / 估价:69.00元

流通蓝皮书
中国商业发展报告（2013~2014）
著(编)者:荆林波 2014年5月出版 / 定价:89.00元

旅游安全蓝皮书
中国旅游安全报告（2014）
著(编)者:郑向敏 谢朝武 2014年6月出版 / 估价:79.00元

旅游绿皮书
2013~2014年中国旅游发展分析与预测
著(编)者:宋瑞 2014年9月出版 / 定价:79.00元

旅游城市绿皮书
世界旅游城市发展报告（2013~2014）
著(编)者:张辉 2014年1月出版 / 估价:69.00元

贸易蓝皮书
中国贸易发展报告（2014）
著(编)者:荆林波 2014年5月出版 / 估价:49.00元

民营医院蓝皮书
中国民营医院发展报告（2014）
著(编)者:朱幼棣 2014年10月出版 / 估价:69.00元

闽商蓝皮书
闽商发展报告（2014）
著(编)者:李闽榕 王日根 2014年12月出版 / 估价:69.00元

能源蓝皮书
中国能源发展报告（2014）
著(编)者:崔民选 王军生 陈义和
2014年10月出版 / 估价:59.00元

农产品流通蓝皮书
中国农产品流通产业发展报告（2014）
著(编)者:贾敬敦 王炳南 张玉玺 张鹏毅 陈丽华
2014年9月出版 / 估价:89.00元

期货蓝皮书
中国期货市场发展报告（2014）
著(编)者:荆林波 2014年6月出版 / 估价:98.00元

企业蓝皮书
中国企业竞争力报告（2014）
著(编)者:金碚 2014年11月出版 / 估价:89.00元

汽车安全蓝皮书
中国汽车安全发展报告（2014）
著(编)者:中国汽车技术研究中心
2014年4月出版 / 估价:79.00元

汽车蓝皮书
中国汽车产业发展报告（2014）
著(编)者:国务院发展研究中心产业经济研究部
中国汽车工程学会 大众汽车集团（中国）
2014年7月出版 / 估价:79.00元

清洁能源蓝皮书
国际清洁能源发展报告（2014）
著(编)者:国际清洁能源论坛（澳门）
2014年9月出版 / 估价:89.00元

人力资源蓝皮书
中国人力资源发展报告（2014）
著(编)者:吴江 2014年9月出版 / 估价:69.00元

软件和信息服务业蓝皮书
中国软件和信息服务业发展报告（2014）
著(编)者:洪京一 工业和信息化部电子科学技术情报研究所
2014年6月出版 / 估价:98.00元

商会蓝皮书
中国商会发展报告 No.4（2014）
著(编)者:黄孟复 2014年9月出版 / 估价:59.00元

商品市场蓝皮书
中国商品市场发展报告（2014）
著(编)者:荆林波 2014年7月出版 / 估价:59.00元

上市公司蓝皮书
中国上市公司非财务信息披露报告（2014）
著(编)者:钟宏武 张旺 张蕙 等
2014年12月出版 / 估价:59.00元

食品药品蓝皮书
食品药品安全与监管政策研究报告（2014）
著(编)者:唐民皓　2014年7月出版 / 估价:69.00元

世界能源蓝皮书
世界能源发展报告（2014）
著(编)者:黄晓勇　2014年9月出版 / 估价:99.00元

私募市场蓝皮书
中国私募股权市场发展报告（2014）
著(编)者:曹和平　2014年9月出版 / 估价:69.00元

体育蓝皮书
中国体育产业发展报告（2014）
著(编)者:阮伟 钟秉枢　2014年9月出版 / 估价:69.00元

体育蓝皮书·公共体育服务
中国公共体育服务发展报告（2014）
著(编)者:戴健　2014年12月出版 / 估价:69.00元

投资蓝皮书
中国投资发展报告（2014）
著(编)者:杨庆蔚　2014年4月出版 / 定价:128.00元

投资蓝皮书
中国企业海外投资发展报告（2013~2014）
著(编)者:陈文晖 薛誉华　2014年9月出版 / 定价:69.00元

物联网蓝皮书
中国物联网发展报告（2014）
著(编)者:龚六堂　2014年9月出版 / 估价:59.00元

西部工业蓝皮书
中国西部工业发展报告（2014）
著(编)者:方行明 刘方健 姜凌等
2014年9月出版 / 估价:69.00元

西部金融蓝皮书
中国西部金融发展报告（2014）
著(编)者:李忠民　2014年10月出版 / 估价:69.00元

新能源汽车蓝皮书
中国新能源汽车产业发展报告（2014）
著(编)者:中国汽车技术研究中心
　　　　 日产（中国）投资有限公司
　　　　 东风汽车有限公司
2014年9月出版 / 估价:69.00元

信托蓝皮书
中国信托业研究报告（2014）
著(编)者:中建投信托研究中心　中国建设建投研究院
2014年9月出版 / 估价:59.00元

信托蓝皮书
中国信托投资报告（2014）
著(编)者:杨金龙 刘屹　2014年7月出版 / 估价:69.00元

信托市场蓝皮书
中国信托业市场报告（2013~2014）
著(编)者:李旸　2014年1月出版 / 定价:198.00元

信息化蓝皮书
中国信息化形势分析与预测（2014）
著(编)者:周宏仁　2014年7月出版 / 估价:98.00元

信用蓝皮书
中国信用发展报告（2014）
著(编)者:章政 田侃　2014年9月出版 / 估价:69.00元

休闲绿皮书
2014年中国休闲发展报告
著(编)者:刘德谦 唐兵 宋瑞
2014年6月出版 / 估价:59.00元

养老产业蓝皮书
中国养老产业发展报告（2013~2014年）
著(编)者:张车伟　2014年9月出版 / 估价:69.00元

移动互联网蓝皮书
中国移动互联网发展报告（2014）
著(编)者:官建文　2014年5月出版 / 估价:79.00元

医药蓝皮书
中国医药产业园战略发展报告（2013~2014）
著(编)者:裴长洪 房书亭 吴滁心
2014年3月出版 / 定价:89.00元

医药蓝皮书
中国药品市场报告（2014）
著(编)者:程锦锥 朱恒鹏　2014年12月出版 / 估价:79.00元

中国林业竞争力蓝皮书
中国省域林业竞争力发展报告No.2（2014）
（上下册）
著(编)者:郑传芳 李闽榕 张春霞 张会儒
2014年8月出版 / 估价:139.00元

中国农业竞争力蓝皮书
中国省域农业竞争力发展报告No.2（2014）
著(编)者:郑传芳 宋洪远 李闽榕 张春霞
2014年7月出版 / 估价:128.00元

中国总部经济蓝皮书
中国总部经济发展报告（2013~2014）
著(编)者:赵弘　2014年5月出版 / 定价:79.00元

珠三角流通蓝皮书
珠三角商圈发展研究报告（2014）
著(编)者:王先庆 林至颖　2014年8月出版 / 估价:69.00元

住房绿皮书
中国住房发展报告（2013~2014）
著(编)者:倪鹏飞　2013年12月出版 / 定价:79.00元

资本市场蓝皮书
中国场外交易市场发展报告（2014）
著(编)者:高峦　2014年9月出版 / 估价:79.00元

资产管理蓝皮书
中国信托业发展报告（2014）
著(编)者:智信资产管理研究院　2014年7月出版 / 估价:69.00元

支付清算蓝皮书
中国支付清算发展报告（2014）
著(编)者:杨涛　2014年5月出版 / 定价:45.00元

文化传媒类

传媒蓝皮书
中国传媒产业发展报告（2014）
著(编)者:崔保国　2014年4月出版 / 定价:98.00元

传媒竞争力蓝皮书
中国传媒国际竞争力研究报告（2014）
著(编)者:李本乾　2014年9月出版 / 估价:69.00元

创意城市蓝皮书
武汉市文化创意产业发展报告（2014）
著(编)者:张京成　黄永林　2014年10月出版 / 估价:69.00元

电视蓝皮书
中国电视产业发展报告（2014）
著(编)者:卢斌　2014年9月出版 / 估价:79.00元

电影蓝皮书
中国电影出版发展报告（2014）
著(编)者:卢斌　2014年9月出版 / 估价:79.00元

动漫蓝皮书
中国动漫产业发展报告（2014）
著(编)者:卢斌　郑玉明　牛兴侦　2014年9月出版 / 估价:79.00元

广电蓝皮书
中国广播电影电视发展报告（2014）
著(编)者:庞井君　杨明品　李岚
2014年6月出版 / 估价:88.00元

广告主蓝皮书
中国广告主营销传播趋势报告N0.8
著(编)者:中国传媒大学广告主研究所
　　　　中国广告主营销传播创新研究课题组
　　　　黄升民　杜国清　邵华冬等
2014年5月出版 / 估价:98.00元

国际传播蓝皮书
中国国际传播发展报告（2014）
著(编)者:胡正荣　李继东　姬德强
2014年9月出版 / 估价:69.00元

纪录片蓝皮书
中国纪录片发展报告（2014）
著(编)者:何苏六　2014年10月出版 / 估价:89.00元

两岸文化蓝皮书
两岸文化产业合作发展报告（2014）
著(编)者:胡惠林　肖夏勇　2014年6月出版 / 估价:59.00元

媒介与女性蓝皮书
中国媒介与女性发展报告（2014）
著(编)者:刘利群　2014年8月出版 / 估价:69.00元

全球传媒蓝皮书
全球传媒产业发展报告（2014）
著(编)者:胡正荣　2014年12月出版 / 估价:79.00元

视听新媒体蓝皮书
中国视听新媒体发展报告（2014）
著(编)者:庞井君　2014年6月出版 / 估价:148.00元

文化创新蓝皮书
中国文化创新报告（2014）No.5
著(编)者:于平　傅才武　2014年4月出版 / 定价:79.00元

文化科技蓝皮书
文化科技融合与创意城市发展报告（2014）
著(编)者:李凤亮　于平　2014年7月出版 / 估价:79.00元

文化蓝皮书
中国文化产业发展报告（2014）
著(编)者:张晓明　王家新　章建刚
2014年4月出版 / 定价:79.00元

文化蓝皮书
中国文化产业供需协调增长测评报（2014）
著(编)者:王亚楠　2014年2月出版 / 定价:79.00元

文化蓝皮书
中国城镇文化消费需求景气评价报告（2014）
著(编)者:王亚南　张晓明　祁述裕
2014年5月出版 / 估价:79.00元

文化蓝皮书
中国公共文化服务发展报告（2014）
著(编)者:于群　李国新　2014年10月出版 / 估价:98.00元

文化蓝皮书
中国文化消费需求景气评价报告（2014）
著(编)者:王亚南　2014年2月出版 / 估价:79.00元

文化蓝皮书
中国乡村文化消费需求景气评价报告（2014）
著(编)者:王亚南　2014年5月出版 / 估价:79.00元

文化蓝皮书
中国中心城市文化消费需求景气评价报告（2014）
著(编)者:王亚南　2014年9月出版 / 估价:79.00元

文化蓝皮书
中国少数民族文化发展报告（2014）
著(编)者：武翠英 张晓明 张学进
2014年9月出版 / 估价：69.00元

文化建设蓝皮书
中国文化发展报告（2013）
著(编)者：江畅 孙伟平 戴茂堂
2014年4月出版 / 定价：138.00元

文化品牌蓝皮书
中国文化品牌发展报告（2014）
著(编)者：欧阳友权 2014年4月出版 / 定价：79.00元

文化软实力蓝皮书
中国文化软实力研究报告（2014）
著(编)者：张国祚 2014年7月出版 / 估价：79.00元

文化遗产蓝皮书
中国文化遗产事业发展报告（2014）
著(编)者：刘世锦 2014年9月出版 / 估价：79.00元

文学蓝皮书
中国文情报告（2013~2014）
著(编)者：白烨 2014年5月出版 / 估价：59.00元

新媒体蓝皮书
中国新媒体发展报告No.5（2014）
著(编)者：唐绪军 2014年6月出版 / 估价：69.00元

移动互联网蓝皮书
中国移动互联网发展报告（2014）
著(编)者：官建文 2014年6月出版 / 估价：79.00元

游戏蓝皮书
中国游戏产业发展报告（2014）
著(编)者：卢斌 2014年9月出版 / 估价：79.00元

舆情蓝皮书
中国社会舆情与危机管理报告（2014）
著(编)者：谢耘耕 2014年8月出版 / 估价：85.00元

粤港澳台文化蓝皮书
粤港澳台文化创意产业发展报告（2014）
著(编)者：丁未 2014年9月出版 / 估价：69.00元

地方发展类

安徽蓝皮书
安徽社会发展报告（2014）
著(编)者：程桦 2014年4月出版 / 定价：79.00元

安徽经济蓝皮书
皖江城市带承接产业转移示范区建设报告（2014）
著(编)者：丁海中 2014年4月出版 / 定价：69.00元

安徽社会建设蓝皮书
安徽社会建设分析报告（2014）
著(编)者：黄家海 王开玉 蔡宪 2014年9月出版 / 估价：69.00元

北京蓝皮书
北京公共服务发展报告（2013~2014）
著(编)者：施昌奎 2014年2月出版 / 定价：69.00元

北京蓝皮书
北京经济发展报告（2013~2014）
著(编)者：杨松 2014年4月出版 / 定价：79.00元

北京蓝皮书
北京社会发展报告（2013~2014）
著(编)者：缪青 2014年5月出版 / 定价：79.00元

北京蓝皮书
北京社会治理发展报告（2013~2014）
著(编)者：殷星辰 2014年4月出版 / 定价：79.00元

北京蓝皮书
中国社区发展报告（2013~2014）
著(编)者：于燕燕 2014年8月出版 / 估价：59.00元

北京蓝皮书
北京文化发展报告（2013~2014）
著(编)者：李建盛 2014年4月出版 / 定价：79.00元

北京旅游绿皮书
北京旅游发展报告（2014）
著(编)者：鲁勇 2014年7月出版 / 估价：98.00元

北京律师蓝皮书
北京律师发展报告No.2（2014）
著(编)者：王隽 周塞军 2014年9月出版 / 估价：79.00元

北京人才蓝皮书
北京人才发展报告（2014）
著(编)者：于淼 2014年10月出版 / 估价：89.00元

城乡一体化蓝皮书
中国城乡一体化发展报告·北京卷（2014）
著(编)者：张宝秀 黄序 2014年6月出版 / 估价：59.00元

创意城市蓝皮书
北京文化创意产业发展报告（2014）
著(编)者：张京成 王国华 2014年10月出版 / 估价：69.00元

创意城市蓝皮书
重庆创意产业发展报告（2014）
著(编)者:程宁宁　2014年4月出版 / 定价:89.00元

创意城市蓝皮书
青岛文化创意产业发展报告（2013~2014）
著(编)者:马达　2014年9月出版 / 估价:69.00元

创意城市蓝皮书
无锡文化创意产业发展报告（2014）
著(编)者:庄若江　张鸣年　2014年8月出版 / 估价:75.00元

服务业蓝皮书
广东现代服务业发展报告（2014）
著(编)者:祁明　程晓　2014年1月出版 / 估价:69.00元

甘肃蓝皮书
甘肃舆情分析与预测（2014）
著(编)者:陈双梅　郝树声　2014年1月出版 / 定价:69.00元

甘肃蓝皮书
甘肃县域经济综合竞争力报告（2014）
著(编)者:刘进军　柳民　曲玮　2014年9月出版 / 估价:69.00元

甘肃蓝皮书
甘肃县域社会发展评价报告（2014）
著(编)者:魏胜文　2014年9月出版 / 估价:69.00元

甘肃蓝皮书
甘肃经济发展分析与预测（2014）
著(编)者:朱智文　罗哲　2014年1月出版 / 定价:69.00元

甘肃蓝皮书
甘肃社会发展分析与预测（2014）
著(编)者:安文华　包晓霞　2014年1月出版 / 定价:69.00元

甘肃蓝皮书
甘肃文化发展分析与预测（2014）
著(编)者:王福生　周小华　2014年1月出版 / 定价:69.00元

广东蓝皮书
广东省电子商务发展报告（2014）
著(编)者:黄建明　祁明　2014年11月出版 / 估价:69.00元

广东蓝皮书
广东社会工作发展报告（2014）
著(编)者:罗观翠　2014年9月出版 / 估价:69.00元

广东外经贸蓝皮书
广东对外经济贸易发展研究报告（2014）
著(编)者:陈万灵　2014年9月出版 / 估价:65.00元

广西北部湾经济区蓝皮书
广西北部湾经济区开放开发报告（2014）
著(编)者:广西北部湾经济区规划建设管理委员会办公室
　　　　广西社会科学院 广西北部湾发展研究院
2014年7月出版 / 估价:69.00元

广州蓝皮书
2014年中国广州经济形势分析与预测
著(编)者:庾建设　郭志勇　沈奎　2014年6月出版 / 估价:69.00元

广州蓝皮书
2014年中国广州社会形势分析与预测
著(编)者:易佐永　杨秦　顾涧清　2014年5月出版 / 估价:65.00元

广州蓝皮书
广州城市国际化发展报告（2014）
著(编)者:朱名宏　2014年9月出版 / 估价:59.00元

广州蓝皮书
广州创新型城市发展报告（2014）
著(编)者:李江涛　2014年8月出版 / 估价:59.00元

广州蓝皮书
广州经济发展报告（2014）
著(编)者:李江涛　刘江华　2014年6月出版 / 估价:65.00元

广州蓝皮书
广州农村发展报告（2014）
著(编)者:李江涛　汤锦华　2014年8月出版 / 估价:59.00元

广州蓝皮书
广州青年发展报告（2014）
著(编)者:魏国华　张强　2014年9月出版 / 估价:65.00元

广州蓝皮书
广州汽车产业发展报告（2014）
著(编)者:李江涛　杨再高　2014年10月出版 / 估价:69.00元

广州蓝皮书
广州商贸业发展报告（2014）
著(编)者:陈家成　王旭东　苟振英
2014年7月出版 / 估价:69.00元

广州蓝皮书
广州文化创意产业发展报告（2014）
著(编)者:甘新　2014年10月出版 / 估价:59.00元

广州蓝皮书
中国广州城市建设发展报告（2014）
著(编)者:董皞　冼伟雄　李俊夫
2014年8月出版 / 估价:69.00元

广州蓝皮书
中国广州科技与信息化发展报告（2014）
著(编)者:庾建设　谢学宁　2014年8月出版 / 估价:59.00元

广州蓝皮书
中国广州文化创意产业发展报告（2014）
著(编)者:甘新　2014年10月出版 / 估价:59.00元

广州蓝皮书
中国广州文化发展报告（2014）
著(编)者:徐俊忠　汤应武　陆志强
2014年8月出版 / 估价:69.00元

贵州蓝皮书
贵州法治发展报告（2014）
著（编）者：吴大华　2014年3月出版 / 定价:69.00元

贵州蓝皮书
贵州人才发展报告（2014）
著（编）者：于杰　吴大华　2014年3月出版 / 定价:69.00元

贵州蓝皮书
贵州社会发展报告（2014）
著（编）者：王兴骥　2014年3月出版 / 定价:69.00元

贵州蓝皮书
贵州农村扶贫开发报告（2014）
著（编）者：王朝新　宋明　2014年9月出版 / 估价:69.00元

贵州蓝皮书
贵州文化产业发展报告（2014）
著（编）者：李建国　2014年9月出版 / 估价:69.00元

海淀蓝皮书
海淀区文化和科技融合发展报告（2014）
著（编）者：陈名杰　孟景伟　2014年5月出版 / 估价:75.00元

海峡经济区蓝皮书
海峡经济区发展报告（2014）
著（编）者：李闽榕　王秉安　谢明辉（台湾）
2014年10月出版 / 估价:78.00元

海峡西岸蓝皮书
海峡西岸经济区发展报告（2014）
著（编）者：福建省人民政府发展研究中心
2014年9月出版 / 估价:85.00元

杭州蓝皮书
杭州市妇女发展报告（2014）
著（编）者：魏颖　揭爱花　2014年9月出版 / 估价:69.00元

杭州都市圈蓝皮书
杭州都市圈发展报告（2014）
著（编）者：董祖德　沈翔　2014年5月出版 / 定价:89.00元

河北经济蓝皮书
河北省经济发展报告（2014）
著（编）者：马树强　金浩　张贵　2014年4月出版 / 定价:79.00元

河北蓝皮书
河北经济社会发展报告（2014）
著（编）者：周文夫　2014年1月出版 / 定价:69.00元

河南经济蓝皮书
2014年河南经济形势分析与预测
著（编）者：胡五岳　2014年3月出版 / 定价:69.00元

河南蓝皮书
2014年河南社会形势分析与预测
著（编）者：刘道兴　牛苏林　2014年1月出版 / 定价:69.00元

河南蓝皮书
河南城市发展报告（2014）
著（编）者：谷建全　王建国　2014年1月出版 / 定价:59.00元

河南蓝皮书
河南法治发展报告（2014）
著（编）者：丁同民　闫德民　2014年3月出版 / 定价:69.00元

河南蓝皮书
河南金融发展报告（2014）
著（编）者：喻新安　谷建全　2014年4月出版 / 定价:69.00元

河南蓝皮书
河南经济发展报告（2014）
著（编）者：喻新安　2013年12月出版 / 定价:69.00元

河南蓝皮书
河南文化发展报告（2014）
著（编）者：卫绍生　2014年1月出版 / 定价:69.00元

河南蓝皮书
河南工业发展报告（2014）
著（编）者：龚绍东　2014年1月出版 / 定价:69.00元

河南蓝皮书
河南商务发展报告（2014）
著（编）者：焦锦淼　穆荣国　2014年5月出版 / 定价:88.00元

黑龙江产业蓝皮书
黑龙江产业发展报告（2014）
著（编）者：于渤　2014年10月出版 / 估价:79.00元

黑龙江蓝皮书
黑龙江经济发展报告（2014）
著（编）者：张新颖　2014年1月出版 / 定价:69.00元

黑龙江蓝皮书
黑龙江社会发展报告（2014）
著（编）者：艾书琴　2014年1月出版 / 定价:69.00元

湖南城市蓝皮书
城市社会管理
著（编）者：罗海藩　2014年10月出版 / 估价:59.00元

湖南蓝皮书
2014年湖南产业发展报告
著（编）者：梁志峰　2014年4月出版 / 定价:128.00元

湖南蓝皮书
2014年湖南电子政务发展报告
著（编）者：梁志峰　2014年4月出版 / 定价:128.00元

湖南蓝皮书
2014年湖南法治发展报告
著（编）者：梁志峰　2014年9月出版 / 估价:79.00元

湖南蓝皮书
2014年湖南经济展望
著（编）者：梁志峰　2014年4月出版 / 定价:128.00元

湖南蓝皮书
2014年湖南两型社会发展报告
著(编)者:梁志峰　2014年4月出版 / 定价:128.00元

湖南蓝皮书
2014年湖南社会发展报告
著(编)者:梁志峰　2014年4月出版 / 定价:128.00元

湖南蓝皮书
2014年湖南县域经济社会发展报告
著(编)者:梁志峰　2014年4月出版 / 定价:128.00元

湖南县域绿皮书
湖南县域发展报告No.2
著(编)者:朱有志 袁准 周小毛　2014年7月出版 / 估价:69.00元

沪港蓝皮书
沪港发展报告(2014)
著(编)者:尤安山　2014年9月出版 / 估价:89.00元

吉林蓝皮书
2014年吉林经济社会形势分析与预测
著(编)者:马克　2014年1月出版 / 定价:79.00元

济源蓝皮书
济源经济社会发展报告(2014)
著(编)者:喻新安　2014年4月出版 / 定价:69.00元

江苏法治蓝皮书
江苏法治发展报告No.3(2014)
著(编)者:李力 龚廷泰 严海良　2014年8月出版 / 估价:88.00元

京津冀蓝皮书
京津冀发展报告(2014)
著(编)者:文魁 祝尔娟　2014年3月出版 / 定价:79.00元

经济特区蓝皮书
中国经济特区发展报告(2013)
著(编)者:陶一桃　2014年4月出版 / 定价:89.00元

辽宁蓝皮书
2014年辽宁经济社会形势分析与预测
著(编)者:曹晓峰 张晶　2014年1月出版 / 定价:79.00元

流通蓝皮书
湖南省商贸流通产业发展报告No.2
著(编)者:柳思维　2014年10月出版 / 估价:75.00元

内蒙古蓝皮书
内蒙古经济发展蓝皮书(2013~2014)
著(编)者:黄育华　2014年7月出版 / 估价:69.00元

内蒙古蓝皮书
内蒙古反腐倡廉建设报告No.1
著(编)者:张志华 无极　2013年12月出版 / 定价:69.00元

浦东新区蓝皮书
上海浦东经济发展报告(2014)
著(编)者:沈开艳 陆沪根　2014年1月出版 / 估价:59.00元

侨乡蓝皮书
中国侨乡发展报告(2014)
著(编)者:郑一省　2014年9月出版 / 估价:69.00元

青海蓝皮书
2014年青海经济社会形势分析与预测
著(编)者:赵宗福　2014年2月出版 / 定价:69.00元

人口与健康蓝皮书
深圳人口与健康发展报告(2014)
著(编)者:陆杰华 江捍平　2014年10月出版 / 估价:98.00元

山西蓝皮书
山西资源型经济转型发展报告(2014)
著(编)者:李志强　2014年5月出版 / 定价:98.00元

陕西蓝皮书
陕西经济发展报告(2014)
著(编)者:任宗哲 石英 裴成荣　2014年2月出版 / 定价:69.00元

陕西蓝皮书
陕西社会发展报告(2014)
著(编)者:任宗哲 石英 牛昉　2014年2月出版 / 定价:65.00元

陕西蓝皮书
陕西文化发展报告(2014)
著(编)者:任宗哲 石英 王长寿　2014年3月出版 / 定价:59.00元

上海蓝皮书
上海传媒发展报告(2014)
著(编)者:强荧 焦雨虹　2014年1月出版 / 定价:79.00元

上海蓝皮书
上海法治发展报告(2014)
著(编)者:叶青　2014年4月出版 / 定价:69.00元

上海蓝皮书
上海经济发展报告(2014)
著(编)者:沈开艳　2014年1月出版 / 定价:69.00元

上海蓝皮书
上海社会发展报告(2014)
著(编)者:卢汉龙 周海旺　2014年1月出版 / 定价:69.00元

上海蓝皮书
上海文化发展报告(2014)
著(编)者:蒯大申　2014年1月出版 / 定价:69.00元

上海蓝皮书
上海文学发展报告(2014)
著(编)者:陈圣来　2014年1月出版 / 定价:69.00元

上海蓝皮书
上海资源环境发展报告(2014)
著(编)者:周冯琦 汤庆合 任文伟　2014年1月出版 / 定价:69.00元

上海社会保障绿皮书
上海社会保障改革与发展报告(2013~2014)
著(编)者:汪泓　2014年9月出版 / 估价:65.00元

上饶蓝皮书
上饶发展报告（2013~2014）
著(编)者:朱寅健　2014年3月出版 / 定价:128.00元

社会建设蓝皮书
2014年北京社会建设分析报告
著(编)者:宋贵伦　2014年9月出版 / 估价:69.00元

深圳蓝皮书
深圳经济发展报告（2014）
著(编)者:吴忠　2014年6月出版 / 估价:69.00元

深圳蓝皮书
深圳劳动关系发展报告（2014）
著(编)者:汤庭芬　2014年6月出版 / 估价:69.00元

深圳蓝皮书
深圳社会发展报告（2014）
著(编)者:吴忠 余智晟　2014年7月出版 / 估价:69.00元

四川蓝皮书
四川文化产业发展报告（2014）
著(编)者:侯水平　2014年2月出版 / 定价:69.00元

四川蓝皮书
四川企业社会责任研究报告（2014）
著(编)者:侯水平 盛毅　2014年4月出版 / 定价:79.00元

温州蓝皮书
2014年温州经济社会形势分析与预测
著(编)者:潘忠强 王春光 金浩　2014年4月出版 / 定价:69.00元

温州蓝皮书
浙江温州金融综合改革试验区发展报告
（2013~2014）
著(编)者:钱水土 王去非 李义超
2014年9月出版 / 估价:69.00元

扬州蓝皮书
扬州经济社会发展报告（2014）
著(编)者:张爱军　2014年9月出版 / 估价:78.00元

义乌蓝皮书
浙江义乌市国际贸易综合改革试验区发展报告
（2013~2014）
著(编)者:马淑琴 刘文革 周松强
2014年9月出版 / 估价:69.00元

云南蓝皮书
中国面向西南开放重要桥头堡建设发展报告（2014）
著(编)者:刘绍怀　2014年12月出版 / 估价:69.00元

长株潭城市群蓝皮书
长株潭城市群发展报告（2014）
著(编)者:张萍　2014年10月出版 / 估价:69.00元

郑州蓝皮书
2014年郑州文化发展报告
著(编)者:王哲　2014年7月出版 / 估价:69.00元

中国省会经济圈蓝皮书
合肥经济圈经济社会发展报告No.4(2013~2014)
著(编)者:董昭礼　2014年4月出版 / 估价:79.00元

国别与地区类

G20国家创新竞争力黄皮书
二十国集团（G20）国家创新竞争力发展报告（2014）
著(编)者:李建平 李闽榕 赵新力
2014年9月出版 / 估价:118.00元

阿拉伯黄皮书
阿拉伯发展报告（2013~2014）
著(编)者:马晓霖　2014年4月出版 / 定价:79.00元

澳门蓝皮书
澳门经济社会发展报告（2013~2014）
著(编)者:吴志良 郝雨凡　2014年4月出版 / 定价:79.00元

北部湾蓝皮书
泛北部湾合作发展报告（2014）
著(编)者:吕余生　2014年7月出版 / 估价:79.00元

大湄公河次区域蓝皮书
大湄公河次区域合作发展报告（2014）
著(编)者:刘稚　2014年8月出版 / 估价:79.00元

大洋洲蓝皮书
大洋洲发展报告（2014）
著(编)者:魏明海 喻常森　2014年7月出版 / 估价:69.00元

德国蓝皮书
德国发展报告（2014）
著(编)者:李乐曾 郑春荣等　2014年5月出版 / 估价:69.00元

东北亚黄皮书
东北亚地区政治与安全报告（2014）
著(编)者:黄凤志 刘雪莲　2014年6月出版 / 估价:69.00元

东盟黄皮书
东盟发展报告（2013）
著(编)者:崔晓麟　2014年5月出版 / 定价:75.00元

东南亚蓝皮书
东南亚地区发展报告（2013~2014）
著(编)者:王勤　2014年4月出版 / 定价:79.00元

俄罗斯黄皮书
俄罗斯发展报告（2014）
著（编）者：李永全　2014年7月出版 / 估价：79.00元

非洲黄皮书
非洲发展报告No.15（2014）
著（编）者：张宏明　2014年7月出版 / 估价：79.00元

港澳珠三角蓝皮书
粤港澳区域合作与发展报告（2014）
著（编）者：梁庆寅 陈广汉　2014年6月出版 / 估价：59.00元

国际形势黄皮书
全球政治与安全报告（2014）
著（编）者：李慎明 张宇燕　2014年1月出版 / 定价：69.00元

韩国蓝皮书
韩国发展报告（2014）
著（编）者：牛林杰 刘宝全　2014年6月出版 / 估价：69.00元

加拿大蓝皮书
加拿大发展报告（2014）
著（编）者：仲伟合　2014年4月出版 / 定价：89.00元

柬埔寨蓝皮书
柬埔寨国情报告（2014）
著（编）者：毕世鸿　2014年6月出版 / 估价：70.00元

拉美黄皮书
拉丁美洲和加勒比发展报告（2013~2014）
著（编）者：吴白乙　2014年4月出版 / 定价：89.00元

老挝蓝皮书
老挝国情报告（2014）
著（编）者：卢光盛 方芸 吕星　2014年6月出版 / 估价：79.00元

美国蓝皮书
美国问题研究报告（2014）
著（编）者：黄平 倪峰　2014年5月出版 / 估价：79.00元

缅甸蓝皮书
缅甸国情报告（2014）
著（编）者：李晨阳　2014年9月出版 / 估价：79.00元

欧亚大陆桥发展蓝皮书
欧亚大陆桥发展报告（2014）
著（编）者：李忠民　2014年10月出版 / 估价：59.00元

欧洲蓝皮书
欧洲发展报告（2014）
著（编）者：周弘　2014年9月出版 / 估价：79.00元

葡语国家蓝皮书
巴西发展与中巴关系报告2014（中英文）
著（编）者：张曙光　David T. Ritchie
2014年8月出版 / 估价：69.00元

日本经济蓝皮书
日本经济与中日经贸关系研究报告（2014）
著（编）者：王洛林 张季风　2014年5月出版 / 定价：79.00元

日本蓝皮书
日本发展报告（2014）
著（编）者：李薇　2014年3月出版 / 定价：69.00元

上海合作组织黄皮书
上海合作组织发展报告（2014）
著（编）者：李进峰 吴宏伟 李伟　2014年9月出版 / 估价：98.00元

世界创新竞争力黄皮书
世界创新竞争力发展报告（2014）
著（编）者：李建平　2014年9月出版 / 估价：148.00元

世界能源黄皮书
世界能源分析与展望（2013~2014）
著（编）者：张宇燕 等　2014年9月出版 / 估价：69.00元

世界社会主义黄皮书
世界社会主义跟踪研究报告（2013~2014）
著（编）者：李慎明　2014年3月出版 / 定价：198.00元

泰国蓝皮书
泰国国情报告（2014）
著（编）者：邹春萌　2014年6月出版 / 估价：79.00元

亚太蓝皮书
亚太地区发展报告（2014）
著（编）者：李向阳　2014年1月出版 / 定价：59.00元

印度蓝皮书
印度国情报告（2012~2013）
著（编）者：吕昭义　2014年5月出版 / 定价：89.00元

印度洋地区蓝皮书
印度洋地区发展报告（2014）
著（编）者：汪戎　2014年3月出版 / 定价：79.00元

越南蓝皮书
越南国情报告（2014）
著（编）者：吕余生　2014年8月出版 / 估价：65.00元

中东黄皮书
中东发展报告No.15（2014）
著（编）者：杨光　2014年10月出版 / 估价：59.00元

中欧关系蓝皮书
中欧关系研究报告（2014）
著（编）者：周弘　2013年12月出版 / 定价：98.00元

中亚黄皮书
中亚国家发展报告（2014）
著（编）者：孙力　2014年9月出版 / 估价：79.00元

皮书大事记

☆ 2012年12月，《中国社会科学院皮书资助规定（试行）》由中国社会科学院科研局正式颁布实施。

☆ 2011年，部分重点皮书纳入院创新工程。

☆ 2011年8月，2011年皮书年会在安徽合肥举行，这是皮书年会首次由中国社会科学院主办。

☆ 2011年2月，"2011年全国皮书研讨会"在北京京西宾馆举行。王伟光院长（时任常务副院长）出席并讲话。本次会议标志着皮书及皮书研创出版从一个具体出版单位的出版产品和出版活动上升为由中国社会科学院牵头的国家哲学社会科学智库产品和创新活动。

☆ 2010年9月，"2010年中国经济社会形势报告会暨第十一次全国皮书工作研讨会"在福建福州举行，高全立副院长参加会议并做学术报告。

☆ 2010年9月，皮书学术委员会成立，由我院李扬副院长领衔，并由在各个学科领域有一定的学术影响力、了解皮书编创出版并持续关注皮书品牌的专家学者组成。皮书学术委员会的成立为进一步提高皮书这一品牌的学术质量、为学术界构建一个更大的学术出版与学术推广平台提供了专家支持。

☆ 2009年8月，"2009年中国经济社会形势分析与预测暨第十次皮书工作研讨会"在辽宁丹东举行。李扬副院长参加本次会议，本次会议颁发了首届优秀皮书奖，我院多部皮书获奖。

社会科学文献出版社
SOCIAL SCIENCES ACADEMIC PRESS (CHINA)

社会科学文献出版社成立于1985年，是直属于中国社会科学院的人文社会科学专业学术出版机构。

成立以来，特别是1998年实施第二次创业以来，依托于中国社会科学院丰厚的学术出版和专家学者两大资源，坚持"创社科经典，出传世文献"的出版理念和"权威、前沿、原创"的产品定位，社科文献立足内涵式发展道路，从战略层面推动学术出版的五大能力建设，逐步走上了学术产品的系列化、规模化、数字化、国际化、市场化经营道路。

先后策划出版了著名的图书品牌和学术品牌"皮书"系列、"列国志"、"社科文献精品译库"、"中国史话"、"全球化译丛"、"气候变化与人类发展译丛""近世中国"等一大批既有学术影响又有市场价值的系列图书。形成了较强的学术出版能力和资源整合能力，年发稿3.5亿字，年出版新书1200余种，承印发行中国社科院院属期刊近70种。

2012年，《社会科学文献出版社学术著作出版规范》修订完成。同年10月，社会科学文献出版社参加了由新闻出版总署召开加强学术著作出版规范座谈会，并代表50多家出版社发起实施学术著作出版规范的倡议。2013年，社会科学文献出版社参与新闻出版总署学术著作规范国家标准的起草工作。

依托于雄厚的出版资源整合能力，社会科学文献出版社长期以来一直致力于从内容资源和数字平台两个方面实现传统出版的再造，并先后推出了皮书数据库、列国志数据库、中国田野调查数据库等一系列数字产品。

在国内原创著作、国外名家经典著作大量出版，数字出版突飞猛进的同时，社会科学文献出版社在学术出版国际化方面也取得了不俗的成绩。先后与荷兰博睿等十余家国际出版机构合作面向海外推出了《经济蓝皮书》《社会蓝皮书》等十余种皮书的英文版、俄文版、日文版等。

此外，社会科学文献出版社积极与中央和地方各类媒体合作，联合大型书店、学术书店、机场书店、网络书店、图书馆，逐步构建起了强大的学术图书的内容传播力和社会影响力，学术图书的媒体曝光率居全国之首，图书馆藏率居于全国出版机构前十位。

作为已经开启第三次创业梦想的人文社会科学学术出版机构，社会科学文献出版社结合社会需求、自身的条件以及行业发展，提出了新的创业目标：精心打造人文社会科学成果推广平台，发展成为一家集图书、期刊、声像电子和数字出版物为一体，面向海内外高端读者和客户，具备独特竞争力的人文社会科学内容资源供应商和海内外知名的专业学术出版机构。

中国皮书网

发布皮书研创资讯，传播皮书精彩内容
引领皮书出版潮流，打造皮书服务平台

栏目设置：

- □ 资讯：皮书动态、皮书观点、皮书数据、 皮书报道、皮书新书发布会、电子期刊
- □ 标准：皮书评价、皮书研究、皮书规范、皮书专家、编撰团队
- □ 服务：最新皮书、皮书书目、重点推荐、在线购书
- □ 链接：皮书数据库、皮书博客、皮书微博、出版社首页、在线书城
- □ 搜索：资讯、图书、研究动态
- □ 互动：皮书论坛

www.pishu.cn

中国皮书网依托皮书系列"权威、前沿、原创"的优质内容资源，通过文字、图片、音频、视频等多种元素，在皮书研创者、使用者之间搭建了一个成果展示、资源共享的互动平台。

自2005年12月正式上线以来，中国皮书网的IP访问量、PV浏览量与日俱增，受到海内外研究者、公务人员、商务人士以及专业读者的广泛关注。

2008年10月，中国皮书网获得"最具商业价值网站"称号。

2011年全国新闻出版网站年会上，中国皮书网被授予"2011最具商业价值网站"荣誉称号。

（二）北京市非星级饭店运营状况

1. 连锁经济型饭店

经济型饭店呈寡头垄断局面，扩张最为迅速的是 7 天和如家，2013 年如家和 7 天在北京新增酒店均超过 30 家；其次是格林豪泰，新增 25 家；紧随其后的是华住（汉庭）和速 8。上海锦江集团旗下的锦江之星和北京首旅集团旗下的欣燕都扩张速度较慢（见表 4）。

表 4　2013 年北京连锁经济型饭店规模

北京主要经济型饭店品牌	2013 年标准经济饭店数量	2013 年新增饭店数量
7 天	158 家	30 余家
如家	153 家（含 6 家莫泰酒店）	30 余家
汉庭	106 家	17 家
速 8	93 家	17 家
格林豪泰	66 家	25 家
锦江之星	45 家	5 家
欣燕都	22 家	2 家

数据来源：各连锁酒店官方网站，搜索时间为 2014 年 3 月 12 日。

如家、华住（原汉庭）等以经济型酒店品牌为主的酒店集团以标准经济型酒店为依托，努力向上和向下拓展市场空间。2013 年，华住酒店集团除汉庭品牌外，还发展了全季、星程、海友等品牌，目前在京开设 6 家全季酒店、2 家星程酒店以及 13 家海友酒店，其中星程酒店和全季酒店定位于经济型酒店与高档酒店之间，海友酒店的市场定位低于标准经济型酒店，面向住宿预算较为紧张的客人。如家酒店集团除如家、莫泰品牌外发展了中高端的和颐品牌，已开设 2 家面向中高端商旅客人的和颐酒店。从以上数据可以看出，如家、华住等以经济型酒店为主营业务的酒店集团开始向中高端酒店市场进军。

2013 年，北京的连锁经济型酒店出租率超过 80%，远远高于北京二星级饭店 51.6% 的平均出租率。[①] 随着经济型酒店的快速扩张，低星级饭店的市场

---

① 根据经济型酒店上市公司年报，2013 年如家酒店平均出租率为 86.1%，锦江之星平均出租率为 84.46%。

空间越来越小，缺乏特色的单体二星级饭店将逐渐被市场淘汰，连锁经济型酒店将逐渐替代同样提供有限服务的一至三星级饭店。

2. 特色住宿业

随着中国经济的快速发展和国民收入的提升，宾客住宿需求将更趋差异化，从单一需求转变为住宿加多元体验的复合需求，精品饭店、主题饭店、设计饭店、民俗旅游村（乡村饭店）以及民俗户等多种住宿业态应运而生。由四合院改造而成的精品饭店和四合院文化主题饭店是北京最具特色的住宿业态。老北京四合院不仅是北京传统建筑文化瑰宝，同时也体现了中华民族的家文化以及传统伦理美德。近年来，北京四合院饭店在市旅委"北京人家"标准制定及评定的推动下实现了品牌化、标准化、规范化发展。《"北京人家"服务标准与评定》（DB11/T 732 – 2010）规定："北京人家"经营者应是四合院房屋的产权人或拥有 5 年及以上有效使用权者，市旅委根据该标准评定了 33 户"北京人家"。由于受到四合院建筑规模的限制，目前通过评定的"北京人家"能够提供的房间和床位数量有限，共提供客房 851 间，床位 1449 个，集中分布于东城区和西城区。四合院建筑资源的稀缺性以及入境游客对四合院的青睐决定了"北京人家"较为高端的市场定位。

由于精品饭店、设计饭店以及主题饭店等概念有重合的部分且常被饭店实务界人士混淆使用，在使用这三个概念之前有必要先进行概念界定。精品饭店（Boutique Hotel）在 20 世纪 80 年代出现于美国纽约，指那些规模小而提供贴身管家服务的饭店，以独特、个性化的居住环境及贴身管家式的服务与标准化的大型连锁酒店相区别；设计饭店（Design Hotel）在 20 世纪 90 年代源于美国纽约，以新颖、前卫的设计吸引宾客；主题饭店（Theme Hotel）以某一特定的文化艺术主题为核心，在饭店建筑设计、环境设计、装饰用品设计、服务方式设计等方面表述统一的文化理念，展示统一的文化形象，传递统一的文化信念，为顾客提供文化享受和特殊消费体验。北京的精品饭店集中出现于2008 年北京奥运会前后，皇家驿栈酒店是其中的典型代表。在饭店设计上，皇家驿栈聘请德国著名设计公司 GRAFT 担任项目的整体设计，将现代设计和皇家文化相结合；在饭店硬件上走小型豪华路线，总共只有 55 间客房，以中国古代 55 位皇帝的名号和肖像加以区分；在饭店软件上为每位客人提供贴身管家服务，为宾客提供店内和店外的服务，店外服务包括城市导游、文化顾问、翻译等。北京设计饭店的代表是位于延庆县的"长城脚下的公社"，这也是中国第一家设计饭店。"长城脚下的公社"以其地理位置而命名，位于水关长城脚下，一期工程于 2001 年建成，包括 11 栋别墅和 1 个俱乐部，由 12 位亚洲新锐建筑设计师设计，每栋别墅都体现出主题化的设计风格，如"手提箱""竹屋"等。与国外设计饭店相似，"长城脚下的公社"更偏重设计，在饭店功能合理性方面考虑不周，再加上缺乏饭店管理经验，导致其初期经营情况并不理想，一直到 2005 年与凯宾斯基合作经营才得以好转，现在的入住率可以保持在 50% 左右。经过二期工程的扩建，长城脚下的公社凯宾斯基饭店已经成为拥有 42 栋别墅、SPA 中心、健身房、会议中心以及多功能会所等设施的饭店，定位于满足会展和度假两个市场的需求，目前外国客户占 60% ~ 70%，主打商务会议。北京主题饭店的数量并不多，但主题内容较为丰富。据初步统计，北京现有 30 余家主题饭店，既包括皇家文化、都府文化、汉文化等中华文化主题，也包括古埃及文化、玛雅文化等舶来文化主题，还包括体育、电影等行业文化主题。目前的主题饭店对京味儿文化、皇家文化等最具北京特色文化元素的发掘和表达还不够。

北京民俗旅游村（乡村饭店）以及民俗户在政府引导下呈标准化、规范化、集约化发展之势。市旅游主管部门出台《北京市乡村民俗旅游村等级划分与评定》和《北京市乡村民俗旅游户等级划分与评定》等地方标准，市旅游及农业主管部门定期对民俗旅游村及旅游户进行评定，规范民俗旅游村与旅游户的经营行为。布草集中洗涤，人员统一培训，实现民俗旅游的集约化发展。以北京密云为例，密云提出一个民俗村就是一个乡村饭店，强调各民俗户个性化发展的同时要以统一的标准规范民俗村旅游市场，要求民俗户需持岗位合格证书上岗，客房布草统一洗涤配送。2013 年密云将乡村旅游星级评定作为重要的抓手，以此推进乡村旅游公共设施标准化、民俗接待规范化、民俗经营组织化以及信息采集网络化工作，使民俗旅游接待人次较上年增长 10%。昌平区等其他区（县）也正在制定适合于本区（县）民俗村及民俗户的标准和规范，积极推动北京乡村民俗旅游的发展。

二 北京旅游住宿业发展建议

北京旅游住宿业发展应服从于北京城市总体规划以及北京旅游业发展规划（以下简称规划）所制定的目标。《北京市城市总体规划（2004～2020年）》将城市发展目标和主要职能从旅游角度界定为"国际著名旅游地、古都文化旅游地、国际旅游门户与服务基地"，《北京市"十二五"时期旅游业发展规划》也明确提出"宏观调控旅游住宿设施的增速，引导现有住宿设施向主题化和特色化方向提升"的目标。总结2013年北京住宿业的发展，低星级饭店数量下降，经济型饭店继续扩张，精品饭店、设计饭店、主题饭店稳步发展，"北京人家"品牌效应彰显，民俗村及民俗户的经营更为规范，但与北京市城市总体规划和旅游业发展规划目标相比还存在以下问题：旅游住宿业的区域分布不尽合理，滞后于城市发展；住宿特色和主题不够突出；对北京地域文化以及皇家文化元素的挖掘和提炼还不够；住宿业人力资源流动率偏高且服务人员素质有待提升；北京住宿品牌建设工作有待加强。未来，北京旅游住宿业的良性发展依靠市旅委等相关行政主管部门、大型旅游集团以及饭店企业多方推动。从市旅委及相关行政主管部门的层面，应调控旅游住宿设施总量、类别及区域分布，鼓励发展多种住宿业态，推动北京旅游住宿知名品牌的建立及推广，引导旅游住宿业朝标准化、规范化、特色化以及主题化方向发展。

（一）调控旅游住宿设施总量、类别及区域分布

北京市四星级以上饭店集中于首都功能核心区和城市功能拓展区，具体而言集中于东城、西城、朝阳和海淀。城市发展新区中的顺义、昌平、大兴有1～3家五星级饭店，生态涵养发展区中仅密云有1家五星级饭店，怀柔、延庆等其他区（县）迄今没有五星级饭店；在四星级饭店数量方面，昌平的四星级饭店数量最多，达到14家，其余区（县）有1～7家四星级饭店，其中门头沟和延庆均仅有1家四星级饭店。从旅游住宿分布的总体情况来看，四环内住宿业分布密集；从动态数据来看，随着城市圈层式扩张，住宿业逐步向外

扩散；从旅游住宿设施的集聚程度来看，目前的住宿设施集中于四环内，但随着城市交通可达性的改善以及京津冀协同发展规划，城区集聚和郊区扩散将并存。

市旅委及相关行政主管部门可在已有成绩的基础上进一步加强旅游住宿设施总量、类别以及区域分布的调控工作，具体而言有三个工作抓手。首先，加快完善旅游住宿设施及运营情况数据库，实行对旅游住宿设施的全范围统计。目前市旅委及市统计局只对星级饭店数量、规模以及运营状况进行统计，非星级饭店数据不列入统计范畴，而星级饭店只占所有住宿设施的7%，且低星级饭店将不断被连锁经济型饭店替代，较窄的统计口径已经不能适应北京住宿业态的发展。其次，根据城市化进程、交通可达性以及新建旅游项目情况，对配套旅游住宿业的总量、类别及区域分布进行长期、中期及近期规划。发达国家城市化进程的空间周期包括向心城市化、城郊化、逆城市化和再城市化四个阶段，目前北京已进入城郊化阶段，将来随着越来越多的人口、工业、商业、办公业从城市中心区向城郊区外迁，需要对配套旅游及商务住宿设施做出规划。交通技术的进步与交通方式的改变提高了城市中心与外围地区之间的交通可达性，交通可达性程度高的外围地区在住宿规划中将成为新增旅游住宿设施的集聚发展之处。主题公园等大型旅游项目及吸引物的开发也要求规划配套相应的旅游住宿设施。最后，在京津冀协同发展已经上升为国家战略的政策背景下，京津冀三地有必要协同进行旅游规划以及相应的住宿设施规划。目前北京作为国际重要旅游目的地对于天津、河北的旅游溢出效应并不明显，未来京津冀整合旅游资源、协同规划及开发旅游项目、协同推出精品旅游路线及进行联合推介，将吸引越来越多的国内外游客在京津冀地区旅游及住宿，这要求对北京城市边缘的住宿设施重新规划及布局。

（二）鼓励发展多种住宿业态，推动住宿品牌建设

随着人均 GDP 和国民收入的提升，部分游客对于住宿设施除基本的住宿功能外，还期望住宿设施能提供审美、娱乐、文化体验等多种功能，这决定了住宿业态朝向多元化方向发展以满足不同游客的住宿需求。提供完全服务

的高星级饭店、提供有限服务的经济型饭店以及提供特色服务及体验的精品饭店、设计饭店和主题饭店等多种饭店业态都有其存在的市场空间。精品饭店等特色住宿业态源自美国，在中国起步较晚。尽管北京的特色住宿业态发展在全国处于领先地位，但与欧美相比仍有很大的发展空间。北京拥有丰富的人文、历史及旅游资源，除北京人家等四合院饭店外，北京的特色旅游住宿业对于北京核心文化元素的提炼和表达，在饭店的设计、装修、陈设等细节方面及充分表达北京文化元素方面，还有进一步优化的空间。政府相关部门在鼓励发展多种住宿业态的同时还需更加注意引导住宿设施对京味文化、皇家文化的传递和表达，以使特色住宿设施本身成为古都文化旅游的重要吸引物。

目前北京高端住宿市场被国际联号品牌控制，低端住宿市场被连锁经济型饭店品牌占据，中端市场以及特色住宿市场形成品牌真空。尽管"北京人家"作为一个具有北京特色的住宿认证品牌，形成了一定的品牌影响力，但受四合院资源限制，"北京人家"品牌不可能通过大规模复制实现品牌增值。市旅委及相关行政主管部门应推动本土住宿品牌建设，为首旅、北辰等企业的自创住宿品牌提供政策及平台支持。首旅集团自有建国等住宿品牌，并引入安缦等知名住宿品牌，与谭阁美等新锐住宿品牌合作，在多品牌管理方面已经积累了一定的经验；北辰集团以房地产为主业，采取与国际知名饭店管理公司合作的形式经营物业，随着物业租赁期满，北辰正在尝试自建住宿品牌，但是在住宿业经营管理方面缺乏经验。相关行政主管部门宜整合现有住宿品牌资源，促成首旅、北辰、金隅等本土企业的合作，开发具有地域特色、体现北京文化的住宿品牌，对于自建住宿品牌给予一定的补贴及政策优惠，并为特色住宿品牌搭建国内外的宣传平台，例如通过节事、会展等活动进行品牌宣传，以吸引更多的国内外游客选择中国本土住宿品牌。

（三）促进旅游住宿业的标准化、规范化、特色化、主题化发展

北京市的星级饭店特色住宿设施在市场定位和发展路径方面，不妨鼓励更为丰富的多样化。星级饭店宜以提供标准化住宿设施和服务为主，特色住宿设施则宜以满足宾客的个性化需求为主，以期体现出不同住宿设施在标准化、规

范化、特色化、主题化各方面有所侧重。《旅游饭店星级的划分与评定》对饭店硬件及软件有非常具体的、数量化的要求，但并不适用于特色住宿设施，目前针对特色住宿设施的标准和规范还显得缺乏。标准化和规范化是特色住宿业提供优质、特色设施及服务的前提。市旅委制订了《"北京人家"服务标准与评定》及《乡村民俗旅游村（户）等级划分与评定》等，这些标准和规范的制订为北京特色住宿业的标准化和规范化积累了宝贵的经验。为适应市场需求和产业的发展，下一步则不妨开始着手制订精品饭店、设计饭店、主题饭店的标准及规范。浙江省已先于北京进行主题饭店标准的制订工作，2011 年浙江省级地方标准《特色文化主题饭店基本要求与评定》及评定细则出台，提出文化主题、外观特色、服务特色、产品特色、基础支撑五项评分要求；并开展特色文化主题饭店的摸底、推荐及评审工作，依据标准对千岛湖 70 公社知青饭店等特色文化主题饭店进行评审。浙江省制订特色文化主题饭店标准的尝试为北京提供了可供借鉴的经验，以使制订特色文化主题饭店标准的过程成为增强北京特色文化主题的过程。

游客的消费偏好渐趋个性化，使得旅游住宿业在标准化、规范化发展的同时，不能不把特色化、主题化作为自己的核心竞争力。特色化有两方面的含义，第一种含义是使北京旅游住宿业从总体上呈现出的有别于其他省份的特色。对于皇家文化、京味儿文化进行挖掘和提炼并将其应用于住宿设施的建造、设计与陈设中，对于中国式服务进行研究并形成适合于住宿业的中国式服务规范，这些都有助于北京旅游住宿业形成自己的鲜明特色。特色化的第二种含义是单体住宿设施本身的特色。随着市场需求更为多元、消费结构升级以及企业家的创新精神，饭店业将进入丛林时代，各具特色的饭店业态并存，除上文中提到的精品饭店等特色住宿业态外，养生饭店、生活方式饭店等其他种类的住宿业态也有其广阔的市场空间。主题化是特色化的一种实现手段，饭店可以通过文化主题彰显特色。中高端的住宿设施在满足宾客食宿需求的同时，也应能为宾客提供独特的文化享受和特殊的消费体验，通过饭店的环境、布局、装饰以及服务，让客人充分感受到其自身喜爱的文化主题，吸收到文化精髓，在满足其自身的住宿需求的同时也满足其对文化的需求。

参考文献

北京大学旅游研究与规划中心：《旅游规划与设计：精品酒店》，中国建筑工业出版社，2012。

张凌云、罗东霞：《2012 中国主题饭店综述》，载《中国旅游饭店资讯通览》，中国旅游出版社，2013。

闫丽英、李伟、杨成凤、宋金平：《北京市住宿业空间结构时空演化及影响因素》，《地理科学进展》2014 年第 3 期。

北京旅游在线关注度实证研究

张凌云　程　璐*

摘　要：

应用百度搜索包括"北京旅游"等六个相关词的在线关注度对北京国内旅游进行研究，通过在线日关注度可以清楚地了解到全年客流的峰值时空分布情况，也可以追踪客源地游客对目的地形象认知的变化趋势，这是利用大数据方法研究北京旅游的一种尝试。从初步得出的研究成果看，如果搜索取词得当的话，对于北京国内旅游的发展现状和特点是具有较好解释力的。与传统方法相比，具有数据信息量大、数据扩展性强、采集数据成本低、数据处理及时灵活的特点，在旅游市场监测和预测方面具有广阔的应用前景。利用关注度指数可以随时动态监测和预测旅游市场的运行状况，洞见未来，未雨绸缪，提前做好应对措施，适应旅游市场日益多元化变化的新趋势。

关键词：

北京旅游　在线关注度　百度搜索　旅游预测　旅游大数据

一　问题的提出

在线关注度，顾名思义是指网上对某一事物（或人物等）的关注程度。在互联网和移动互联网已经越来越普及的今天，很多游客都会在出游前查询相

---

* 张凌云，北京联合大学旅游学院副院长，北京联合大学旅游发展研究院院长，北京旅游学会旅游市场国际化研究中心主任，教授，博士生导师，《旅游学刊》执行主编；程璐，中央电视台办公室。

关网页，了解目的地信息。他们在网上查询的内容反映了对某项事物的关注和关切。而采集游客的这些上网信息可以了解每个目的地被游客的关注程度。通过研究各客源地居民对目的地的关注度与实际出游目的地选择之间的关系，可以及时预测目的地旅游接待人数和客源地结构。与传统的方法相比具有下列优势：一是利用在线关注度的方法不同于传统的数据采集方法（如入户抽样问卷调查，街头随机拦截问卷等），不需要动用大量的人力物力，而是利用类似于用户自动生成内容（UGC，User Generated Content）的方法来采集数据。二是传统的统计制度是基于科层制度运行的，中间环节多，时效性差，效度和信度也难以保证，且数据采集的社会成本也较高。旅游业的数据一般只能以月度作为统计的时间单位，而这些统计数据的发布往往要等上一年的时间。而利用在线关注度的方法可以随时了解游客的流量流向，按照需要自定义时间单位。三是在线关注度的采集可以应用大数据的方法，按照需要，采集包括数字、文字、音频、图片、视频在内的半结构性、非结构性数据，数据具有开放性、灵活性和动态性，而传统方法都是基于结构性数据，数据采集是封闭的、固化的和静态的，无法及时反映市场变化的最新趋势。四是在线关注度的采集可以设立多个词语、话题，进行深度的数据挖掘，可以处理海量数据，而传统的统计方法能够采集的数据量有限，信息量不多。

在线关注度的数据主要依赖相关旅游网站，但由于各网站的侧重点不同，并可能存在着同一 IP 地址同时查询多个旅游网站的情形，可能造成重复计算。因此，选取大型门户型搜索引擎百度的数据进行分析。目前，百度是国内网站中接受搜索请求最多的，其中包括旅游目的地和旅游景区的搜索。百度作为一家专业提供搜索引擎服务的运营商，具有全国最大的中文搜索平台、图片平台、地图平台、社区平台、音乐门户、中文百科知识体系和位居全国第二的视频平台。据来自百度的统计，日前百度已覆盖 95% 的网民，每天接受 60 亿次的搜索请求。涵盖了全国 2.12 亿旅游人群，其中有 2750 万人使用无线上网查询。每日的中文搜索 10550 万次，图片搜索 9680 万次，知识频道（百度知道、百度百科、百度文库）4560 万次。处理如此大的数据量是传统的统计方法所无法胜任的。因此，我们采用百度的中文搜索平台来采集关于北京旅游的关注度数据，并与上海进行比较分析。

二 国内相关研究的文献评述

国内系统地进行旅游关注度研究的是中国社会科学院旅游研究中心，早在2006年年底该中心就首次发布了中国旅游关注度指数，但并未披露该指数具体的计算方法。自2010年起，该中心又与乐途旅游网合作每季发布中国公民旅游关注度报告，但报告采用的是传统的问卷调查和专家调查方法，每季发放的问卷样本大多在1000多份，与大数据相比可谓是沧海一粟，因此其样本的效度和信度都难以保证。但更多的学者是基于互联网研究的，如路紫等（2007）分析了旅游相关网络搜索量与实际游客人数之间的相关性及网络信息流对旅游流的导引作用，但文中应用的一些旅游网站参差不齐，不具代表性，因此研究对象的宽泛化和碎片化，削弱了对旅游相关网络搜索量与实际游客人数之间相关性的深入揭示，从而也无法较为严谨地论证清楚网络信息流对旅游流的导引作用。尤其是该文完成于2006年，8年前无论是各地旅游网站建设（从内容到功能），还是网络对旅游者的黏性都与今天大不相同。同年，路紫等（2007）研究了澳大利亚旅游网站信息流对旅游客流的导引过程、强度和机理等问题。该文的研究是以问卷调查得出的结论为依据，只不过是采用国际著名的专业商业调查公司AC尼尔森（AC Nielsen）2004年在澳大利亚各大国际机场对于20648名国际游客的调查，尽管发放的样本已经不少了，但与基于UGC的方法相比，数据量仍显不足，网站信息流对客流的导引作用，阐述不够充分。李山等（2008）利用百度指数对首批5A景区的日关注度数据进行了统计和分析。作者不同意国内研究中"导引"一词的使用，认为"这是将网络空间信息流看作'因'，将现实旅游人流当成'果'，虽然强调了互联网对出游行为的重要影响，却在很大程度上掩盖了事实的本质"。作者认为，"旅游者是因为想旅游而上网，而非上网后才想旅游"。但对于这一推论，作者没有做进一步的论述和给出令人信服的证据，是否存在互为因果的第三种情形呢？"因此，在网络和现实的互动中，现实的出游行为是根本，而网络空间信息流只是其中一种重要的'前兆'现象。"但作者将线上日志与线下资料比对研究时，也只是引用前人研究中对某几个案例的截面实测数据（且大多是多年前的数据），得出"日前兆"明显，而"月前兆"不明显的结论。由于数据量太小，因而这一结论是否有普适性还有待验证。事实上，百度网站基于大数据得出了游客从开始上网搜索、性价比较、交流攻略到预订机票饭店，上路出行，平均周期长达 24.7 天，从时间跨度上看，已经非常接近于"月前兆"了。马丽君等（2011）的《城市国内客流量与游客网络关注度时空相关分析》一文，引入了旅游资源丰度、经济发展水平、人口数量、气候舒适度等外生变量，并又通过构建线性回归模型来测度游客网络关注度与客流量在时空变化上的相关性，得出"游客网络关注度月指数每变化 1%，客流量月指数将增加（或减少）0.611%，游客网络关注度每增加（或减少）1 万次，客流量将增加（或减少）125.866 万人次"的结论，如果没有一系列的假设前提条件的话，显然这一结论很难推广到所有的城市。此外，该文引入了多个变量，使得游客网络关注度与客流量之间的关系复杂多元，尤其是作者使用的有些变量因子，游客在网上是无法直接看到和进行直观评价的，这些因素到底是如何以及在何种程度上影响到游客的选择的，作者既没有给出理论解释，也没有实证案例来验证，所以由此得出的研究结论是不具说服力的。龙茂兴等（2011）《区域旅游网络关注度与客流量时空动态比较分析——以四川为例》一文也是使用旅游网络关注度来研究与客流量的时空相关关系，得出"旅游网络关注度较之于现实客流量具有超前性，其时间长度为半个月左右。然而，旅游网络关注度还受到互联网发达程度、区域人口规模、网民规模、区域间距离等诸多因素的影响，致使旅游网络关注度与实际客流量的关联程度存在一定的不稳定性，因而尚难以有效计算把握其关联度"的结论。黄先开等（2013）研究了百度指数与旅游景区（以北京故宫为例）游客量之间的关系，并探索建立数理预测模型。由于可用于检验模型的数据量有限，难以进行验证和校正，就像该文在结论中所指出的"本文建立的基于百度指数的故宫网络搜索数据和实际游客量间关系的模型可以说是一种尝试和应用，为以后相关的研究提供了一种思路和借鉴"。

目前，在旅游学科中利用网络资源所做的研究工作仍然非常有限，缺乏系统地处理和应用网络数据资源的研究方法，缺乏大数据的研究思维和洞见，技术路线上和研究细节上有欠严谨和逻辑自洽。孙毅等（2011）在《网络搜索与经济行为相关性研究》一文中介绍了在学术研究中网络搜索关键词或热词的选取方法，但类似的思考在旅游研究中并不多。作者认为，在现有取词方法中，技术选词法的精度显然更高，但是受研究条件的制约极大。直接取词法与范围取词法虽然大幅降低了工作量，但存在遗漏核心关键词的风险。作为学术研究，在核心的环节全凭主观判断显然降低了研究结论的客观性（见表1）。

表1　基于搜索指数预测的取词方法

作者	取词归类	具体方法
Ginsberg	技术取词法	利用800多台计算机对5000万个词进行统计检验
Joshua	技术取词法	利用蜘蛛程序结合文本挖掘方法在网络UGC资源提取
Hulth	范围取词法	分析与流感相关的专业类网站频率最高的20个词，从这20个词中挑选拟和最好的
Konstantin、Tanya、Brynjolfsson、Varian、Nicolás等	范围取词法	在搜索引擎提供的与主题相关的热点推荐词中挑选
Askitas、Francesco、Philip等	直接取词法	根据先验知识直接选择与特定事件相关的关键词

资料来源：孙毅、吕本富：《网络搜索与经济行为相关性研究综述》，《管理评论》2011年第7期。

第一种是技术取词法，即利用高性能、大规模的计算设备将一切可能的关键词都纳入到研究范围内，然后将相关统计模型编成程序运算选出核心关键词。例如Ginsberg等人利用800多台高速运算的计算机在2003~2008年间在5000万个最为常用的搜索词中选择出45个与美国疾病预防控制中心（CDC）发布的流感病人就诊量数据相关性最高的关键词。第二种是直接取词法，即运用主观经验确定关键词。例如Askitas在研究网络搜索与失业率的相关性时，认为失业率的变动会引起四类关键词搜索量的变动，即与劳动局或失业机关、机构相关的搜索词，与失业率相关的搜索词，与人事顾问相关的搜索词，与德国比较流行的几个职业搜索引擎相关的搜索词，以这四类关键词为核心合成搜索指标。第三种是范围取词法，即先确定一个选词的范围，然后在范围内进行精选。例如Konstantin在研究网络搜索与美国个人消费增长率的相关性时，首先收集了Google提供的27个分类中的前十大搜索词，然后分别做出相关性分析后剔除与个人消费不相关的词，利用剩下220个与消费相关的词合成一个指标。目前我国旅游学界在做类似的研究中无论对于网络搜索选词，还是构建评价体系指标，很少会下如此大的功夫，做这么细致的研究。但这种扎实的基础研究，正是大数据研究的基础，有利于在某个专业领域为数据挖掘提供研究基础，为寻找最优化算法创造条件。

三 北京旅游在线关注度分析

从目前旅游学术界的研究现状看，尚未开发出一种较为成熟的旅游在线关注度指标，本文的研究完全基于百度的原始数据，也不采取问卷调查和数理建模，先从最基础的数据采集和统计做起，用数据说话，先将现有数据的信息价值最大化，为今后编制旅游在线关注度指数奠定基础。

本文将以百度搜索数据库为数据源（包括移动上网的搜索），将 2013 年的全年连续数据，按旅游和旅游业的七大要素，分别以"北京旅游""北京住宿""北京交通""北京景区""北京餐饮""北京购物""北京娱乐"等名词的在线关注度为基本数据，从中找出北京旅游在线关注度的时空分布规律。

1. "北京旅游"在线关注度概况

"北京旅游"在线日关注度在全年呈现出明显的 4 个尖峰值，分别出现在 2 月 1 日、4 月 3 日、4 月 29 日和 9 月 30 日。显然，这 4 个峰值分别与春节（2 月 10 日）、清明（4 月 4 日）、五一（5 月 1 日）和国庆（10 月 1 日）4 个公众假期有关。其中国庆的峰值最高，春节其次，"五一"和清明分列第三、第四。这个排序与 2013 年北京的公众假期接待的游客人数的排序相吻合（据统计，2013 年北京在这 4 个公众假期分别接待的游客人数为："十一"1153 万人次，春节 868 万人次，"五一"497 万人次，以及清明 253 万人次）。而 11 月到翌年 1 月，关注度为全年最低，时间上与北京的旅游淡季一致（见图 1）。

从图 1 可以看出，4 个公众假期对"北京旅游"的在线关注度与"先兆天数"（即提前天数）分别在 1 ~ 10 天。

但从"北京旅游"在线月关注度看（见图 2），4 月、7 月和 9 月为全年的峰值，其中 7 月达到最高值，这或许是与一年一度的学校暑假有关，而 4 月与9 月则是与"五一"和"十一"有关。此外，采用月度单位可以熨平日关注

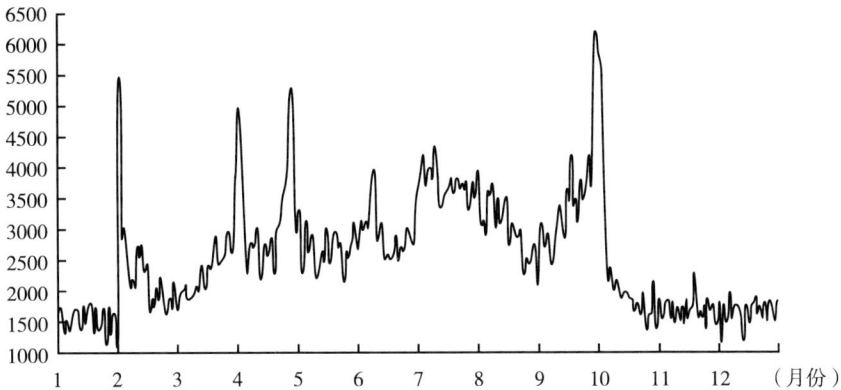

图1　2013 年北京旅游在线日关注度全年趋势

度的波动，使 4 个峰值减少为 3 个，而且峰值的出现月份也略有不同，春节的峰值消失了，清明与"五一"合二为一了，"十一"的峰值依旧，但七月学校暑假的峰值显现。由此看出，由于选用的时间单位不同，在线关注度也可能出现变化。因限于篇幅，本文以下的各项要素都采用日在线关注度。

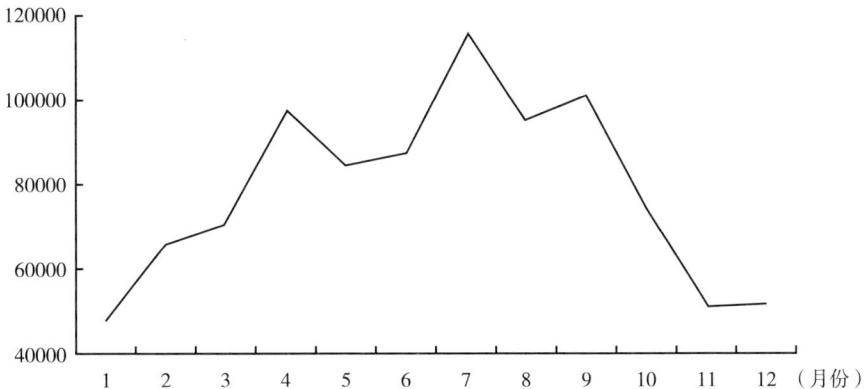

图2　2013 年北京旅游在线月关注度全年趋势

住宿一词的含义要比酒店、饭店、宾馆等概念更广，也是过夜游客必选的内容，是区分本地居民"一日游"和外地游客的一个重要指标。从图 3 看，全年最高的 4 个峰值依次出现在 9 月 29 日、7 月 18 日、10 月 2 日和 8 月 5 日。而 2 月的春节却处在全年较低的水平。

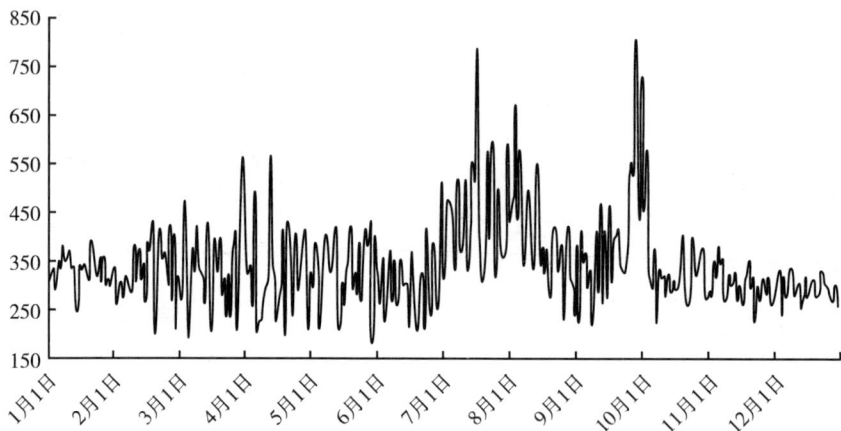

图3 2013 年北京住宿在线日关注度全年趋势

"旅游交通"是游客出游前最为关注的，也是优先选择的项目。交通的"一票难求"往往比住宿的"一房难求"更让游客纠结。而使用"旅游交通"一词的含义要比民航、铁路、长途汽车等概念范围更广。与住宿不同，旅游交通的关注度全年出现 6 个峰值，依次出现在：1 月 31 日、1 月 2 日、9 月 17 日、4 月 28 日、6 月 9 日和 10 月 6 日（见图 4）。在旅游交通的关注度上，春节（先兆天数为 10 天）要比"十一"和"五一"都更高，由此可推测，"春运"的因素要大于外出旅游。

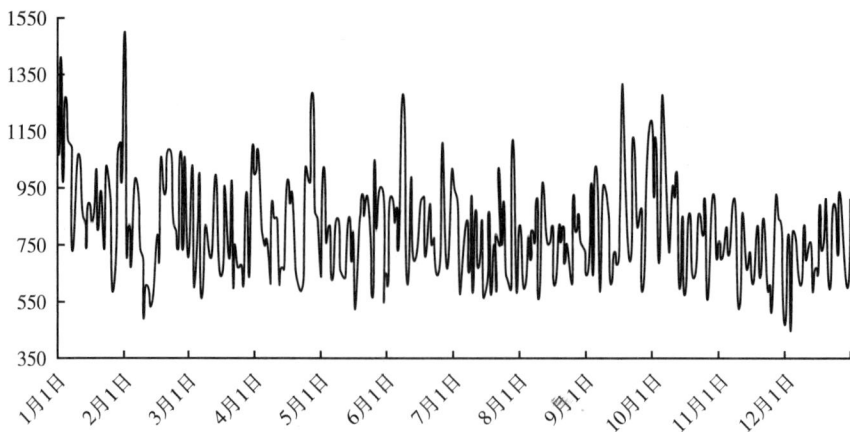

图4 2013 年北京交通在线日关注度全年趋势

　　"旅游景区"是旅游活动的核心和空间载体，是旅游系统中最重要的组成部分，也是吸引旅游者出游的最主要目的和因素。旅游景区的关注度全年出现4个峰值，依次出现在：10月2日、4月29日、4月3日和9月19日（见图5），这4个峰值显然与"十一""五一"和清明假期有关。10月2日的峰值可能与"北京市民游北京"相关。

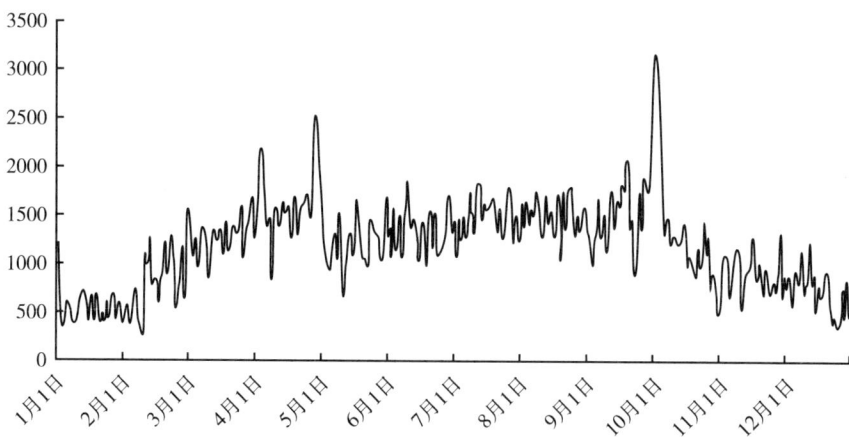

图5　2013年北京景区在线日关注度全年趋势

　　"北京餐饮"在线日关注度是六要素中最低的，峰谷之间的振幅也最小的，出现的4个峰值（2月21日、5月2日、5月14日和5月22日）除了五一外，似乎都与公众假期关系不大，旅游者上网查询餐饮明显比其他项目要少得多（见图6）。而且可能查询者主要是北京市民，5月查询量大于其他月份。

　　"北京购物"在线日关注度总体不高，全年就出现一个峰值（10月2日），结合北京住宿在线日关注度，似乎也应该是以北京市民为主（见图7）。

　　"北京娱乐"在线日关注度与北京餐饮类似，总体查询数量不高，峰值集中在9月8日，这或许与9月10日的教师节有关，但与北京旅游关系不大（见图8）。

　　综合上述各要素的在线日关注度（见表2），我们初步可以得出如下结论。

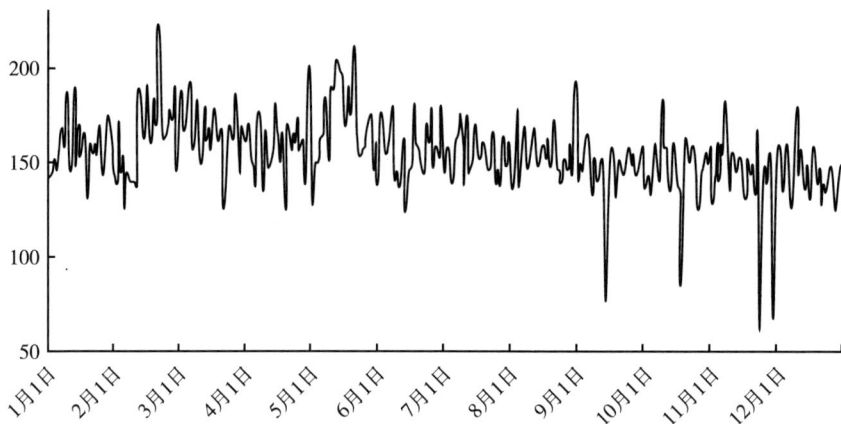

图6　2013年北京餐饮在线日关注度全年趋势

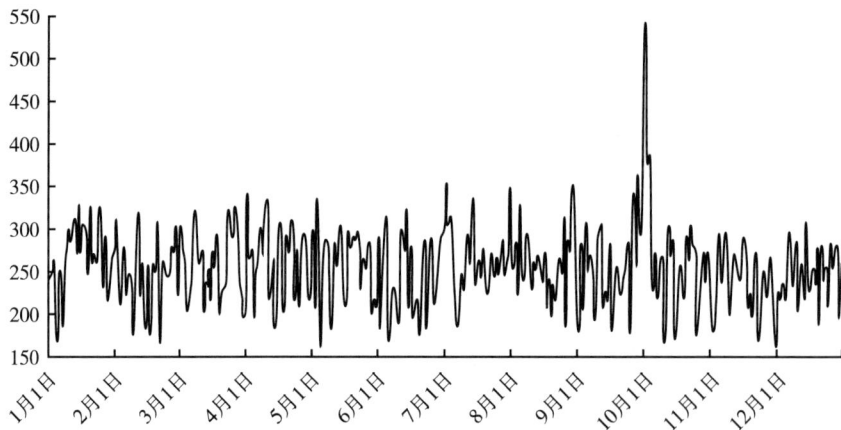

图7　2013年北京购物在线日关注度全年趋势

（1）北京旅游的在线日关注度，"先兆天数"要短于全国平均水平。

（2）"十一"黄金周的在线日关注度要高于其他公众假期，其中也包括北京市民的乡村游。

（3）暑假成为黄金周以外的又一个旅游热季。

（4）春节对于北京旅游的作用有限，旅游交通在线日关注度全年最高的原因主要是离京外出。

（5）餐饮、购物和娱乐在线日关注度指标效果不明显，也可能与搜索关

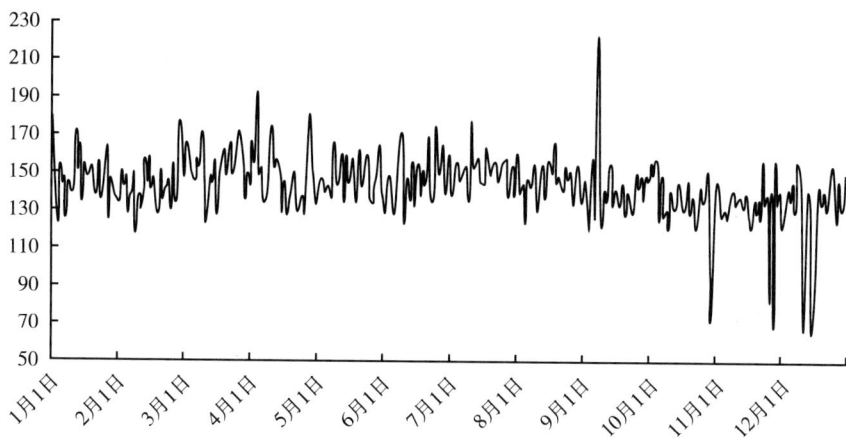

图8　2013年北京娱乐在线日关注度全年趋势

键词过于空泛、指向性不强、关联度低、不符合游客线上查询的取词习惯有关。

表2　北京旅游各要素日在线关注度

搜索词	呈现特征	出现峰值时间（由高到低）	效果评级
北京旅游	4个峰值	9月3日，2月1日，4月29日，4月3日	5
旅游住宿	4个峰值	9月29日，7月18日，10月2日，8月5日	5
旅游交通	6个峰值	1月31日，1月2日，9月17日，4月28日，6月9日，10月6日	4
旅游景区	4个峰值	10月2日，4月29日，4月3日，9月19日	5
旅游餐饮	4个峰值	2月21日，5月2日，5月14日，5月22日	1
旅游购物	1个峰值	10月2日	2
旅游娱乐	2个峰值	9月8日，4月5日	0

注：效果评价等级由高到低，依次为5~0。

2. 各地北京旅游在线关注度排序

上述讨论的在线关注度，包含了北京本地居民的在线搜索，为了考察外省来京游客的市场份额，剔除了北京本地居民的数据后得到各省份北京旅游在线关注度排序（见表3）。位于北京旅游2013年的在线关注度前10位的依次是河北、广东、山东、浙江、江苏、天津、河南、辽宁、上海和湖北。而同年实际接待国内旅游者的10个客源地分别是河北、山东、河南、山西、江苏、内蒙古、黑龙江、天津、上海和浙江（见图 9）。两者相比，广东、辽宁、湖北在关注度前 10 名中，但来京人数不如山西、内蒙古、黑龙江等 3 个省份。这可能与客源地的网民人数有关，据 2014 年 1 月中国互联网络信息中心（CNNIC）发布的第 33 次《中国互联网络发展状况统计报告》，全国网民数达 6.18 亿人次，其中广东占 11.3%，列全国首位，辽宁和湖北网民人数都在 2400 万人以上，占 4.0%，而山西、黑龙江和内蒙古网民人数都不足 2000 万人，分别仅占 2.8%、2.5% 和 1.8%。这也就是说，在应用在线关注度这一指标时，应该考虑到不同客源地上网人群的特征。

表 3　2013 年各省份北京旅游在线关注度排序

排名	省份	1 月	2 月	3 月	4 月	5 月	6 月	7 月	8 月	9 月	10 月	11 月	12 月	全年
1	河　北	3224	3828	4526	5280	9920	8550	9455	9827	9660	9579	214	6975	81038
2	广　东	3596	3538	4061	4410	9083	8820	9486	9610	9600	8618	253	8091	79166
3	山　东	3162	3538	4464	4440	9300	8820	8370	9238	8130	8277	218	7161	75118
4	浙　江	3534	3770	4216	4110	8494	8280	9021	8649	8550	7533	200	6882	73239
5	江　苏	3224	3393	4030	3990	8153	8790	8897	8990	8520	7719	201	6479	72386
6	天　津	2976	3538	4185	5100	8029	8040	8401	8308	7980	8246	185	5766	70754
7	河　南	2635	2842	3658	3840	8246	7740	7874	8122	8070	7161	176	5735	66099
8	辽　宁	2790	2929	3937	3960	8029	7620	8494	7812	8190	6355	164	5146	65426
9	上　海	3038	3016	3689	3930	7781	7680	7781	7750	7770	6634	171	5859	65099
10	湖　北	2232	2146	2697	2850	6293	6750	8215	6851	6870	5518	146	4743	55311
11	山　西	2139	2262	2697	2970	6355	6570	7936	6944	6660	5673	148	4650	55004
12	陕　西	2170	2059	2449	2970	6293	6450	7812	6603	6870	5456	144	4836	54112
13	四　川	2356	2059	2511	2550	5766	5850	7192	6541	6210	5146	140	4495	50816
14	福　建	2232	2204	2511	2700	5704	5940	6479	6200	6150	5270	148	4867	50405
15	湖　南	2077	2001	2418	2550	6231	6180	7037	6138	5790	5332	139	4340	50233
16	黑龙江	2201	2175	2604	2820	5394	5760	7223	5518	5640	4650	133	4402	48520
17	安　徽	2077	2146	2418	2580	5394	5550	6603	5890	5880	5053	134	4371	48096
18	吉　林	2046	1972	2387	2820	5301	5520	6727	5146	5880	4712	139	4340	46990
19	内蒙古	1953	1885	2170	2400	4929	5100	6169	5270	5460	4557	128	4061	44082
20	江　西	1767	1856	2108	2250	5084	4830	5704	4805	4620	4247	121	4123	41515
21	广　西	2046	2001	2170	2250	4743	4560	5363	4681	4410	4061	122	3937	40344
22	重　庆	1891	1711	1922	1980	4464	4620	5115	4681	4470	4433	127	3751	39165
23	云　南	1798	1682	2046	2010	4526	4170	4650	4309	4200	3999	119	3658	37167
24	贵　州	1798	1537	1891	1980	4185	3990	4464	4030	4050	3875	110	3472	35382

排名	省份	1月	2月	3月	4月	5月	6月	7月	8月	9月	10月	11月	12月	全年
25	甘肃	1488	1479	1488	1800	4030	4200	4867	4371	4350	3813	94	3255	35235
26	新疆	1767	1421	1829	1710	3875	4020	4216	3751	3630	3472	87	2945	32723
27	海南	1085	1131	1457	1590	3286	3270	3565	3224	3270	2697	81	2263	26919
28	宁夏	1209	1131	1085	1470	3410	3150	3813	3069	3180	2728	62	1984	26291
29	青海	682	290	837	630	2418	2310	2821	2077	2340	1736	33	1023	17197
30	西藏	0	232	372	210	620	630	930	744	570	496	17	527	5348

注：1. 表中数据未包括北京市及港澳台的数据；2. 表中数据均取自各月每天关注度指数的总和；3. 排名以2013年全年总计数据作为依据。

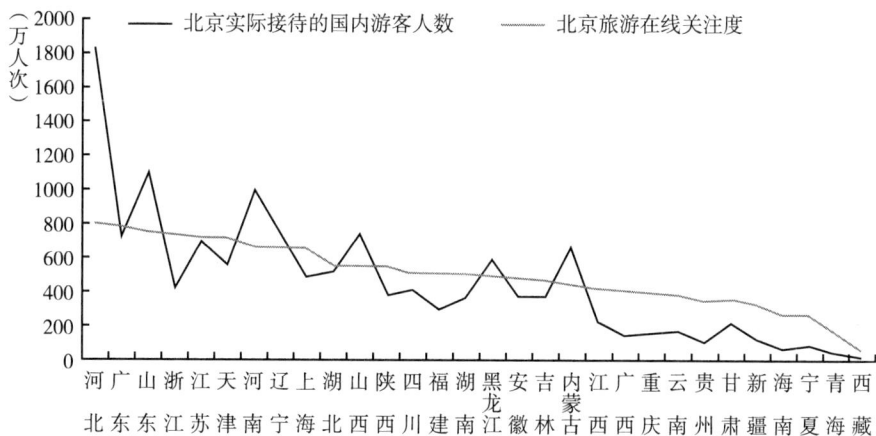

图9　2013年北京接待的国内旅游人数与在线关注度比较

四　北京与上海旅游在线关注度比较

在全国各大城市中，上海一直是北京旅游发展的对照样本，从总量上看，上海旅游在线关注度平均要高出北京一倍多，从时间分布上看，5~10月都是高关注度的季节，且12月圣诞节之前也保持较高的关注度（见图10）。上海旅游的年在线关注度前10位依次是浙江、江苏、北京、广东、山东、福建、河南、辽宁、河北和湖北（见表4）。与北京不同的是，紧邻上海的浙江、江苏两省居第 1 位和第 2 位，北京、广东分列第 3 和第 4 位，而上海对北京旅游的关注度偏低，同样，紧邻北京的天津对于北京的关注度也偏低，这也从一个侧面反映出以上海为核心的长三角区域旅游一体化要优于以北京为中心的环渤海（京津冀）地区。但从总体上看，京沪两市对其周边区域的吸引和辐射作用都是十分明显的，这两大城市在这两大区域外的关注度非常接近。主要差异体现在各自的周边地区上如河北和浙江（见图11），这与京沪两市的国内旅游业发展实际基本相符，这也从一个侧面说明旅游在线关注度指标应用于监测和预测旅游市场是具有一定的效度和可信度的。

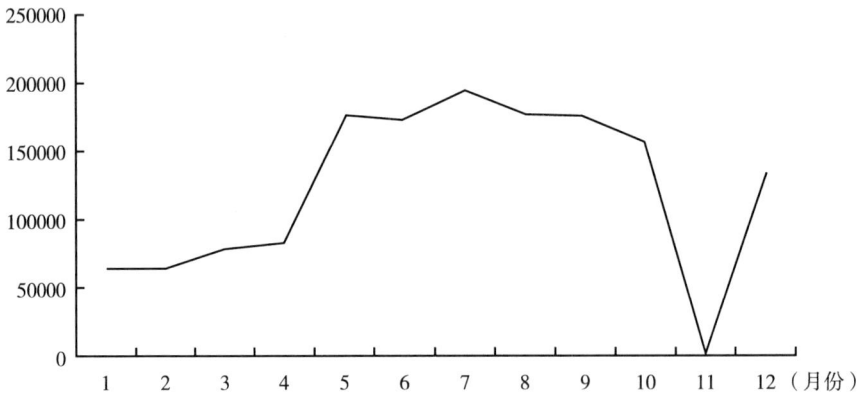

图10　2013 年上海旅游在线月关注度全年趋势

表4　2013 年各省份上海旅游在线关注度排名

排名	省份	1 月	2 月	3 月	4 月	5 月	6 月	7 月	8 月	9 月	10 月	11 月	12 月	全年
1	浙 江	4247	4698	5053	4920	9982	9690	10199	9827	12360	12183	8790	9207	101156
2	江 苏	3410	3770	4402	4320	9765	9600	10912	9703	12060	12152	8910	9083	98087
3	北 京	3627	3422	3999	3450	7099	7590	8401	8060	8310	7657	7140	8618	77373
4	广 东	2759	2755	3069	3000	7285	6960	7657	6820	7200	7285	6930	6913	68633
5	山 东	2697	2755	3069	2850	6975	7080	8029	7037	7350	6634	5970	6138	66584
6	福 建	2263	2233	2511	2400	5797	6420	7564	7037	7050	6107	5040	5022	59444
7	河 南	2201	2088	2542	2610	6293	6180	7533	6448	6690	5456	4800	4898	57739
8	辽 宁	2604	2465	3007	2760	5952	5790	6324	5735	6630	5642	5010	5177	57096
9	河 北	2294	2204	2480	2370	5580	5670	6355	5518	6210	5518	4860	4929	53988
10	湖 北	2015	1943	2294	2280	5704	6000	6913	6076	6270	5177	4350	4371	53393
11	安 徽	2046	2001	2325	2340	5394	5490	6355	5766	5940	5084	4530	4619	51890

排名	省份	1月	2月	3月	4月	5月	6月	7月	8月	9月	10月	11月	12月	全年
12	四 川	2108	2001	2170	2040	5084	5670	6231	5487	5490	4867	4380	4557	50085
13	陕 西	1984	1885	2108	2100	5270	5400	6355	5177	5430	4898	4290	4526	49423
14	天 津	2201	2233	2697	2670	4836	5100	5208	4712	5580	4743	4290	4681	48951
15	湖 南	1860	2001	2232	2160	5053	5340	5983	5146	5460	5053	4230	4185	48703
16	山 西	1922	1827	2108	2130	4991	4950	5518	4774	5250	4836	4200	4216	46722
17	江 西	1860	1682	2046	2040	4712	4950	5549	4836	4950	4557	3960	4092	45234
18	黑龙江	2108	1914	2232	2160	4774	4620	5177	4464	4560	4464	4230	4402	45105
19	吉 林	1953	1885	2139	2040	4588	4590	4960	4278	4590	4371	4110	4557	44061
20	广 西	1705	1856	1953	1950	4433	4350	4898	4526	4260	4278	3840	3627	41676
21	重 庆	1705	1653	1922	1650	4247	4350	4464	4216	4200	4030	3630	3968	40035
22	内蒙古	1767	1682	1829	1650	4123	4080	4371	3999	4170	3751	3750	3844	39016
23	云 南	1519	1653	1674	1650	4154	4050	4340	3813	4050	3999	3390	3720	38012
24	贵 州	1736	1740	1550	1590	3937	4020	4247	4030	4020	3875	3420	3565	37730
25	甘 肃	1333	1131	1240	1290	3813	3750	3937	3813	4020	3627	3150	3472	34576
26	新 疆	1457	1392	1488	1470	3627	3720	3937	3596	3600	3503	2940	3162	33892
27	海 南	868	957	930	1020	3131	3120	3286	3348	3360	2573	2640	2728	27961
28	宁 夏	899	870	620	810	2232	2430	2666	2201	2640	2542	1500	1798	21208
29	青 海	341	290	434	570	1488	1440	1860	1333	1980	1333	1140	1209	13418
30	西 藏	93	58	31	210	341	510	279	434	570	744	150	403	3823

注：1. 表中数据未包括上海市及港澳台的数据；2. 表中数据均取自各月每天关注度指数的总和；3. 排名以2013年全年总计数据作为依据。

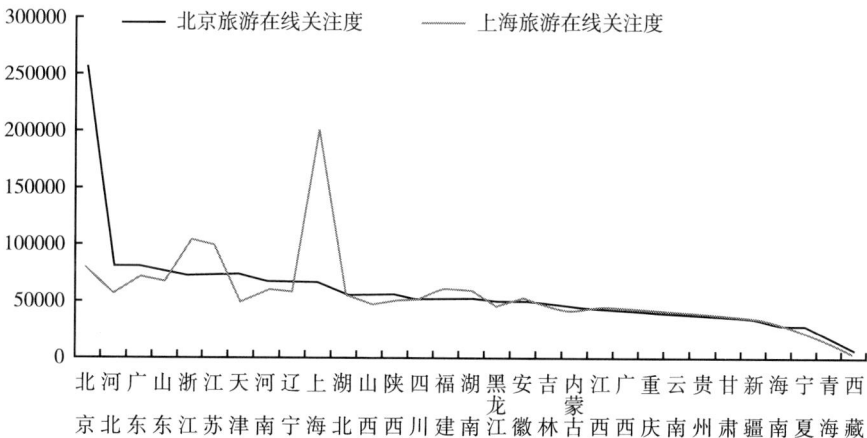

图11　2013年各省份对北京与上海旅游在线关注度比较

五 结论与展望

本文通过百度提供的对北京旅游相关词汇（本文选取的是北京旅游、北京住宿、北京景区、北京交通、北京餐饮、北京购物和北京娱乐等七组）在线关注度的搜索结果，来研究在线关注度与北京国内旅游之间的关系，这是利用大数据方法研究北京旅游的一种尝试，从初步得出的研究成果看，如果搜索取词得当的话，对于北京国内旅游的发展现状和特点是具有较好解释力的。与传统方法相比，具有数据信息量大、数据扩展性强、采集数据成本低、数据处理及时灵活的特点，在旅游市场监测和预测方面具有广阔的应用前景。

目前这一研究仍属于起步阶段，需要加强对于搜索取词的研究，寻找出广大游客的用词习惯和特点；应用百度提供的"相关检索词"和"上升最快检索词"，扩大搜索取词的范围和相关热词的增长趋势；编制关注度指数；构建关注度指数与实际旅游接待量之间的动态数理模型；利用关注度指数可以随时动态监测和预测旅游市场的运行状况，洞见未来、未雨绸缪，提前做好应对措施，适应旅游市场日益多元化变化的新趋势。

参考文献

路紫、赵亚红、吴士锋、韩冰：《旅游网站访问者行为的时间分布及导引分析》，《地理学报》2007 年第 6 期。

路紫、刘娜、Zui Z：《澳大利亚旅游网站信息流对旅游人流的导引：过程、强度和机理问题》，《人文地理》2007 年第 5 期。

李山、邱荣旭、陈玲：《基于百度指数的旅游景区网络空间关注度：时间分布及其前兆效应》，《地理与地理信息科学》2008 年第 6 期。

马丽君、孙根年、黄芸玛、周瑞娜：《城市国内客流量与游客网络关注度时空相关分析》，《经济地理》2011 年第 4 期。

龙茂兴、孙根年、马丽君、王洁洁：《区域旅游网络关注度与客流量时空动态比较分析——以四川为例》，《地域研究与开发》2011 年第 3 期。

黄先开、张丽峰、丁于思：《百度指数与旅游景区游客量的关系及预测研究——以北京故宫为例》，《旅游学刊》2013 年第 11 期。

孙毅、吕本富：《网络搜索与经济行为相关性研究》，《管理评论》2011 年第 7 期。

G.21
北京市东城区旅游消费需求研究

北京旅游学会北京古都旅游开发研究基地 *

摘　要：

为进一步提升游客在东城区的旅游消费水平，东城区旅游发展委员会委托零点咨询研究集团通过问卷调查和定量分析的方法，就东城旅游消费现状进行了调研。分别从旅游景区消费、餐饮消费、购物消费、住宿消费和文化娱乐消费五个方面进行研究，分析游客在东城消费的吸引点及障碍因素，得出游客在京旅游消费模式和特点，并提出切实可行的政策性建议，为东城区创造更好的旅游购物环境提供参考依据。

关键词：

东城区　旅游消费　消费需求

旅游消费是指"由旅游单位（游客）使用或为他们而生产的产品和服务的价值"，旅游消费水平的高低不仅反映了旅游业对地区经济的拉动作用，更是衡量区域旅游发展水平的重要因素。东城区是首都北京的核心区，历史文化资源极其丰富，发展旅游业具有得天独厚的优势。据统计，2013 年东城区全年接待旅游人数 7687 万人次，实现旅游综合收入 624 亿元，但人均旅游消费仅为 812 元，略高于北京市平均水平。由此可见，东城区的旅游消费水平与旅

---

* 北京旅游学会北京古都旅游开发研究基地设在北京市东城区旅游发展委员会。本报告课题组成员：李雪敏，东城区旅游发展委员会主任；陈健，东城区旅游发展委员会副主任；刘敏，东城区旅游发展委员会规划发展科科长；王继伟，东城区旅游发展委员会规划发展科副科长；付健，东城区旅游发展委员会规划发展科副主任科员；郭蕊，东城区旅游发展委员会规划发展科科员；龚福照，零点研究咨询集团副总经理；曲囡囡，零点研究咨询集团项目经理。

游综合实力存在明显差距，本研究就是要深入了解东城区旅游消费的现状，探讨提高游客在东城区的人均旅游消费的因素，使旅游收入与客流量相匹配，更好地满足游客的购物需求，从而实现提升东城区旅游消费水平的目标。本次调查研究采用深度访谈和拦截访问两种形式，拦截访问地点位于天安门、故宫、王府井、前门、南锣鼓巷、天坛、国家博物馆和雍和宫等东城区内重要的景区点，并且要求被调查对象在京停留不超过 1 个月，以游玩为主要来京目的。以上条件的设定可能会对本次研究的结果产生影响。

一 东城区的客源特征

（一）人口特征

本次 1036 份有效调查样本表明，从游客基本特征看，女性多于男性，占比 51%，且已婚居多。年龄分布在 14～35 岁占比高达 67%（见表 1）。

表 1 游客调查样本基本特征

单位：%

项目	性别		婚姻		年龄			
	男	女	已婚	未婚	14～25 岁	26～35 岁	36～45 岁	46～65 岁
人口特征	49	51	54.8	45.2	35.6	31.8	16.6	16

（二）职业结构

调查中职业结构呈多样化，企业事业单位人员、学生、工人位于前三位，占比分别为 26.2%、16.0%、14.0%（见表 2）。

表 2 职业分布结构

单位：%

职业类别	企业事业单位人员	学生	工人	商贸人员	专业科教人员	公务员	离退休人员	农民	其他
占比	26.2	16.0	14.0	10.9	5.5	5.5	5.4	4.3	11.6

（三）客源地结构

从调查样本的国内游客客源地分布看，游客主要集中在北京周边，华北（226 人，占 24.8%）、华东（190 人，占 21.6%）、华中（160 人，占 17.5%）等地来京人数较多，紧随其后是东北地区（117 人，占 12.8%）的游客。从调查样本的国外游客客源地分布看，美国（19 人，占 17.1%）、英国（18 人，占 16.20%）、澳大利亚（11 人，占 9.9%）来京人数位于前三位。

二 旅游消费研究

总体来看，来京游客人均预算花费为 4432 元，其中国外游客人均预算花费最高，为 6312 元，国内散客和国内团客的人均预算花费分别为 4402 元和 4068 元。收入、年龄、停留时间、住宿地点是影响游客在京旅游消费的重要因素，其中收入水平是第一要素。

从消费结构来看，住宿费和购物费是国内散客的第一、第二大花费，占比分别为 25.5% 和 23.0%，其次是文化娱乐费、餐饮费和景区游览费，占比分别为 17.5%、16.7% 和 13.1%，市内交通费用最低，比例仅为 4.2%（见图 1）。

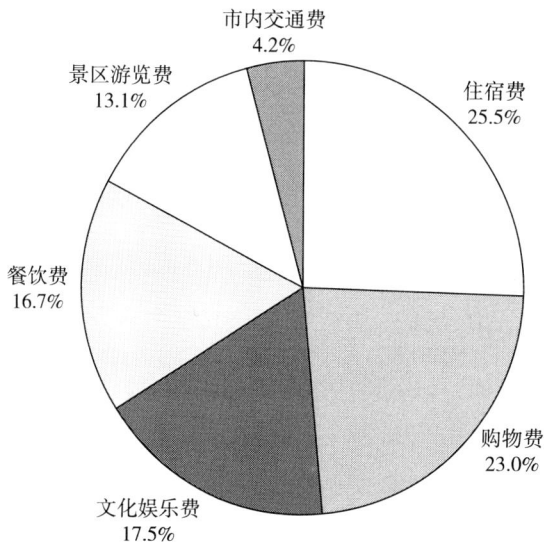

市内交通费 4.2%
景区游览费 13.1%
住宿费 25.5%
餐饮费 16.7%
购物费 23.0%
文化娱乐费 17.5%

图 1 国内散客消费结构

（一）景区游览消费

1. 国内游客景区游览消费相对较少，消费需求有待挖掘

调查显示，国内游客景区游览的平均花费为 476.6 元，明显低于国外游客的 886.2 元。从国内外游客每个景区的平均消费和游览景区个数上看，每个景区平均消费较低是导致国内游客消费较少的主要原因。

按照国际经验，当人均 GDP 达到 1000 美元，观光游剧增；当人均 GDP 达到 2000 美元，休闲游骤升；当人均 GDP 达到 3000 美元，度假游逐渐旺盛；而当人均 GDP 超过 5000 美元，体验性旅游快速发展，个性化、体验化需求明显增加。根据《2012 年国民经济和社会发展统计公报》，2012 年我国人均 GDP 达到 6100 美元，国内游客旅游消费逐渐增加（见图2）。目前，国外游客对景区游览时间相对较长，对景点进行"深度游览"；而国内游客还处于"走马观花"式的游览。

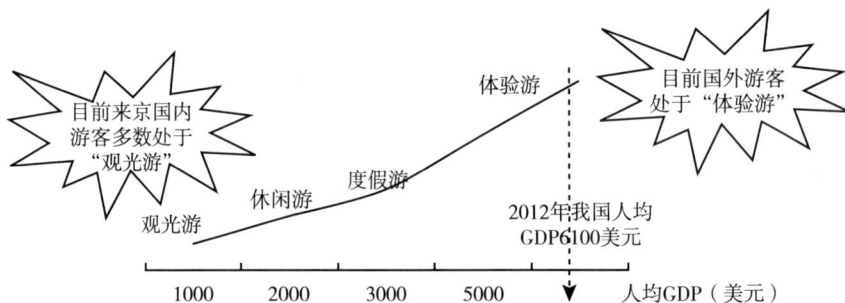

图 2　旅游发展国际经验

2. 景区游览消费随游览顺序"前低后高"，缺乏信任的消费环境是主因

游客旅游前期平均每个景点的花费明显低于中后期的景点花费，在购物方面更为明显。旅游前期游客主要在东城区和西城区景点游览，每个景点的平均消费和购物消费分别为 51.5 元和 18.2 元；中期游客主要在朝阳区和海淀区景点游览，每个景点的平均消费和购物消费高于旅游前期，分别为 73.0 元和 24.3 元；后期游客主要在昌平和延庆的景点游览，每个景点的平均消费和购物消费最多，分别为119.7元和56.3元。

游客在旅游前期和后期购物的种类差异性小，而消费水平呈现"前低后高"的特点，"不熟悉"和"不敢买"是前期消费较少的主要原因。"刚到北京""比较陌生""货比三家"是游客的普遍表现，而"价格贵""质量差"和"不辨真伪"是游客对前期购物的主要感受，因此如何营造游客信任的消费环境是促进游客在东城购物消费的重要方面。

（二）购物消费

1. 外国游客购物能力最强，团客受导游和旅行社影响较多

来京游客总体购物消费为782.9元，其中外国游客购物能力最强，平均消费为1397.9元；国内散客和国内团客的购物消费分别为837.0元和471.9元。导游和旅行社对团客有着重要影响，32.7%的团客表示导游推荐过购物场所。新《旅游法》规范了旅行社和导游的推荐购物行为，"强制购物"的现象被禁止，推荐购物需与游客协商。调查显示仅有2.9%的游客明显遭遇过"强制购物"，因此导游和旅行社在团客的购物中依旧发挥重要作用（见图3）。

2. 游客偏向"边游边购"，国内散客更愿"后期消费"，馈赠亲友和留作纪念成为购物主要目的

61.5%的游客在"游览途中看到喜欢的就会购买"，21.6%的游客选择在"快离开旅游地的最后两天购买"；分析不同类型游客发现，国内散客"快离开旅游地的最后两天购买"的比例最高，高达23.6%（见图4）。游客购买旅游商品的主要目的是馈赠亲友和留作纪念，这两项的比例分别为63.8%和53.4%，明显高于其他目的；相较国内游客，国外游客在"日常使用"方面的需求更高，说明国外游客购物需求更为多元和理性。

3. 游客购物多在商场和旅游景点，王府井购物消费有待提升

57.3%的游客在大商场或商业街购物花费最多，49.7%的游客在旅游景点购物花费最多，明显高于其他地点（见图5）。相较其他景点，王府井对游客的吸引力较大，优势较为明显，其中39.7%的游客到过王府井，在王府井的平均花费为161.8元。"名气大""商业街"是游客对王府井的主要印象。在

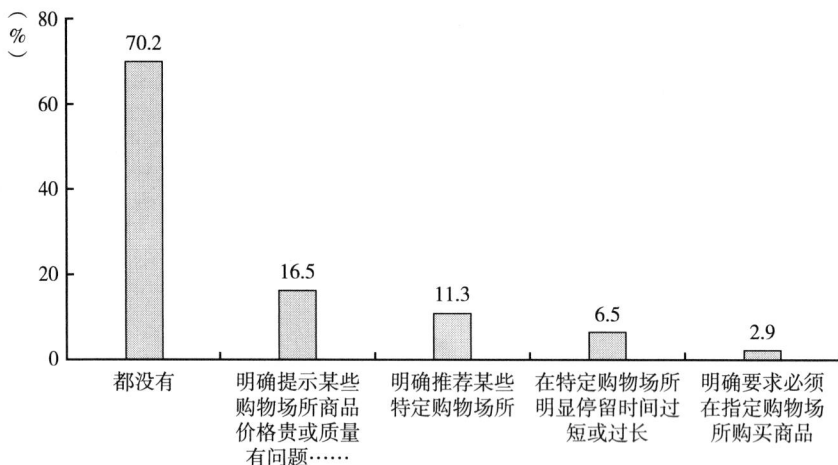

图3 导游在团客购物中的行为

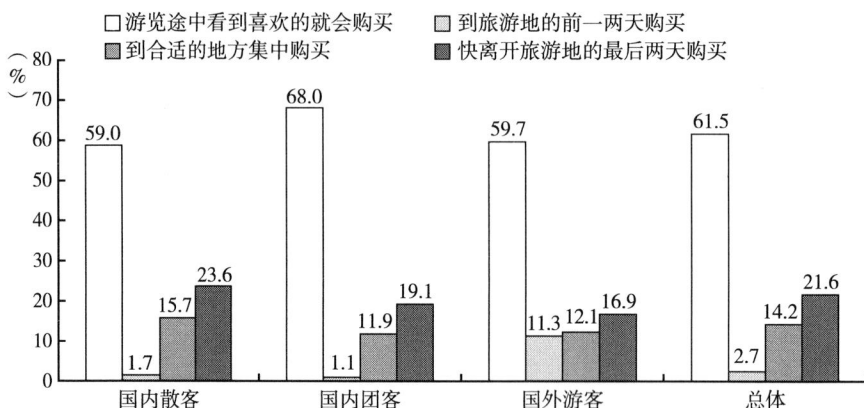

图4 游客选择购物时间

王府井购物较少的游客认为，王府井的商品价格较高，且与其他地方商品同质化现象严重，缺少特色，此外，王府井的公共服务短板影响游客消费，缺乏休憩设施、交通不便、缺乏亲民的经济型酒店，进一步影响游客在王府井的旅游消费。

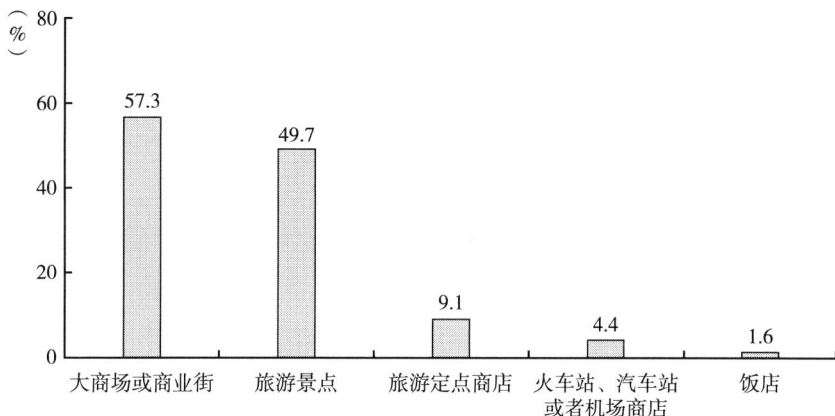

图5　散客主要购买旅游商品的地方

4. 游客偏好"商品有特色"的购物场所，前门购物缺乏特色影响游客消费

商品有特色是游客选择购物场所的最主要原因，其中国内游客更注重商品特色，国外游客对购物点数量、商品价格及导购人员服务态度更为关注。南锣鼓巷因商品有特色成为游客购物较多的景点之一；前门作为前期的游览景点，虽然购物店较多，价格便宜，但游客购物消费有待提升，主要原因是商品缺乏特色。

5. 游客喜欢特色食品和旅游纪念品，价格、有纪念意义成为游客购物主要考虑因素

超过50%的散客主要购买特色食品和旅游纪念品，散客在购买旅游纪念品时考虑的两个主要因素是有纪念价值和价格，其次是质量和有特色。对比国内外游客发现，国内游客对商品特色要求较高，外国游客对旅游纪念品的质量和设计有更高的要求。

（三）住宿消费

1. 游客多住宿于城区东北部，团客居住丰台较多

游客来京主要住宿于东城、朝阳；其中东城酒店吸纳的游客最多，占总量的31.6%。不同类型的游客在选择住宿地点时存在一定差异，27.7%的团客居住在丰台；而外国游客则集中住宿于东城和朝阳，其中58.5%的外国游客选择在东城区住宿（见图6）。

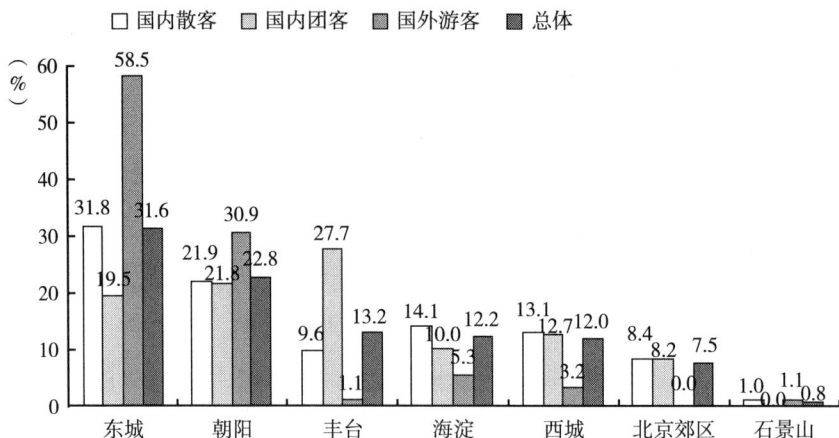

图6　游客住宿区域

2. 东城酒店距景点近、交通便利吸引游客，但数量少、价格高影响游客住宿消费

总的来看，"交通便利性"是散客选择住宿地点时考虑的最重要因素，其次为"与景点之间的距离"以及"酒店价格"。东城有1、2、5、6号线地铁线路和大量公交车，交通便利吸引游客在东城住宿；但相比于朝阳、西城、海淀，东城酒店数量较少，游客在东城酒店住宿平均每晚的价格相对较高，酒店档次较高，影响游客在东城住宿消费。

（四）餐饮消费

1. 景点、酒店附近成主要餐饮场所，景点周围饭店餐饮花费最多

多数散客选择在景点周围饭店和所住酒店附近吃饭，两者各约占40%。游客平均每餐消费约60元，不同类型游客餐饮消费差异较大，国内散客和外国游客每餐消费均超过70元，而国内团客由于多跟随旅行社吃团餐，每餐花费较低，不足30元（见图7）。

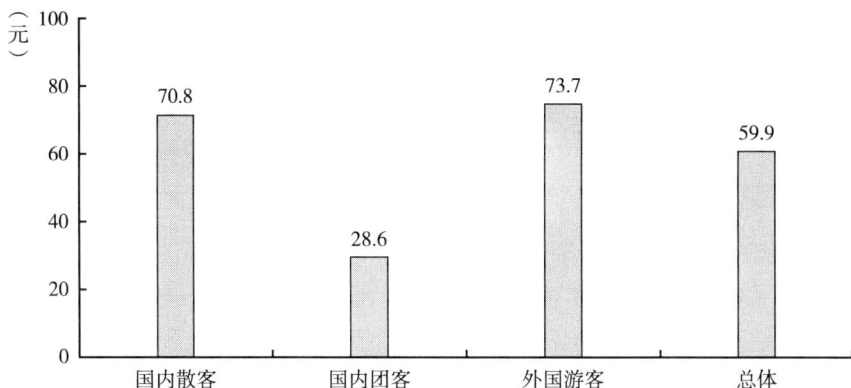

图7　不同类型游客平均每餐消费

2. 东城餐饮占据区位优势，但特色不突出，性价比低

东城王府井小吃街和前门大街是游客常去的餐饮场所，餐饮消费占据区位优势，但游客在东城景点的平均餐饮花费仅为28.7元，远低于游客在西城和朝阳景点的平均消费。"特色不突出""品质不佳""价格不合理"影响游客在东城区景点的餐饮消费。以王府井为例，王府井几乎是来京游客必去的餐饮场所，但游客在王府井的餐饮消费较少，通过对游客的深度访谈了解到，游客对王府井小吃街存在诸多负面评价，部分游客反映王府井小吃街"不正宗""味道差""价格贵""环境脏"。

（五）文化娱乐消费

1. 超七成游客未参与任何娱乐活动，白天游玩太累是主因

在游览景点之余，游客很少安排其他娱乐活动。70.3%的游客晚餐后选择在酒店休息，28.7%的游客选择在酒店附近转转。不同类型游客的娱乐活动安排存在一定差异，国内团客更倾向于在酒店休息，相比之下国内散客和外国游客的娱乐活动则更为丰富。这与国内团客游玩时间较短，行程安排紧、强度大有关。绝大多数散客因白天游玩太累而不愿参与娱乐活动，除此以外，8.9%的散客不知道可以去哪里玩。

2. 游客最喜欢相声、脱口秀，国外游客更偏好歌舞剧

相声、脱口秀是最受游客欢迎的娱乐项目类型，其次为歌舞剧、杂技。受到文化差异及语言的影响，外国游客更喜欢歌舞剧和杂技，对相声兴趣不高。游客在娱乐方面总体消费为 629.2 元，其中外国游客消费最多，达 840.7 元，国内团客消费最少，为 273.8 元（见图 8）。

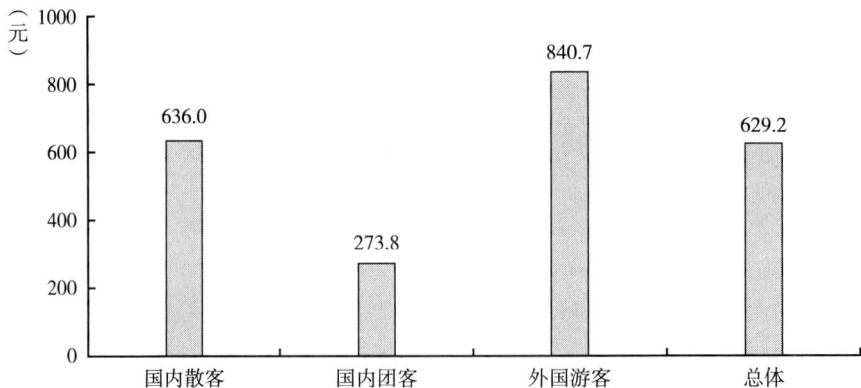

图 8　不同类型游客娱乐消费

三　结论与建议

（一）定位目标群体，优化旅游服务体验

国内散客、团客和外国游客构成了来京旅游的三大主体，其中国内散客占北京旅游市场的 88.3%，成为来京旅游的主要群体。青年群体日渐成为重要客源，67.4% 的游客年龄在 35 岁以下，整体年龄偏小，年轻化成为来京游客的重要标签。因此，要细分目标游客市场，开发有针对性的旅游产品。针对喜欢独自出行，在京停留时间较长，喜欢中国传统文化的外国游客开发"深度体验游"的旅游产品；针对喜欢和朋友一起出行的青年群体，开发个性化、时尚且能带来愉悦旅游体验的"时尚潮流游"的旅游产品；针对中高收入的中年群体开发适合和家人一起出游的"家庭亲子游"，满足他们"温馨分享，尊贵体验和休闲娱乐"的要求。

（二）完善旅游路线，提升旅游首站消费

74.0%的游客把东城的景点作为到京旅游的第一站，而首站消费存在明显的劣势。虽然东城的游客较多，但多数游客集中于天安门、故宫、天坛等核心景点，天安门、故宫两个景点游客的游览比例超过60%，而东城多数景点游客的游览比例不足10%。因此要完善旅游路线规划，根据地理环境和交通情况，有效规划路线，进一步优化东城旅游路线，使游客一次性可以游览多个东城旅游景点或多次到东城旅游，增加游客在东城的停留时间，促进游客在东城的旅游消费。

（三）提高购物消费吸引力，增加购物消费比重

游客在景区游览、文化娱乐和购物三个方面的消费比例为57.2%，表明目前游客旅游消费中弹性消费比重较大，消费弹性较强。弹性消费中，购物消费比重最大，约为23.0%，相较国外成熟市场购物消费比重的50%仍有一定的提升空间。目前游客购物消费随机性较强，61.5%的游客处于"边游边购"的状态。因此要通过政策引导搭建平台，积极支持旅游商品开发，深入发掘游客购物的目的，引导旅游企业发掘适销对路的商品，在商品开发方面考虑便携、品牌、实用和质量等因素，设计"便携、实用、高品质、价格不贵"的旅游商品，适应市场需求，开发游客需求较大的"有纪念意义、有关联性和故事性"的旅游纪念品，满足游客馈赠、留念的需求；价格以"中低档为主，高档为辅"，提高旅游纪念品的市场转化率，丰富旅游购物市场；尝试走品牌发展之路，提高商品品质；关注目标游客消费群体，提供咨询服务，赠送精致包装，满足游客购物需求。

（四）优化餐饮场所环境，打造东城特色餐饮品牌

东城特色餐饮场所众多，但游客的实际到达率和餐饮花费较少，"不正宗""价格贵""找不到好吃的"是游客常见的抱怨。要打造特色餐饮，增设更多具有北京特色的餐饮服务，优化餐饮老字号环境；要对游客知名度较高的王府井小吃街、前门大街和簋街进行重新优化和设计，规范价格，严把

质量关，达到游客到京必游"北京小吃街"，使之成为游客必游和满意的特色餐饮场所。

（五）提升住宿场所吸引力，增加游客停留时间

相对其他区（县），东城的旅游宾馆数量相对较少，尤其是星级宾馆数量不足，因此要适当增加宾馆数量，为游客提供更多的住宿地点。另外东城大多数宾馆时间较久，内部住宿条件有待改善，因此要适当提高宾馆条件，满足游客基本的住宿需求。此外，价格也是影响游客选择的重要因素，要有效规范东城的宾馆价格，透明住宿标准，避免宾馆价格虚高乱象。最后还要优化宾馆外部环境，将老字号的购物店铺和特色餐饮开到宾馆周围，吸引游客住在东城、吃在东城、玩在东城、购在东城。

（六）增加体验性的娱乐活动，丰富东城旅游产品

丰富东城的娱乐活动，吸引游客在东城体验更多的旅游产品：一方面利用东城特色文化资源，发展历史观光、文化表演、文化论坛等文化主题旅游娱乐活动；另一方面紧跟时尚潮流，发展新颖娱乐活动，如戏剧演艺、夜景观光、休闲体验、音乐盛宴等，让游客乐活东城。

北京旅游价格指数编制研究报告

北京旅游价格指数编制研究课题组 *

摘　要：

基于编制工作的可持续性和结果的可借鉴性，在国内外编制实践经验的基础上，我们对北京旅游价格指数进行了指标体系的构建和相关指数的计算，年度指数可以反映在经济、政策、环境等因素影响下的宏观性旅游价格变化，月度指数可以有效反映旅游价格的季节性变化。基于不同的价格制定主体，旅游价格呈现出不同的变化趋势，而价格的制定应在充分考虑旅游市场实际情况和各旅游要素拉动作用不同的基础上做出合理的决策。通过对 TPI 与 CPI、RPI 进行比较，可以发现三者在年度指数上具有整体趋势一致、价格增速不同的特征，在月度指数上则体现出了旅游业固有的季节性。

关键词：

旅游价格指数　编制　相关关系　应用

一　旅游价格指数理论及编制实践

据世界旅游组织统计，2012 年世界旅游过夜旅游者人数达 163.5 亿人次，这一巨大的游客流量对当年的 GDP 产生了 9% 的直接、间接和引致效应。作为一个快速增长的行业，旅游业将被赋予更多的关注度。旅游核算在衡量和分析

---

　* 本报告执笔人：张凌云，北京联合大学旅游学院副院长，北京联合大学旅游发展研究院院长，教授，博士生导师，《旅游学刊》执行主编；庞世明，北京联合大学旅游学院助理研究员；齐飞，中国社会科学院研究生院博士研究生。

世界及地区经济中扮演着重要的角色，而旅游价格是旅游核算体系中旅游产品价值的体现。

从微观层面看，旅游价格体现了旅游交易过程中旅游者支付的货币量或供给商获得的收入；从宏观经济运行来看，旅游价格是旅游供求状况和一个国家币值变化的综合反映。旅游价格竞争力是衡量一个国家或目的地整体旅游竞争力的重要指标，如某一国家或地区较低的 TPI 可能使其成为一个更具吸引力的目的地，增强游客购买力。为了有效反映旅游价格的变化，我们需要将其价格数据形成一个时间序列，并以指数的形式表现出来。

旅游价格有两个制定主体，一是以国家和地方政府为主的调控性定价，如交通，这部分价格不易受其他因素的影响。二是随市场供需变化而自然形成的价格，其中又分为两部分，即在旅游淡旺季影响下形成的价格（如景区）和受当地经济状况和人民生活水平变化影响的价格（如住宿、餐饮、购物等）。当然，对于大部分的旅游商品价格来说，均受国内生产总值、居民可支配收入等因素的影响。价格指数可以有效实现对市场价格的监测，有助于政府部门及各企业制定合理的旅游价格，以期达到"疏拥聚散"的效果。

为了区分受不同因素支配下的旅游价格变化及从整体上反映旅游商品及服务的价格变化情况，我们需要首先编制一个类似于居民消费价格指数（CPI）的"旅游价格指数"，以反映旅游者消费的一揽子商品和服务。在此，本文将其定义为，旅游价格指数（Tourism Price Index，以下简称 TPI）又称旅游者价格指数，是不同时期或不同地区旅游者消费的一揽子商品和服务的价格变化相对数，这些商品和服务是游客在旅游过程中的消费。

国外已有不少旅游价格指数的编制实践，早在 1985 年，世界旅游组织就提出了根据不同情况和数据来源编制旅游价格指数的八种方法。许多国家和机构也在近些年尝试编制该指数，如美国旅行协会、加拿大统计局、加拿大安大略省旅游和文化部、萨摩亚中央银行、中国澳门特别行政区政府统计暨普查局、沙特阿拉伯、斯里兰卡旅游发展局、中国社会科学院旅游研究中心、中国旅游研究院、世界经济论坛等。基于不同的机构职责、数据收集难易度及指数的可运用性，TPI 构建呈现出多样化，大致来讲，其编制方法分为三类：一是选取 CPI 中与旅游相关的部分进行计算，如美国、加拿大和加拿大安大略省；

二是在 RPI 基础上计算的，如英国；三是使用类似于 CPI 的计算方法，在原始采集数据的基础上进行逐步计算，多采用拉氏指数公式及链式拉氏指数公式，如中国澳门。

中国社科院旅游研究中心和中国旅游研究院也对此进行过相关研究，前者对中国 50 个城市的旅游价格进行了统计，指数编制涉及餐饮、住宿、交通和门票四大类，关注度较多地集中在宏观监测和城市比较方面；后者以黄山为例编制了价格指数，商品项目详细，结合实际，统计量较大，适合对具有规模性统计条件的地区进行指数编制。本文旨在通过编制北京国内旅游价格指数来实现地方性的旅游价格监测，指数编制基于现有的统计资料，能形成持续性的编制工作，同时通过结果分析来指导旅游价格制定、旅游淡旺季平衡及促进旅游市场的持久发展。

二 TPI 编制思路

TPI 的编制包括目标人群的确定（即根据目标游客群体的特点来确定旅游消费项目、权重及价格采集方式）、商品和服务的确定（可参照世界旅游组织的相关资料、国际国内标准及行业分类等）、价格采集、权重确定、公式选取和指数计算（见图 1）。

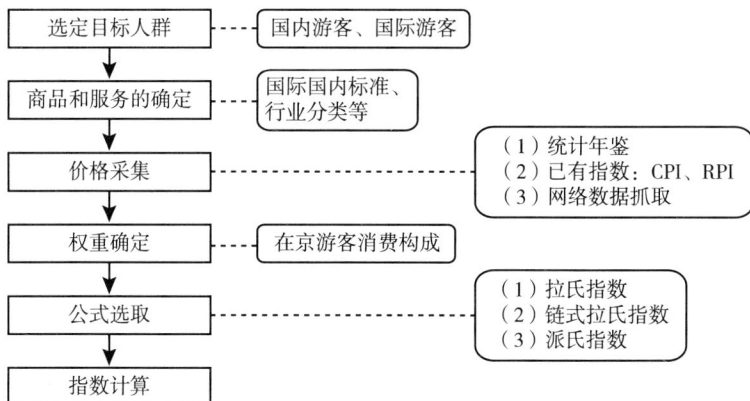

图 1　北京旅游价格指数编制思路和步骤

三　北京旅游价格指数编制体系构建

2012 年，北京共接待了 22634 万人次国内游客和 500 万人次入境游客，前者是后者的 44 倍之多，因此构建北京国内游客的旅游价格指数至关重要。本文试图使用现有的统计数据，通过一定的"价格转换"来编制北京国内旅游价格指数，编制步骤如下。

（一）商品和服务项目遴选

根据世界旅游组织提出的可供参考的七大类指标，即住宿、交通、饭店、咖啡和茶馆、餐饮、娱乐、其他，同时参考《2008 年国际旅游统计建议》《旅游抽样调查资料》及北京市实际情况，我们进行了指标筛选，包括市内交通、住宿、餐饮、购物、景区游览、文化娱乐，剔除游客消费中的"长途交通"和"邮电通信"（这两项不能完成反映当地的价格变化，与客源地的供应商存在些许联系）。旅程中更为具体的项目如衣服、鞋类、阅读材料、烟草、医疗产品及其他杂物等都被包含在"购物"一项中。

（二）　价格数据提取及编制方法

依据北京的实际情况，总体上来看，价格提取方法有三种：一是从现有的指数（如居民消费价格指数 CPI、商品零售价格指数 RPI）中提取，这种情况下获得的数据不需要再运用指数公式进行计算，通过赋权加总的方式即可得到类别指数及总指数；二是采用价格原始数据，这些数据从旅游价格定期调查中获得，即由调查员到各指定地点直接收集，既可通过互联网抓取，也可通过现有的统计指标进行计算来转换成价格；后两种方式获得的是直接"价格"数据，需要按照类别从小到大的顺序进行依次指数计算。从指数编制工作的可持续性看，我们采取两种方法相结合的方式。年度指数和月度指数的价格数据来源见表 1。

表1 年度指数和月度指数的价格数据提取方法

项目	年度指数	月度指数
餐饮	每顿餐饮消费 = (人均消费 × 餐饮消费比重)/(平均逗留时间 ×2)	抽取 CPI 中的"食品"一项
住宿	使用星级酒店的加权价格,权重数据为 $Rd_{it} = N_{it} \times 365 \times r_{it}$,$W_{it} = \dfrac{Rd_{it}}{\sum\limits_{i,t} Rd_{it}}$,$WP = P_{it} \times W_{it}$,其中:$i$ 表示酒店 1~5 星级,t 表示报告期,Rd_{it} 为北京 i 星级酒店在 t 年份的房间天数,N_{it} 为北京 i 星级酒店在 t 年份的房间数,r_{it} 为北京 i 星级酒店在 t 年份的房间出租率,W_{it} 为 t 年份北京 i 星级酒店个数占所有星级酒店个数的比重,P_{it} 为北京 i 星级酒店在 t 年份的平均价格,WP 为加权价格	$P_1 = P_i \times W_i$,其中,P_1 为星级酒店的平均价格;i 表示酒店 1~5 星级;W_i 为权重,即 i 星级酒店接待人天数占所有星级酒店接待人天数的比重
市内交通	地铁 2 元/次	地铁 2 元/次
景区游览	选用 A 级及以上景区门票价格,景区门票平均价格 = 当年门票收入/接待人数,不计免票、年票及月票	选用 A 级及以上景区门票价格,景区门票平均价格 = 当年门票收入/购票人数
购物	抽取 RPI 中的"茶叶""烟草""酒""服装鞋帽""化妆品""金银珠宝""中西药和健康保健用品""书报和杂志"八项,赋予相等权重	抽取 CPI 中的"烟酒""衣着""医疗保健和个人用品"三项,赋予相等权重
文娱	艺术演出平均价格 = 艺术演出分成收入/艺术演出观众人次	—

(三)权重确定

权重即为旅游者的消费构成比例,大多数情况下通过抽样调查得到。本文的权重来源于《北京统计年鉴》中"表16-4 在京旅游花费构成情况";年度指数以 2005 年为基期,月度数据以 2012 年 1 月为基期。由于原表中共有九部分,现有的年度指数和月度指数中包含的大类数分别为 6 和 5,在此需要分别对其进行权重转化,以使转化后的权重之和等于 100(见表2)。

表2　北京游客花费构成权重转换

花费构成		长途交通	景区游览	住宿	餐饮	购物	文化娱乐	邮电通信	市内交通	其他
2005年	转换前	12.8	9.1	17.2	19.8	24.1	3.1	1	5.7	7.2
	转换后	—	11.52	21.77	25.06	30.51	3.92	—	7.22	—
2012年	转换前	15.5	6.1	19.8	21.4	32.1	0.7	0.2	4	0.1
	转换后		7.31	23.74	25.66	38.49			4.8	

（四）计算公式

价格指数的计算公式有拉斯贝尔指数、派许指数和链式拉氏指数。拉斯贝尔指数将同度量因素固定在基期，派许指数将同度量因素固定在报告期。与派许指数相比，拉斯贝尔指数可能会忽视价格变化带来的消费量变动，但可以更好地消除权数变动对指数的影响。当然，在此指数计算的基础上，后续的运算可以隔一定周期对权重进行调整，这种方法便是链式拉氏指数。本文运用拉斯贝尔指数进行计算，首先运用公式（1）计算分类价格指数，再运用公式（2）计算总指数，计算结果见表3和表4。

$$TPI = (P_{ti} \times P_{oi}) \times 100 \tag{1}$$

$$TPI = \frac{\sum_{i=1}^{n} p_{ti} \cdot q_{oi}}{\sum_{i=1}^{n} p_{oi} \cdot q_{oi}} = \sum_{i=1}^{n} \frac{P_{ti}}{P_{oi}} \times w_{oi} \tag{2}$$

其中：o为基期；t为报告期；i为各大分类序号；n为产品/服务的类别数；P_{oi}为基期第i类产品或服务的价格或价格指数；P_{ti}表示报告期第i类产品或服务的价格或价格指数；w_{oi}表示基期第i类产品或服务占消费总支出的权重。

当然，在暂未进行权重调整的情况下，对年度指数来说，$L_0 = L_{2005} = 100$，对月度指数来说，$L_0 = L_{2002.01} = 100$，在这种情况下，拉氏指数与链式拉氏指数计算结果相同。

表3　2005～2011年北京国内旅游价格年度指数

单位：%

年份	住宿	餐饮	市内交通	景区游览	购物	文娱	TPI
2005	100	100	100	100	100	100	100
2006	107.35	99.86	100	93.99	103.96	138.13	103.58
2007	115.92	136.42	100	100.38	106.24	186.77	117.94
2008	141.91	195.03	100	97.31	112.72	301.56	144.41
2009	102.67	167.69	100	87.16	114.33	337.74	129.76
2010	110.57	173.52	100	91.06	118.99	285.21	132.75
2011	116.69	200.81	100	72.88	126.59	326.07	142.75

注：因受年鉴统计数据更新进度影响，目前仅可计算至2011年，后续可一并进行计算。

表4　2012年1月至2013年11月北京国内旅游价格月度指数

单位：%

月份	景区游览	住宿	市内交通	餐饮	购物	TPI
2012.01	100	100	100	100	100	100
2012.02	121.20	104.00	100	100.40	100.33	102.73
2012.03	129.60	111.04	100	100.60	101.04	105.34
2012.04	146.51	108.34	100	99.90	100.73	105.64
2012.05	162.46	109.75	100	98.20	101.07	106.83
2012.06	175.15	110.99	100	95.06	100.86	107.17
2012.07	162.09	103.17	100	95.63	100.29	104.28
2012.08	160.94	104.33	100	96.97	100.56	104.92
2012.09	150.13	111.90	100	97.26	101.79	106.48
2012.10	143.82	109.98	100	97.16	102.27	105.72
2012.11	138.83	110.79	100	97.64	102.51	105.76
2012.12	139.00	113.64	100	100.28	102.02	106.94
2013.01	104.16	108.12	100	103.19	101.54	103.64
2013.02	96.73	100.14	100	106.80	101.70	102.20
2013.03	106.64	115.73	100	104.02	102.15	106.08
2013.04	138.49	112.59	100	103.50	101.91	107.44
2013.05	156.36	112.55	100	101.23	101.36	107.94
2013.06	163.95	110.06	100	100.42	101.19	107.63
2013.07	159.37	103.83	100	100.32	100.82	105.64
2013.08	175.11	103.54	100	99.81	101.46	106.84
2013.09	148.51	111.10	100	102.31	102.10	107.58
2013.10	131.10	110.43	100	103.54	103.10	106.85
2013.11	128.21	112.67	100	103.95	102.75	107.14

四　北京国内旅游价格指数的检验及应用

（一）与实际情况的吻合度检验

从表3可以看出，与实际情况相符，北京旅游价格指数总体上呈上升趋势，受2008年北京奥运会这一重大旅游事件影响，2008年TPI总指数达到一个阶段性的峰值，虽然相比于2008年的峰值水平，2009年TPI有所下降，然而，在随后的两年内TPI企稳向好，并呈现出继续增长的态势，餐饮、住宿业表现出近乎相似的变化趋势。与此同时，购物价格随当地人民生活水平的提高和居民消费价格指数（CPI）的增长而不断上升。

通过月度旅游价格指数（见表4）可以观测出季节性变化对当地旅游价格产生的影响，其中最为显著的就是景区游览TPI，表现出明显的周期性的上升和下降趋势，不难发现，这一价格变化趋势也恰好反映了北京各旅游景区淡旺季的分布区间，即旺季每年4月1日至10月31日，淡季每年11月1日至次年3月31日。由于餐饮指数取自CPI，受到春节期间物价上涨的影响，餐饮类原材料价格及在外膳食价格均会呈现出一定幅度的上涨势头。与此同时，可以看出酒店住宿价格在每年的3月、9月和12月达到高峰期。从总指数的变化趋势来看，每年的5月、6月、9月、12月是旅游价格相对较高的时期，这与季节性气候、闲暇时间有着较大联系。

（二）对旅游价格制定的指导意义

从表3和表4可以看出，对于政府主导制定价格的"市内交通"一项，其价格并未受经济波动和通货膨胀等因素的影响。当然，对外省来京游客而言，其市内交通方式也会在目标人群间产生一定的分层，对于自驾车来京的游客来说，汽油是其市内交通价格的价值承担者，但在实际中，北京当地的汽油价格变化与长途交通所耗费的油量相比，对游客交通方式决策的影响还是小很多。北京出租车价格自2005年以来发生了4次主要变化，但通过计算各年出租车在 60 公里内的每公里平均价格,除 2005 年和 2006 年相对较低(处于 2.2 ~ 2.6 元/公里)外,后几年的价格均维持在 2.7 ~ 2.8 元/公里,变化相对较小。而政府主导的既利于当地民众又惠于外地大部分游客的"一站式"地铁交通价格,无疑为游客在当地的交通提供了极大的便利,这会在一定程度上推动潜在游客做出出行决策。

对于受旅游季节性影响较大的"景区游览"价格,其年度价格指数和月度价格指数阐释了不同方面的变化趋势及影响因素。近几年,为了大力推介北京旅游、缓解旅游淡季影响及对部分景区进行宣传,北京旅游网也会不定期发放免费电子门票,充分体现了其公益性质。2011 年景区游览价格指数降至 72.88,虽未扣除免票、年票及月票的影响,但却反映了市场交易价格的平均值。2011 年"十一黄金周"前夕及期间,北京免费赠送了 5 万张包括八达岭长城、中华民族园、大观园、圆明园、欢乐谷等大部分外地游客来京旅游必游景点的门票,也正因为这些"优惠"因素的影响,来京游客的积极性可能会提高。因此,无论是地方政府机构还是企业制定价格,均应把握好"时间点"和"数量"两个因素,不定期进行举办。对月度指数来说,扣除免票、年票及月票影响的价格指数则充分体现了其季节性变化,这主要是为了平衡淡旺季游客量。结合北京 2012 年 1 月至 2013 年 11 月的来京游客量(由于缺乏国内来京游客数量,在此用"北京星级饭店接待国内游客人数"来代替),景区价格指数的变化与国内住宿人数的变化呈现出基本一致的趋势(见图 2),价格的调控作用应旨在减少峰谷差异。

对于住宿、餐饮、购物、文娱这四个类别,其年度价格指数随当地 CPI 和 RPI 的增长而呈现出不同程度的增长,一方面由于这些项目与当地居民生活密切相关,因而价格更多地反映了当地居民生活水平及价格;另一方面由于在指数的计算过程中从 CPI 和 RPI 中抽取了部分能较好代表旅游消费价格的指数。从图 3 中我们可以看出,在 2005 ~ 2011 年间,CPI、RPI 和 TPI 的总体变化趋势是相似的,呈现出明显的顺周期特点,具体表现在,三者均在 2008 年达到阶段性的峰值,并在随后的年份里分别继续增长,且 TPI 在 2008 年的增速要远远大于 CPI 和 RPI。TPI/CPI 和 TPI/RPI 一直大于 1,这显示了旅游商品/服

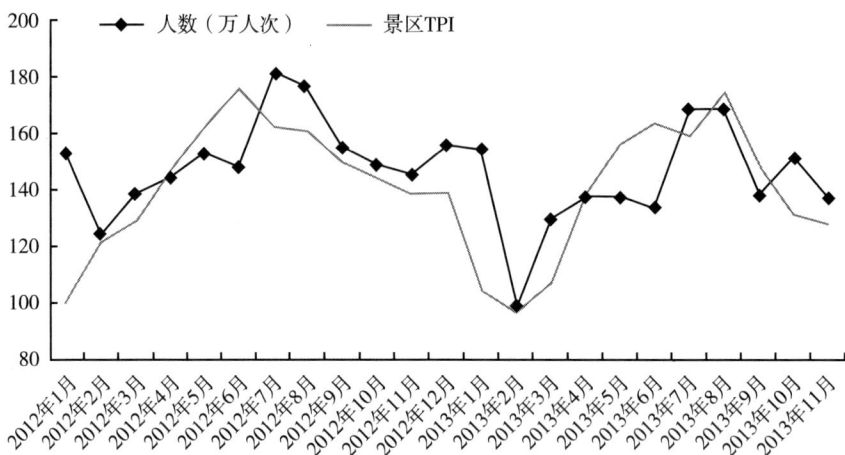

图 2　北京星级饭店接待国内游客人数与景区 TPI 之间的关系

务的价格增速大于普通商品/服务的价格增速。通过运用 SPSS 软件，我们还可以得出 TPI 和 CPI、TPI 和 RPI 的相关系数分别为 0.9073 和 0.9533，后者的相关系数较高是因为 TPI 中的"购物"一项摘自 RPI。TPI 在每年 11 月到次年 3 月呈现出较强的季节性下降趋势，而在此期间，TPI 和 RPI 则受春节物价上涨影响，均与 TPI 呈现出相反的变化趋势。

　　3 个指数存在一定的差异是因为三者的组成部分以及分配到各组成部分的权重是不同的。如居民对瓜果蔬菜、住房的需求和游客对餐馆就餐、酒店住宿的需求目的是相同的，但价格和权重却存在很大的差异。以住宿为例，在北京

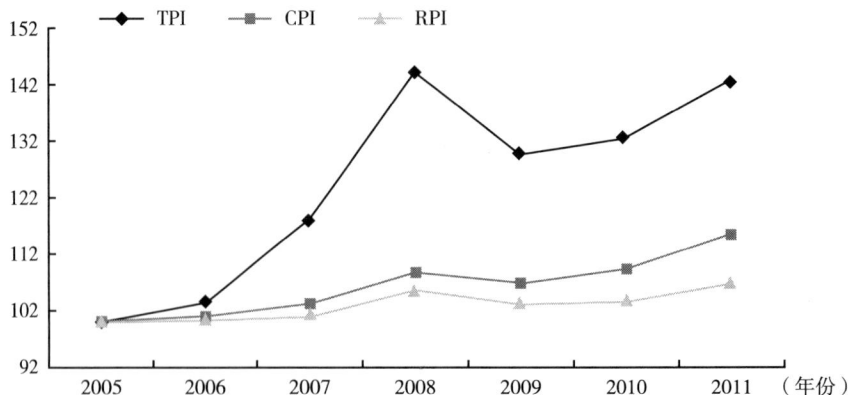

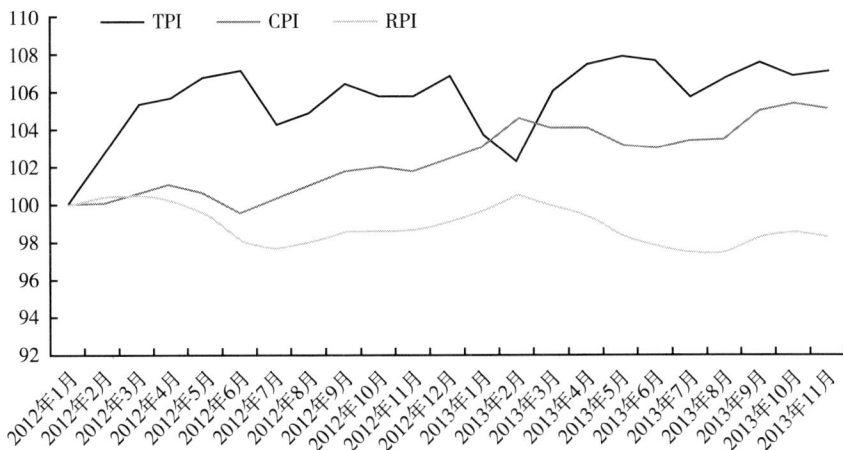

图 3　TPI、CPI 与 RPI 的变化趋势
（年度 2005～2011，月度 2012 年 1 月至 2013 年 11 月）

房价高速上涨的背景下，CPI 中的"居住"一项与 TPI 中的"住宿"一项相比，增速还是缓和较多。

（三）对旅游各要素价格拉动作用的分析

在旅游消费中，任何一个要素的价格变化都会引起整体旅游价格的变化。从类别价格指数来看，其变化率高很可能会引起整体价格的大幅度变动，但不可忽略的一个因素是权重，即某要素占的权重越大，即使变化率小，也可能引起整体价格的较大波动。在此，我们将这两个因素结合来考察历年历月各要素价格变动对整体旅游价格的拉动作用，具体计算见公式（3），计算结果见表 5 和表 6。

$$\frac{\Delta_i \times w_i}{\sum\limits_{x=1}^{6} (\Delta_x \times w_x)} \times 100 \times \Delta_{总} \tag{3}$$

其中 Δ_i 为类别 i 本期指数与上期指数之差，W_i 为类别 i 的权重，其中 Δ_x 为类别 x 本期指数与上期指数之差，W_x 为类别 x 的权重，$\Delta_{总}$ 为 TPI 总指数本期与上期之差。

表5 2005～2011 年各大类对 TPI 的影响

单位：%

年份	住宿	餐饮	市内交通	景区游览	购物	文娱	TPI
2005	—	—	—	—	—	—	—
2006	1.60	-0.04	0.00	-0.69	1.21	1.50	3.58
2007	1.80	8.84	0.00	0.71	0.67	1.84	13.86
2008	4.80	12.45	0.00	-0.30	1.68	3.82	22.44
2009	-5.91	-4.74	0.00	-0.81	0.34	0.98	-10.14
2010	1.32	1.12	0.00	0.35	1.09	-1.59	2.30
2011	1.00	5.15	0.00	-1.58	1.75	1.21	7.53

表6 2012 年1月至 2013 年11月各大类对 TPI 的推动影响

单位：%

月份	景区	住宿	市内交通	餐饮	购物	TPI
2012.01	—	—	—	—	—	—
2012.02	1.55	0.95	0	0.10	0.13	2.73
2012.03	0.60	1.63	0	0.05	0.27	2.54
2012.04	1.19	-0.62	0	-0.17	-0.11	0.28
2012.05	1.10	0.32	0	-0.41	0.12	1.13
2012.06	0.88	0.28	0	-0.76	-0.08	0.32
2012.07	-0.89	-1.74	0	0.14	-0.21	-2.70
2012.08	-0.08	0.26	0	0.33	0.10	0.61
2012.09	-0.76	1.72	0	0.07	0.45	1.49
2012.10	-0.43	-0.43	0	-0.02	0.17	-0.71
2012.11	-0.32	0.17	0	0.11	0.08	0.04
2012.12	0.01	0.64	0	0.64	-0.18	1.12
2013.01	-2.38	-1.23	0	0.70	-0.17	-3.09
2013.02	-0.52	-1.82	0	0.89	0.06	-1.39
2013.03	0.71	3.62	0	-0.70	0.17	3.80
2013.04	2.20	-0.70	0	-0.13	-0.09	1.28
2013.05	1.21	-0.01	0	-0.54	-0.20	0.47
2013.06	0.51	-0.55	0	-0.19	-0.06	-0.29
2013.07	-0.31	-1.38	0	-0.02	-0.13	-1.85
2013.08	1.09	-0.07	0	-0.12	0.23	1.14
2013.09	-1.82	1.68	0	0.60	0.23	0.69
2013.10	-1.18	-0.15	0	0.29	0.36	-0.68
2013.11	-0.20	0.50	0	0.10	-0.13	0.27

2007 年和 2008 年 TPI 出现两次较大增长均主要是由餐饮推动的（见表5），即"餐饮"将 TPI 指数在这两年分别拉动了 8.84 个百分点和 12.45 个百分点的增长，其拉动作用比其余五项加总起来的作用还要大。2008 年奥运会之后，TPI 迅速下降了 10.14 百分点，而市内交通、购物、文娱三项并未受此影响，且住宿对 TPI 的向下拉动作用要大于餐饮。此外，我们还可以看出，历年对 TPI 总指数影响最大的集中在住宿、餐饮、购物三项，这一现象与它们所占较大权重密切相关。从表 6 可以看出，TPI 在春节过后的 3 月份实现增长的主要拉动因素是住宿，而在 7 月，则大幅度向下拉动 TPI。随着进入旅游旺季，景区门票在 4 月对 TPI 的拉动百分比甚至超过了 TPI 本身的增长速度，并在 5 月继续保持较高的增长。因此，进入旅游旺季后，除门票价格有所上涨，其余部分均保持不变或有所下降，门票价格上涨并不会在整体上影响游客的进京积极性。为了增加淡季的游客量，住宿、餐饮、购物等价格也应该针对旅游者做出一定的平衡。

（四）TPI 变化与游客人数之间的关系

从图 2 可以看出，游客人数与月度总 TPI 之间均呈现出一定的季节性，但前者的季节性波动明显显著于后者，我们对月度总 TPI、景区 TPI 和星级饭店接待的国内游客人数进行相关性分析，得到的相关系数分别为 0.094 和 0.546，这也说明了总价格指数受当地物价影响较大，而在闲暇时间和季节影响下旅游人数反过来对景区价格的制定起到一定的参考作用。

五　结论

第一，通过此方法编制的北京国内旅游价格指数与实际情况基本相符，可作为后续编制旅游价格指数的参考。指数编制数据来源于国家统计局、地方统计局及国民经济统计体系，方便获取并可在以后较长时间内形成长期、连续性的编制；定基指数基期固定，权重可定期进行调整，计算结果能较好地反映北京当地旅游价格情况。

第二，从价格制定方来看，对于政府主导型的价格制定项目，旅游需求未因此产生时间上的波动性，在未来的价格调整方面也应充分考虑到游客这一为当地带来巨大创收的群体；对于受季节性影响较大的价格制定项目，淡季价格在分散旺季游客量方面起到一定的作用，但由于同时存在其他一些价格易受当地经济水平影响的项目，旅游价格的上涨未起到很好的缓冲作用。因此，淡季仅仅依靠景区门票的调整是难以吸引外地游客的，还应在其他要素方面有针对性地对游客实行一定的优惠。

第三，由于目标人群不同所引起的消费模式及消费偏好的不同，CPI 和 RPI 都不能对 TPI 进行有效替代，但通过对三者进行对比可以发现，对年度指数来说，它们的总体变化趋势是相同的，主要是因为游客所消费的大部分商品和服务也与当地居民密切相关；而对月度指数来说，TPI 则体现出旅游所特有的淡旺季特征。因此，无论对于研究还是实践，若考察以年度为单位的周期性波动，可以将 CPI 或 RPI 作为一个替代性指标，同时要将"旅游商品和服务的价格增速明显大于一般商品和服务的价格增速"这一因素考虑进去；若考察以月度为单位的季节性波动，则需要将旅游价格从一般价格中分离出来。

G GREENBOOK **. 23**

北京旅游市场景气指数研究与分析

北京旅游市场景气指数研究课题组 *

摘 要：

经济景气分析方法，是在既有的统计指标基础之上，筛选出具有代表性的指标，建立一个经济监测指标体系，并以此建立各种指数或模型来描述经济的运行状况和预测未来走势。本研究利用合成指数法分别构建北京入境旅游市场景气指数和北京国内旅游市场景气指数，结果发现，北京的入境旅游市场和国内旅游市场呈现出完全不同的"冰火两重天"，对于入境旅游市场来说，需要避免市场过冷，应积极开拓市场；对于国内旅游市场来说，需要避免市场过热，应积极引导。

关键词：

北京入境旅游市场 北京国内旅游市场 景气指数 合成指数
主成分分析

一 北京旅游市场景气指数制作流程

景气指数作为一种衡量经济活跃程度的方法，在多个行业和领域得到了广泛的应用。旅游业不仅是高增长的产业，也是高波动产业，而对旅游经济波动的监测和预警研究才刚刚起步。依据统计数据，选取适合的方法与技术编制旅游景气指数，可以准确判断旅游市场的周期性波动，以期为政府管理机构和

---

* 本报告执笔人：张凌云，北京联合大学旅游学院副院长，北京联合大学旅游发展研究院院长，教授，博士生导师，《旅游学刊》执行主编；庞世明，北京联合大学旅游学院助理研究员。

旅游企业准确判断旅游业的发展并预测未来提供依据。对于要建设成入境旅游者首选目的地、亚洲商务会展旅游之都、国际一流旅游城市以及世界城市的北京来说，迫切需要能够反映北京旅游经济运行的指标体系，为制定相关政策提供参考。因此，本研究试图应用基于增长率循环的合成指数（CI）方法和主成分分析的方法，编制北京旅游市场景气指数。编制过程大致分为以下几步。

（一）指标遴选

根据专家意见，初步选择能从理论上阐述、与旅游运行转折点有关联、收缩与扩张进程相一致的指标组，进行数据整理、统一口径范围、补齐缺失数据。然后，经过 X-11 方法进行季节调整，并计算指标的增长率序列。接下来确定基准指标、确定基准循环，将这些处理过的指标组通过 K-L 信息量、时差相关分析、马场方法以及图形对比和专家分析最终确定旅游景气指数终选指标组，形成一致指标、先行指标和滞后指标。其中，一致指标是指该指标的波动与北京旅游市场景气变动大体一致的指标；先行指标是指在北京旅游市场经济波动达到高峰（低谷）前，超前出现峰和谷的指标，先行指标可以作为短期预测的重要依据；滞后指标是指那些转折点（峰或谷）滞后于北京旅游市场经济波动的指标，其作用在于它的峰和谷的出现可以确认经济波动的高峰或低谷。本研究重点关注景气指数的预测功能，故不构建滞后指数。

（二）指数制作及预警

应用合成指数的方法，对遴选出来的一致指标组和先行指标组进行计算，分别得到一致指数和先行指数。将一致指数变动在范围内（为序列标准差）分别界定为平稳（用●表示）、偏热（用◎表示）、过热（用○表示）、偏低（用▲表示）、过冷（用■表示）。当一致指数在不同的运行区间时，分别发布不同的信息，可以有效对北京旅游市场的运行状况进行预警。

对于入境旅游市场和国内旅游市场来说，北京作为重要的旅游目的地，其景气的波动和变化规律并不相同，需要分开讨论。

二 北京入境旅游市场景气指数

（一）指标选择

对于某一旅游目的地来说，自然可以用旅游外汇收入的直观感受来判断入境旅游市场的景气状况。但是由于缺乏北京入境旅游外汇收入的月度数据，因此就必须寻找可操作的替代性指标。由于北京入境游客人数增长率和北京旅游外汇收入增长率之间存在高度一致的变化趋势，可以用北京入境游客人数增长率作为基准指标。北京外国游客入境旅游人数增长率与基准指标有很好的相关性，时差相关系数为 0.97，超前滞后月数为 0，波动非常一致，因此选为一致指标。

北京入境旅游市场所体现的特征决定了北京入境旅游市场景气程度和世界经济息息相关，而世界经济通过国家或地区之间的国际贸易互相传导和渗透。最近 5 年，商务会展游客占入境游客的比重一直稳定在 40% 左右，这也说明了世界经济、国际贸易对于北京入境旅游市场的重要意义。这些年来，美国、欧洲和日本入境北京旅游人数大致都占了北京入境游客的 60%，这是基于这三个国家和地区本来就是最有影响力的经济体的缘故。因此，根据宏观经济理论以及货物贸易与入境旅游之间相关关系理论，我们收集了日本 M1、日本 M2、欧洲 M1、欧洲 M2、北京进口总额、北京出口总额、北京进出口总额、外商直接投资、固定资产投资、星级饭店入住人数、世界原油价格、人民币兑美元汇率、人民币兑欧元汇率、人民币兑日元汇率、入境外国人人数、主要客源地欧美日的 CPI、欧美日的失业率、欧美日的进出口贸易额等共 28 个指标，时间序列从 2007 年 6 月到 2013 年 12 月。将这些指标做数据处理，并采用相应的同比增长率序列以消除季节影响，利用时差相关分析方法进行指标筛选，最终选择了美国的进出口总额、欧洲的进出口总额、日本的进出口总额 6 个指标，数据来源为北京海关的官方网站。时差相关分析的结果显示，这些指标均和基准指标之间具有良好的相关性，因此选为先行指标（见表 1）。

表1　北京入境旅游市场景气指标

指标类型	指标名称	超前滞后月数	相关系数
先行指标	从美国进口货物贸易总额	-8	0.41
	出口美国货物贸易总额	-8	0.65
	从日本进口货物贸易总额	-6	0.45
	出口日本货物贸易总额	-10	0.58
	从欧洲进口货物贸易总额	-3	0.51
	出口欧洲货物贸易总额	-6	0.52
一致指标	北京入境旅游人数(基准指标)	0	1.00
	北京入境外国人旅游人数	0	0.97

资料来源：先行指标数据来源于北京海关官方网站（http://beijing. customs. gov. cn/publish/ portal159/），一致指标数据来源于北京市旅游发展委员会（http://www. bjta. gov. cn/），时间跨度为 2007 年 6 月至 2013 年 12 月的月度数据。

（二）指数计算

根据表1 中的先行指标和一致指标，构建北京入境旅游市场景气指数，来衡量和预测入境旅游市场经济波动的尺度。本文选择国际通用的合成指数（Composite Index，CI）方法，因为合成指数方法既可以预测经济周期波动的转折点，也可以反映经济周期波动的振幅。结果见图 1 和表 2。

图1　2007 年 6 月至 2013 年 12 月北京入境旅游市场一致合成指数和先行合成指数

表2　2013 年北京入境旅游市场景气指数

2013 年	先行指数	一致指数	预警评分信号
1 月	99.5	100.4	●
2 月	96.7	95.9	■
3 月	98.1	98.1	▲
4 月	98.3	97.8	▲
5 月	99.2	97.7	▲
6 月	99.1	97.4	▲
7 月	99.2	98.0	▲
8 月	99.0	97.6	▲
9 月	101.2	98.9	●
10 月	99.9	99.5	●
11 月	99.2	99.0	●
12 月	99.4	98.5	●

2013 年，北京市接待入境过夜旅游者同比减少 10.1%，其中接待外国人同比减少 10.8%，全年入境旅游一致指数没有达到 100，在 12 个月中有 11 个月的接待人数同比呈下降趋势。尽管从 9 月以来，下降趋势有所减缓，这一点上升的先行指数已经给出信号，但 10 月先行指数的下降也预示着 2014 年北京入境旅游市场并不乐观，虽然 12 月先行指数出现了微小提升，依然可以看出，在其他因素不变的环境下，北京在未来几个月里入境旅游仍将处于稳定偏冷的概率更大。望有关部门对此能有更多的重视，采取必要措施来开拓入境旅游市场。

三　北京国内旅游市场景气指数

北京国内旅游市场变化趋势表现出和入境旅游市场完全不同的态势，随着中国经济的持续增长，民众可支配收入的不断提升，北京作为中国的首都，重要的政治、经济、文化中心，其旅游目的地的地位显得更加重要。2013 年，北京接待国内旅游者 24738.8 万人次，同比增长 9.3%；国内旅游收入达 3666.3 亿元，同比增长 11.1%。

（一）指标选择

本研究尽可能选取影响和反映北京及国内旅游市场景气波动的两大类因素，一类反映游客在北京的旅游消费行为，指标主要包括国内旅游者人数、国内旅游收入、旅游区（点）收入、旅游区（点）接待国内游客人数、旅行社接待国内游客人数、星级饭店平均房价、星级饭店平均出租率、星级饭店接待国内住宿人天数、住宿和餐饮业生产总值、文化体育与娱乐业生产总值、社会服务业企业景气状况和分类景气指数旅游客源情况、住宿和餐饮业企业景气状况分类景气指数及客房出租情况等等；另一类反映宏观条件下的投资与产出（收入）情况，指标主要有国内生产总值、城镇居民人均可支配收入、城镇居民人均现金消费支出、农村居民人均现金收入、地区生产总值（北京）、固定资产投资（北京）。上述指标均为季度数据，数据类型为与上年同期相比的增长率序列，数据时段基本上都是从 2008 年第一季度到 2013 年第四季度，但国内旅游者人数、国内旅游收入这两个核心指标只有 2012 年和 2013 年两年共八个季度的数据。由于缺乏足够长的时间序列来使用时差相关系数和 K-L 信息量法筛选指标的先行滞后关系。本研究使用德尔菲法和主成分分析相结合的方法来筛选指标。最终挑选的先行指标和一致指标见表 3。

表 3 北京国内旅游景气指数一致指标和先行指标

指标类别	编号	指标名称
一致指标	1	国内旅游者人数
	2	旅游区（点）收入
	3	旅游区（点）接待国内游客人数
	4	旅行社接待国内游客人数
先行指标	1	国内生产总值
	2	城镇居民人均可支配收入
	3	固定资产投资
	4	住宿和餐饮业企业景气状况分类景气指数及客房出租情况

资料来源：北京市统计局官方网站（www. bjstats. gov. cn?），时间跨度为 2012 年第一季度到 2013 年第四季度，季度数据。

（二）指数计算

考虑到指标数据的可得性，本研究应用主成分分析方法（Principal Components Analysis）计算景气指数。一致指标组、先行指标组和各主成分序列及各主成分的特征值、特征向量、贡献率和累积贡献率见表4和表5。

表4　一致指标组主成分计算结果

	特征向量				特征值	贡献率（%）	累积贡献率（%）
	1	2	3	4			
第一主成分	0.714	0.874	0.689	0.825	2.428	64.093	60.705

一致指标组主成分计算结果表明：一致指标组只有一个主成分，主成分的累积贡献率达到60.705%，较充分地代表了一致指标组的变动状况，因此，将其作为国内旅游一致合成指数。

表5　先行指标组主成分计算结果

	特征向量				特征值	贡献率（%）	累积贡献率（%）
	1	2	3	4			
第一主成分	0.835	0.828	0.755	0.782	2.564	64.093	64.093
第二主成分	0.486	−0.502	−0.611	−0.578	1.196	29.912	94.005

先行指标组主成分计算结果表明：先行指标组的第一主成分的贡献率为64.093%，基本可以充分解释先行指标组的变动。第一和第二主成分的累积贡献率达到了94.005%，可以充分解释了先行指标组的大部分变动，可分别选为国内旅游景气指数的先行指数Ⅰ和Ⅱ。依据主成分分析计算的北京国内旅游市场景气指数结果（按照主成分分析方法制作的景气指数，景气数值在0上下波动，这与合成指数法制作的景气指数有所不同）见图2和表6。

计算结果显示，以一致指数反映出的北京国内旅游市场景气情况良好，尽管在2012年第四季度到2013年第二季度降为负值，但没有达到预警分数，而且国内旅游市场景气情况从2013年第三季度迅速回升，显示出北京国内旅游市场良好的发展态势。

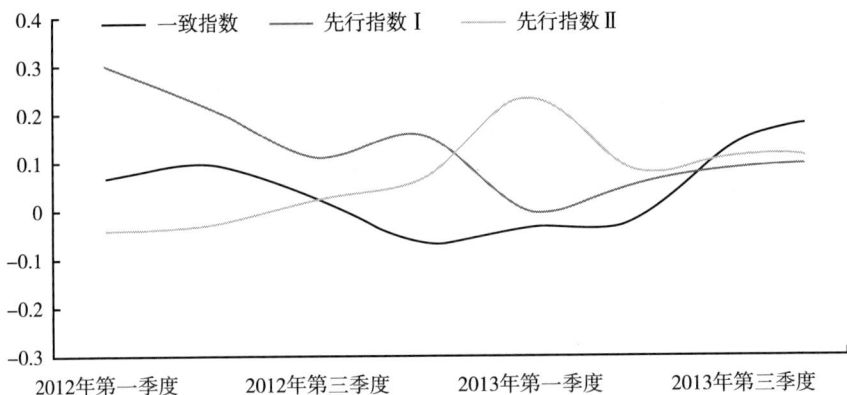

图2 2012年和2013年北京国内旅游市场一致合成指数和先行合成指数

表6 2012年和2013年北京国内旅游市场景气指数

时间	一致指数	先行指数Ⅰ	先行指数Ⅱ	预警评分信号
2012年第一季度	0.070	0.304	-0.040	●
2012年第二季度	0.096	0.212	-0.026	◎
2012年第三季度	0.024	0.112	0.025	●
2012年第四季度	-0.065	0.159	0.069	●
2013年第一季度	-0.036	-0.001	0.236	●
2013年第二季度	-0.019	0.054	0.084	●
2013年第三季度	0.146	0.091	0.116	◎
2013年第四季度	0.195	0.096	0.115	○

先行指数Ⅰ具有稳定的先行变动趋势，先行期大致为一个季度；先行指数Ⅱ同样具有稳定的先行变动趋势，先行期大致为三个季度；先行指数Ⅰ和Ⅱ在2013年第二、第三、第四季度趋势趋于一致，呈稳步上升趋势，说明北京国内旅游市场无论从短期还是长期来看都非常景气。

四 结论

本研究按月度数据编制了北京入境旅游市场景气指数，按季度编制了北京国内旅游景气指数。从计算结果看，北京入境旅游市场和国内旅游市场呈现出完全不同的"冰火两重天"现象。近年来，中国经济依然持续稳定增长，而西方发达国家由于美国次贷危机和欧洲债务危机导致经济波动较为剧烈，对于北京的入境旅游市场来说，客源国国民收入的下降降低了对北京的旅游需求，人民币的不断升值也提升了来京旅游的成本，这些无疑都对北京的入境旅游市场造成利空的影响。因此，入境旅游市场需要避免过冷的状况出现，应加大海外营销力度，加强与国外的贸易合作，开拓新的客源并有针对性的开发旅游产品。对于国内旅游市场来说，需要避免市场过热，应积极引导。加强旅游基础设施建设，提升旅游公共服务水平，丰富景区的容量限制手段和应急疏导措施。

G.24

"智慧颐和园"在世界遗产保护和
公园发展管理中的应用研究

北京市颐和园管理处*

摘　要：

世界文化遗产是人类罕见的、无法替代的文化财富，其保护管理为世界广泛关注。颐和园作为北京的世界文化遗产之一，如何在科学保护和公园建设发展的进程中做好智慧景区建设，其所面临的挑战和机遇在我国具有很强的代表性。自2011年启动"智慧颐和园"建设以来，颐和园在安全防范、网络办公自动化、古建绿化管理、票务监管、门户网站建设方面已初见成效，同时在遗产监测保护、公众服务方面正在进行积极探索和尝试。以智慧颐和园为例探索世界文化遗产和公园的传统管理与现代科技的有机融合途径，探索智慧旅游的可持续发展方向，将为推动智慧景区建设、更好的保护世界文化遗产、完善公众服务提供有效路径。

关键词：

智慧颐和园　世界文化遗产　公园发展　公园管理

随着信息技术、网络技术、通信技术的飞跃发展，人类社会已经步入了信

---

* 北京市颐和园管理处是北京市旅游学会旅游景区创新模式研究基地，本课题负责人刘耀忠为颐和园管理处园长，该研究基地主任。本报告执笔人：邹颖，北京市颐和园管理处副园长，主管颐和园文物、文化研究、信息化建设和科研科普工作；白帆，北京市颐和园管理处行政办公室人员；本报告调研组主要成员：常少辉，北京市颐和园管理处影像信息中心副主任。

息时代，并正在悄然走向智慧时代。20世纪末至21世纪初所发展的"数字地球""数字城市""数字景区"，已经逐步被"智慧地球""智慧城市""智慧景区"所取代。对于风景名胜区而言，"智慧景区"的建设是一个重要的发展方向，既是信息技术发展的必然，也是景区保护与利用的需要。在此背景下，景区信息化综合管理模式已逐步被应用于实践，并与传统管理方法有机结合，在实际工作中越来越好地发挥作用，成为提升景区现代化管理和服务水平，促进环境、社会、经济效益协调发展的有效途径①。

本次研究将世界文化遗产的保护利用、公园发展建设管理与现代智慧旅游景区建设有机结合在一起，其目的是为促进世界文化遗产科学保护、为游客提供更好的服务探索有效途径。

一　信息化建设背景分析

当今时代是一个信息化时代，信息化的浪潮正在对全球范围内的政治、经济、科技、文化以及意识形态产生越来越广泛和深刻的影响。如果说国家的信息化水平是衡量一个国家综合国力的重要标志，世界文化遗产地、风景名胜区的信息化水平就是衡量其整体保护管理水平的重要尺度。在计算机网络技术快速发展与应用的背景下，信息化程度的高低、信息量的多寡以及信息质量的优劣程度，将直接影响着遗产保护与园区管理的成效，也是衡量其管理模式现代化程度的重要因素。

同时，以信息社会化为特点的信息时代，已经被人类赋予了丰富的"智慧"，一个全新的"智慧时代"正在向人们走来。于是，"智慧地球""智慧城市""智慧景区""智慧园区"的概念接踵而至。② 显然，时代要求我们正确认识"智慧"建设、把握发展机遇、应用信息技术、构建信息平台，以满足社会发展对世界文化遗产和风景名胜区保护与管理的要求。

在全球社会网络化程度迅速提高的背景下，信息化对旅游业的影响已深入

---

① 党安荣、张丹明、陈杨：《智慧景区的内涵与总体框架研究》，《中国园林》2011年第9期。
② 北京市颐和园管理处：《智慧颐和园总体规划》，2011。

到产业的各个环节，信息化已成为推进旅游产业发展的重要力量，只有以旅游信息化建设为引领，加强现代科技技术特别是信息技术在旅游业中的广泛应用，才能更有效推进旅游产品和服务的升级，满足多样化的现代需求。① 2012年5月，北京市旅游委正式发布《北京"智慧旅游"行动计划纲要（2012～2015)》和"智慧景区""智慧饭店""智慧旅行社""智慧旅游乡村"四个建设规范。围绕旅游业"十二五"发展战略，以深化信息应用为主线，要求充分发挥信息化对旅游产业发展的支撑与引领作用，提升旅游信息化总体水平。

在风景名胜区的信息化建设中，逐步诞生"智慧景区"的概念，以世界自然与文化遗产黄山和九寨沟为代表，近两年正在开展智慧景区的规划与建设。智慧景区的概念被理解为：在"数字地球"向"智慧地球"转型这一重大背景的基础下，结合景区特性，运用人类最新文明成果，构建智慧网络，实现景区智能化发展；将最新管理理念与最新技术成果（尤其是物联网与云计算）高度集成，全面应用于景区管理，从而更有效地保护旅游资源，为游客提供更优质的服务，实现景区环境、社会和经济全面、协调、可持续发展。② 换言之，"智慧景区"是能对环境、社会、经济三大方面进行最透彻的感知、更广泛的互联互通和更科学的可视化管理的创新型景区管理系统。

在信息化建设的宏观背景下，在公园景区逐步发展的进程中，颐和园在世界文化遗产保护和公园发展建设管理中如何开展信息化建设这一命题，值得我们研究和思考。但是与"皇家园林""古典园林"及"现代公园"等文化遗产信息化对应的"智慧园区"概念，国内相关的探讨非常有限。基于颐和园特质，我们将"智慧园区"定义为：能够对园区自然资源与人文资源、自然环境与人文环境、自然遗产与文化遗产、静态设施与动态行为进行更透彻的感知、更广泛的互联互通、更科学的可视化管理与保护的创新型园区信息平台（Information Platform）或信息环境（Information Environment）。显然，智慧园区是基于传感网、物联网、互联网、数据仓库、云计算、空间信息技术的园区

---

① 国家旅游局：《中国旅游业"十二五"发展规划纲要》，2012。
② 北京市旅游委：《北京"智慧旅游"行动计划纲要（2012～2015)》，2012。

全面信息化，目的是满足园区信息化与精细化的资源与遗产保护、业务与事务管理、旅游与社会服务、决策支持与可持续发展的需求①。

二　颐和园保护管理总体分析及信息化需求分析

（一）　颐和园保护管理优势分析

颐和园于 1961 年 3 月 4 日被中华人民共和国国务院公布为全国第一批重点文物保护单位，颐和园的保护、管理和研究工作得到了国家和政府的高度重视。颐和园及其前身清漪园的建造过程，留有完整的施工档案和工艺做法标准，现存山形水系、古建筑、古树名木及文物陈设等反映了颐和园建设活动的历史和皇家园林风范，保存基本完好。1998 年 12 月颐和园被列入"世界文化遗产名录"，对颐和园的保护研究工作起到了推动作用。2007 年颐和园又先后荣获首批国家重点公园、首批国家 5A 级旅游景区，表明了国家对颐和园重要历史文化价值的重视。

"十二五"期间，颐和园文化遗产事业将基本建立 10 个体系：中国特色、世界接轨的文化遗产理论体系；科学完备、保障有力的文化遗产法律体系；责权明晰、效能统一的文化遗产管理体系；联动响应、监管到位的文化遗产安全体系；特色鲜明、布局合理的博物馆体系；政府主导、惠及全民的文化遗产公共文化服务体系；结构合理、素质过硬的文化遗产人才队伍体系；重点突破、支撑发展的文化遗产科技创新体系；多方协力、共建共享的文化遗产社会参与体系；传输便捷、覆盖广泛的文化遗产传播体系。

（二）管理建设发展过程中的劣势分析

当前，我国城市化发展突飞猛进，不可避免地加剧了城市人口、土地、资源、环境和文化遗产保护等方面的矛盾，给文化遗产保护带来了很大冲击。一方面文化遗产保护与城市开发建设、城市经济发展的矛盾比较突出；另一方面

---

① 北京市颐和园管理处、清华大学：《"智慧颐和园"总体规划》（评审稿），2011。

文化遗产保护工作在惠及民众生活的普适度方面还有欠缺，民众的支持和理解度有限。如何在快速城市化进程中切实保护好文化遗产并更好地发挥其作用，已成为亟待解决的问题。此外，我国的世界遗产保护工作起步较晚，还有许多问题需要探索。

目前，颐和园的遗产保护工作也面临种种难题——周边环境和重要的景观天际线日益受到城市建设扩张的挤压与侵蚀，保护难度日益加大；对园区大气、水质、植被等环境状况的监测技术应用有待加强；园内大量木构建筑、彩画、纸绢类和石质及金属文物，易于受到自然和大气的腐蚀，需要有先进的科学技术手段进行检测和保护；园区大量古树名木的生长状况需要科学监测与保护；园内的安全管理、游客量的监控管理及游人疏导需要进一步快速响应；游客构成分析、票务管理、商务活动需要电子化及信息化的技术手段。

（三）管理建设发展中对信息化的需求分析

颐和园在以往的信息化建设中，逐步形成了古建修缮维护、文物保护、安全保卫、园林管理以及人力资源管理等 22 套信息系统，这些系统在颐和园历史上发挥了一定作用，但受历史条件和技术发展所限，目前这些管理信息系统缺乏整体感与集成性，反映在以下五个方面。

1. 数据与信息资源需要共享

颐和园由于在信息化建设过程中认识与规划上的不足，导致信息资源利用率低、信息孤立以及系统隔离纷杂，造成多部门之间业务系统不能实现有效共享以及互联互通。所以，需要整合数据与信息资源，实现资源共享及系统协同，保障颐和园的持续发展。

2. 业务信息系统需要集成发展

颐和园业务系统之间缺乏有效的整合与集成，在整体上缺乏统一规划与协调，无法提供面向整个园区保护管理的一站式系统服务，各系统扩容性差，无法应对日益灵活变化的业务工作需求，影响管理效率的提高。随着颐和园的发展与业务范围的拓展，需要对颐和园信息化建设进行整体规划与设计，在统一的基础数据平台与信息共享平台上构建业务应用系统，形成智慧颐和园的信息化基础设施与共享服务环境，保证业务信息集成与业务部门高效应用。

3. 文化遗产保护需要信息化手段

颐和园通过多年的探索与实践,在世界文化遗产保护与管理方面积累了宝贵的成果与经验,推动了园林保护、管理与建设的整体发展。由于文化遗产是不可再生的文化资源,加强文化遗产的保护和利用在国内外均得到高度重视,应用现代信息技术,通过保护与管理的信息化建设,加强文化遗产整体环境及各类文化遗产的保护势在必行。颐和园作为全世界独特的世界文化遗产,理应将先进技术与传统管理进行更好的结合,科学可持续地开展好保护、管理与利用、服务工作,这是挑战更是机遇,责无旁贷。

4. 扩大社会服务是文化遗产的新要求

颐和园作为世界文化遗产和皇家园林,必须发挥好为公众服务和文化传承弘扬之职责。随着时代发展与社会进步,在"科学发展"以及"和谐社会"的思想指导下,借鉴中国传统园林中人与自然和谐相处的思想构建宜居环境,成为当前广大民众关注的热点。如何面向社会大众(包括全体国民与国际友人)做好宣教服务,在更大范围和领域中展示颐和园的文化遗产资源与特色,让广大民众都能更好地领略到皇家园林的自然与人文景观,得到科学教育和心灵陶冶,这是我们一直在思考和探索实践的重要问题。通过网络及数字媒体等信息技术手段,将颐和园在皇家园林保护与建设方面的研究与实践成果通过便捷、灵活的方式向全社会提供服务,是实现上述目标的良好手段。

5. 游客管理与服务面临新的挑战

作为对外交流的窗口,颐和园每年吸引大批中外游客,年接待游客总量目前已达到1400万人次。大量来访的游客对于颐和园的保护与管理提出了更高的要求。

(1)颐和园需要一个多维信息展示与交流平台,实现从全景展示到微观互动的无缝衔接与平滑过渡,以便引导不同层次的来访者从浩如烟海的资料中全面、系统、充分、正确地认识颐和园。

(2)大量游客的到来对颐和园各种设施造成很大的压力,对园区安保管理、人流控制与疏导等方面提出了更高的要求。这需要在现有设施基础上通过系统化、信息化的手段,实现各种监控设备的有效协同与组织,以保证游客的正常游览，并通过对游客行为以及对文化遗产保护环境影响的实时监测，有效进行游览组织与疏导，达到既满足游客体验又保护文化遗产的需要；同时，对各种信息进行系统分析与深入挖掘，也可以为游客服务提供更准确的决策支持。

（3）大量的游客形成不同层次的消费需求，可以针对不同类型的游客群体推出灵活的票务服务方式，以便满足长期游客、临时游客、组团游客、偕行游客等多种类型的需求。

综上所述，颐和园在信息化建设领域面临着巨大的挑战和机遇，颐和园整体实力的提高在一定程度上需要通过智慧建设来实现。在未来颐和园的发展中，需要立足颐和园的基本特点与现有成果，整合各种硬件与软件资源，实现各种业务系统的互联互通、协同工作以及有效的资源共享，全力建设高效、安全、便捷以及透明的新一代智能化遗产保护与管理的典范——"智慧颐和园"。传统经验管理与科学发展观、现代信息化建设的有机结合，必将促进颐和园这一古老文化遗产在历史长河中绽放出新的光芒与魅力。

三 "智慧颐和园"建设的实践研究

为提高颐和园的综合保护管理工作，使世界文化遗产地的内部管理、服务游客、服务社会三个层面的功能借助当今高新科技得以充分发挥，把颐和园打造成现代信息技术与传统保护和应用相结合的典范，颐和园分为四个阶段进行"智慧颐和园"建设：第一阶段编制《颐和园数字化建设总体规划（2011～2015年)》，第二阶段完成"智慧颐和园"综合管理信息平台项目（一期），第三阶段建设颐和园世界文化遗产监测预警体系，第四阶段丰富"智慧颐和园"平台内容，扩展公众服务能力。

（一）编制《颐和园数字化建设总体规划（2011～2015年）》

颐和园与清华大学合作，以"十二五"发展为背景，以"智慧颐和园"为总体目标，通过对颐和园的信息化现状分析、需求调研等工作，并充分借鉴故宫、九寨沟、黄山等国内景区信息化建设的成功经验，制订完成颐和园数字化建设总体规划，并通过专家论证会。"智慧颐和园"的提出，是基于"智慧地球""智慧城市""智慧景区"建设的大背景下，结合颐和园景区特性和现代化保护管理需求，将传统管理经验与全新管理理念与技术成果进行高度集成，构建智慧型综合管理服务网络，并全面应用于景区管理与服务，从而更有效地保护园林资源，为游客提供更优质的服务，以实现景区的全面、协调、可持续式智能化发展。

1. "智慧颐和园"总体框架的构成

"智慧颐和园"的总体框架（见图1）可以概括为"一个中心、三大平台、五大系统、七项保障"。一个中心就是信息中心；三大平台包括信息基础设施、数据基础设施和共享服务平台；五大系统分别是资源保护系统、旅游服务系统、业务管理系统、公共服务系统、决策支持系统；七项保障包括政策保障、机制保障、资金保障、技术保障、人才保障、安全保障和发展保障。

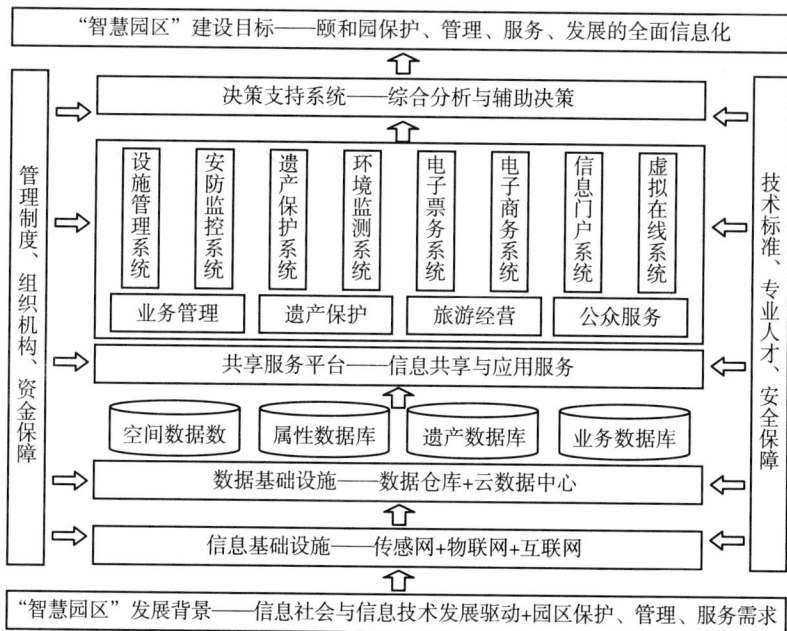

图1 "智慧颐和园"的总体框架

2. "智慧颐和园"总体框架的层次

根据"智慧颐和园"总体框架，确定其建设的体系结构（见图 2），涉及五个层次的功能体系：分别是网络层的信息基础设施管理（包括网络通信管理、网络安全管理等功能），数据层的数据基础设施管理（包括数据获取与更新、数据检验与审核、数据编码与管理、数据查询与分析、数据传输与备份等功能），服务层的共享服务体系（包括系统维护、用户管理、安全管理、信息访问交换、应用请求服务等基础功能），应用层的业务应用体系（包括遗产保护、业务管理、旅游经营、公众服务等应用系统），决策层的决策支持体系（包括综合评价、情景分析、预测模拟等辅助决策功能）。

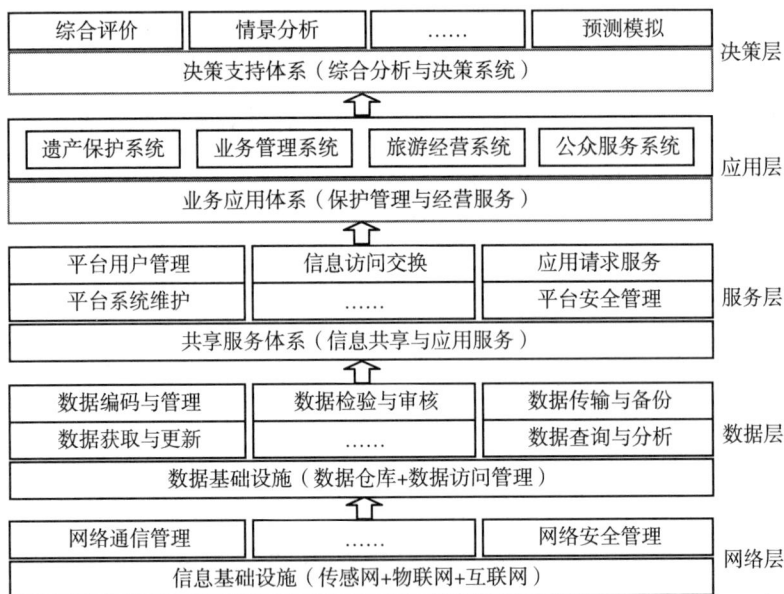

图 2　"智慧颐和园"的体系结构

（二）建设完成"智慧颐和园"综合管理信息平台项目（一期）

1. 基于规划，完成"智慧颐和园"实施总体框架设计

在"智慧颐和园"总体规划的指导下，完成了"智慧颐和园"实施总体框架设计工作。框架总体上分成信息基础支撑层、数据层、服务层、系统层和

应用接入层等逻辑层次。

框架采用 SOA（ESB）＋Service GIS 架构，实现 GIS、MIS 和 OA 一体化，数据基础可确保设计系统的技术先进性、科学性、合理性和操作的便捷性，达到"基础性、公用性""自适应、可扩展"的原则要求。

2. 建设"智慧颐和园"数据基础设施

从系统应用的角度讲，数据是血液，是应用的基础。一期项目建设了颐和园空间信息"一张图"，将园区 CAD 图纸、JPG 图片、Word 文档、EXL 表等多源信息空间可视化；采用 sqlserver、MongoDb 存储的颐和园业务专题信息及图片等媒体信息以上措施为业务管理、旅游经营、遗产监测和领导决策提供了科学依据，提高了管理和服务的科学化水平。

3. 建设"智慧颐和园"信息共享服务平台

"智慧颐和园"信息共享服务平台是"智慧颐和园"信息化建设的基础和支撑平台，包括数据管理、服务管理、部门/用户/角色权限管理、二次开发接口等功能和服务。以信息共享服务平台为基础，可以集成和对接其他业务管理系统到 OA 办公门户网，所有的业务管理系统基于共享服务平台的部门和用户授权体系，实现单点登录，一站式办公。

4. 研发颐和园综合管理信息平台（OA 办公门户网）

颐和园综合管理信息平台以"智慧颐和园"信息共享服务平台为基础，对原有 OA 系统进行了完善和扩充，集门户、办公一体，用户可以在平台上依据权限进行日常行政办公，也可以依据权限进入自己的子系统进行业务操作，实现了 GIS、MIS 和 OA 一体化，系统结构先进，操作便捷，便于扩展。

同时，为满足部门间资源共享需求，在 OA 办公系统提供了"空间基础信息"模块，登录用户可以直接访问各部门公开的数据资源，辅助本部门业务办公，打破了传统共享的困难，而且由于共享数据直接来自于各个业务系统的业务管理数据，处于不断更新维护之中，确保了数据的时效性和权威性。

5. 研发"智慧颐和园"古建保护与修缮管理信息系统

基于信息共享服务平台，研发出"古建保护与修缮管理信息系统"。该系统作为颐和园基建专业人员的业务应用系统，将景区/建筑/附属设施信息空间可视化，将其照片、图纸、文字资料集中地展示、管理，实现了跨业务部门在线共享。针对建设工程项目库/模板/资料/概算管理和基建财务合同/支票/固定资产信息查询与统计等核心业务提供了系统支撑，实现了业务管理的精细化与科学化。

6. 研发"智慧颐和园"园林景观管理系统

系统在共享平台的基础上，将古树名木等园林遗产信息空间可视化，结合植物习性进行四季景观导览，将历史景观以多媒体形式展现，实现了景观时空可视化管理在线共享。针对园林养护业务，系统提供了历史数据管理，将历年养护数据规范化处理后以数据库的形式进行存储，在日常养护过程中可以查询某一古树对象历史养护情况，支持统计分析与各类报表和养护档案的生成，降低了养护管理成本，提高了养护的针对性和精细化水平，增强了养护的科学性。

7. 研发"智慧颐和园"文物管理信息系统

系统在共享平台的基础上，将露天文物、匾联信息和文物展览展示信息和媒体资料空间可视化，提供了法规制度、科技人才管理服务，满足了业务管理和跨业务部门在线共享需求。

（三）推进颐和园世界文化遗产监测预警体系建设

2012 年 4 月，国家文物局批准颐和园世界文化遗产监测预警体系建设项目立项，并将颐和园列为全国第二批世界文化遗产监测预警体系建设试点单位。通过进一步建立监测体系、加强监测管理，及时监测可能影响遗产突出普遍价值、真实性和完整性的因素，建设遗产基本信息数据库，颐和园初步实现了监测数据的采集、分析和应用操作，并着重开展了德和园古建筑群修缮工程实施期间的监测工作，应用物联网、计算机等技术，通过安装在梁柱等构件上的倾斜和沉降装置对建筑进行实时监测。通过上述举措，颐和园初步形成监测预警和管理的联动机制，将监测成果切实应用于遗产保护管理中，促使颐和园保护与管理向精细型、预防性转变（见图 3）。

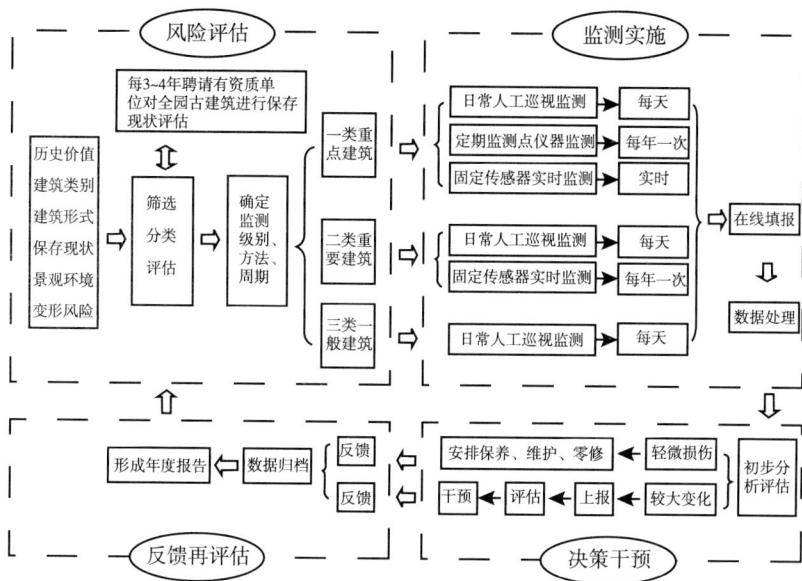

图3 古建筑监测流程图

（四）着力提升颐和园公众服务能力

随着北京市旅游委正式发布《北京"智慧旅游"行动计划纲要（2012～2015)》和"智慧景区""智慧饭店""智慧旅行社""智慧旅游乡村"四个建设规范，颐和园作为北京市智慧旅游联盟单位，在市旅游委的指导和支持下，积极推进智慧景区公共服务建设进程，在信息化导览、多维动态展示等方面进行了深化，着力扩展为公众服务的能力。

利用360度技术建设完成"颐和园360度实景展示导览系统"，多维度动态展示各处实景，并设计背景音乐和语音解说，增强游客心理感受，让游览者从网络上身临其境地体会景区的实景实貌；通过GPS、移动互联网、物联网等技术，开发出"智慧旅游手机导览系统"，使游客在自助旅行过程中，能够便捷获取景区相关信息的服务性软件。

利用微信公众服务平台优势，开通颐和园微信公众平台，为公众提供方便快捷的信息资讯、服务导览和实时互动服务。通过这一公众平台，颐和园可及时向游客发送服务信息，实时解答游客提出的咨询问题，针对游客反馈信息、咨询问题等回复信息，定期做好统计分析，编制旅游常见问题自动回复系统等。2013 年 11 月 15 日，颐和园公众服务号开通上线。目前开设 3 个一级栏目、12 个二级栏目，包括游园指南、参观导览、颐和资讯等内容。

四 "智慧颐和园"总体规划建设的应用成效

《颐和园数字化建设总体规（2011～2015 年）》从颐和园世界文化遗产的特点与价值、遗产保护、业务管理、整体信息化状况及部门信息化状况等多个角度出发，全面系统地分析了颐和园数字化建设的总体需求与技术需求，并在此基础上确定了智慧颐和园科学的规划目标体系与技术路线。通过编制总规，统一思想、明确目标，确定了"智慧颐和园"的总体框架和数字化建设蓝图，有效避免重复性建设和资金浪费，对颐和园未来的数字化建设与发展、提高公园精细化管理和服务水平、构建"低碳公园"具有非常重要的战略意义和指导价值。同时，将先进的信息技术，如物联网、云计算、数据仓库、面向服务的体系结构（SOA）、无线射频识别技术（RFID）等集成引入"智慧颐和园"规划和分期建设，能够有效提升颐和园世界文化遗产保护和公园管理服务的信息获取、信息处理、信息分析，以及决策支持能力，并具有很好的扩展性。

故宫博物院院长单霁翔在对"智慧颐和园"项目进行审评时指出："一方面颐和园基于文化遗产地、人民公园等多重身份，数字化建设必须依据文化与自然、物质与非物质、移动与不可移动、动态与静态、古代与现代的五个层次而设计规划，既要提升文化遗产的专业化功能，也要提升公园的社会化职能；另一方面智慧颐和园能够满足游客在短时间内获取多角度、全方位的大量文化信息，并且还开启了独特的文化传播方式，超越了有形天地，实现了文化景观与文化空间的叠加。"

五 对于"智慧景区""智慧园区"等建设的思考

从目前"智慧颐和园"的探索实践中看世界文化遗产和公园未来的科学

可持续发展。笔者认为，应将北京世界文化遗产的科学保护管理与北京的建设发展大环境紧密相连，在传承优秀传统管理经验和有效管理保护手段的同时，紧紧抓住现代信息技术发展机遇，拓展"智慧"建设，方能突破保护管理定式，创新遗产保护、景区发展与旅游行业管理和旅游公共服务模式，为国内外游客提供全方位、高质量的便利旅游服务。

第一，智慧化建设不能一蹴而就，需要长期不懈的努力，集众人的智慧，以时代发展为背景，紧密结合自身的特点和发展需要，积极做好自身智慧化建设总体规划或顶层设计；采取统筹规划，分步实施的原则，稳步推进自身景区智慧化建设，从而有效避免重复建设和低效投入；在实践中不断吸取和总结经验教训，脚踏实地做好基础建设、数据处理和分析、应用服务等工作。

第二，智慧建设的总体目标是实现保护、管理、服务、发展的科学有效和全面智能，解决如何通过信息化技术提升对内管理水平和对外服务能力，实现管理的精细化、服务的个性化、保护的前瞻化应用需要。无论是数字化还是智慧化建设，归根结底都离不开数据的支撑，应不断丰富和完善数据资源，积极做好数据基础工作，不断深化研发景区业务应用系统，不断扩展景区的公众服务能力。例如：充分利用已有的基础和业务数据资源，通过数据整合、提取和加工处理技术，生成公众服务数据，通过网站、微博、微信及手机客户端等多种形式，满足广大社会公众的需求，实现游客与公园管理的良性互动，提升景区的知名度与美誉度，加强公众体验。

第三，要注重人才队伍建设，建立健全相关的政策与保障机制。智慧建设的实施是一个长期、复杂、综合的系统工程。因此既需要掌握信息化现代技术的专业人才，也需要具备世界文化遗产科学保护综合学科素质的业务人员，还需要进行监测管理和公众服务的应用人员，三者都是智慧建设队伍不可或缺的重要组成。同时，为了保证智慧化建设顺利开展和可持续发展，政府主管部门、行业主导部门和景区的管理者应分别从创新鼓励、财政与资金支持、内部推广与教育培训、对外交流与宣传等方面，制定促进智慧化建设的相关政策，建立完整的部门协调、监督与指导、系统或项目评价等多层级机制保障体系，促进景区智慧化建设工作的进一步开展。

参考文献

党安荣、张丹明、陈杨：《智慧景区的内涵与总体框架研究》，《中国园林》2011 年第 9 期。

北京市颐和园管理处：《智慧颐和园总体规划》，2011。

国家旅游局：《中国旅游业"十二五"发展规划纲要》，2012。

北京市旅游委：《北京"智慧旅游"行动计划纲要（2012~2015）》，2012。

北京市颐和园管理处、清华大学：《"智慧颐和园"总体规划》（评审稿），2011。

章小平、吴必虎：《智慧景区管理与九寨沟案例研究》，清华大学出版社，2013。

党安荣、杨锐、刘晓冬：《数字风景名胜区总体框架研究》，《中国园林》2005 年第 5 期。

周文生：《物联网与 GIS 技术在文化遗产保护中的应用思考》，《文物保护与考古科学》2011 年第 3 期。

吴建平、王耀希、代红兵：《文化遗产数字化应用平台的技术构建》，《计算机应用》2006 年第 8 期。

25

中国大饭店白金五星饭店
创建经验及启示

辛 涛*

摘 要：

中国《旅游饭店星级划分与评定标准》（GBT14308 - 2010）是中国饭店业质量评价的国家标准。该标准历经五次修订日臻成熟，成为指导中国旅游饭店业发展，质量提升的纲领性文件。2007 年中国大饭店在全国 700 多家五星级酒店中脱颖而出，被国家旅游局评定为白金五星级饭店，其白金五星级饭店品质和创建经验被业界普遍认可，本文通过对中国大饭店白金五星饭店的案例分析，总结经验并研究讨论未来中国酒店质量管理新的思路。

关键词：

白金五星 质量管理 宾客满意度 员工满意度

一 研究目的与论题提出

（一）行业规模与趋势

截至 2013 年年底，中国旅游饭店业经过 30 年的长足发展已经形成有

---

* 辛涛，中国大饭店副总经理，北京旅游学会饭店精细化管理研究基地主任，中国旅游饭店业协会顾问，北京旅游协会监事长、饭店分会副会长，国家星评委专家委员会副主任，研究方向为高星级旅游饭店经营与管理。

14101 家的星级饭店规模的庞大产业（数字来源中国旅游协会），其面临的外部市场和内部经营环境发生了很大的变化：表现在客人对品牌和产品认知的不断深化，追求改善服务体验的诉求增强，饭店营销体系对客源类型和消费层次的市场定位和分工日趋细化，宾客对饭店价格和增值服务敏感度加剧。所有这些都促使五星级和白金五星级所代表的高星级饭店在竞争中不断改进服务和管理质量，使之更加规范化、专业化，既符合本国旅游星级饭店的标准又迎合国际发展趋势。

（二）五星饭店规模

中国旅游饭店业协会发布信息显示，2013 年全国五星级酒店的数量已达到 814 家，北京市共有星级饭店 591 家，其中五星级 65 家。① 无疑这个行业发展规模是相当惊人，但挑战同时加剧。以五星级饭店为例，产品设计同质化，管理经营产品水平相差过大，同一城市五星级饭店价格差达 1000 元之多；随着中央反腐力度加大，对五星级饭店的住宿和餐饮有了进一步约束，客观上形成的经营压力等。高星级饭店如何保持和提高服务水准，吸引更多的客人，是饭店需要研究的重点。

（三）白金五星饭店质量引领意义深远

白金五星级饭店是星级饭店的最高等级，体现对饭店硬件、软件以及市场影响力、综合满意度等最高要求。经过创建试点，目前我国已评定的白金五星级饭店有 3 家，分别是北京中国大饭店，上海波特曼丽嘉饭店和广州花园饭店。

"五星级旅游涉外饭店就是行业的标杆，代表着国家饭店服务和企业管理当之无愧的最高水准。现在我们拥有近 300 家五星级旅游饭店，它们依然是全国近 30 万家旅游住宿机构的一流群体。但是我们也注意到，随着消费者的价值追求和心理诉求的提升，我们需要新的标志性饭店，并以此代言所在区域乃至整个国家的行业最高水准。从这个意义上说，白金五星级饭店的创建试点工

---

① 北京市旅游委：《2013 年北京旅游业概况》，北京市旅游委网站，2014 年 2 月 12 日。

作是顺应时代发展需要的制度创新。"① 戴教授参与了白金五星饭店标准起草和创建过程，见证了这项由政府主管部门组织，由行业主管部门，饭店职业经理人、专家学者共同参与，并接受国家标准委批准和社会各界全方位监督的制度实践，他坚信白金五星标准推出对中国饭店业发展将产生空前的、深远的影响。

二 中国大饭店白金五星创建案例分析

（一）中国大饭店

中国大饭店隶属中国国际贸易中心有限公司，是由国际著名香格里拉酒店集团管理的豪华、高档商务酒店，有客房 716 间/套，还有网球场，健身中心和 3 个餐厅、3 个酒廊、3 个美食店和近 5000 平方米的会议宴会设施。饭店于1985 年破土动工，1990 年 8 月 30 日开业，自开业以来，饭店以其独特的外观造型、先进完备的综合配套设施、高水平的服务接待能力承办了大量重要的全球和地区性国际政务、商务活动，香格里拉殷勤服务和待客之道使饭店成为社会贤达、成功人士汇聚之地而享誉海内外。

（二）从五星级饭店走向白金五星级饭店

1991 年 7 月 5 日中国大饭店与北京另外 9 家饭店被国家旅游局首批正式授予五星级标志。2006 年 5 月 12 日全国星评委复函北京市旅游局，正式确定中国大饭店为首批白金五星级饭店创建企业，同时下发了《白金五星级饭店标准条目详解》，宣布白金五星级饭店创建工作正式启动。

2006 年 7 月 7 日，国家旅游局正式启动创建白金五星级饭店的行动。中国大饭店、上海波特曼丽嘉、广州花园酒店和山东大厦 4 家饭店成为中国首批白金五星饭店创建试点单位。经过为期一年的严格的质量监督考察，客人反馈

---

① 戴斌：《2006 中国饭店业十大新闻及专家点评》，旅研网，2007 年 1 月 23 日；http：//www.cotsa.com/News/T－34086。

意见和服务质量监测，硬件设施与软件服务全方位的考察，2007 年 7 月，中国大饭店、上海波特曼丽嘉和广州花园酒店获得中国国家旅游局颁发的"中国白金五星级旅游饭店"证书，成为中国旅游饭店五星级饭店排头兵，在旅游行业标准化、规范化、国际化管理中发挥了积极引领作用。

2013 年中国大饭店在获颁白金五星饭店 6 年后迎来了国家星评委首度星级复核，由于是针对白金五星饭店的复核，星评员的总体印象是：中国大饭店是一个具有 24 年历史的酒店，由著名的管理公司香格里拉集团进行管理，企业文化引领企业核心价值。20 多年来以持之以恒的优质服务使饭店赢得了 200 多项国际国内重大奖项，一直走在行业的前列。具有较强的社会响力，并培养出一批酒店管理人才。酒店努力开拓市场，创新争优，年度业绩保持在 5 亿元以上，居行业前茅。同时饭店也坚持产品制度创新，近两年开发了连锁甜品店并取得良好的效益。中国大饭店突出的系统化、精细化管理以绝对优势赢得了国家星评员的一致认可和国家星评委的复核。

（三）打造中国白金五星饭店

中国大饭店以其卓越的形象品牌和精品服务理念，获得国际国内多家政府机构、专业组织和著名报纸杂志颁发 200 余项殊荣。例如，连续 11 年荣获全球旅游饭店业最高奖项"五星钻石奖"；被《21 世纪经济报道》评选为"中国十大最受欢迎商务酒店金枕头"奖；连续两届获得"中国饭店金星奖"国家层面唯一的饭店业大奖。自 1991 年起获得 10 届北京市旅游局、北京市人事局颁发的"首都旅游紫禁杯"，其中连续 6 届获得"最佳集体奖"。

开业以来，饭店承接了联合国经社理事会、世界旅游大会、亚太旅游理事会、世界粮食大会、世界妇女大会等重要的国际国内会议高达六七百个，接待各国首脑，领导人 1300 余次。国家领导人习近平、江泽民、胡锦涛以及新加坡内阁资政李光耀和总理李显龙、英国首相卡梅伦、奥地利总理菲舍尔、马来西亚总理纳吉布、印度总理辛格、澳大利亚前总理陆克文和现任总理吉拉德、英国前首相撒切尔夫人和布莱尔、美国前总统克林顿和老布什等先后到访中国大饭店。中国大饭店以其豪华的设施和优质的服务成为众多国家政府首脑、商业巨头、知名人士、著名政商人士的首选。

客人对于饭店品牌认知和评判的一个重要渠道是通过网络媒体将自身对饭店服务体验进行点评，口碑效应凸显了公众认可度，更是给其他客人提供了选择饭店的参考依据，这在当今大数据时代显得尤为重要。经过数年努力中国大饭店在主流媒体网站的排名遥遥领先，旅游评论网站从全国 4889 家饭店中排名第 30 位提升到第 6 位，在香格里拉集团饭店中也名列前茅，为中国区酒店第 3 名。2009～2013 年宾客满意度中整体入住感受，客人给予极好评价。据康奈尔大学研究表明如果您的酒店点评每增加 1 个百分点，每天的房价可以提高 0.89%，入住率可以提高 0.54%，每间客房收益可以提高 1.42%。[1]

三　体系制度支撑为白金五星创建夯实基础

（一）创建白金五星要有精细化服务与体系制度做保障

酒店业规模不断扩大要求饭店要专注打造自身核心竞争力以扩大其市场占有率，精细化服务也成为最基本、最核心、最重要的利器。如何衡量服务质量？是否能满足或超越客人需求？如何令客人对产品满意和难以忘怀服务？精细化的特色，人文关怀的服务产品是基础。中国大饭店聘请著名国际品牌酒店管理集团管理，遵循专业化顶级国际豪华质量标准来严格管理经营，经过 20 年深耕细作最终奠定了其行业的引领地位。

（二）精细化服务与质量监测管理体系

服务的目的是提升宾客价值，从而获得理想的市场回报，提高宾客满意度，超越客人期望成为追求的服务目标，要确保这些标准都能发挥作用需要设立监督机制，去监测服务对客人的影响和结果。

1. 客人满意度信息收集

中国大饭店在 20 世纪 90 年代初期，开始聘请第三方顾问公司设计纸制问卷及采集样本，以获取对饭店满意度的信息，从而建立了严格的质量监测和宾

---

[1]　Josiah Mackenzie：《在线点评如何影响酒店营销和收益》，《环球旅讯》2013 年 5 月 16 日。

客意见反馈系统，并将客人意见加以分析找出需改善的地方。最初的采集方式范围是在住店客人数据库中每天随机抽选 25 名客人进行访查，封闭式回收问卷并每周寄往第三方公司做月度分析，这种方法对监测宾客意见发挥了很好的作用，但因程序相对复杂和信息的滞后已不能满足今天的竞争。

随着网络时代的高速发展，人们环保意识的加强，提高监测效率和方便客人，自 2009 年 5 月起饭店采用发送电子调查问卷形式收集旅客的反馈信息。问卷的数量从原来的平均每月 100 份增加到 300 份，为了与竞争对手追求一致的卓越品质，评分由初期的 10 分制改为 5 分制，通过全方位分析客人意见从而改进服务，保持品质，确保中国大饭店在行业中的领先和在国际高端酒店中的独特地位。

2. 服务缺陷的汇报、记录和解决

中国大饭店从 2008 年建立服务缺陷的报告系统，内容包括服务缺陷的记录、汇报和解决（简称 DR3）。各部门主动收集宾客意见，提交服务缺陷的汇报记录数量为改善现有的服务流程提供了有效数据，赢得客人服务体验好评，满足宾客需求。这样做的结果是汇报数量越多，样板分析越具有客观性，宾客意见调查结果越好，宾客满意率越高。

3. 神秘访客

饭店聘请香格里拉集团管理，在质量监测手段上也引入了集团聘请的第三方公司进行神秘访客质量暗访，协助酒店分析提高服务和管理，访查结果会在集团范围内排序打分，使得每个酒店经营者能更客观了解酒店运作和宾客反映，也对评价各部门工作和培训员工提供了鲜活的素材。

4. 循环改进体系

调查报告可以帮助酒店发现问题，所有的分析数据告诉饭店有待改进的地方，而真正的质量提高必须依靠行动，饭店组成了若干质量改进小组循环跟进确保客人的反馈得到落实和改善。为此饭店成立了 5 个提高客人满意度核心项目小组（见图 1）。

小组组建的目的是让团队成员关注服务及运作中存在的问题，特别是存在已久的问题，分析并解决影响宾客满意度的问题来源。监测结果也表明服务品质近年来有了突破性的提升（见图 2）。

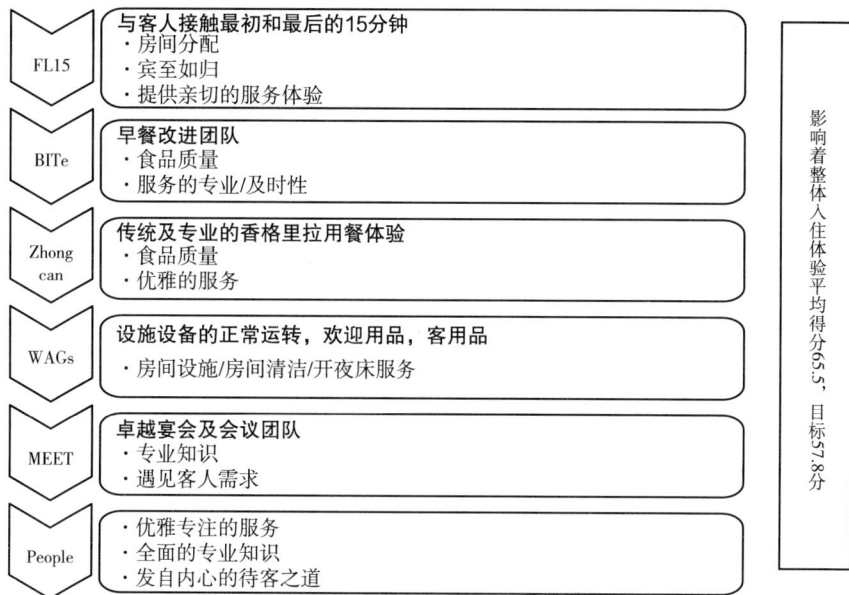

图1　循环改进体系核心项目小组分工示意

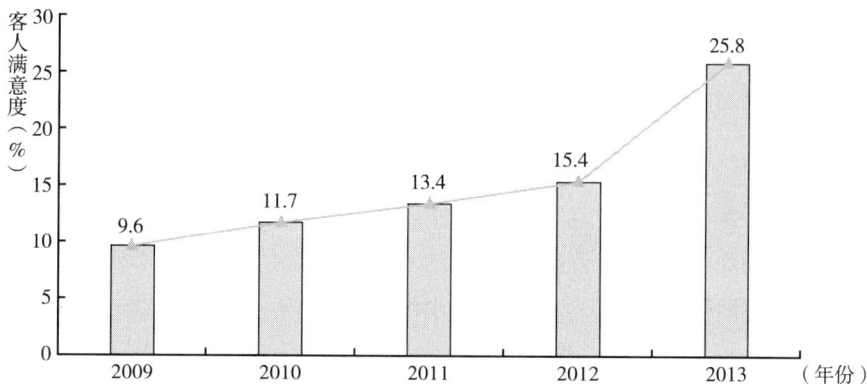

图2　中国大饭店2009~2013年解决客人问题满意度

5. 年度审计

香格里拉集团管理公司的各部门总监指派审计员，每年不定期到中国大饭店开展全面的工作审查，对饭店各部门的运营及操作标准进行实地检查，包括报告记录的完整，与部门负责人访谈，发现问题进行整改，保持提升品质。

（三）系统化管理体系

科学系统化管理体系是集团化酒店管理中较为突出的特点之一，有着至关重要的决定性保障，其体系制度建立主要是通过质量体系文件、标准运营程序和制度，聚焦前台接待、客房预定、营销、人力资源、采购、年度审计、质量控制、食品卫生、安全管理等内容，采取这种体系可以将数据保留完整，操作简单，节约费用，提高工作效率，减少差错，方便查询，使得饭店服务质量持续提高。

（四）中国大饭店员工意见调查分析

没有满意的员工就没有满意的客人。要想提高客人满意度，饭店必须注重提高员工满意度。在过去 6 年里，中国大饭店员工满意度呈直线上升态势，由 2008 年 56％ 的员工满意度一跃上升到 2013 年的 98％，上述数据说明广大员工能够在对客服务的实际工作中充分体现出"以发自内心的待客之道，创造难以忘怀的美好经历，时刻令客人喜出望外"的企业核心价值观。

一对美国夫妇曾经来中国旅游入住过中国大饭店，多年后她的丈夫因病离开了，她独自一人再次下榻中国大饭店，回国后发现她一直随身珍藏携带的丈夫的照片丢失了。她在绝望中打电话给饭店希望帮助查找，客房部员工仔细检查她入住过的房间，包括翻查纸张垃圾，经多方寻找终于帮她找回了照片。细心的员工不仅把照片交回到她手上，还把照片中先生的头像烧制在中国瓷器盘上作为纪念品寄到美国赠送给她，当她打开包裹的一刹那，激动万分，老泪纵横。意外的丢失换来无限的惊喜，她给饭店的反馈中提道："这是我收到的最好的对中国文化的纪念，我将永远保存这份珍贵纪念和对中国大饭店的美好回忆。"

（五）培训打造高素质员工队伍

企业要在高度竞争的市场中始终处于不败之地，一定要拥有高素质的人才，而员工的培训与开发是提高员工素质必不可少的一环。重视员工培训与发展不仅是人力资源规划问题，更是企业可持续发展基业长青的长远战略任务。

经过 24 年的不断改进和发展，中国大饭店已形成了一套完整和具有市场竞争力的培训体系。总体分为三大部分，即核心培训、语言培训和岗位能力培训。为了确保培训的有效性、连续性和针对性，公司每年进行全员的培训需求调查，按照调查结果进行汇总，为不同部门、不同级别员工，制定相应的培训课程，各类课程多达 92 种。

为了留住人才，饭店为有发展潜力的骨干员工制订了"后继有人计划"，根据员工不同的发展方向，安排相关的培训内容，制定相应的职业规划。2013年已有 46 名员工列入该计划中。

（六）产品创新和制度创新

坚持标准化服务是饭店业的生命线，而在此基础上的不断创新则是令企业生命力长久的源泉。在拥有了优越的地理位置、硬件设施、经营业绩和优质客户之上，仅靠单纯的复制昨天的服务，管理是难以适应今天不断发展变化的市场和客人需求的，创新变革就显得弥足珍贵了，中国大饭店 THE SWEETSPOT 甜品店应运而生。该店在一个不足 100 平方米的外租商城一角，通过全新的营销理念，网络社交媒体与消费者互动，用二维码扫屏更新产品信息和消费者直接体验，以美食达人口碑等多种渠道将中国大饭店甜品的卓越品质、健康理念、超值性价比等广为传播，不到一年时间就收获了大量客源和粉丝的好口碑。2013年圣诞节当天就创造了日营业额 16 万元收入的好成绩。

在不断开发品牌产品创新的同时，更要注重制度创新，近年来饭店增设了新的岗位，如质量改进经理、电子市场经理、收益管理经理、餐饮市场推广经理等职，这些新的岗位打破传统工作模式，关注工作程序的改进，确保一贯的服务标准，坚持不懈的推动宾客满意度形成循环改进体系。

四 中国大饭店的挑战和对策

在 2008 年以后，北京豪华的五星级酒店如雨后春笋涌入市场，与这些新酒店比较起来，中国大饭店的设施相对陈旧，市场竞争压力加大。在这种形势下，中国大饭店需要清醒地把握在竞争中所处的地位和优劣势来决定其未来发展战略。

（一）遵循白金五星标准，保持设备设施的水准

在具备良好服务产品和管理体系后，保持其设备设施的水准才能将服务演绎得尽善尽美，2012~2013 年投入 2390 万元对部分营业区域装修改造，进一步提升中国大饭店的硬件设施水平，使企业在竞争中立于不败之地。2010 年版的《旅游饭店星级的划分与评定释义》（本书编写组，2010）制定的设备设施评价表对饭店整体设计、建筑结构、装修装饰的材质与工艺、设备设施配置档次、服务功能区域数量与面积以及整体功能质量提出要求。满分为 600 分，五星级饭店要求最低 420 分。中国大饭店在 2014 年 1 月的白金五星级饭店复核中远远高于分数线，在所有参加复核的白金五星级酒店中以绝对优势名列第 1 位。

（二）应对市场压力，做好品质更新与提升计划

作为一个开业 24 年的饭店，中国大饭店也面临市场竞争的压力，硬件设施经过多年运营已逐步显出疲惫，近年来能源和劳动力成本也一再上涨，面对网络新媒体，新的技术和营销渠道，新型行业的挑战，中国大饭店意识到企业需要持续创新。

中国大饭店为保持其在酒店业的旗舰地位，除对饭店主要经营区域进行装修改造，提升饭店的硬件水平外，也不断加大市场营销力度提高饭店的市场份额，保持市场竞争力，保证白金五星品质。

（三）开源节流，向节能和降低人工成本要效益

应对不断攀升的能源成本和劳动力成本，饭店一方面控制能耗和开销，合理使用夏季低谷时的电能，充分利用冰蓄冷及加气融冰设备，每年节省资金 20 余万元。另一方面积极减员增效，社会化用工，使用临时工，培养实习生，加强培训提高工作效率和一专多能，合理控制人力资源成本，每年节约人工成本上百万元。

五　启示

"白金五星级"是中国星级饭店评价体系中的最高级别，与普通五星级相

比，对饭店的硬件和软件都提出了更高的要求。中国国家旅游局创建"白金五星级"饭店概念，并使之成为国家标准，这在世界上还是首次。

综合对中国大饭店白金五星创建案例分析，我们可以得出几个研究结果：

（一）做好五星饭店的基本功

创建白金五星饭店，要做好五星饭店的基本功，按照白金（GBT14308 – 2003）标准要求，白金五星饭店申请资格需被评定为五星级饭店两年后方可申请。

（二）形成自己独有的形象功能特色

饭店设计规模壮观，整体氛围豪华气派，构思独特，布局科学，装潢典雅，出类拔萃的专项配套硬件设施是支撑一个白金五星级饭店的必要条件，中国大饭店、上海波特曼丽嘉和广州花园酒店都彰显了这一特色并形成"有助于所在地建立旅游目的地形象的功能"。

（三）系统化与精细化管理

打造一个白金五星饭店的过程是一个打造品牌企业和服务精品的过程，需要明确的追求卓越的战略目标，需要一整套科学的质量监测、审核，持续改进与人员培训和质量体系的支撑，需要夯实基础同时又不断创新的驱动。

（四）严格遵从白金五星的验证尺度

白金五星饭店显然是一个耗时并高投入的产品，所以需要准确定位其创建的必要性和可能性，目前国内3个白金五星饭店的地域分布局限在北上广完全是被该地区发达的经济环境所催生，因此在未来希望进入白金五星市场的投资方或管理方都要谨慎把握市场和客户预期。从目前3个白金五星饭店的市场表现来看，还是当得起市场领头羊，要在严格遵从白金五星评定标准作为验证尺度的同时，市场表现和客人口碑成为另一个验证尺度。

六 研究的局限性及未来发展方向

目前中国参与并通过创建白金五星饭店仅有 3 家，分属北上广三地，投资构成有国企、外资、合资三种模式，因此各自均有一定的代表性；但由于行业规模发展速度快，面积广，数量多，以仅有的 3 家白金五星样板去研究整个行业五星级 700 多家质量提高作用似乎有限。而白金五星饭店标准在中国旅游饭店星级标准划分与评定的具体标准则需通过前期创建经验和后期对既有白金五星饭店的复核中提炼总结，标准中的空白需要马上着手填充，长期缺位会影响五星级饭店整体质量的提高。

在创建白金五星饭店过程中，中国大饭店本身的品牌力、影响力得到了行业、社会、消费者甚至国际组织的广泛认可，在设施配置、硬件建设，包括产品和服务品质等方面也有了进一步提升。应该说白金五星创建所带来的影响是长久的，引导饭店走上可持续发展的轨道。目前中国饭店业市场竞争非常激烈，一些五星级饭店鉴于目前形势放缓了星评步伐，因此目前研究中国大饭店白金五星创建案例并凭借本次研究为北京乃至全国五星级饭店的质量提供经验有着现实的意义。如果五星级酒店不能抓住当前时机修炼内功，调整营销策略，认真研究市场和宾客需求，建立科学的质量管理体系，不仅不利于酒店发展和服务的提高，也无法在竞争中获得优势地位，赢得最终胜利。

参考文献

北京市旅游委：《2013 年北京旅游业概况》，北京市旅游委网站，2014 年 2 月 12 日。
戴斌：《2006 中国饭店业十大新闻及专家点评》，旅研网，2007 年 1 月 23 日；http://www.cotsa.com/News/T－34086。
国家旅游局：《星级饭店访查规范》，中国旅游出版社，2006。
国家旅游局：《旅游饭店星级的划分与评定》（GB/T14308－2003），2003。
Josiah Mackenzie：《在线点评如何影响酒店营销和收益》，《环球旅讯》2013 年 5 月 16 日。

北京旅游节庆活动发展研究

北京旅游学会旅游节庆活动研究中心*

摘 要：

北京旅游节庆活动经过 30 多年的发展，取得了较大的成绩，其在旅游产业乃至社会经济中的作用愈加重要。进入 21 世纪以来，我国经济迅速发展，人民生活水平不断提高，旅游节庆作为一种消费经济随之兴起、发展壮大，进入大众化消费时代。本文通过分析北京旅游节庆的发展现状、特征、挑战与机遇，从行业政策的不断完善，旅游信息化的迅猛发展，交通的高速便捷，城市生态环境的恶化等，提出了北京旅游节庆进入了整合、转变和创新的发展新阶段。

关键词：

北京 旅游节庆 发展研究

"旅游节庆"是基于区域自然、人文、经济、历史文化等资源特色，经过节庆形式的系统策划，开发和营销，使之成为吸引旅游的标的，为当地带来社会、经济、文化效益的一种特殊旅游活动。旅游节庆作为一种特殊的旅游产品，能够在短时间内产生聚合效应，使举办地形象及知名度迅速提升，更重要的是其还肩负着传承和发扬区域历史、民俗文化，繁荣休闲经济的作用。

随着党的十八大提出建设"美丽中国"以及《旅游法》《国民旅游休闲纲

---

* 北京旅游学会旅游节庆活动研究中心设在北京九鼎辉煌旅游发展研究院。本报告执笔人：朱万峰，北京九鼎辉煌旅游发展研究院院长，北京旅游学会副秘书长，北京旅游学会旅游节庆活动研究中心主任；研究方向为旅游产业，旅游市场营销策划、旅游节庆（尤其关注旅游节庆文化、节庆营销、节庆融资等）。

要》的出台，中国旅游在市场趋势、产业框架、区域格局、城乡壁垒和投资法则等方面均实现了新的突破，旅游资源多元化、管理精细化、服务便捷化和市场国际化等特点越来越突出。结合北京建设国际一流旅游目的地城市的目标，借助世界旅游城市联合会在北京成立以及 72 小时过境免签的机遇，北京旅游节庆活动应根据外部环境的新变化，调整发展思路，推动旅游节庆活动的转型和升级。

一 北京旅游节庆活动发展现状

北京旅游节庆活动起步于 20 世纪 80 年代，在入境旅游和居民生活文化娱乐需求增加的趋势下，传统民俗节庆叫好的同时，新的旅游节庆活动逐渐诞生，90 年代旅游节庆主题更加丰富，2000 年开始，随着"休闲旅游"的迅速发展，针对北京市民和周边省市游客，以近郊和远郊旅游景区为载体，以当地特色资源为主题的区（县）旅游节庆活动剧增。2011 年北京共举办旅游节庆活动 133 个，2012 年 142 个，2013 年达到 150 个。商务节、采摘节、艺术节等诸多形式不断与旅游业进行融合，旅游节庆已成为北京的一张名片。

2013 年，北京旅游节庆活动，逐步推进北京世界旅游城市形象的形成，主动推介北京旅游资源，注重贴近市民游客的展演互动，厉行勤俭节约的工作作风，实现了巩固提升老品牌活动、开发培育新品牌活动的目标。通过对2013 年北京旅游节庆活动的分析，主要表现为以下特征。

（一）旅游节庆活动重视创新，突出旅游新理念

2013 年，北京市旅游委创新举办了"2013 北京国际青年旅游节"，开发青年游客群体，为拉动北京旅游经济发展，扩大游客规模，为北京旅游积累更好的旅游产品，储备更多优秀的旅游推广资源，使北京旅游更加多元化、趣味化、国际化，专门设计策划了北京国际青年旅游节活动。活动选择青年和学生为对象主体，激发了青年群体对北京旅游的兴趣，传递积极健康的旅游观念，即"京味、活力、创新、探索、健康、环保、低碳、文明"的旅游新理念。

（二）持续培育品牌旅游节庆活动

北京国际旅游节，经过 15 年的发展，目前已经成为国内知名的旅游节庆活动。2013 年 9 月 27~29 日，第十五届北京国际旅游节在北京园博园隆重举行，成千上万来自海内外的游客相聚在美丽的北京，与来自 12 个国家和地区的 30 多支表演团队热情互动，代表着北京 860 年建都史和京味文化的节庆元素突出，洋溢着浓浓的节日气氛。

（三）规模与影响力逐步扩大，国际交流增强

第十届北京国际旅游博览会以推动国际、区域间旅游合作为宗旨，积极创新，拓展内涵，为国内外旅游业界的交流搭建了广阔平台。博览会展会期间有来自 81 个国家和地区、26 个省份的 887 家旅游机构、旅游企业和 220 家特邀买家参展，展出面积达 3.5 万平方米。展会期间，法国、日本、土耳其、斯里兰卡等 15 个国家，国内北京、天津、西藏等 16 个省份以及中国台湾地区的参展单位举办了专场推介会；与俄罗斯、阿联酋、也门等 6 个国家的旅游部门进行了友好洽谈。进一步加大与世界各旅游城市、国内各省市之间交流合作的力度。

（四）互联网成为旅游节庆主要营销手段

2013 年，我国网民数量达 6.18 亿，互联网成为人们获取信息的重要渠道。据清华大学调查结果，有 49.8% 的市民获知节庆活动的信息来自互联网，其次是通过电视及平面媒体获知。伴随着互联网与智能手机市场的急速发展，人们的旅游方式也在悄然发生着改变，旅游行业的网络化、信息化成为必然。例如，第十届国际旅游博览会开幕前，组委会拓宽宣传渠道，不仅开通了 SPA 网上预约系统，还开通了网上博览会，既方便了参展商在线预约、洽谈交易，也让更多的国内外游客和业界人士进一步了解北京、了解北京旅游博览会。

（五）旅游节庆活动时空分布相对集中

北京旅游节庆活动具有时间分布不均的特点。以 2013 年为例，9~10 月

各区（县）旅游节庆活动达 36 次。4 月花开，踏青赏花的出游意愿较强，节庆活动多达 33 次。在夏秋季节庆活动较为密集，而冬季则相对较少。

（六）旅游节庆活动、民众节庆消费仍有提升空间

民众参与节庆活动中，消费水平仍需提高。根据清华大学调查的数据，在北京旅游节庆活动中，46.6% 的市民参与节庆活动的消费在 100 元以下，34.6% 的市民消费水平集中在 100~299 元，13.4% 的市民消费水平集中在 300~499 元，消费水平集中在 500 元及以上的比例仅为 5.3%。在节庆消费结构的调查中，33.5% 的受访者表示更愿意将钱花在娱乐方面，30.5% 的受访者更倾向于在餐饮方面消费，26.9% 的受访者会将钱花在购物方面。

综上所述，北京旅游节庆经过 30 多年的发展，节庆内容日益丰富，影响力不断提高，品牌效益彰显等特征突出，为北京旅游发展和形象推广起到了积极作用。但旅游节庆仍需继续挖掘文化内涵，充分发挥市场作用，实施多元营销，打造具有国际影响力的品牌旅游节庆活动。

二 北京旅游节庆面临的机遇与挑战

近年来，我国旅游需求向全民铺开，旅游产业向多维推进，综合影响向全球输出，相关改革走向纵深。并且，2012 年年底，中央政治局关于改进工作作风、密切联系群众的八项规定，以及 2013 年年底北京市《关于严格执行节庆论坛展会活动有关事项的通知》，对净化旅游节庆市场具有很大的指导意义。作为北京旅游重要组成部分的旅游节庆活动，在新时期将面临各种机遇与挑战。

（一）利好政策助推北京旅游节庆发展

2013 年，《旅游法》正式颁布实施，为旅游业的健康发展和旅游者的合法权益保驾护航。《国民旅游休闲纲要》将拉动交通、酒店、餐饮、旅行社、演出、购物等上下游产业链的消费，为旅游市场和企业造就巨大的机遇。

北京以国际一流旅游城市为目标，2012 年 9 月 15 日，世界旅游城市联合会成立，及时搭建了国际社会了解北京、了解中国的平台。这是首个总部落户

中国、落户北京的国际性旅游组织，是全球第一个以城市为主体的国际旅游组织。同时，北京倡导的"9+10"区域旅游合作机制推出"9+10"区域四大联盟，将在2014年上半年分别在推动产品创新、推广区域旅游形象、提供智力支持和打造投融资服务体系四个方面促进区域旅游的合作发展，"打造首都旅游经济圈"。此外，2014年APEC会议落址北京雁栖湖，带给北京又一次提升旅游业发展水平和整体素质的机会。

前所未有的发展机遇和政策环境，激励北京旅游节庆活动，实现满足居民多元化的需求，带动当地旅游节庆消费，构建真正的北京旅游节庆产业。

（二）旅游新特征带给旅游节庆全新发展空间

随着旅游业不断地发展完善，旅游目的地的可持续发展和转型提升，北京旅游发展朝着"旅游资源的多元化、旅游管理的精细化、旅游服务的便捷化、旅游市场的国际化"的目标积极努力。2013年，延庆县被国家旅游局和农业部认定为"全国休闲农业与乡村旅游示范县"，怀柔区白河湾沟域经济产业带被认定为"全国休闲农业与乡村旅游示范点"。旅游业与农业结合，致使休闲农业和乡村旅游主题旅游节庆活动异军突起，大兴的西瓜节活动等一系列旅游节庆活动也应运而生。旅游产业内涵和外延的拓展，给旅游节庆带来了更广阔的发展空间。

（三）多行业巨头加速布局旅游业，助推旅游节庆市场化发展

2013年，复星国际入股地中海俱乐部和国旅总社，万达集团收购酒店和旅行社，阿里巴巴投资在路上和穷游网，京东商城发力综合旅游平台，苏宁易购上线酒店预付，各行业巨头通过投资并购和拓展业务等方式布局旅游业，旅游业持续成为投资热点。这为旅游节庆适应社会发展潮流，由政府主办转向政府引导、支持、监督，逐渐淡出节庆主办和具体操作，实现企业或行业运作、社会参与的多元合作模式无疑提供了绝好契机。

（四）旅游信息化迅猛发展，移动渠道引领旅游节庆变革浪潮

据互联网公布，2013年10月携程移动端酒店预订占比峰值超过40%，艺

龙来自移动客户端的业务贡献率超过25%；11月"去哪儿"在纳斯达克股票交易所成功挂牌上市……2013年，智能手机普及急剧改变用户的旅行计划，预付产品、Last-minute预订和团购模式受到消费者的热烈欢迎，旅游信息化发展势头迅猛，移动渠道成为新战场。在线旅游的无线规模将超PC，消费者的旅行预订行为逐渐从PC端迁移至移动端，各大OTA对于移动渠道的竞争将日益激烈，各种旅游类APP也将持续吸引用户和投资者的关注。2014年被国家旅游局确定为"智慧旅游年"，这无疑对新时期旅游节庆发展提出了新的挑战与机遇，与时代接轨，借力移动客户端，发力旅游节庆信息化，走微旅游节庆、智慧旅游节庆之路方兴未艾。

（五）高铁和廉价航空的发展，昭示旅游节庆迎来"高速时代"

交通是经济发展的基础，高铁的开通加速了中国旅游的同城化，使"快旅慢游"成为可能。据统计，截至2013年年底，半日内乘坐高铁到达北京的城市已经多达54个，它们分布在河北、山东、河南、安徽、湖北、上海等11个省份，连接"环渤海"和"长三角"两大经济圈，沿线人口约占全国的1/4，每天数千列高铁穿行神州大地，运送逾150万名旅客，是一个需求旺盛的中高端旅游市场。

另外，国内廉价航空，使得普通上班族都能实现环游国内甚至世界的梦想。2013年，民航局、国家发改委联合下发通知，航空公司可在下浮不限的基准价浮动范围内自主确定票价水平。同时，北京边检总站于2013年，在首都机场共办理72小时过境免签手续旅客约为14000人次。廉价航空的进一步发展和免签免税政策的突破必将给北京带来更多入境游客。北京旅游节庆审时度势，抓住机遇从中分一杯羹。

（六）雾霾围城，北京市民青睐郊区游、出境游

北京市环保局发布，截至2013年12月31日，北京地区全年PM2.5年均浓度为89.5微克/立方米。五级重度污染和六级严重污染共58天，占全年的15.9%。受雾霾影响，2013年上半年国外游客到北京游玩的人数下降了15%。同时，北京市民"转战"郊区游、出境游等，还出现了"换肺游"等一系列

新型旅游产品。此时北京旅游节庆的开展既要注重活动内容的绿色低碳环保，还应根据游客的需求变化调整地域布局，加大郊区旅游节庆活动力度。

三 北京旅游节庆活动发展对策

北京具有 3000 多年建城史、800 多年建都史，其深厚的文化底蕴加上在迈向世界城市过程中形成的时尚元素，提供了难得的旅游节庆资源优势。北京当前要积极筹划，更好地宣传北京，树立北京国际旅游目的地城市品牌形象。

近年来，旅游行业法制越来越健全；区域旅游协作机制越来越完善；移动互联网势不可挡，各大旅游业巨头纷纷加强布局以期换取入场门票；民航政策不断开放，廉价航空市场成为争夺点。随之而来的 2014 年将是旅游业的调整期和阵痛期，也必然伴随着旅游节庆产业的颠覆与重构、痛苦与新生。

特别是 2013 年年底，北京市政府办公室下发了《关于严格执行节庆论坛展会活动有关事项的通知》（以下简称《通知》），进行清理和规范节庆论坛展会活动，其中 47 项节庆论坛展会活动被取消，保留 61 项，此《通知》对北京旅游节庆活动发展具有深远的意义，在这样一个大环境下该如何转型升级值得深思和研究。

（一）根据《通知》要求，整合节庆资源，合理规划实施

目前，根据《通知》，保留的活动要严格按照批准的项目名称、活动周期组织实施，从严控制规模和经费开支，提高活动质量，不能增加基层和企业负担。要按照节俭办事的原则，严禁铺张浪费。所以，为了提升节庆质量及市场化操作程度，可以通过编制《北京旅游节庆专项提升规划暨实施方案》等进行解决，实现北京旅游节庆的资源整合与创新提升，强化市场功能，打造重点品牌，明确主要节庆活动的发展目标、方向、战略及实施方式，为北京旅游节庆活动可持续发展提供支持。

（二）凸显地方文化特色，提升节庆品位

独特的地方文化是旅游节庆吸引游客的法宝，任何一种节庆活动，首先要

把文化体现放在第一位，再运用一种合适的商业运营模式，结合创意、艺术和技术的手段把这个节庆活动的内容表现出来，自然就会有市场，从而促进经济的增长。

"旅游节庆越是有特色，越是民族的，越容易走向国际。而如果一味地去模仿别人的东西，可能生命力不会长久。"北京作为国际化的大都市，要想有叫得响的品牌节庆，其旅游节庆策划必须加大文化的含量，特别是地域文化的含量。要认真研究什么是真正体现北京文化的核心元素，把这些核心元素作为节庆活动的主视觉、主格调、主色调、主内容。

（三）"还节于民"，引导群众自主参与

综观国内外案例，成功的旅游节庆都离不开群众的广泛参与。一是还原节庆"与民同乐"的宗旨，"还节于民"，旅游节庆形式和内容让群众参与策划和设计，充分利用社区群众文化资源，让不同文化需求的群众都能从旅游节庆活动中得到旅游带来的享受和实惠。二是把老百姓是否欢迎、老百姓是否满意、是否让老百姓得到了实惠作为评价节庆活动成功与否的重要标准，并纳入评价体系。三是转变办展办节的思路，实现旅游节庆活动由"量的扩张"向"质的提升"的转变，只有不断提升节庆活动的质量，才能获得老百姓的好口碑。四是完善北京旅游志愿服务体系，让更多的志愿者参与到节庆活动中来。

（四）"以节养节，自负盈亏"，推进市场规范运作

根据知名旅游节庆的发展规律，市场化运作是旅游节庆走向成功的终极模式。随着我国政治经济体制改革的逐步向前推进，北京旅游节庆要逐渐实行"以节养节，自负盈亏"的市场化运作机制，有效配置资源、节约成本，从而实现效益最大化。

旅游节庆的市场化运作，具体说来就是要借"市"生蛋，通过"策划亮点、培育卖点"，吸引企业和民众参与办节，充分利用品牌旅游节庆的无形资产，建立多元筹资机制，完善投资回报机制；转让产品专营权和出租广告场地；实行票务经营多样化，改进票务分档预售、折惠方式；大力开发旅游节庆

纪念品；围绕节庆主题举办相关交易会、展览会，扩大节庆影响力和资金回收能力；充分发挥中介机构作用，引入竞标机制，节省节庆开支等。

（五）寻求多元化传播方式，实现有效营销

21世纪是"眼球经济"时代，谁先吸引了消费者的"眼球"，谁就抢占了市场的制高点。北京旅游节庆的品牌一是在营销主体上注重政府与社会各方的联合，全面调动各营销主体的积极性。二是在营销内容上强调微观活动和宏观环境的结合，将节庆旅游中的精品作为重点的宣传对象。三是在宣传方式选择上，要充分利用电视、报纸、互联网、手机移动端、广播和户外广告等各种形式的媒体，尤其要关注新兴的"微营销"，通过"虚拟"与"现实"的互动，达到以小博大、以轻博重的营销效果。四是还要根据节庆的内容和受众，选择合适的营销地点和营销时长，保证有效营销。

（六）树立品牌观念，打造精品节庆

提起奥斯卡，就会想到美国的洛杉矶；提起奔牛节，就会想到西班牙；提起啤酒节，就会想到慕尼黑和青岛；提起电影节，就会想起戛纳，好的节庆俨然已经成为城市的名片，也代表了城市的品格。北京市旅游委近年来倾力打造的"北京国际旅游节"正是出于这样的目的，且成效显著。

品牌节庆是指具有一定规模，拥有较高的市场知名度、美誉度和忠诚度，并能产生较高的经济和社会效益的节庆活动。北京旅游发展要有意识促使旅游节庆品牌化，挖掘深度达到精细化程度，采用市场运作提升品牌价值，整合营销扩大品牌影响，全面保障品牌发展。

（七）强化旅游节庆产业，打造旅游经济新亮点

在一些发达国家，旅游节庆作为一种消费经济蓬勃发展，旅游节庆早已进入了大众化消费时代。美国玫瑰花节就是一个很好的例子，在一年一度的玫瑰花节中，仅花车制作单位就有5家，同时与节庆相关的观礼台和流动厕所的搭建、玫瑰花会标的使用、玫瑰花纪念品的设计制作等，已经促使玫瑰花节形成了一条良性循环并可供业界参考的旅游节庆产业链。北京旅游节庆作为一种新

兴的旅游消费形式,从项目的策划、集资、广告、会务、展览、场地布置、彩车制作、观礼台搭建、纪念品设计和制作等,都应遵循科学的旅游发展体系,发挥专业性中介机构的作用,并以招标投标,合同契约的有序竞争,逐步形成规范的节庆经济和节庆旅游产业。

(八)与时俱进,推进智能化旅游节庆建设

旅游节庆加入"智能化"的行列势在必行。智能化旅游节庆,是指利用云计算、物联网等新技术,通过互联网并借助便携的终端上网设备,主动感知旅游节庆资源、旅游节庆经济、旅游节庆活动、旅游者等方面的信息,即时发布,让人们能够随时了解这些信息,并及时安排和调整工作与旅游计划,从而达到对各类旅游节庆信息的智能感知、方便利用的效果。

北京旅游节庆智能化建设重点主要包括"旅游节庆服务智能化""旅游节庆管理智能化""旅游节庆营销智能化"三个方面。北京旅游节庆智能化建设应遵循纵向贯穿、横向融合、外围扩展、整体对接的建设理念。"纵向贯穿"要求充分挖掘整合吃、住、行、游、购、娱等信息资源,全面覆盖游客、市民、旅游企业和旅游管理部门四类主体的需要,为其提供便捷、智能的旅游节庆应用和管理服务;"横向融合"指应用服务在功能上实现相互配合补充、协同联动,在数据上实现资源共享;"外围扩展"指交通、商贸、卫生等信息,与"智慧城市"的各种信息系统进行数据交换与共享;"整体对接"指实现智能化旅游节庆与智慧城市之间的无缝对接。

随着旅游业逐步向散客化、休闲化方向发展,自媒体、微信、微博、微视等服务方式受到大众欢迎,在"短平快"时代,微旅游已成为休闲出游的新方式,成为智能化旅游的主要体现。北京可着重微旅游节庆的开发,比如开通旅游节庆官方微信、微视平台,推出一系列旅游节庆手机 APP 应用项目等,使更多的游客参与其中。

(九)与世界接轨,构建符合国际惯例的管理制度

着力推动北京旅游节庆行业实行国际 ISO 环境管理认证、ISO 质量认证、绿色环保认证、职业安全健康体系认证等,积极推动旅游节庆活动预警机制和

安全保障机制建设，努力保障游客的生命财产安全。制定游客紧急救援体系和工作方案，加入 SOS 和 MEDEX 救援体系，构建国际医疗网络等。

参考文献

黄翔：《旅游节庆与品牌研究》，南开大学出版社，2007。

《中国节庆会展旅游商务手册》编写组：《中国节庆会展旅游商务手册（2011~2012年版）》，中国旅游出版社，2011。

《休闲·榜》品版研究中心：《北京节庆排行榜》，《休闲·榜》2012年第3期。

鲁勇、周正宇：《新型城镇化与旅游发展》，旅游教育出版社，2013。

鲁勇、魏小安、安金明：《广义旅游学》，社会科学文献出版社，2013。

刘敏、刘爱利：《北京节庆活动的发展演进与综合效应研究》，《江苏商论》2010年第5期。

鲁勇、魏小安、安金明：《旅游思辨》，社会科学文献出版社，2013。

北京旅游咨询服务体系
发展状况调研报告

邹伟南 卢 川 郑 锋 韩玉灵*

摘 要:

旅游咨询服务机构是现代城市公共服务体系的重要组成部分之一。世界各个著名旅游城市都具有完备的旅游咨询服务设施和体系，为游客提供全方位的旅游咨询服务。旅游咨询服务作为连接旅游市场和游客之间的桥梁和纽带，展示旅游城市形象，拉动旅游产业发展，带动旅游市场的繁荣。目前，全市已设立了300余个旅游咨询站点，分布在各区（县）的文化和商业聚集区、重点旅游景区和旅游功能区、传统餐饮和星级饭店企业、重要交通枢纽和进出北京高速公路，形成了以"i北京旅游咨询"为服务品牌，具有面对面咨询、电话解答、旅游线路推介、城市形象展示、特色商品售卖、网络信息服务等多元化旅游咨询服务体系。开展旅游咨询服务体系调研工作，探索发展途径，研究发展战略，为落实《旅游法》的要求和打造旅游者更加满意的旅游咨询服务提供决策依据。

关键词:

北京市 旅游公共服务 旅游咨询服务

---

* 邹伟南，北京市旅游发展委员会委员，工会主席，研究生学历，研究方向为旅游协调与区域合作、旅游环境与公共服务、旅游咨询服务等；卢川，北京市旅游发展委员会信息中心主任，北京市旅游咨询服务中心主任，北京市旅游发展委员会信息化领导小组办公室主任，博士，研究方向为新闻学实务、旅游信息化、网站管理；郑锋，北京市旅游发展委员会信息中心副主任，北京市旅游咨询服务中心副主任，经济师，研究方向为旅游咨询服务体系建设；韩玉灵，北京旅游发展研究基地学术委员会副主任，全国旅游职业教育教学指导委员会秘书长，教授，主要研究领域为旅游政策与规制、旅游安全、世界遗产保护、旅游资源保护。

旅游咨询中心（Tourist Information Center，简称 TIC）或游客中心（Visitor Center，简称 VC）是在散客旅游市场发展的背景下发展起来的，它是政府发挥其公共服务职能的载体。北京旅游发展委员会编著的《北京旅游咨询实务》中认为，旅游咨询服务中心，又称旅游信息中心、旅游问询中心或访客中心，是指为游客提供旅游咨询服务的机构。旅游咨询服务中心是城市公共基础服务建设的重要组成部分，与旅游交通和旅游公厕并称为旅游城市三大必备设施；同时，其又与旅游观光车和城市卡并称为国际旅游城市的"三件宝"。[①]

一　国内外旅游咨询服务中心发展概况

（一）国外旅游咨询服务中心发展概况

旅游咨询服务中心最早出现在一个世纪之前的英国，是由旅行代理商、遗产托管公司和交通公司等商业机构联合兴办的以招揽游客为主要目的的独立机构。这是旅游咨询中心设立的初级阶段。

第二次世界大战以后，全世界范围内的旅游活动发展迅速。旅游咨询中心作为旅游服务设施也随之在欧美等发达国家的部分旅游城市相继出现，数量不断增多、功能不断完善，这一阶段，涌现了荷兰全国旅游办事处协会、瑞典旅游信息处、芬兰自助服务咨询中心、美国旅游咨询服务中心等。在亚洲国家中，印度旅游咨询中心设立最早，早在 20 世纪 50 年代就开始在首都德里、孟买、加尔各答等地设立。这一阶段是旅游咨询中心的普及阶段。其特征表现为各个旅游咨询服务机构逐渐由旅游商业机构创建的独立零散服务设施，转变成政府主导的公共服务设施，形成国家和地区之间相互联系的服务体系。

随着大众旅游时代的到来，旅游咨询中心的建设受到广大旅游发达国家的重视，其名称、标识和服务规范在全世界范围内得到相对统一，逐渐成为游客获取目的地信息的重要途径，包括旅游咨询中心在内的旅游公共服务设施的完

[①] 韩玉灵、徐鸿珂、杨育敏：《北京市旅游咨询中心发展现状、问题及对策研究》，《北京第二外国语学院学报》（旅游版）2007 年第 3 期，第 30 页。

善已成为旅游目的地旅游发达程度的重要标志，以旅游咨询中心为主要内容的旅游信息化建设已进入成熟期。这一阶段，以澳大利亚星罗棋布的旅游咨询中心为代表，韩国、日本、泰国以及中国香港等国家和地区都也开始建立旅游咨询中心服务系统。

（二）我国旅游咨询服务中心发展概况

旅游咨询中心在中国大致经历了学术界呼吁、部分旅游城市探索建设和政府全面推进三个阶段。但目前我国的旅游咨询中心建设仍然处于初创期，远未形成完整体系。

早在20世纪80年代后期，就有学者提出在北京等重要旅游城市建立旅游信息中心的建议，国内不少学者也曾发表文章，呼吁依照国际惯例，在主要旅游城市设立旅游咨询中心。但由于当时旅游发展的关注点多集中在旅游景区或住宿、交通等服务设施上，并没有真正得到重视或认真研究这些建议。

在20世纪90年代后期，国内开始关注这一设施，特别是国家旅游局将这一设施的提供列入了中国最佳优秀旅游城市的标准，引起众多旅游城市的重视，一些旅游业发展较早的省份为此进行了各种有益尝试。在这一阶段，我国第一家旅游咨询中心于1994年在桂林成立。[1] 1995年，我国制定的《中国旅游业发展"九五"计划和2010年远景目标纲要》中明确指出："'九五'期间，全国主要旅游城市都要建立旅游咨询服务中心。"这一时期，我国旅游咨询服务中心的发展进入高潮，各大城市相继建站。如1999年上海市第一家旅游咨询中心建成并投入使用，2002年苏州建立起第一家咨询分中心，2003年杭州建立旅游信息咨询服务体系。2011年，《中国旅游公共服务"十二五"专项规划》明确提出，到"十二五"期末，全国旅游咨询服务中心年均增长15%，要基本完善旅游信息咨询服务体系，实施旅游咨询服务中心示范工程，全面推进旅游咨询服务中心建设。这一系列支持政策的出台，极大地促进了我

---

① 吴露岚、黄燕玲：《桂林旅游公共信息服务体系研究》，《江西科技师范学院学报》2011年第2期。

国旅游咨询服务中心的发展。在上海、大连、北京、杭州、苏州等地，都逐步形成了旅游咨询服务中心网络。

2013年10月1日开始实施的《中华人民共和国旅游法》在第三章第26条中明确指出："国务院旅游主管部门和县级以上地方人民政府应当根据需要建立旅游公共信息和咨询平台，无偿向旅游者提供旅游景区、线路、交通、气象、住宿、安全、医疗急救等必要信息和咨询服务。设区的市和县级人民政府有关部门应当根据需要在交通枢纽、商业中心和旅游者集中场所设置旅游咨询中心，在景区和通往主要景区的道路设置旅游指示标识。"由此可见，我国《旅游法》的出台和实施，必将进一步促进旅游咨询服务中心的规范化发展和标准化建设。

二 北京旅游咨询服务中心发展现状

北京旅游咨询服务中心自2001年建设以来，在市委、市政府领导下，采取"统一规划、统一设计、统一标识、统一配置"的原则，实现了规模化发展，旅游咨询服务体系不断壮大。其发展历程大致可分为以下三个阶段。

（一）第一阶段（2001~2008年）：起步阶段

北京旅游咨询服务中心作为2001年北京市政府承诺为群众办的60件实事之一，开始投入建设。按照每区（县）配置一个咨询站的原则，在东城、西城、石景山、昌平、海淀、门头沟、房山和延庆等地区，建设完成了第一批咨询站点。这一阶段的主要任务是解决咨询中心站点从无到有的问题。在2001~2008年，全市咨询站总数由9个增加到27个。

（二）第二阶段（2009~2012年）：快速发展阶段

受"后奥运"影响及国内散客旅游市场的扩大，引导旅游消费、指导游客出行成为咨询中心发展的推动因素。为了更好地满足市场需求，提高咨询中心服务质量，加强对全市站点网络的管理，北京市旅游发展委员会制定了全国首个地方标准——《旅游咨询服务中心设置与服务规范》（DB11/T 640—

2009），并出台了《北京市旅游咨询服务中心管理规范（试行）》等文件。部分区（县）也针对本区域内的咨询中心管理制定了相关规章制度。在这一阶段，咨询中心站点数量由 2008 年的 27 个猛增至 2012 年的 380 个，咨询中心服务人员达到 1600 余人，2012 年全年接待量突破 1188 万人次，基本形成以"北京旅游网"为支撑、以分布于全市 16 个区（县）及合作企业 380 家咨询服务站点门市或电话接待为骨干、以数字信息宣传设备为补充的旅游咨询体系。推动咨询中心快速发展的主要原因是市咨询中心突破了已有的政府独立运行模式，尝试采取与非政府部门合作的方式，合作对象主要是企业（如首旅集团、全市 A 级景区、首发集团等）。市场力量的注入在减轻政府财政负担的同时，使得中心站点数量得到极度扩张。该阶段主要解决了咨询中心规模从小到大的问题。

（三）第三阶段（2013 年至今）：稳步推进、优化提升阶段

在这一阶段，对于快速发展时期所出现的种种问题，咨询中心将在稳步推进的过程中，不断对其各方面加以优化，使其管理水平、服务质量等得到进一步提升，从而促进咨询中心更长远的发展。因此，现阶段的主要任务是通过解决咨询中心运行中出现的各种问题，实现从量到质的飞跃。

三 北京旅游咨询服务中心现存问题

（一）游客认知度偏低

北京旅游咨询服务中心课题组[①]（以下简称课题组）调研数据显示，2013 年仅有 45.6% 的访客在进行咨询前对旅游咨询服务中心有所了解，尚有 54.4% 的访客对旅游咨询服务中心一无所知。北京市旅游咨询服务中心的公众（包括访客及潜在访客）认知度低是影响旅游咨询中心功能发挥的重要原因之

---

① 北京旅游咨询服务中心课题组，是受北京市旅游发展委员会委托，由韩玉灵教授牵头，专门从事北京旅游咨询服务中心的发展研究的第三方测评机构。

一。访客对旅游咨询服务中心的认知度低主要体现在以下两个方面，一是尚未认知到旅游咨询中心是政府提供的旅游公共服务设施，二是不了解旅游咨询中心提供的服务内容。

（二）信息服务亟须完善

1. 宣传资料管理有待逐步规范

北京旅游咨询服务中心目前并未对宣传资料的印制、配送和发放进行统一的规范管理，咨询资料存在数量不充足、内容不全面等问题。一是多数站点展架上的资料更新不及时、内容匮乏（如设立在酒店、饭店内的站点）。二是宣传资料多为本区域的旅游资源介绍，缺少辐射周边区（县）的旅游资料。三是宣传资料的摆放和发放也较为混乱，易造成资源浪费。

2. 智慧旅游方式尚待深度开发

北京旅游咨询服务中心提供的数字化咨询服务终端——"畅游北京"多媒体触屏机自 2010 年年底在全市咨询站开始布设以来，由于缺乏及时的信息更新维护，加上管理方式存在问题，实际使用效果不佳。其他信息化媒介终端尚在开发中。

随着移动互联技术兴起，手机终端用户群迅速增长，并于 2012 年首次超过 PC 用户，成为我国第一大网民群体（CNNIC，2012）。基于旅游咨询中心设立的宗旨——为散客提供信息咨询服务，准确把握自由行游客的网络行为特征，从满足其实际需求出发，综合利用多种数字化手段，创新旅游咨询服务的形式和内容已成为旅游咨询中心发展的关键。

（三）咨询中心服务内容有待补充

目前，北京旅游咨询中心提供的服务以信息咨询为主，仅有部分站点可以提供简单的个性化服务，如北京站可提供代理旅行社服务、高碑店站提供客房预订服务、动物园站提供医疗救助等服务。

根据 2013 年北京旅游咨询服务中心服务质量测评项目小组的调研资料显示，北京咨询中心访客潜在服务需求如图 1 所示。

由图 1 可见，旅游线路信息是大多数被访者的潜在需求，所占比例为

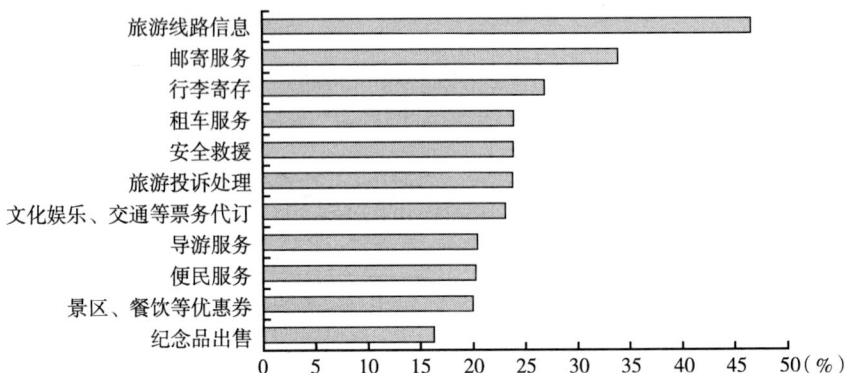

图1 北京咨询中心访客潜在服务需求

46.6%，其后依次为邮寄服务（34.0%）、行李寄存（26.9%）和租车服务（23.9%）等。而绝大多数北京旅游咨询站点尚未提供上述访客需求服务。由此可知，咨询中心现有服务与访客需求之间还存在一定差距。

（四）咨询中心服务队伍需加强建设

目前北京旅游咨询服务中心工作人员由乡（镇）旅游办人员、合作单位人员、区（县）旅游委自有人员三部分构成，普遍存在学历偏低、知识结构不合理、服务意识薄弱、服务手段落后等问题。

由于咨询中心全职人员多以年轻人为主，且存在被管理部门调用、借用的情况，工作队伍不稳定，易导致人员的短期行为；企业人员的加入和临时招募，由于缺乏及时培训和有效管理，存在知识结构不合理、熟练程度较低等问题，加上提供旅游咨询服务并非其本职工作，容易导致责任心、积极性欠佳等问题。

（五）咨询中心空间布局尚待改善

目前北京旅游咨询服务中心的空间布局主要存在以下问题：一是站点分布不均匀，部分地区站点分布过于密集，访客却寥寥无几，造成了人力、财力、物力的浪费。二是部分站点存在位置偏僻、标识指引不明确等问题，影响访客的识别。

四 北京旅游咨询服务中心现存问题成因分析

（一）运行模式不完善

北京旅游咨询服务中心设立之初，将自身定性为公益性和综合服务性的旅游咨询服务机构，由北京市旅游委和市财政共同投资、市咨询中心和区（县）旅游局直接负责咨询站的运营管理。

2010年，北京旅游咨询服务中心开始尝试采用政府与非政府部门合作的新的运行模式，试图在坚持"公益服务"的前提下，实现咨询中心的"诚信经营"以缓解咨询中心在发展中遇到的"生存问题"。虽然这一模式在一定程度上解决了中心成立之初政府独立运行模式所遇到的财政支出紧张、站点规模偏小、服务内容单一等问题，但经过几年的实践，在运行主体的组成、合作过程的规范、坚持公益性的初衷等方面的缺陷开始显现，合作运行的新模式的优势并未充分体现。与此同时，由于功能定位与运行模式的不明确，导致游客对咨询中心的认知存在偏差，咨询效果也并不理想。

（二）运行保障不健全

第一，北京咨询中心现行的规章制度主要强调站点设置及服务的规范性，缺少对各个运行环节、服务流程的管理规范，未能对运行模式进行全面保障。

第二，监督不到位。目前北京旅游咨询中心的运行模式涉及多个主体，但仅依靠第三方进行服务质量测评的方式来实现政府对合作企业的单向监督，略显手段单一，缺乏对专项运行资金审计、合作主体申请审批等方面的监督，且在测评步骤、测评结果公开等方面有待逐步完善。

第三，现有激励机制对合作主体的激励效果不佳，合作企业的积极性不高。特别是负向激励措施的缺失，对不合格的合作主体不能做到及时淘汰，使得合作主体缺乏竞争压力。

（三）宣传沟通力度不足

近年来，虽然北京市旅游委加大了旅游咨询中心对外宣传的力度，但由于受到资金、政策等方面的限制，仍然收效甚微，存在宣传渠道少、宣传力度低等问题。宣传渠道与力度的缺乏，导致游客对旅游咨询中心的认知度仍然处于较低水平。与此同时，咨询中心同访客的沟通渠道也较为匮乏，使得访客对咨询中心的各项需求不能及时有效地进行传达，导致咨询中心的需求与供给无法实现良好对接。

（四）咨询人才培养机制欠缺

1. 我国咨询行业发展整体滞后

我国咨询业起步于20世纪80年代初，而西方发达国家咨询业的快速发展期则普遍在20世纪50~60年代，相对于西方国家，我国咨询行业起步较晚。[①] 就旅游咨询而言，我国最早类似于旅游咨询中心的机构是北京市旅游局在1990年亚运会期间，设立于首都机场的游客问讯中心。[②] 经过20多年的发展，旅游咨询业虽然有了较快的发展，但总体而言，仍缺乏规范的职业资格认证制度、管理条例和人才培养机制，市场发育程度较低，整体规模小，发展较为滞后。除此之外，我国民众出行时的旅游咨询意识相对较弱，咨询需求潜力尚待挖掘。市场需求的不旺盛，也使得旅游咨询服务缺少社会认同感，咨询服务人员职业归属感不强。

2. 旅游咨询员管理体系不健全

目前，我国旅游咨询尚未成为一种职业，在编制内、专人专用的员工数量比例不高，咨询员缺乏职业归属感。因此，无法对这些员工进行规范化的统一管理，缺少具体的薪酬、激励、培训、考核等一系列人力管理制度。而政府、企业管理者对咨询人员的交叉管理，也容易导致咨询员流动率高、责任心不强、服务意识不够、工作热情偏低等问题。除此之外，旅游咨询员还面临着职

---

① 陈柳钦：《我国现代咨询业存在的问题及其对策》，《郑州航空工业管理学院学报》2009年第4期，第27页。

② 北京市旅游局、北京联合大学旅游学院：《北京旅游咨询实务》，中国旅游出版社，2010。

业地位低的困扰。我国尚未形成完善的旅游咨询员认证体系，使得旅游咨询员的准入门槛低，职业的含金量也较低。再者，类似导游等级制度的认证体系的缺乏，扼制了旅游咨询员向上发展的通道，职业发展前景不容乐观，最终导致旅游咨询员工作积极性的下降。

五　北京旅游咨询服务中心发展对策

（一）明确旅游咨询服务工作定位

《旅游法》第 26 条规定："国务院旅游主管部门和县级以上地方人民政府应当根据需要建立旅游公共信息和咨询平台，无偿向旅游者提供旅游景区、线路、交通、气象、住宿、安全、医疗急救等必要信息和咨询服务。设区的市和县级人民政府有关部门应当根据需要在交通枢纽、商业中心和旅游者集中场所设置旅游咨询中心。"这为旅游咨询服务的发展明确了任务，指明了方向。在政府工作的 6 个职能（编制规划、产业促进、公共服务、宣传推介、行业监督、教育培训）中，旅游咨询服务在公共服务和宣传推广两方面发挥着重要作用。旅游咨询服务中心作为旅游目的地公共服务体系的重要组成部分，与旅游交通、旅游公厕并称为"旅游城市的三大必备设施"。在为海内外游客与市民提供公益性咨询服务的同时，兼负有城市整体形象的宣传和收集为政府决策提供依据的市场信息的职责。

具体说，旅游咨询服务具有展示形象、信息服务和市场监测的功能，既是文艺兵，也是侦察兵，更是勤务兵。

文艺兵　旅游咨询服务是旅游窗口行业中的"窗口"，是提高首都旅游美誉度和国际影响力，树立国际一流旅游城市形象的重要载体。咨询员是文化传播的使者。

侦察兵　旅游咨询服务是旅游管理部门延伸的"触角"，是敏锐把握市场动向、监测旅游产业发展的前沿岗哨，是联系政府、企业和游客的桥梁。

勤务兵　旅游咨询服务是构建散客服务体系的重要抓手，是了解和满足游客诉求的阵地，必须做好管理、提升质量，一站式解决游客多方面的旅游信息需求。

面对旅游业发展和《旅游法》实施的新形势，必须从全市旅游发展的大局和旅游咨询服务发展战略的高度，以科学发展观为指导，研究和完善旅游咨询体系的建设，使之科学地、健康地、可持续地发展，以适应旅游业发展需要和满足人民群众的服务需求。

（二）推行分级管理，明确各级职责

北京旅游咨询服务中心在今后的发展建设中，应秉承公益化、分级管理、网络联动等原则，实行分级管理、进行类别划分，建立市中心、分中心、各咨询站（亭、台）的"三级旅游咨询服务体系"。在具体实施过程中应因地制宜，根据各区的不同情况展开操作。市中心站负责对全市咨询中心的监管和指导；分中心站以宣传展示为主、咨询服务为辅；咨询站以咨询服务为主，业务代理为辅。信息亭、咨询台以免费查询服务功能为主，为游客提供方便快捷的信息查询和资料索取。

（三）增加服务内容，完善服务功能

随着现代信息技术的快速发展和广泛应用，由个人互联网终端获取旅游信息已逐渐成为大众生活习惯，游客了解旅游资讯和旅游消费更加快捷便利。而作为旅游信息服务的实体，旅游咨询站的存在，在个性化的交流、人性化的服务、受众的针对性（包括中老年和国外旅游者等人群），以及树立政府公共服务形象和旅游市场调研方面，旅游咨询站恰与互联网信息服务相得益彰。

各咨询站可在现有服务的基础上，不断丰富服务体系。如引进银行自动存取款机、手机充电机、代售旅游纪念品及书籍、发放邮寄明信片及小礼品项目，提供母婴室、残疾人轮椅、儿童车、雨伞、医药箱等人性化增值服务项目等，为旅游者提供更为舒适的人性化服务；设立放映馆或文化展示区，展示北京旅游资源和特色文化等。咨询站通过服务形式的创新和现代化技术的应用，丰富游客体验，提升服务品质。

（四）改善运行模式，鼓励非营利组织参与

北京旅游咨询中心现有的运行主体中缺少非营利组织的参与。非营利组织

由于具备民间性、自治性、志愿性等特点，使得它在提供公共服务方面，具有自身优势：一是其不以利润最大化为目标，从而能够有效地把公平和效率有机结合起来。二是作为公民志愿参与的自治性组织，实行多样、灵活、平等和参与式的组织结构，在提供公共物品时具有低成本、高效率、灵活多变的优势。三是作为向公众提供公共服务的独立组织，可以采用适度向公众收取费用的资金来源方式，降低政府财政投入。有鉴于此，北京咨询中心在运行过程中，应积极引导非营利组织参与。这样在强化咨询中心公益性的同时，降低运行成本、提高运行效率。

（五）规范合作过程，健全运行机制

北京旅游咨询服务中心在尝试多种合作模式的过程中，可从合作范围的确定、合作主体的选择和合作方式的选择三个方面进行规范。

1. 合作范围的确定

北京咨询中心同其他组织进行合作的首要步骤是要对合作范围进行确定。在市场经济条件下，政府、企业和非营利组织都可能成为咨询中心的运行主体，但各个主体都只有在各自擅长的合作范围里才能充分发挥作用。

2. 合作主体的选择

合作主体是北京咨询中心运行过程的核心组成元素。政府应在法律框架内制定规范的选择流程，确定最佳的合作主体。

3. 合作方式的选择

在确定合作主体后，政府应选择适当的合作方式与各方进行合作。对于具有准公共物品性质的咨询中心，可选择合同外包和补助的方式进行合作，也可采取政府间协议的方式在不同政府部门间开展合作。

（六）健全运行保障，促进可持续发展

1. 规章制度保障

北京旅游咨询中心在今后的发展中，在推广落实现有各项规章制度的同时，还需要针对站点体系建设、合作主体选择流程、各项服务环节和服务质量评估等问题制定相应的规章制度，以更为完整的规章制度保障体系支持旅游咨

询中心的运行。

2. 激励机制保障

对尚未参与合作的非政府部门，主要通过一些优惠政策，吸引其成为咨询中心运行主体；对已参与合作的非政府部门，应根据评估结果，采取合理的奖惩措施，保证其良性运营。

3. 监督机制保障

北京旅游咨询服务中心监督机制的完善可以从多向监督的建立、监督小组的组建、监督手段的多样化与程序化三方面着手。

4. 资金保障

结合北京旅游咨询中心目前发展阶段及国内其他地区的做法，建议根据各旅游咨询中心的合作运营方式，采取财政拨款、区（县）自筹和企业赞助等多种渠道筹集资金，保障咨询中心的运营发展。

（七）加强信息管理，倡导智能服务

1. 完善行业智能数据库，实现信息共享

智能数据库的建设属于较为专业性的工作，建议北京市旅游委可以借鉴上海的经验，通过政府负责提出框架设计指导、专业化网络公司负责数据库搭建和后期运营的形式来搭建行业智能数据库。由于旅游业涉及的部门多、范围广，数据库搭建的框架设计尤为重要，不仅需要考虑到目前应当实现的功能，还应当结合实际发展的趋势为未来数据库的升级留出一定的技术空间。

2. 创新信息服务手段，提供全方位咨询

服务手段的创新源于技术的进步和服务需求的转变。目前移动互联技术的发展不断地影响着人们信息获取的方式和习惯。这无疑对旅游咨询信息服务的数字化产生一定的导向作用。作为旅游者，一是需要信息获取的手段便捷，二是需要获取信息具有即时性、权威性。政府旅游咨询服务平台作为一个官方的权威信息提供平台，如何把握旅游者的需求，解决信息的即时便捷传递是提升旅游服务的关键。吸收借鉴三亚和浙江发展移动终端旅游咨询服务的经验，建议北京发展旅游咨询数字化服务以移动终端建设为重点，基于统一的行业智能数据库，充分考虑政企合作，利用多种技术实现旅游咨询的功能。

（八）加强咨询员队伍建设与管理

1. 完善队伍建设，提升人员素质

为形成一支专业水平高、服务质量好的咨询服务队伍，旅游咨询员可由全职咨询员、专家咨询团和志愿者三个部分组成。其中全职咨询员指专门从事旅游咨询服务的人员，是咨询员队伍的中坚力量；专家咨询团主要是从旅游"一线"岗位上退下来的工作人员，具有较高的工作热情和丰富的工作经验，能够提升旅游咨询队伍的整体服务水平；志愿者的加入在缓解旅游旺季咨询中心人手不足问题的同时，满足志愿者个人贡献社会的精神需求。

2. 加快资格认证体系的建立和完善

旅游咨询人员的资格认证体系可以参考人力资源和社会保障部对于其他职业类别的准入制度和等级划分，如可参照注册会计师、律师管理制度，建立一套系统而完备的咨询人员登记、考核制度和任用机制；建立信息咨询人员的资格和等级等资质标准；设立信息咨询人员资质审查、监督和考核机构，定期对信息咨询人员进行审查、考核；实行持证上岗，实现旅游咨询队伍管理的专业化及规范化。

3. 健全培训机制，提升咨询员素质

各区（县）旅游委可结合本区域的实际，强化对咨询员的继续教育观念，制定长远的培训计划，充实培训内容，加强在岗人员的继续教育。同时，优化自学环境，提倡终身学习。①

4. 完善激励机制，提高工作人员的积极性

除了健全薪酬体系之外，相关部门还需完善旅游咨询人员的激励机制。如对业务精良、表现突出的咨询服务人员，报请市旅游委授予"年度优秀旅游咨询服务人员"称号；对连续5年获得"年度优秀旅游咨询服务人员"称号的，由市旅游委颁发"北京市优秀旅游咨询服务人员"称号，在北京旅游信息网上公布照片、姓名、业务专长等个人资料，并给予奖励。

---

① 娄亚奇：《中美咨询人员素质比较分析》，《科技情报开发与经济》2012年第4期。

（九）加大宣传力度，推行品牌化建设

1. 明确品牌特征，加快品牌传播

在今后的建设中，北京旅游咨询服务中心首先应明确其品牌特征，如品牌目标、品牌理念（包括服务宗旨、服务理念等）、品牌名称和标识（包括标准色、标准字、LOGO、卡通形象、人员着装等基础要素、应用要素系统、服务语言、服务的工作规范等）、品牌愿景、品牌模式和运行机制等，同时可通过提供一些特色服务来促进品牌化建设。

2. 加大宣传力度，提高认知度与知名度

为提高公众对北京旅游咨询服务中心的认知度，需采取多渠道立体化的宣传方式，让咨询中心的形象全方位地渗透到可被游客感知到的任何地方，把"i"品牌根深蒂固地植于广大市民和国内旅游者心中。

3. 加强长期管理，提升品牌价值

随着品牌影响力的不断提升，"北京旅游咨询"品牌价值不断增长。为有效实现"北京旅游咨询"由品牌价值到社会价值和经济价值的转化，"北京旅游咨询"品牌可以尝试市场化运作。

（十）优化空间布局，重视人性化设计

优化空间布局重点在于提高咨询站点设置的合理性与可达性。尝试通过地方立法，规定大型购物场所、娱乐场所等公共场所为提供旅游咨询服务提供必要的场地。为优化旅游咨询站点的空间布局，需要对已存站点的布局情况进行全面的梳理：针对由于微观布局不合理造成客流量不达标、服务效果不明显的站点，进行整改或取消；对于新建设的站点除了坚持统一规划、科学评估的要求外，同时还要做好游客意见的收集整理工作，选址、规模、设施设备等应当切实反映游客咨询的需求并体现人性化设计。

六 结语

旅游咨询服务中心作为北京旅游公共服务体系的重要组成部分，其服务体

系的不断完善、合作过程的不断规范、服务质量的不断提升，将为社会公众创造更加便捷舒适的旅游消费环境，进一步提升城市的对外形象、展示政府的人文关怀。此外，将通过即时了解收集旅游者的各项需求，为政府决策提供第一手数据，促进旅游行业管理的良性循环，进而加快北京建设世界一流旅游城市的步伐、推进旅游业成为人民群众更加满意的现代服务业。

参考文献

北京市旅游局、北京联合大学旅游学院：《北京旅游咨询实务》，中国旅游出版社，2010。

韩玉灵、徐鸿珂、杨育敏：《北京市旅游咨询中心发展现状、问题及对策研究》，《北京第二外国语学院学报》（旅游版）2007 年第 3 期。

吴露岚、黄燕玲：《桂林旅游公共信息服务体系研究》，《江西科技师范学院学报》2011 年第 2 期。

陈柳钦：《我国现代咨询业存在的问题及其对策》，《郑州航空工业管理学院学报》2009 年第 4 期。

娄亚奇：《中美咨询人员素质比较分析》，《科技情报开发与经济》2012 年第 4 期。

宋子斌：《旅游目的地形象之 IPA 分析——以西安居民对海南旅游目的地形象感知为例》，《旅游学刊》2006 年第 10 期。

丁于思：《基于公共服务供给视角的北京旅游咨询服务中心发展研究》，《泰山学院学报》2012 年第 1 期。

徐真真：《台湾旅游咨询中心的经验与启示》，《旅游纵览》2013 年第 4 期。

黄瑾：《中外旅游咨询中心比较分析——兼论我国旅游咨询中心的发展策略》，《西南民族大学学报》（人文社科版）2008 年第 11 期。

刘晓庆：《上海市旅游咨询中心服务效应评价研究》，上海师范大学硕士学位论文，2010。

鲁澎、唐鸣镝、郑杨、王立东：《北京旅游咨询服务中心建设探讨》，《北京社会科学》2007 年第 2 期。

郑杨：《城市旅游休闲服务网络的建设——美国旅游咨询服务的考察与思索》，《旅游学刊》1998 年第 2 期。

Nina Mistilis, John D. ambra, "The Visitor Experience and Perception of Information Quality at the Sydney Visitor Information Centre," *Journal of Travel & Tourism Marketing* 24 （2008）.

G.28
大城市旅游地产发展研究

北京旅游学会北京旅游发展改革研究密云基地*

摘 要：

旅游地产目前在很大程度上是旅游的品牌、地产的本质，将"旅游"和"地产"生硬地加在一起。从本质而言，旅游的流动属性和地产的固定属性存在矛盾，所以应将旅游地产拓展为旅游/休闲地产，以更好地对应目前的产品体系和未来的发展方向。从现有的产品反推，旅游/休闲地产可以分为八大类：酒店房产，核心地产；休闲房产，景观地产；度假房产，品质地产；文化房产，主题地产；生态房产，田园地产；娱乐房产，聚合地产；商业房产，配套地产；复合房产，生活地产。未来旅游/休闲地产的发展方向应是以旅游/休闲功能为主题的城乡新型功能区。像北京这类的大城市，城乡的概念已经转换为城郊的概念，按照从单中心城市到多核心的城市区域的规律，旅游/休闲地产也将在城市和城郊表现为不同的形态。从本地和外来客源不同的旅游与休闲需求，大城市城、郊旅游/休闲地产应提供不同的产品，城市旅游/休闲地产应重视休闲的提升和文化的体现，城郊旅游/休闲地产应发展乡村旅游综合体聚集成的度假社区，并与城市旅游产品形成综合产品体系。

关键词：

旅游地产 旅游/休闲地产 城乡新型功能区 乡村旅游休闲综合体

---

* 北京旅游学会北京旅游发展改革研究密云基地设在北京制源江山咨询有限责任公司（该基地共有两处，此为其中之一），公司董事长魏诗华为该基地负责人。本报告执笔人：蒋曦宁，北京制源江山咨询有限责任公司副总经理，研究方向为区域和项目旅游规划、策划、营销；林琳，北京制源江山咨询有限责任公司旅游规划师，研究方向为旅游产业结构优化、旅游智能化。

一　旅游地产概念辨析

旅游地产目前在学界还没有一个准确的定义。通常都认为旅游地产就是"旅游"＋"地产"，但如果只是这样生硬地加在一起，显然是不利于其发展的。也有一些观点认为是旅游市场需求及旅游行为与地产设施的结合，还有观点认为是旅游和地产的融合。但目前很大程度上是旅游的品牌、地产的本质，凑在一起则称为旅游地产，这样一个状况本身概念就不准确，也不利于产业自身的发展。所以，还是需要从概念辨析入手进行细致的探讨。

（一）旅游和地产的两个角度

从旅游的角度来研究，旅游最大的特点是具有非常强的综合性。旅游的行、游、住、食、购、娱六个要素串起来，构成了一个产业链。如果从这个角度来认识旅游地产，所有以住宿功能为中心，全面体现旅游六要素的项目都可以称为旅游地产项目。

从地产的角度来认识旅游地产项目，最后的定位可能是一个混合型，具有居住型的特点，又有商用型的特点，也有投资型的特点，构成一个混合型。

（二）旅游地产的范围

从旅游地产的范围探讨，可以提出三个层次。

1. 宏观层面

基本上所有的临时居所，或者用所，都可以称为旅游地产。这既包括了大家已经习惯的，也包括一些新兴的项目，如写字楼、公寓、酒店、度假村等。

2. 中观层面

注入了旅游元素的地产项目就可以成为旅游地产。所谓注入了旅游元素的地产项目，从现在来看基本上是三个方面的意义。一是时尚意义，因为旅游一直代表了更进一步或者说更为高级的社会需求，所以旅游的时尚意义在很多地产项目里比较普遍。二是文化意义，代表了社会对文化内涵的追求。三是符号意义，也就是说，同样一个地产项目，加上旅游两个字，就在市场上贴了一个标签，也有了一种符号学上的意义，客观来说可能对这个地产楼盘的销售会有一定的积极作用。

3. 微观层面

旅游地产在微观层面基本上定位为第二居所。第二居所也被称为休闲居所。作为购房者来说，也可能是购买的第二住宅，但是第二住宅与第一住宅的重要区别是利用率不高，所以一般需要再经营、再开发，卖的是它闲置的时间和空间，也正是在这个意义上衍生出了一系列的交易机会。

（三）从旅游地产到休闲地产

以上通过宏观、中观、微观三个层次的辨析可以看出，现在市场上形成的旅游地产的概念已经远远超出了旅游的范畴。从本质上来说，旅游的基本概念是人的流动，而地产的基本概念是固定的住所。流动的需求和固定的住所这两者之间有相融的一面，也有相悖的一面。如果继续强化旅游地产这个概念，这个矛盾就解释不清楚了。

基于这样的认识，笔者认为应该转换角度，将旅游地产统一为休闲地产，为传达这一理念及表述方便，将旅游地产替换为旅游/休闲地产。

从旅游/休闲地产这个概念出发，才可以对应各种各样的市场需求，以及由此衍生出的现行的各类旅游/休闲地产产品。而且从客源人群的特点来看，只有在经济和时间上都有相对较大的剩余，才能有余力追求第二居所，因而第二居所的主要功能就是休闲。同时，第二居所的重要特点就是具有时间和空间的空闲，可以进行再经营。

二 旅游/休闲地产发展理念

酒店界和地产界有一句话风靡一时，据传是李嘉诚所说，"决定房地产价值的因素，第一是地段，第二是地段，第三还是地段"。

但是旅游/休闲房地产不同，旅游/休闲房地产的规模更大，包含内容更多，所以需要从更高的尺度考虑全局的布局和安排，主要体现在以下五个方面。

（一）选址

旅游/休闲地产的选址，一言以盖之要"各安其位"，就是项目类型与环境的适应。比如说水地、沙地、平地、坡地、山地这五种特征地形，平地必然不是适合所有项目。以香港为例，香港水边上住穷人，或者住中产阶级。鲤鱼门、西贡一带住的是穷人，这是历史形成的，但是到赤柱、浅水湾那些地方，同样的环境特征住的是中产阶级。而香港的有钱人——高端人群，他们的住宅或者说第一、第二居所是在山地或者坡地上。但是按照内地旅游地产界现在的开发理念，海滨是寸土寸金的地段。

实际上这种选择和布局的形成是有道理的，笔者认为以香港的大环境特征，最适宜居住的就是坡地，放眼过去海天辽阔，起点大风大浪也没有关系，而海滨就容易受到常发的台风影响，从安全性和舒适性都没有保证，所以一开始就是穷人居住，到了香港中产阶级崛起的时候，香港的地价早已超出了他们的承受范围，所以不得已选择了当时价格较为低廉的海滨，这就是选址的各安其位。

（二）布局

旅游/休闲地产的布局要各定其位。一般旅游/休闲地产项目不可能只是单独建一栋楼，一定是一个综合体系，但是即使在综合体系里，也有一个如何配置的问题。

（三）规模

旅游/休闲地产的规模要能保证形成聚集发展。一个单体酒店很难做，一定是聚集的格局，而且这种聚集到相应规模，规模效应就开始发挥出来了，这是朴素的经济学原理，也在三亚表现得非常明显。

（四）强度

旅游/休闲地产的开发强度要能突出级差效益。这个问题在中国普遍存在，现在有些东西已经不太好挽回了，本质上就是滨海格局的利用问题。传统的格局，从海水向外延伸的顺序是：海水→沙滩→马路→建筑物→绿化带，这种格局就意味着游客要到沙滩或者要到海里去很不方便，这是100年前的国际格局。现在这个格局已经完全变化了：海水→沙滩→建筑物→绿化带→马路。但是大家已经迷信了100年以前的国际格局，所以近20年内地度假区的发展基本上没有按照国际新格局做的项目，从而造成了一个巨大的困难。滨海的旅游/休闲地产从时间上是"新"产品，但本质上是旧产品，所以级差效益几乎没有发挥出来。黄金地段要有黄金效益，内地滨海旅游/休闲地产观念中的黄金地段是沙滩外侧，因为可以出了房间就是沙滩，但在实际开发中却将黄金地段用于修建道路，从理念上是因为要满足大众游客的需要，不住宿下车玩海，上岸洗澡就走，从而使得黄金地段沦为价值最低的区域。

（五）公共服务

旅游/休闲地产要保障大众的公共服务需求。仍以滨海旅游/休闲地产为例，要还沙滩于大众，因为沙滩是国家资源、公共资源，垄断是不行的。但是全世界的模式都是这样，一定有公共海滩、免费海滩，但是绝不能在一流位置，就是黄金地段要产生黄金效益。免费的东西就不应该是最好的东西，全世界都是如此，也容易被大众接受、认同、理解。如果说到其他旅游/休闲地产，那么就是在旅游/休闲地产的大区域中要有免费的公共活动空间核设施，实现私密性和公共性的统一才能最大限度地实现社区和周边居民的和谐共处。

三　旅游/休闲地产项目类型细分

（一）从现有产品反推

笔者将北京现有的旅游/休闲地产分成八类：一是酒店房产，核心地产，这是最符合一般所说的旅游/休闲地产概念的。二是休闲房产，景观地产，这类旅游/休闲地产更注重的是景观。三是度假房产，品质地产，提供的是最具品质的生活。四是文化房产，主题地产。五是生态房产，田园地产。六是娱乐房产，聚合地产；聚合娱乐、聚合服务，人群自然而然被吸引过去，产生了停留的需求，就构成了娱乐房产，如 KTV、夜店等周围林立的小旅馆就属于此种类型。七是商业房产，配套地产。八是复合房产、生活地产。

（二）从供求出发

从开发商的角度来说，就是销售性物业和持有性物业。从购买者的角度来说，或者是投资性的需求，或者是使用性的需求，或者是混合型的需求。

四　旅游引导的新型功能区——旅游/休闲地产的过去与未来

从旅游/休闲地产的角度重新审视旅游/休闲地产的发展历程，可以发现，通过资本市场、土地市场、房地产市场和旅游市场的结合发展，旅游/休闲地产的发展实际经历了五个层次。

（一）旅游/休闲地产和传统优势旅游资源的结合

所谓与传统优势的结合和自然、人文旅游资源的结合，这是最早的一种开发模式，现在来看也是一种主体的开发模式，尤其是在一些新开发的地区，还是处在这个层次上。

（二）旅游/休闲地产和社会经济文化各类资源的深化结合

与旅游产业相似，旅游/休闲地产业与社会经济文化各类资源深化结合就形成了以社会经济文化各类资源结合后形成的旅游产品与地产的结合，其中最典型的包括工业旅游、农业旅游、科教旅游等带动的地产发展，都是这种结合的产物。

（三）旅游/休闲地产和土地市场、房地产市场的结合

20 世纪 90 年代中后期，旅游/休闲地产与土地市场、房地产市场的结合形成了一个旅居结合的概念，这种概念体现的就是景观式房产，现有的很多旅游/休闲地产项目开发的成功经验即是如此。把握好旅居结合、景观房产可以实现土

地升值、房地产升值；把握不好，旅游/休闲地产就可能会变成一个简单的地产项目。因此，这种结合是一个更深层次上的结合和利用，也是个双刃剑。

（四）休闲社区、主题城镇

旅游/休闲地产不可能成为没有社区性的建筑群，而要形成社区性的建筑群，前提就是休闲社区，包括一些小城镇的建设，就应该是主题城镇。主题城镇在我国古代已经有实践，比如说云南丽江的大研古城，现在已被旅游开发，即是利用了它的主题城镇特征，江苏的周庄等古镇都是主题城镇。旅游/休闲地产建设在很多情况下是平地而起，所以研究休闲社区和主题城镇这个概念对于度假区开发具有重要的指导意义，这才能够形成旅游/休闲地产的个性化发展，才能够形成各个旅游/休闲地产项目之间的差异化发展。

（五）城乡新型功能区

城乡新型功能区已经超越了单纯的地产概念，而是借助旅游、休闲、旅游/休闲地产、休闲地产形成特色化的城市和乡村，形成城市、乡村中特色浓郁的一个功能区。截至2012年，中国的优秀旅游城市已经有370多个，应该说这项工作对推动城市特色化的发展起了很大的作用，但是现在城市化发展的过程之中正在逐步破坏城市的特色。千城一面，留不下任何印象，这是发展中的一个过渡，但是我们希望这个阶段能够尽早地结束，真正能够在城市及其郊野这个平台上进行全面整合，创造特色，这就是对旅游/休闲地产或者说休闲地产的最终要求，就是要形成产业群。

六 大城市城、郊旅游/休闲地产发展展望

世界特大城市空间结构形态演化的一般规律是从单中心城市到多核心的城市区域。但是由于地价杠杆和城市空间的集聚与扩散，一般大城市会发生旅游/休闲地产开发产生两极分化："集聚"体现在城市繁华地带休闲步行街、娱乐购物中心等城市旅游/休闲地产，"扩散"体现在旅游/休闲地产向郊区的分散。

宏观来看，大城市城、郊旅游/休闲地产的客源可分为外来客源和本地客源两种，分别对应旅游与休闲需求，下面笔者将从这两大客源的需求角度，结合上文的分析就大城市城、郊旅游/休闲地产的发展提出几点建议。

（一）城市旅游/休闲地产

1. 本地客源

（1）针对大城市本地市场，新建城市旅游/休闲地产首先应进一步强化现有旅游/休闲地产的综合配套，形成以吃、住、行、游、购、娱为一体的综合旅游休闲产业聚集区，形成产业链，以最大限度强化旅游/休闲地产周边的服务吸引力和便利性。

（2）要补充现有城市旅游/休闲地产内部的休闲服务功能，从基础设施、休闲设施、景观环境、社区服务、社区文化、社区安全、社区卫生、社区管理等各个方面软性调整现有旅游/休闲地产功能和服务。

2. 外来客源

针对外来客源，大都市的城市旅游/休闲地产应以文化彰显魅力。以北京为例，应在整体保护历史文化名城的总体架构下，围绕"一轴一线"及历史文化富集区域，如鼓楼、天桥、什刹海等地，在原有旅游/休闲地产业态的基础上，增加提炼后的历史文化内涵和氛围，提升为以北京古都历史文化为核心主题的文化主题旅游/休闲地产，增强历史文化聚集区、街区等区域的魅力。

（二）郊区旅游/休闲地产

1. 本地客源

针对本地客源，大都市郊区旅游/休闲地产应依托郊区丰富的自然、民俗、文化等旅游资源及已建成的景区、保护区、度假区等产品，建设人居设施舒适，活动空间宽松，文化氛围浓郁，景观环境优美，休闲项目充足，具有专业化管理和服务，崇尚人与自然和谐发展的养生型、文化型、生态型城郊旅游/休闲综合体，以综合体集群塑造休闲度假社区。

2. 外来客源

针对外来客源，借助大都市作为旅游目的地及中转地的综合优势，通过多种类型旅游/休闲地产的开发建设，提升现有旅游/休闲产品的整体形象和软硬件水平，与目前大都市旅游核心产品，如城市旅游、世界遗产等形成互补，丰富大都市旅游产品类型，形成"旅游体验在城市，生活享受在郊区"的总体格局。

参考资料

杨卫武：《我国休闲旅游业的现状、特征与发展趋势》，《旅游科学》2007 年第 3 期。

李兰、王祖群：《北京旅游地产的三个维度影响分析》，《当代经济管理》2012 年第 7 期。

黄慧明、魏清泉：《大城市边缘小城镇休闲度假旅游开发研究——以高明市杨梅镇为例》，《地域研究与开发》2001 年第 3 期。

周翀燕：《旅游度假地开发模式研究》，《海峡科学》2007 年第 11 期。

吴必虎、徐小波：《旅游导向型土地综合开发（TOLD）：一种旅游——房地产模式》，《旅游学刊》2010 年第 8 期。

吴必虎、唐俊雅、黄安民等：《中国城市居民旅游目的地选择行为研究》，《地理学报》1997 年第 2 期。

刘俊、保继刚：《英国传统海滨度假地衰退研究——综述与启示》，《旅游学刊》2007 年第 1 期。

王洁、黄华：《旅游房地产的概念与范畴辨析》，《旅游研究》2009 年第 2 期。

G.29
北京旅游业财税贡献研究及对策分析

李鹏亮*

摘　要：

旅游业财税贡献研究体系，以旅游附属账户、财政税收学、国民经济投入产出为理论基础，测算旅游业对北京财政税收的贡献及对经济运行体的间接带动作用。根据实证结果，分析产业财税结构特征，并与旅游发达国家进行横向对比。结合旅游业发展实际情况和规划目标，对旅游业的财税工作提出意见建议，以促进旅游业健康发展。

关键词：

旅游业　财政税收贡献　税负

一　课题研究背景

（一）课题研究目的

本课题的研究目的在于：建立系统的计量体系，测算旅游业对财政和税收的贡献，从而为科学制定产业发展扶持政策提供依据；定量核算相关产业对财税贡献大小，为引导公共财政对旅游业投入，优化旅游产业结构提供借鉴和参考；从直接和间接两个角度计算旅游业的财税贡献，在关注行业直接效益的同时，分析旅游业间接带动情况，合理制定产业的长期发展战略。为同类研究项目提供参考，实现区域和产业间的对比分析。

* 李鹏亮，北京市统计局服务业处主任科员，硕士，统计师，研究方向为旅游绩效评估、旅游区域规划、服务业统计方法及行业分析。

（二）国内外研究情况

国内多个省市在财税贡献研究方面进行了有益尝试。如云南省根据游客消费支出结构及各行业的总体税率计算本省的税费收入总额。江苏省在旅游附属账户核算体系的基础上，通过与财政局、税务局的合作，计算旅游业对中央和地方的财政贡献。国外对旅游业的财政税收贡献研究较早，涉及旅游业对税收的带动效应、诱发效应、旅游业的税负等问题。

国外文献的研究方法借助于财政税收理论、投入产出等理论研究较深入，国内相关文献从研究方法、结果运用、分析角度看，还有较大差距。相比而言，本课题以严谨的理论和基础数据做支撑，较少使用人为假设，结果可信度高；既有对旅游直接财税贡献的计量，也有对间接贡献的计量，对宏观市场有重要的指导作用；分类分析旅游业财政税收贡献，促进旅游业发展与财政税收工作的有机结合。不论从框架思路、推导路线上，还是从数据开发、分析论证上来看，本课题都是一个具有重要意义的创新研究。

（三）课题研究相关理论

1. 旅游附属账户理论

旅游附属账户也叫旅游卫星账户，是一种统计计量方法，在国民经济核算总账户下，设立一个子系统，把旅游消费产生的直接产出从相关行业中分离出来单独核算，可以全面测度旅游在国民经济中的作用，并实现国际上的可比和量化分析。北京市统计局、国家统计局北京调查总队、北京市旅游委共同编制北京旅游附属账户体系，明确旅游相关产业包括住宿餐饮业、文化体育娱乐业、交通业、会议展览业以及自然保护和景区管理业等，通过统计调查和账户核算，得到各行业的旅游系数及旅游业增加值、从业人员、投资等主要经济指标，为北京旅游业的科学管理提供框架依据。

2. 财政税收理论

税收是国家为了实现其职能，凭借政治权力，强制地、无偿地征收实物或货币以取得财政收入的一种形式，是财政收入的主要来源。按税种分，包括增值税、营业税、消费税、所得税等；按征管机构分，包括国税和地税，国税主要负责增值税、消费税、进口关税等税种的征收，地税负责营业税、房产税、资源税等税种的征收，企业所得税等税种根据企业经营性质的不同由相应的征管主体负责征收。

财政是以国家为主体的分配活动，是国家政权活动的重要组成部分。财政职能概括起来主要分为三个方面，即资源配置职能、收入分配职能和经济稳定与发展职能。

地方政府为实现职能的需要，参与社会产品和国民收入分配所形成的分配关系，是国家财政的重要组成部分。地方财政收入也叫公共财政预算收入，是指地方实际可用财力，包括国税、地税扣除上缴中央财政的地方留存部分再加上财政部门组织的收入。

地方财政收入 = 税收收入 + 非税收入

就北京市而言，税收收入占财政收入的95%以上，非税收入指政府行政收费、罚没收入等，占地方财政收入的5%以下，并且规模不可预测，因此，课题在讨论旅游业对北京市财政贡献时，主要讨论税收收入对财政的贡献。

3. 投入产出理论

投入产出表由供给表、使用表和产品部门×产品部门表组成。投入产出表以矩阵形式，描述国民经济各部门在一定时期生产中的投入来源和产出使用趋向，揭示国民经济各部门间相互依存、相互制约的数量关系。通过投入产出表可以求得列昂惕夫逆矩阵，即完全消耗系数矩阵，进而求得最终需求对各行业的产出带动作用。

二　北京旅游业财政税收实证计量

（一）研究路线图

参考国内外相关研究经验，立足于北京市实际情况，本文的研究思路见图1。

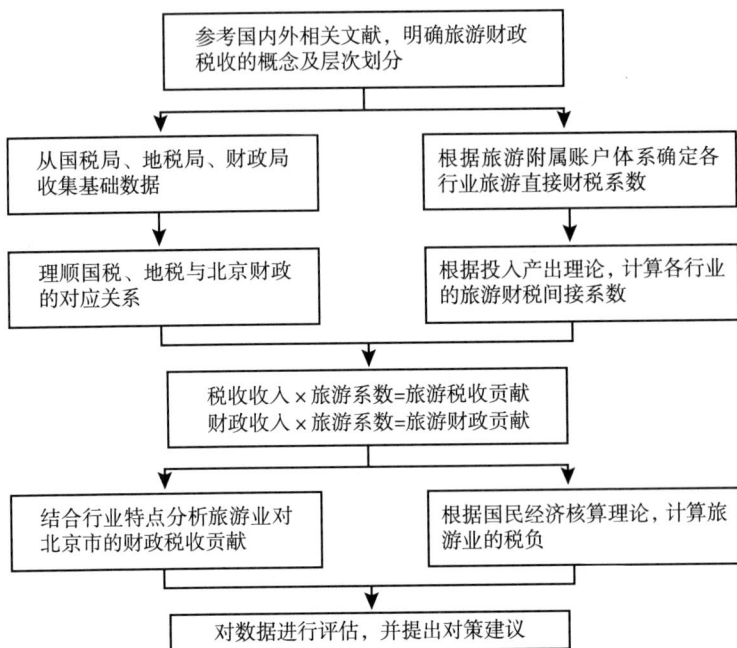

参考国内外相关文献，明确旅游财政
税收的概念及层次划分

从国税局、地税局、财政局
收集基础数据

根据旅游附属账户体系确定各
行业旅游直接财税系数

理顺国税、地税与北京财政
的对应关系

根据投入产出理论，计算各行业
的旅游财税间接系数

税收收入×旅游系数=旅游税收贡献
财政收入×旅游系数=旅游财政贡献

结合行业特点分析旅游业对
北京市的财政税收贡献

根据国民经济核算理论，计算旅
游业的税负

对数据进行评估，并提出对策建议

图1 研究路线

（二）旅游财政税收概念及层次

旅游业对税收的贡献：即因游客旅游行为而产生的税收，包括直接税收贡献和间接税收贡献。直接税收贡献来源于游客的直接消费行为，即旅游企业和从业人员从事旅游服务所取得的收入、收益缴纳的税收，进行旅游活动的资产、行为缴纳的税收和旅游资源形成与再生产过程中直接产生的税收；在开放的市场经济中，一个部门经济量的变化必然带动其他部门的连锁反应，间接税收贡献即旅游消费、投资活动中间接消费来自其他行业提供的商品、服务对应产生的税收。

旅游业对地方财政的贡献：即旅游业税收中划拨北京地方财政的部分，包括直接财政贡献和间接财政贡献，直接财政贡献来源于旅游业直接税收，间接财政贡献来源于旅游业间接税收。

（三）北京市税收与财政的对应关系

1. 北京市国税划拨财政的基本情况

北京地区的国税收入有两个口径，大口径是北京市国税局实际收缴的税收；小口径国税与北京市国民经济核算口径相一致，即剔除了外省市金融、交通运输、仓储及邮政业的分支机构在北京集中汇缴的企业所得税部分。根据北京市国税局提供的资料，可以得到分行业门类的税收总额、增值税、企业所得税等基础数据。2012 年，大口径北京国税税收为 6339.4 亿元，比上年增长18.9%，其中，增值税为1096.0 亿元，企业所得税为4252.0 亿元（见表1）。

表1　2012 年北京市国税与地方财政的对应关系

单位：亿元

	国税	其中：划拨北京财政	增值税	企业所得税	其他
第一产业	0.3	0.1	0.0	0.1	0.0
第二产业	843.9	266.2	142.6	120.8	2.8
采矿业	-106.5	2.9	2.9	0.0	0.1
制造业	764.6	194.7	120.7	73.0	1.0
电力、燃气及水的生产和供应业	131.0	45.5	17.9	27.4	0.2
建筑业	54.8	23.0	1.1	20.4	1.5
第三产业	5495.2	744.5	171.5	549.9	23.1
交通运输、仓储及邮政业	212.1	16.1	1.9	13.6	0.6
信息传输、计算机服务和软件业	245.9	94.1	13.5	79.5	1.1
批发和零售业	1314.6	270.8	129.8	139.7	1.3
住宿和餐饮业	13.2	6.0	0.2	5.0	0.8
金融业	3034.0	145.7	0.8	140.6	4.3
房地产业	111.6	49.3	0.1	44.5	4.7
租赁和商务服务业	276.6	94.3	6.0	85.3	3.0
居民服务和其他服务业	45.4	19.4	3.5	13.3	2.6
教育	3.5	1.6	0.2	1.2	0.2
卫生、社会保障和社会福利业	1.7	0.8	0.1	0.6	0.1
文化、体育和娱乐业	39.0	13.9	6.5	6.6	0.8
其他行业	197.6	32.5	8.8	20.0	3.6
合　　计	6339.4	1010.8	314.1	670.8	25.9

注：第1列数据来源于北京市国税局，第1行数据来源于北京市财政局。表中的国税数据是大口径数据，即包含外省市在北京集中汇缴的企业所得税。

根据调研结果，2012 年，铁路运输、国家邮政、国家商业银行、国家政策性银行等企业在北京集中汇缴企业所得税 2650.0 亿元，包括外省市分支机构汇缴的 2250.0 亿元，在国民经济核算体系中，外省市分支机构的税收不纳入北京统计，因此，小口径国税收入为 4088.9 亿元，小口径的企业所得税为 2002.0 亿元。

根据北京市财政局提供的数据，2012 年，北京市地方财政收入为 3314.9 亿元，其中国税划拨地方财政 1010.8 亿元，国税中的增值税划拨财政 314.1 亿元，国税中的企业所得税划拨 670.8 亿元。为进一步分析国税对北京财政的贡献，需要推导分行业门类的具体细分情况。

国税中的增值税（除进口增值税）实行中央和地方共享制，中央财政占 75%，地方占 25%。企业所得税同样实行共享制，铁路运输、国家商业银行等企业集中汇缴的企业所得税全部归中央财政所有，其余部分中央财政占 60%，地方占 40%。

按此规定，增值税和企业所得税划拨北京财政的数额，计算公式为：

各行业划拨北京财政的增值税 = 0.25 × 各行业的增值税。

各行业划拨北京财政的企业所得税 = 0.4 × 各行业的企业所得税（已剔除需全部上缴中央财政部分）。

2. 北京市地税划拨财政的基本情况

根据北京市地税局提供的资料，可以得到分行业门类的税收总额、营业税、企业所得税。2012 年，北京地区实现地税收入 2865.2 亿元，比上年增长 7.5%；其中，营业税为 1152.0 亿元，企业所得税为 221.0 亿元，个人所得税 703.4 亿元（见表 2）。

表2　2012 年北京市地税与地方财政的对应关系

单位：亿元

	税收总额	其中：留存北京财政	营业税	个人所得税	企业所得税	其他
第一产业	4.9	4.3	0.0	0.5	0.0	3.8
第二产业	326.1	244.1	92.9	39.8	13.1	79.1
采矿业	9.9	5.1	0.0	2.5	0.6	2.0
制造业	150.4	91.6	0.0	31.2	7.1	53.3

续表

	税收总额	其中：留存北京财政	营业税	个人所得税	企业所得税	其他
电力、燃气及水的生产和供应业	21.2	14.4	0.0	3.8	0.6	10.0
建筑业	144.6	133.0	92.9	2.3	4.8	13.8
第三产业	2534.2	2055.6	1059.9	241.1	68.9	468.1
交通运输、仓储及邮政业	60.6	53.5	32.7	3.4	1.2	9.6
信息传输、计算机服务和软件业	132.8	98.3	51.8	21.0	1.8	13.1
批发和零售业	169.3	116.8	0.0	23.2	10.4	83.2
住宿和餐饮业	77.9	71.9	54.0	2.9	1.0	2.9
金融业	446.7	384.8	244.0	41.2	0.0	49.5
房地产业	525.4	419.7	218.8	39.2	27.7	89.1
租赁和商务服务业	312.3	262.1	121.7	23.2	9.1	83.0
居民服务和其他服务业	281.9	228.4	87.2	29.6	5.4	88.4
教育	28.9	21.1	7.3	4.8	0.3	7.2
卫生、社会保障和社会福利业	14.4	9.8	0.9	3.0	0.1	5.5
文化、体育和娱乐业	82.9	68.6	36.7	8.1	1.2	15.0
其他行业	401.1	320.6	204.8	41.5	10.7	21.6
合　计	2865.2	2304.0	1152.8	281.4	82.0	551.0

注：第1列数据来源于北京市地税局，第1行数据来源于北京市财政局。

根据北京市行业平均工资计算分行业的个人所得税。

$$R_i = \sum R_i \times \frac{M_i}{\sum M_i}$$

其中，R_i 为第 i 个行业缴纳的个人所得税，M_i 为第 i 个行业的工资总额。

根据北京市财政局提供的数据，2012年，地税留存北京财政2304.0亿元。地税中的个人所得税和企业所得税按比例上缴中央财政，留存北京财政的部分分别为281.4亿元和82.0亿元，其他税收全部留存北京财政。

地税中的个人所得税和企业所得税实行中央和地方共享制，个人所得税中除利息税全部上缴中央外，其余部分中央财政占60%，地方占40%；企业所得税中央财政占60%，地方占40%。

按此规定，个人所得税和企业所得税划拨北京财政的数额，计算公式为：

各行业划拨北京财政的个人所得税 = 0.4 × 各行业的个人所得税。

各行业划拨北京财政的企业所得税 = 0.4 × 各行业的企业所得税。

（四）计算各行业的直接系数和间接系数

根据北京市建立的旅游附属账户体系，可以得到各行业门类的旅游产出系数，旅游相关行业系数较高，非相关行业的系数较低。产出和税收成正比例关系，因此可以直接用旅游产出系数作为旅游直接财税系数（见表3）。

表3　各行业门类旅游财税系数

单位：%

行业门类	旅游直接财税系数	旅游间接财税系数
第一产业	6.4	81.1
第二产业		
采矿业	0.1	50.1
制造业	0.3	24.1
电力、燃气及水的生产和供应业	0.2	31.0
建筑业	0.1	2.5
第三产业		
交通运输、仓储及邮政业	42.0	42.9
信息传输、计算机服务和软件业	2.8	2.4
批发和零售业	6.4	9.0
住宿和餐饮业	76.7	19.9
金融业	2.2	6.5
房地产业	1.8	6.7
租赁和商务服务业	3.7	11.2
居民服务和其他服务业	7.0	19.9
教育	4.3	2.6
卫生和社会工作	2.8	0.1
文化、体育和娱乐业	71.7	10.6
其他行业	1.9	4.7

旅游业的特点之一是间接带动功能强，比如游客在旅游过程中在饭店住宿，饭店需要对这笔收入缴纳营业税，这属于游客消费直接带来的税收；饭店为了接待游客，需要装修客房，购买房间用品，对应的装修公司和批发零售商需要为装修收入和商品销售收入纳税，如此一系列的连锁反应为旅游业的间接带动效应。为定量衡量间接带动作用，需要计算旅游间接财税系数。

根据投入产出理论，利用旅游最终消费和投入产出表计算因游客消费带动的国民经济间接产出情况，旅游间接产出的计算公式如下：

$$X = \left[(I - A)^{-1} - I \right] Y$$

其中，Y 为旅游消费向量，X 为旅游的间接带动产出向量，A 为投入产出直接系数矩阵，$(I-A)^{-1}-I$ 为完全消耗系数矩阵。

通过间接产出和总产出的对比，计算旅游间接产出系数，以此作为旅游间接财税系数（见表3）。

三 研究结论

（一）旅游业直接税收贡献占全市6.7%

北京市的税收总额 × 旅游财税系数 = 旅游业的税收贡献（见表4）。

表4 2012年北京旅游税收构成

单位：亿元

	旅游直接税收贡献	企业所得税	营业税	增值税	旅游间接税收贡献
第一产业	0.33	0.0	0.00	0.01	4.2
第二产业	2.7	0.6	0.1	1.2	224.1
采矿业	−0.1	−0.1	0.0	0.0	−48.4
制造业	2.3	0.5	0.0	1.1	220.2
电力、燃气及水的生产和供应业	0.2	0.1	0.0	0.1	47.2
建筑业	0.3	0.1	0.1	0.0	5.0
第三产业	462.5	109.3	107.0	52.0	564.2
交通运输、仓储及邮政业	103.1	18.5	13.7	2.8	105.3
信息传输、计算机服务和软件业	10.6	5.7	1.4	1.3	9.3
批发和零售业	94.7	24.1	0.0	28.9	133.6
住宿和餐饮业	69.9	11.8	41.4	0.5	18.1
金融业	27.2	16.1	5.3	0.1	82.1
房地产业	11.5	3.4	4.0	0.0	42.9
租赁和商务服务业	21.8	10.4	4.5	0.8	65.9
居民服务和其他服务业	22.9	3.3	6.1	0.8	65.2
教育	1.4	0.2	0.3	0.0	0.9
卫生、社会保障和社会福利业	0.5	0.1	0.0	0.0	0.0
文化、体育和娱乐业	87.3	14.2	26.3	16.2	12.9
其他行业	11.6	1.5	4.0	0.6	28.0
合　计	465.5	109.9	107.1	53.2	792.5

　　旅游业的直接税收主要有四个特点：第一，旅游业是构成北京税收的重要组成部分，2012年，北京旅游业实现直接税收456.5亿元，占全市税收的6.7%；其中，企业所得税、营业税、增值税合计为270.2亿元，占比58.0%。第二，随着娱乐等高税负消费产品比重的提升，旅游税收有较大增长潜力，从行业构成看，旅游业产生的税收集中在第三产业，占比达99.3%，其中，交通运输仓储及邮政业、批发零售业和文化体育娱乐业三大行业门类分别实现旅游税收103.1亿元、94.7亿元和87.3亿元，是税收排名前三的行业门类，所占比重分别为21.3%、20.7%和19.1%，随着北京经济结构的不断优化，将进一步提升旅游业对税收的贡献度。第三，旅游业的经营效益较好，从税收类别看，旅游业上缴企业所得税109.9亿元，占比23.6%；企业所得税属于再分配环节调节税，主要来源于企业利润部分，说明旅游业附加值较高。第四，旅游业面临税制转型的压力，旅游业实现营业税107.1亿元，占税收贡献的23.0%，由于旅游业中住宿餐饮业、文化体育娱乐业等属于缴纳营业税范畴，在"营改增"的税制改革中面临较大的转型压力。

　　旅游业对关联行业的带动作用较大，间接带动税收792.5亿元，主要集中在制造业、批发零售业和交通运输仓储及邮政业三个行业上。旅游的税收带动系数为2.7，即旅游业每产生1元的直接税收，会间接带动国民经济各行业产生1.7元的税收，共产生2.7元的税收。世界旅游组织发布数据称，全世界旅游的平均带动系数为2.5，北京市的旅游税收带动系数高于世界平均水平。直接和间接税收贡献合计达1258.0亿元，占北京税收总额的18.1%。

（二）旅游业直接财政贡献占全市7.2%

　　北京市的财政收入×旅游财税系数＝旅游业的财政贡献（见表5）。

　　旅游业成为贡献地方财政的支柱产业，2012年北京旅游业对北京的直接财政贡献达238.1亿元，占北京市财政收入的7.2%。旅游产业链覆盖的大部分行业需要向地税缴纳生产税，而地税留存北京财政的比例较国税高，因此旅游对财政的贡献比重高于对税收的贡献比重。

　　旅游财政贡献中，来源于营业税107.1亿元，占比45.0%；来源于企业所得税38.3亿元，占比为16.1%。从行业类别看，住宿和餐饮业，文化、体育和娱乐业，交通运输、仓储及邮政业分别对财政贡献59.7亿元、59.1亿元和29.3亿元，占比25.1%、24.8%和12.3%。

旅游业对财政的关联带动作用较大，间接贡献地方财政365.2亿元，主要集中在制造业、居民服务和其他服务业、租赁和商务服务业三个行业门类上。旅游的财政带动系数为2.5，即旅游业每产生1元的直接财政贡献，会间接带动北京财政增加1.5元的收入，共产生2.5元的地方财政收入。直接和间接贡献合计达603.3亿元，占北京财政收入的18.2%。

表5　2012年北京旅游财政贡献构成

单位：亿元

项目	旅游直接税收贡献	营业税	企业所得税	增值税	旅游间接税收贡献
第一产业	0.3	0.0	0.0	0.0	3.5
第二产业	1.0	0.1	0.2	0.3	95.4
采矿业	0.0	0.0	0.0	0.0	4.0
制造业	0.7	0.0	0.2	0.3	68.9
电力、燃气及水的生产和供应业	0.1	0.0	0.0	0.0	18.6
建筑业	0.2	0.1	0.0	0.0	3.9
第三产业	236.8	107.0	38.1	14.8	266.3
交通运输、仓储及邮政业	29.3	13.7	6.2	0.8	29.9
信息传输、计算机服务和软件业	5.4	1.4	2.3	0.4	4.7
批发和零售业	24.7	0.0	9.6	8.3	34.9
住宿和餐饮业	59.7	41.4	4.6	0.1	15.5
金融业	11.5	5.0	3.0	0.0	34.7
房地产业	8.5	4.0	1.3	0.0	31.6
租赁和商务服务业	13.2	4.5	3.5	0.2	39.9
居民服务和其他服务业	17.3	6.1	1.3	0.2	49.3
教育	1.0	0.3	0.1	0.0	0.6
卫生、社会保障和社会福利业	0.3	0.0	0.0	0.0	0.0
文化、体育和娱乐业	59.1	26.3	5.6	4.6	8.7
其他行业	6.8	4.0	0.6	0.2	16.5
合　计	238.1	107.1	38.3	15.1	365.2

综上所述，旅游业已经成为财政税收的重要收入来源，作为北京市的支柱产业，对优化北京经济结构、转变经济增长方式、带动周边产业发展发挥了巨大作用。

四 对发展旅游业的财政税收对策建议

（一）旅游业财税贡献显著，应加大财政扶持力度

旅游业对北京市财税贡献显著，带动就业能力强，直接推动环保事业发展。旅游业是文化的载体，旅游业承担着弘扬民族文化、促进对外交流的重任；旅游产业链主要覆盖在第三产业，发展旅游业有利于调整经济结构和增长方式。

应充分利用财政资金的杠杆作用，扶持旅游业发展：一是设立扶持重点旅游项目发展的专项资金，如旅游演出专向扶持资金。同时以财政贴息、奖励补贴等方式加大对龙头企业的扶持力度，把旅游业培育成新的经济增长点。二是支持中小企业的发展。政府可通过融资担保、跟进投资、完善企业信用担保体系等方式，破解中小企业融资瓶颈，引导更多的社会资金进入创业投资领域，支持中小企业的快速发展。三是加快国企改革，助推旅游业发展。充分利用国有企业资金雄厚、财政贡献力强等特点，通过完善国有资本经营预算体系，促进国企改革和国有经济布局优化，使之成为旅游业发展的助推器。

（二）行业税负较重，建议制定税收优惠政策

税收与增加值的比例关系是衡量企业发展过程中所承担的税收的主要指标，即增加值税负率。计算公式为：

增加值税负率 = 税收收入/增加值 × 100%

2012 年旅游业的增加值为 1336.2 亿元，增加值税负率为 34.8%。即旅游业每产生 100 元价值的增加值时，将有 34.8 元上缴税收，政府在国民收入分配环节所占比重较大。2012 年，美国的旅游业增加值税负率为 29.8%，远低于北京市。北京市的旅游企业正处在高速成长中，过高的税收不利于行业资本积累和规模扩大，政府在制定税收政策时，应充分考虑行业的发展特点，给予适当的税收优惠和减免。另外接待境外旅游者，实际是一项服务出口，应该视同于商品出口，应该以税收返还的形式促进企业经营，提高北京旅游的国际竞争力。

（三）充分挖掘旅游业税收潜力

旅游业企业对纳税的贡献并未完全发挥，主要原因：一是产品结构不够丰富，一般观光性产品多，休闲度假、会奖旅游等高端旅游较少，游客消费需求没有完全释放。二是对旅游企业的税收全额征管仍存在障碍，如餐饮行业不开发票是普遍现象，很多消费者索要发票意识不强；旅游运输车辆利用流动性大，收入隐蔽、分散的特点逃税漏税。三是旅游要素配置不均衡，产业链不健全，对经济发展的拉动作用不强。

针对以上问题，应整合财政、文化、城建、水利、林业、农业、环保等部门资源，形成旅游开发投资合力，共同促进旅游业的发展。充分利用现代科技，税务、银行、企业共同搭建信息平台，加强旅游税收的控管，通过在各大旅行社和消费场所安装税控装置，掌握旅游收入情况，堵死现金交易的暗流。完善征管方式，堵住佣金、回扣相关税收的跑、冒、滴、漏。

（四）平稳落实"营改增"政策

营业税是旅游税收构成的主要部分，旅游业的主要构成行业都属于营业税纳税范畴，如交通运输、仓储及邮政业，住宿和餐饮业，文化、体育和娱乐业等。其中，交通业正在进行营业税改增值税的过渡阶段，从税改结果看，部分企业减少了税收，但对资产更新速度慢的企业，税收反而增加了。通过对住宿和餐饮业及旅行社行业的调研，企业也表达了同样的担忧。

由于各行业、各省市推进"营改增"政策的步伐不同，加大了企业取得可抵扣发票的难度，加重了企业的税收负担，政府在推进改革时要充分考虑到市场实际情况和各行业的特点。旅游企业要加强对政策法规的学习，以确保在税改过程中平稳过渡。

五　结束语

本文尚有改进之处：一是由于指标只能取得年度数据，本文对旅游财政税收贡献的计算按年度编制，可考虑以季度为时间单位编制。二是本文只对北京市旅游业税收收入与美国进行横向对比分析，今后可考虑收集上海、天津等国内城市进行对比。三是本文以北京市为研究对象，为指导各区（县）旅游工作，可以对区（县）进行研究。

参考文献

罗明义：《旅游业税收贡献的分类测算方法》，《旅游学刊》2001 年第 2 期。

江苏旅游课题组：《江苏省旅游财政贡献》，东南大学出版社，2013。

U. S Travel Association, "Travel Tax Burden on the US Travel & Tourism Sector," *OXFORD ECONOMICS* (2012).

D' Hernoncourt, J., Cordier, M. and Hadley, D. : Input-Output Multipliers-Specification sheet and supporting material (Spicosa Project Report, Université Libre de Bruxelles-CEESE, Brussels, 2011).

联合国、欧洲共同体委员会、经济合作与发展组织、世界旅游组织：《旅游附属账户：建议的方法和框架》，联合国，1994。

北京旅游附属账户编制组：《北京旅游附属账户（BJ－TSA）编制理论与实践》，中国旅游出版社，2009。

杨斌：《中国税收法律制度》，高等教育出版社，2008。

寇铁军：《财政学》，东北财经大学出版社，2012。

刘起运、陈璋、苏汝劼：《投入产出分析》，中国人民大学出版社，2008。

G.30

北京旅游上市企业多元化
运营状况分析

北京旅游学会投融资研究中心*

摘　要：

从全国看，部分旅游上市企业的多元化经营已经取得一定成功，不仅大幅增加企业营业收入和营业利润，还充分利用企业既有资源，带动企业在不同领域协调发展，有利于企业长期经营。依赖 Wind 数据库系统及北京 6 家企业的历年年报和半年报情况，并按照各家公司业务模式由复杂至简单的程度，该文对北京旅游上市企业的多元化发展历程及现状逐一进行详细分析，并对北京旅游上市企业多元化经营情况进行总结，从而提出促进北京旅游上市企业多元化经营发展的相关建议，对行业相关企业如何进行多元化经营具有一定借鉴意义

关键词：

北京　旅游上市企业　多元化

一　北京旅游上市企业多元化经营概述

（一）多元化经营已经成为越来越多旅游企业发展的选择

多元化经营具备多种定义，我们采取相对容易理解的一种：是指企业在

---

* 北京旅游学会投融资研究中心设在国海证券股份有限公司研究所，本课题负责人胡德忠为该研究中心主任，国海证券股份有限公司常务副总裁；马金良为该中心副主任，国海证券研究所副所长；张志林为国海证券研究所副所长。本报告执笔人：周玉华，国海证券股份有限公司研究所旅游行业研究员。

其发展和生产经营中，不断扩大经营范围，增加产品种类，跨行业生产经营多种产品或服务，以及扩大经营的市场范围等。即企业在多个相关或者不相关的产业领域同时经营多项不同业务的战略。多远化经营有利于充分利用企业资源，扩大企业经营范围，规避专业化风险，并为企业带来更多盈利机会。

随着企业经营环境的变化，多元化已经成为现代企业经营的一种常态。截至2013年12月，在我国A股30家旅游业上市企业中，有超过2/3的企业已经或正在实施多元化经营策略。限于文章篇幅，我们选取比较典型的宋城股份（300144.SZ）、丽江旅游（002033.SZ）、峨眉山（000888.SZ）、中青旅（600138.SH）和腾邦国际（300178.SZ）5家公司的多元化项目进行简要分析（见表1）。

表1　国内旅游业上市公司多元化经营典型案例分析

单位：%

上市公司	2013年半年报主营业务构成情况	占主营业务比重	多元化内容
宋城股份（300144.SZ）	杭州宋城景区	52.3	千古情系列全国复制（目前三亚已经成功开业，2014年丽江和九寨千古情将陆续开业，此外还有石林、泰安和武夷山等系列千古情），积极探索委托经营模式，打造独木桥在线旅游网站
	杭州乐园景区	21.8	
	烂苹果乐园景区	12.1	
	三亚千古情景区	5.0	
	设计策划费	1.8	
	电子商务手续费	0.6	
丽江旅游（002033.SZ）	索道运输	42.8	成功收购印象丽江演出，积极探索异地酒店建设
	印象演出	38.3	
	酒店经营	13.8	
峨眉山（000888.SZ）	游山票	36.7	除游山门票外，积极探索酒店、茶叶、演艺、温泉、滑雪等产业链上下游产业，并已经取得一定业绩
	客运索道	25.2	
	旅馆收入	20.5	
	其他	16.2	
	旅行社收入	0.9	

上市公司	2013 年半年报主营业务构成情况	占主营业务比重	多元化内容
中青旅 (600138. SH)	旅游产品服务	45.2	除旅行社经营外,成功打造乌镇景区,并仿造乌镇打造古北水镇,未来计划濮院景区开发,此外还涉足酒店经营
	IT 产品销售与技术服务	20.5	
	企业会展服务	19.5	
	景区综合经营	8.3	
	酒店	3.5	
	房地产销售	2.2	
	房屋租金	0.8	
腾邦国际 (300178. SZ)	机票代售	95.7	在机票代售基础上,成功开发融易行业务和腾付通第三方支付(互联网金融业务)
	腾付通	2.4	
	融易行	1.9	

资料来源:上市公司半年报、笔者整理。

宋城股份多元化成功要点主要在于其千古情系列全国复制——三亚项目已经于 2013 年 9 月底成功开业,并于当年实现盈利。2014 年上半年丽江和九寨千古情将陆续开业,此外还有石林、泰安和武夷山等系列千古情在筹备中。丽江旅游多元化的成功主要体现在对印象丽江演出的成功收购。峨眉山的多元化体现在除游山门票外,积极探索酒店、茶叶、演艺、温泉、滑雪等产业链上下游产业,并已经取得一定业绩。中青旅多元化经营则主要体现在对以乌镇为代表的相关景区板块的打造。而腾邦国际则在机票代售基础上,成功围绕客户需求迈入其他领域,开发融易行业务(2014 年预计贡献 2000 万元净利润)和腾付通第三方支付业务(互联网金融领域)。

(二)北京旅游业上市企业上市概况及所属子行业分析

按照申银万国一级行业划分,截至 2013 年年底,北京共有 6 家旅游行业上市企业,按照上市顺序先后排列,它们分别是中青旅(600138. SH)、北京旅游(000802. SZ)、首旅酒店(600258. SH)、全聚德(002186. SZ)、中国国旅(601888. SH)以及湘鄂情(002306. SZ)。

表 2　北京地区旅游上市企业概览（按首发上市日期先后排序）

证券代码	证券简称	首发上市日期	主营业务	总股本（亿股）	总资产（亿元）	控股股东	实际控制人
600138.SH	中青旅	1997年12月3日	旅游及相关服务业务	4.15	82.24	中国青旅集团公司	共青团中央
000802.SZ	北京旅游	1998年1月8日	旅游项目投资及管理、旅游开发服务生产销售旅游产品、酒店客房、中西餐厅、出租汽车客运、百货批发与销售	3.75	10.86	中国华力控股集团有限公司	丁明山
600258.SH	首旅酒店	2000年6月1日	酒店业务、景区运营、旅游服务	2.31	21.45	北京首都旅游集团有限责任公司	北京市国有资产监督管理委员会
002186.SZ	全聚德	2007年11月20日	餐饮服务、食品加工销售等	2.83	14.66	北京首都旅游集团有限责任公司	北京市国有资产监督管理委员会
601888.SH	中国国旅	2009年10月15日	旅行社业务、免税业务	9.76	129.35	中国国旅集团有限公司	国务院国有资产监督管理委员会
002306.SZ	湘鄂情	2009年11月11日	酒楼业务、快餐业务、团餐业务、食品加工业务	8.00	20.05	孟凯	孟凯

注：总股本和总资产统计均截至 2013 年上市企业第三季度报告。

　　根据应用相对广泛的申银万国餐饮旅游行业二级划分法，可将我国旅游上市企业划分为四大类：即"景点类企业""酒店类企业""旅游综合类企业"和"餐饮类企业"。在北京地区 6 家旅游上市企业中，有 4 家为旅游综合类上市企业，分别为：中青旅、北京旅游、首旅酒店和中国国旅；有 2 家餐饮类上市企业，为全聚德和湘鄂情。

（三）北京旅游上市企业多元化经营概况

通过对 2013 年半年报公布的数据梳理，在北京 6 家旅游上市企业经营中，均涉及了两个以上的业务子板块。除了旅游子板块的餐饮、景区和旅游综合业务外，还涉足跨行业的地产、IT 及商贸行业。根据各家企业 2013 年半年报的业务板块构成（见表 3），业务模式由复杂至简单排序分别为中青旅、首旅酒店、中国国旅、北京旅游、全聚德及湘鄂情。

表 3　北京地区旅游上市公司业务板块构成情况

单位：%

证券代码	证券简称	主业板块构成	毛利率	收入构成	利润构成
600138.SH	中青旅	旅游产品服务	7.17	45.24	17.42
		IT 产品销售与技术服务	18.02	20.48	19.82
		企业会展服务	10.69	19.45	11.17
		景区综合经营	79.98	8.34	35.82
		房地产销售	37.86	2.24	4.55
		房屋租金	57.12	0.75	2.32
		酒店	80.13	3.48	14.98
600258.SH	首旅酒店	旅游服务	3.78	65.82	7.87
		景区	88.96	13.87	39.04
		酒店（酒店运营和酒店管理）	91.81	20.31	59.01
601888.SH	中国国旅	旅游服务（出境游、入境游、国内游及票务代理等）	10.66	56.41	24.06
		商品贸易（免税商品和有税商品）	45.32	42.45	76.94
000802.SZ	北京旅游	旅游服务	52.38	91.94	96.07
		管理费	64.34	5.83	7.48
002186.SZ	全聚德	餐饮	59.4	76.42	87.02
		商品销售	39.27	20.11	15.14
002306.SZ	湘鄂情	餐饮服务收入	61.00	99.67	109.2
		商标许可使用及服务费	100	0.23	—

二　北京旅游上市企业多元化发展历程及现状分析

（一）中青旅：多元化经营进入景区板块

公司于 1997 年上市，在 1997～2004 年期间的主要业务板块是旅游产品、

IT 产品销售与技术服务；在 2005 年，公司通过投资控股山水酒店方式进入酒店经营板块；2006 年，公司投资 3.55 亿元收购乌镇景区 60％股权，并将业务板块延伸至房屋出租板块。

综合看，中青旅的多元化属于成功典范，尤其是公司后期投资进入的乌镇景区业务。公司充分利用其在旅游领域的丰富资源和行业专业性，在乌镇景区的宣传、开发及管理各方面都获得了成功。经过中青旅的专业开发，乌镇景区从 2007 年每年 200 万人次的客流量增至 2012 年的 601 万人次；相对应的营业收入从 1997 年的 1.58 亿元增至 2012 年的 6.9 亿元；净利润从 2007 年的 1839 万元至 2012 年的 2.3 亿元。除了收获丰厚的利润回报，乌镇已经由当初只有"东栅"的小镇，成长成为具有广泛影响力的休闲景区，并带动公司更大范围的景区投资。

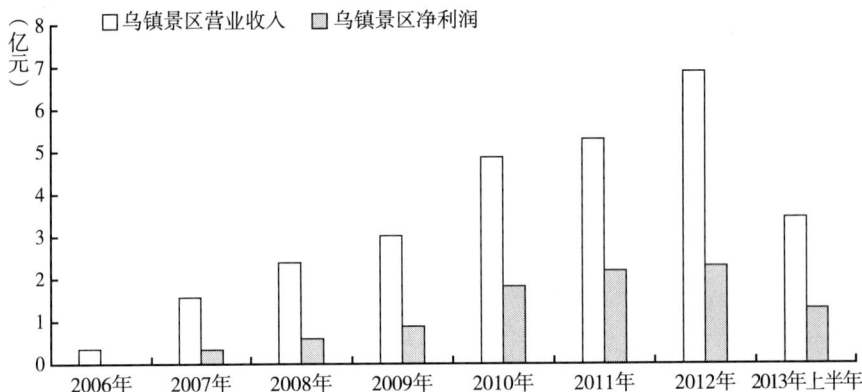

图 1　乌镇景区 2006～2013 年上半年营业收入和净利润情况

在乌镇商业化开发获得成功后，公司继续在景区板块积极拓展，目前的景区项目还包括 2010 年投资 40 亿元的古北水镇景区及 2013 年投资 2.45 亿元的桐乡濮院景区项目。2010 年，中青旅同密云合作开发古北水镇项目，并由乌镇团队负责开发。古北水镇于 2013 年 11 月试运营，已获得市场广泛好评。2013 年，中青旅第二个景区濮院项目落地。公司多元化的另外一个领域是在线旅游行业的投入，预计通过定向增发方式投入 3 亿元资金打造遨游网网络平台。

目前，公司主营业务主要包括旅行社、景区经营、酒店经营、IT 产品销售与技术服务收入、福利彩票、地产销售和房屋出租等几大板块。但旅行社、景区和酒店业务仍是贡献公司营业收入和营业利润的重要来源。2013 年上半年，景区板块实现营业收入和营业利润分别为 3.45 亿元和 2.76 亿元，分别占公司营业收入和营业利润的 8.34% 和 35.82%。

（二）首旅酒店：入股南山景区经营及酒店管理子领域

公司 2000 年上市之初的证券简称为首旅股份，于 2013 年 9 月更名为首旅酒店。相对而言，首旅酒店涉及的多元化经营范围较小，主营业务一直保持在旅行社、酒店和景区三大板块。

在公司多元化发展过程中，2002 年投资的南山景区板块属于公司多元化历程重要一步。2002 年 9 月，公司投资 3.3 亿元获得了南山文化公司 74% 股权，并参与景区的开发和经营。2003 年 7 月公司与宁夏沙湖旅游公司签署协议，介入沙湖旅游景区的经营管理及西部旅游资源的合作开发。

自公司介入南山景区经营后，南山景区的游客入园量由 2004 年的 170 万人次，增至 2012 年的 383 万人次。整个景区板块在 2003 年分别实现营业收入和营业利润 1.11 亿元和 1 亿元，至 2012 年则分别实现营业收入和营业利润 3.33 亿元和 2.94 亿元，分别占公司全部营业收入和营业利润的 10.96% 和 31.23%。2003～2012 年，景区板块占公司全部营业利润的比重均值为 36.4%，景区板块成为贡献公司营业利润的重要板块（见图 2）。

公司多元化过程的另外一个重要历程是进入酒店管理子板块。2012 年，公司通过置换出北展分公司业务而获得首旅建国、首旅酒店和欣燕都三家酒店管理公司经营业务，开辟了酒店管理业务子板块。2012 年，酒店管理板块分别实现营业收入和营业利润 2.03 亿元和 2 亿元，实现了高达 98.5% 的毛利率水平，分别是公司当年营业收入和营业利润的 6.69% 和 21.22%。

相对而言，传统酒店行业经营资产过重，效益和对股东的回报都不是很高。而酒店管理公司多数为轻资产，倾向于管理输出模式。首旅酒店大股东首旅集团和公司均是酒店起家，在长期发展过程中积累了丰富的管理经验，并培养出大批人才，未来的优势相对明显。可见，酒店管理公司是适合公司发展的子板块。

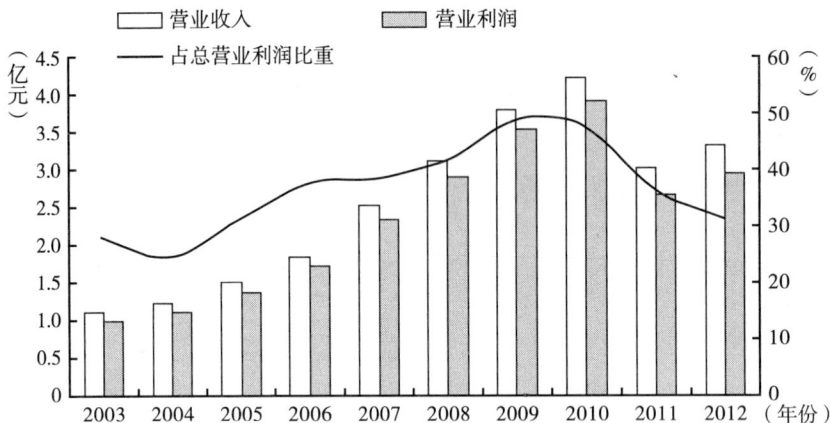

图2　首旅酒店景区板块2003～2012年营业收入及营业利润情况

（三）中国国旅：免税子领域不断拓展

公司于2009年在上交所上市。由于上市时间较短，主业经营情况相对稳定，自上市之初至今主业并未发生变更，主要包括旅行社和免税业务两大板块。

相对而言，中国国旅的主营业务经营一直保持稳定状态，业务板块扩张主要维持在既有的旅行社和免税经营子领域。尤其在免税经营领域，利用深厚的行业壁垒和公司既有行业优势，不断探索新模式和渠道，业绩取得迅速增长（见图3，图4）。

公司于2011年4月开始经营三亚大东海离岛免税业务，自开业以来，2011年获得营业收入10.5亿元，2012年获得营业收入20.37亿元，2013年全年实现营业收入28.28亿元，成为公司整体业绩的重要组成部分。

公司未来在免税行业将继续拓展。三亚新门店海棠湾免税业务将于2014年8月投入运营（同时大东海店关闭），其较大东海店购物面积更大，购物环境更舒适，且增加了部分免税品种。公司未来在免税行业的拓展还包括将在青岛打造类似海棠湾的集旅游、有税、免税和酒店于一体的旅游综合体项目，以及在上海国际旅游度假区（迪士尼）设立室内免税店。渠道方面，公司利用上海自贸区发展的机会，参与跨境通业务并单独设立了自己的交易子板块；还

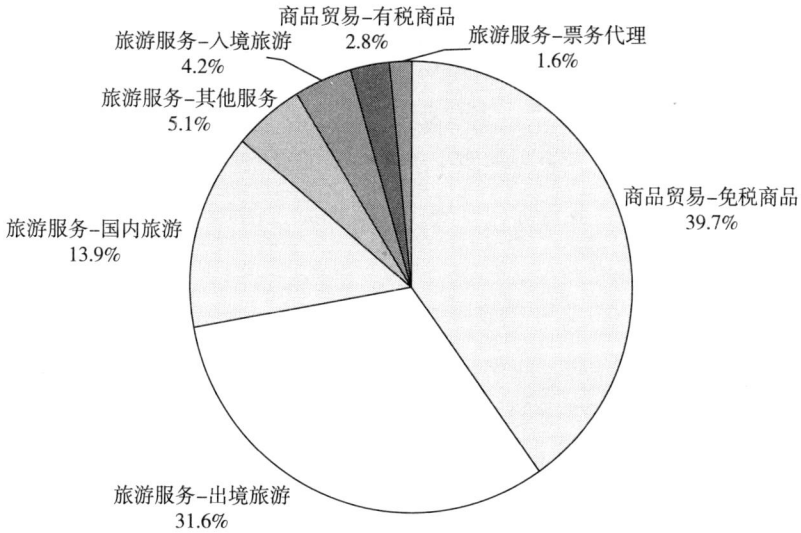

图3 中国国旅2013年上半年收入构成

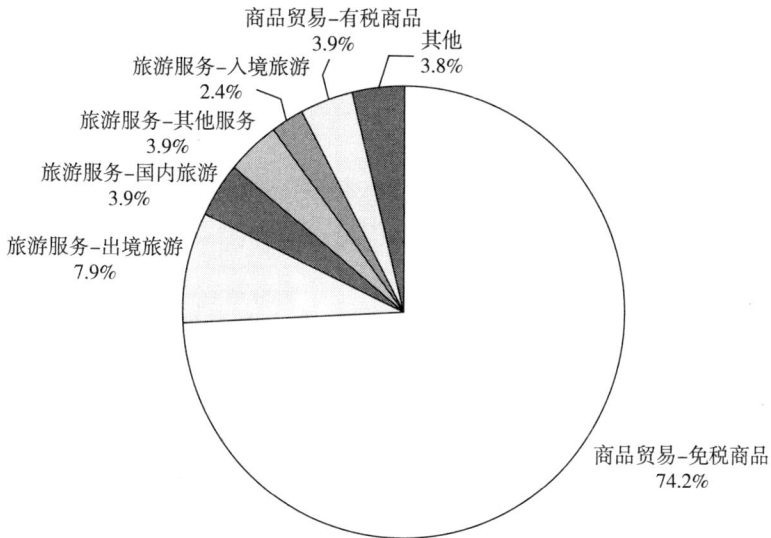

旅游服务-入境旅游 4.2%
商品贸易-有税商品 2.8%
旅游服务-票务代理 1.6%
旅游服务-其他服务 5.1%
商品贸易-免税商品 39.7%
旅游服务-国内旅游 13.9%
旅游服务-出境旅游 31.6%

图3 中国国旅2013年上半年收入构成

商品贸易-有税商品 3.9%
其他 3.8%
旅游服务-入境旅游 2.4%
旅游服务-其他服务 3.9%
旅游服务-国内旅游 3.9%
旅游服务-出境旅游 7.9%
商品贸易-免税商品 74.2%

图4 中国国旅2013年上半年营业利润构成

在三亚各大酒店推出免税自助购物终端,在未来有望推出线上离岛免税商品销售平台等。除此之外,中国国旅还积极关注电子商务行业发展,并将建设在线旅游平台。

（四）北京旅游：进军传媒领域

公司自1997年上市至今，主营业务经过多次变更，目前主营业务分为景区经营业务和酒店管理服务，该两个业务板块均是上市之初的业务板块之一。景区经营包括潭柘寺、戒台寺、妙峰山和灵山景区的经营，酒店管理是指北京灵泉宾馆的经营管理。

纵观公司2001～2012年的发展历程，虽然公司涉猎除旅游服务和管理费之外的业务，包括零售业、商业销售、租赁、水泥制造、建材制造、地产开发与经营及旅游产品销售等子领域，但除公司2001～2004年之外，旅游服务仍占据公司营业收入的绝大部分比重，在2008～2012年的营业收入占比超过90%。尽管公司一直积极尝试多元化，但效果并不明显。总体看，由于景区位置和特色已经在一定程度上决定其发展空间，且培育和发展需要时间较长，公司的整体规模一直较小，发展速度相对不快（见图5）。

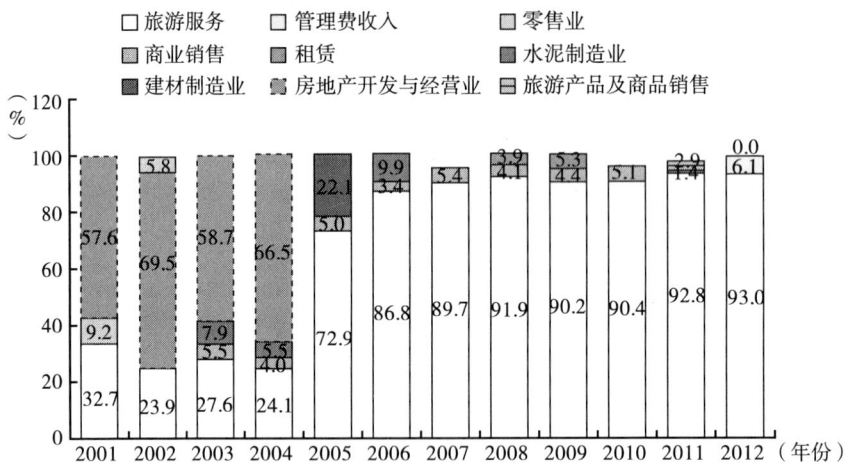

图5 北京旅游2001～2012年主营业务营业收入构成情况

面对既有劣势，公司一直积极尝试转型，其发展思路是，在原有旅游业务基础上，涉足影视文化行业，形成"旅游＋影视文化"大休闲文化产业的发展模式。其多元化的重要一步是在2013年年底迈入影视文化领域，投资1.5亿元收购北京摩天轮文化传媒有限责任公司100%股权。摩天轮文化传媒已经参与但未上映的影片包括《同桌的妳》《爱情限购令》《小资女之恋》《十年女友》及《杀手旅行指南》等。比较而言，影视文化行业的发展增速快，也更符合普通民众的需求，但同时其经营风险亦加大，可能对公司业绩造成较大的波动。

（五）全聚德：餐饮主业经营深耕细作

公司成立于1994年，2007年成功上市，是知名中华餐饮老字号企业，采用连锁经营模式，主营业务为餐饮服务和食品加工销售等。

多元化角度看，自公司上市以来，一直以餐饮业务为主，并围绕餐饮业务进行新产品探索及异地拓建。公司的多元化主要在于异地门店的投资及向围绕以烤鸭为主的餐饮子领域拓展。在2013年上半年的经营中，餐饮和商品销售业务分别完成营业收入6.5亿元和1.7亿元，分别占公司同期营业收入的76.42%和20.11%；餐饮和商品销售业务分别完成营业利润3.86亿元和0.67亿元，分别占公司同期营业利润的87.02%和15.14%（见图6）。

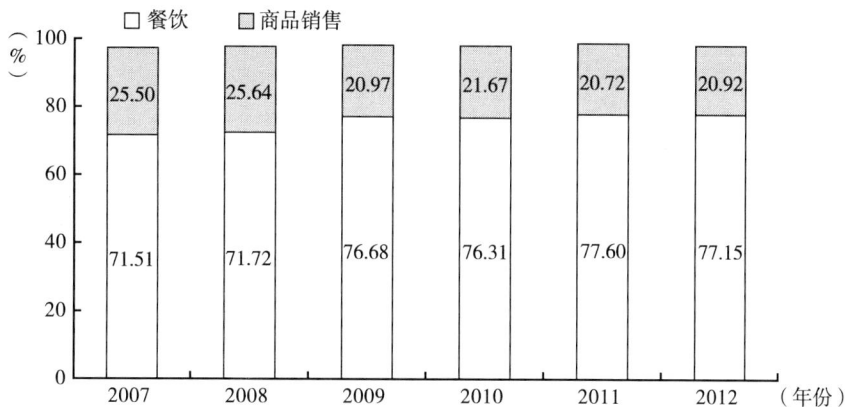

图6　全聚德公司2007～2012年主营构成情况

按地区看，目前贡献公司业绩的主要区域是北京，其次是新疆，再次是无锡、上海、青岛、合肥等地。2013年上半年，北京、新疆、无锡、上海、青岛和合肥实现公司营业收入的比重分别为107.25%、10.47%、1.19%、1.13%、1.02%和1.02%；占公司上半年营业利润的比重分别为85.96%、9.47%、1.32%、1.3%、1.16%和1.13%。

（六）湘鄂情：大幅投资环保领域

公司成立于 1999 年，2009 年 11 月成功上市。公司上市之初，主要以中高端公务、商务宴请客户为目标客户群。2009～2011 年，公司营业收入和营业利润的复合增长率分别为 18.7% 和 6.2%。2012 年，公司营业收入和营业利润分别为 13.6 亿元和 1.1 亿元。

2013 年，公司经营环境发生重大变化，受到宏观经济低迷、中央出台的"三公消费"限制以及原材料和人力成本上涨等因素影响，公司净利润亏损 5.64 亿元，公司被动向环保领域转型。

从多元化经营角度看，在 2013 年以前，公司主业一直围绕餐饮业务为主，并进行小范围的多元化尝试，例如进军快餐和团膳领域。2012 年 4 月，公司以不超过 1.35 亿元收购上海齐鼎 90% 股权，进入中式快餐业并进入学生餐领域；之后以 8000 万元收购北京龙德华餐饮 100% 股权，进军团膳餐市场（见图 7）。

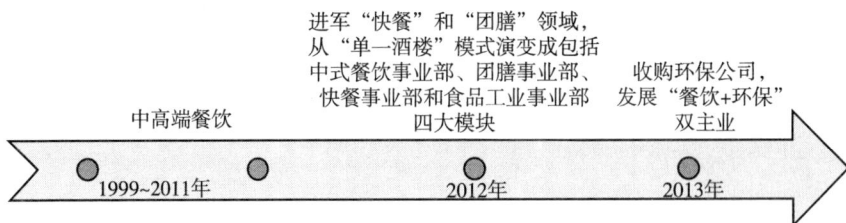

图 7　湘鄂情公司多元化经营历程

2013 年，是公司多元化发展历程的重要一年。受经营环境的巨大变化，公司积极转型环保行业，并实行"餐饮＋环保"双主业的经营策略。2013 年 7 月，公司发布收购江苏中昱环 51% 股权意向协议的公告，准备进军废气、废水、固废等环保综合子板块；2013 年 12 月，公司出资 5100 万元，控股 51% 股权，合作成立合肥天焱生物质能科技有限公司，主要经营项目为生物质能源设备的研发、制造和销售，并于 2014 年 2 月收购合肥天焱剩余 49% 股权。

环保行业目前在我国处于起步阶段，是国家重点给予支持和鼓励的战略新兴产业，未来发展空间十分巨大。公司前期已经进行系列市场调研，但之前只涉及关于餐厨垃圾处理的部分经验，尚缺乏完整的环保产业运营经验，因此面临一定的运营、技术和市场等风险。面对未来经营风险，公司通过签订对赌协议的方式来保证后期投资和经营的稳定性，未来的经营情况值得跟踪关注。

（七）北京6家旅游业上市企业多元化经营绩效小结

整体看，北京6家旅游上市企业中，除全聚德主业经营稳健，多元化经营相对较少外，其余5家均曾经或即将从事多元化经营，并取得了一定的绩效。成功的案例包括中青旅的景区运营和中国国旅的免税行业经营。上述两家公司均已经在多元化的两个子领域取得了一定成效，并继续深化该领域多元化的经营。首旅酒店的经营一向相对稳健，公司围绕酒店主业，进行了酒店管理领域的探索，并取得了一定业绩。而北京旅游拓展的文化影视行业和湘鄂情的环保行业则属于崭新领域，且与既有主业的关联程度不高，未来经营存在一定不确定性，有待观察运营情况后再做出评价。

三 促进北京旅游业上市企业多元化经营发展建议

（一）深入考察，合理布局，选择具有相对优势、资源或互补的领域进入

企业多元化并非一时兴起，需要在深入考察、合理布局的基础上才能有所建树。旅游企业经营易受到宏观经济和突发事件影响，在多元化时更应考虑资源协同性和行业互补性等问题。在既有行业或子领域范围内的多元化，应选择具备相对优势或有一定资源优势，能够更好发挥协同性的子领域。例如，中青旅和中国国旅在既有的旅行社业务经营条件下，再去拓展经营景区及免税等子板块，则可以充分利用既有资源，实现两个子板块相互促进，协同发展，多元化相对优势明显。

另外一种情况，为避免经营风险或者追求转型，企业在发展中可以考虑互

补行业或其他朝阳行业的多元化经营，以降低企业的系统性风险。相对而言，该种多元化经营风险更大，但若获得成功，亦有望为企业带来新的生机。例如，北京旅游和湘鄂情向文化影视和环保领域的多元化经营。

（二）选择合理的多元化经营方式和资金来源

根据我们对北京旅游上市企业研究发现，企业多元化经营通常是通过内部发起或者并购及资产置换等方式完成。内部发起通常涉及与既有行业或领域关联程度较高的子行业或子领域，而外部收购的对象则主要是与既有行业或领域关联程度不大的子行业或领域。

除资产置换外，内部发起或者并购进行多元化，均需要大笔资金。从上述6家公司的多元化经营历程看，无论是中青旅的乌镇和古北水镇项目，还是首旅酒店南山景区的收购以及中国国旅免税业务的拓展，包括北京旅游向传媒领域拓展和湘鄂情向环保领域拓展，无一不是需要大笔资金支持。且在企业多元化后续发展中，需要源源不断的资金输出。因此，多元化资金的来源应成为企业选择多元化经营之前必须考虑清楚的条件。在此过程中，企业可以选择通过商业银行、股市、债市、信托等方式完成，但同时应综合考虑公司现有的资产负债率情况及既有项目对资金的需求，并协调好各个项目资金需求及资金的长短周期需求的关系，以最大限度减少资金波动对公司经营造成的影响。

（三）注意资源和人员分配，最大限度发挥协同效应

企业多元化的目的一般是获取更好的盈利空间或者能够实现对既有资源的有效整合。在有限资源条件下，如何实现效益最大化是企业多元化中应思考的重要问题。首先，要注意资源分配的协调性，在多元化经营的过程中，尽量不损害既有业务的经营；其次，要注意人员的协调，在原有业务和新业务中合理分配人员情况，并注意协同效应的发挥。

（四）注意多元化人才的培养

人才是企业多元化经营的重要因素之一，而人才的培养需要长时间的积累和丰富的项目运营经验。因此，旅游企业在日常的经营中，应注意多元化人才

的培养及人才培养体系的建立。不仅需要优秀人才掌握既有企业、既有业务的经营情况，还需要有针对性的培养员工的企业文化、战略眼光、财务知识和学习能力等方面。建立完善的人才培养体系和保持多元化人才资源的培养，对企业未来无论在横向还是纵向多元化经营，甚至在跨行业经营中，即便暂时缺失专业领域人才条件下，也可以更快捷地使员工在不同行业适应并投入企业经营中。

（五）政策层面给予支持，做大做强北京旅游上市企业

整体看，北京旅游上市企业数量和规模都偏小。截至 2013 年年底，6 家旅游上市企业占北京全部上市企业的比重仅为 2.7%，占比相对较低。因此，促进其多元化经营除了需要上述旅游业上市企业自身的努力外，还需要相关部门在政策层面给予支持，包括扩大上市企业数量，鼓励和推动更多优质的北京旅游企业上市；壮大既有旅游上市企业规模，积极鼓励已经上市的旅游企业通过再融资或者并购等方式壮大其规模；对北京旅游上市企业积极进行产业链拓展引导，向吃、住、行、游、购、娱全产业链发展，并提供相应的政策支持；通过对优秀企业进行奖励或给予财政补贴等方式促进其发展。

参考文献

戴维·J. 科莉斯:《公司战略》，中国人民大学出版社，2011。

![G]GREENBOOK.31

都市休闲新城发展战略研究

——以大兴新空港为例

北京旅游学会建设国际一流旅游城市研究中心*

摘 要：

在全球一体化趋势下，都市新城发展催生空港新城建设浪潮，新机场的落户、新型城镇化的加速发展、文化创意产业的创新升级等带给大兴前所未有的发展机遇，大兴正在成为以空港为驱动的都市休闲新城的代表。本研究在对全球背景研究的基础上，通过对国内外优秀典型案例的解析，提出以空港新城为驱动的大兴都市休闲新城发展的模式，对都市休闲新城发展战略提供借鉴。

关键词：

北京　新型城镇化　空港新城　业态升级　临空产业经济

一 背景研究

（一）全球一体化趋势下都市新城发展催生空港新城建设浪潮

随着全球一体化趋势的加强，各国之间在经济上的依存越来越多，商品、服务、资本和技术跨边界的流动量越来越大，国家、城市、企业、组织、个人

* 北京旅游学会建设国际一流旅游城市研究中心设在北京巅峰智业文化旅游创意股份有限公司，本课题组负责人刘锋为该中心主任，巅峰智业公司首席顾问。本报告执笔人：徐婧、李林洁；技术指导：谢雯，北京建设国际一流旅游城市研究中心主要成员。

之间的对外交流越来越广泛，政治、经济、文化之间相互渗透。互相影响的局面愈加明显，世界变得空前开放，都市休闲新城发展迅速，世界经济在全球融合为一个难以分割的整体。

当今国际经济正在创造一个以航空、数字化、全球化和事件价值为基础的全新竞争体系，各国对于快速交通以及信息技术的应用越来越频繁，要求也越来越高，而机场因其速度快和流量大担当了国家和地区经济增长的发动机。经济发展的区位偏好将由原料指向型、市场指向型向时间价值指向型转变，时间价值将成为企业控制成本、提高收益，进而提升竞争力的重要因素，直接导致时间价值敏感企业在机场邻近聚集选址。机场逐步成为"后工业化经济中的一种新型中央商务区"。大型临空产业区的建设，不但能够借助机场的发展推动区域经济，而且能够最大限度地利用全球范围内的资源，提升本国在国际上的竞争力。

当今，空港商业城、航空城、临空经济区、空港新城的概念已在全球蔓延，从北美到欧洲再到亚洲，全球范围内掀起建设航空城浪潮。国际上许多国家和地区已经从战略高度上进一步认识到机场在区域经济中的战略地位，开始大力推进临空经济的发展。世界上大型现代化空港城市，如美国奥兰多机场、法国戴高乐机场等，都是以空港为驱动力的都市休闲时代空港城市的典型代表；亚洲各国也逐渐加快大型航空枢纽机场建设的脚步，形成了如韩国仁川机场、中东迪拜世界中心机场等为代表的大型临空产业区，给区域经济发展带来了难以估量的益处。北京大兴正秉承这一良好的契机，逐步发展成为空港型都市休闲新城。

（二）新型城镇化进程中北京大兴新航城建设机遇与挑战并存

改革开放以来，伴随着社会主义市场经济的快速发展和国民经济的高速增长，我国城镇化进程逐步加快，城镇化水平日益提高。我国的城镇化水平每年以1个百分点以上的速度提升，1978～2011年，城镇人口从1.72亿人增加到6.9亿人，城镇化率从17.92%提升到51.27%。

城镇化是我国发展的一个大战略，城镇化不是简单的城市人口比例增加和城市面积扩张，而是要在产业支撑、人居环境、社会保障、生活方式等方面实现由"乡"到"城"的转变。北京的新型城镇化围绕新航城建设，枢纽机场机器辐射区域展开，无论是航空运输业本身还是相关的配套产业以及具有临空指向的高科技产业，都具备效益良好、技术先进、清洁安全以及附加值高等特点，体现了我国未来产业发展的方向。而新航城作为国际化现代航城，其发展建设必将满足环境优美、宜居宜业和绿色低碳的要求，对我国经济转型和产业结构调整都将具有重要的意义。

（三）北京建设世界都市休闲城市赋予航城更大的机遇和责任

世界都市休闲城市是硬实力和软实力的统一体，具有在全球范围内实现"物质流、能量流、信息流、人才流"既集聚又扩散的核心动力与枢纽功能。同时，它处于集知识、研发、制造、产业、金融、贸易、物流、服务、会展、旅游、文化为一体的全方位财富高端。可以说世界都市休闲城市是城市发展的高级阶段，是国际城市的高端形态，对全球政治文化具有控制力与影响力成为世界都市休闲城市的两个核心功能。

北京已进入全面建设现代化国际大都市的新阶段。北京着眼建设世界城市，进一步提高现代化、国际化水平，使首都发展建设与国家和人民的要求相适应。北京发展进入全面建设现代化国际城市的新阶段，发展目标为建设国际城市的高端形态——世界城市。

北京作为我国的首都，长期承担着我国政治和文化中心的角色，相比其他城市更有特殊的地位。面对经济全球化迅猛发展、区域合作不断加深、国际竞争日益集中于大城市的格局，值此关头，北京新机场建设工作的进展加快，为北京建设世界休闲城市提供有力保障，而新航城的建设发展，无疑是"新形势、新阶段下的创新工作"。

（四）都市休闲时代大兴借助新航城建设产业整合发展迅速

1. 城市化进程及产业格局改变引导都市休闲业发展

持续的城市化加速发展将在三产推动及客源扩容两个方面对都市休闲业发展起到重要作用。一方面城市化首先是产业结构由以第一产业为主逐步转变为以第二、第三产业为主的过程，在城市化发展的高速增长期，城市经济的乘数效应迅速催生第三产业发展，都市休闲产业必将在城市化热潮中获得更多发展机会，我国平均城市化率将超过50%，第三产业发展的新热潮已经临近。另一方面城市化是旅游客源市场的强大扩容器，为休闲业发展提供了更为充足稳定的客源。城市是旅游客源市场的首要培育基地，城市居民则是现代游客的客源主体，他们有着强烈的休闲诉求，亦是最能领潮兴风的客源群体。中国作为世界第一人口大国，快速增长的城市化必然会在产业集聚、人口转移的过程中不断扩充城市人口总量，夯实休闲业客源市场。

2. 北京进入都市休闲时代

经济发展和社会进步带来更加充裕的物质生活，人们的低层次需求得到满足，越来越多的人开始从传统的休闲观念中脱离出来。研究表明，人均 GDP 达到 2000 美元时，休闲旅游骤升；GDP 达到 3000 美元，度假旅游渐旺。2013 年中国人均 GDP 为 6767 美元，而北京 2013 年人均 GDP 为 15052 美元，远远超出 3000 美元，以上数据证明全国，以及北京均已进入都市休闲时代。

3. 新航城建设影响大兴产业结构升级

新机场落户，围绕机场建设，大兴将完成跨越发展，从偏远郊区成为发展引擎和国门枢纽，进入难得的战略机遇期，都市旅游成为主流。大兴将大力发展临空经济，打造新航城，进行产业结构升级调整，培育成促进北京地区特别是南城发展的新战略增长极；城南行动再启，大兴蓄势待发。大兴作为北京市南部发展带上的重要节点和未来重点发展的新城之一，将成为新型的国际交流中心和休闲度假中心，将成为北京市新城区的重要组成部分。

大兴综合经济实力稳步快速增长。2013 年第一季度大兴实现生产总值 90.2 亿元，同比增速 13.3%，居北京市发展新区中的第 2 位，比上年同期提高 3.7 个百分点；三次产业结构比例为 3.2∶36.1∶60.7，正处于乡村型向城市主导型转变的关键阶段。2013 年第一季度实现社会消费品零售额 55.5 亿元，同比增长 15.5%，远高于北京市 9.4% 的同比增长；此外大兴人均消费支出增长 15.8%，高于北京市 13.6% 的同比增长。再从第一季度投资情况来看，全社会固定资产投资额完成 76.5 亿元，同比增长 25.9%。三次产业投资比例为 0.6∶8.2∶91.2，第三产业投资处于主导位置。

此外，大兴的都市休闲旅游收入持续稳定增长，5 年时间翻了近 6 倍，其中 2013 年上半年旅游增速居全市之首。市统计局发布的 2013 年第一季度各区

（县）旅游业综合统计数据显示，大兴实现旅游综合收入10.29亿元，在全市16个区（县）增速中排名第2位（见图1）；2013年第二季度，大兴区旅游业发展快速，营业收入达到22.14亿元，同比增长15.9%，增幅居全市第1位。旅游产业已经成为推动全区经济社会发展的重要产业。

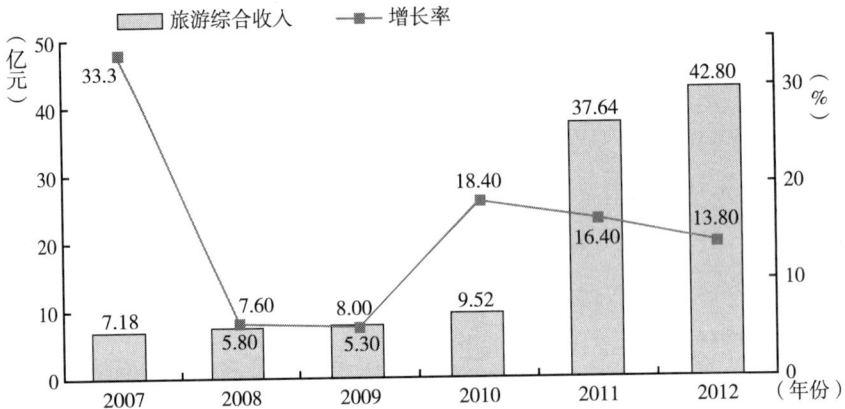

图1　2007～2012年大兴旅游业综合收入情况

以上数据充分体现大兴已进入全民都市休闲时代，加之北京新航城选定在大兴榆垡镇，300平方公里的新航城总投资840亿元，新航城以南中轴为发展主线，辐射礼贤、榆垡、安定、魏各庄、庞各庄五镇，建设以临空产业、商务服务、总部经济、文化创意、休闲娱乐为主的国际化高端产业新城。届时，大兴新航城的人口规模将达40万人，相当于一个中等规模的新城。同时，与之配套的大兴新航城将直接产生包括航空服务等10万个就业岗位，带来的社会效益不可估量。

二　以空港新城为驱动的都市休闲新城发展模式探究

一些发达国家和地区的实践证明：依托空港，发展枢纽经济及航空制造经济来带动都市休闲发展形成新城，对于拉动区域经济发展、增加就业都具有重要意义。推进北京大兴新航城全球最大航空型都市休闲新城，需要集合全球航空新城建设经验。

本文通过 3 个国际案例和 2 个国内案例，基于这 5 个城市国际地位与大兴进行比较，分别从空港城市的发展、产业业态的分布及与旅游的关系等角度分析，最终得出适应大兴空港城发展的借鉴意义和发展模式路径。

（一）模式探究

1. 美国奥兰多机场——空港与都市旅游的完美结合

图 2 勾画了美国奥兰多机场的发展历程。

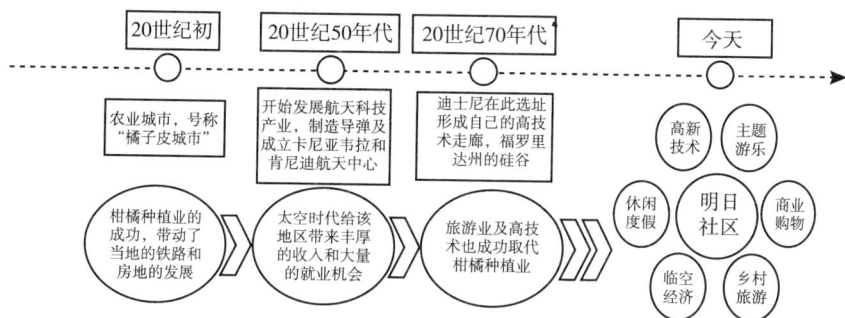

图 2　美国奥兰多空港城发展模式

2. 法国巴黎戴高乐机场——空港驱动型新航程发展之城

图 3 显示了法国巴黎戴高乐机场构建空港驱动型航场模式。

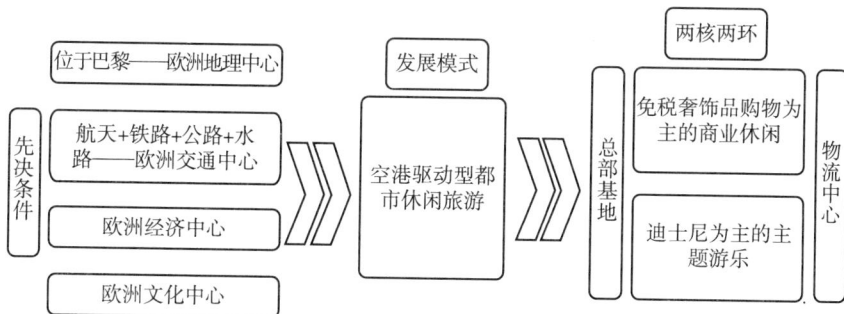

图 3　法国戴高乐空港城发展模式

3. 仁川空港城——政府主导临空经济现代服务业发展模式

战略定位：21 世纪全球化城市、韩国经济成长新动力（见图 4）。

战略目标：建设21世纪国际商务都市、东北亚物流枢纽及国际休闲都市，提高国家竞争力。

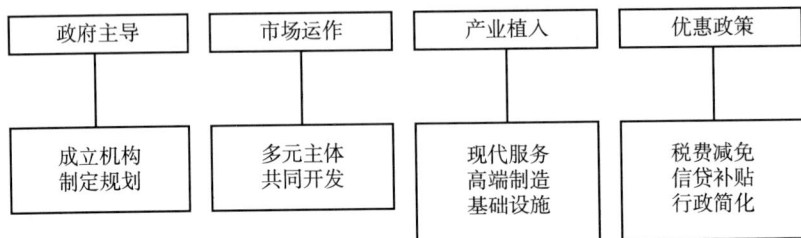

图4 仁川空港城发展模式

4. 广州白云机场＋番禺——旅游消费综合体＋空港新城

白云机场—番禺，开启了空港城—长隆模式新篇章，"新航城＋旅游消费综合体"成为新时代背景下空港城发展的成功典范（见图5）。

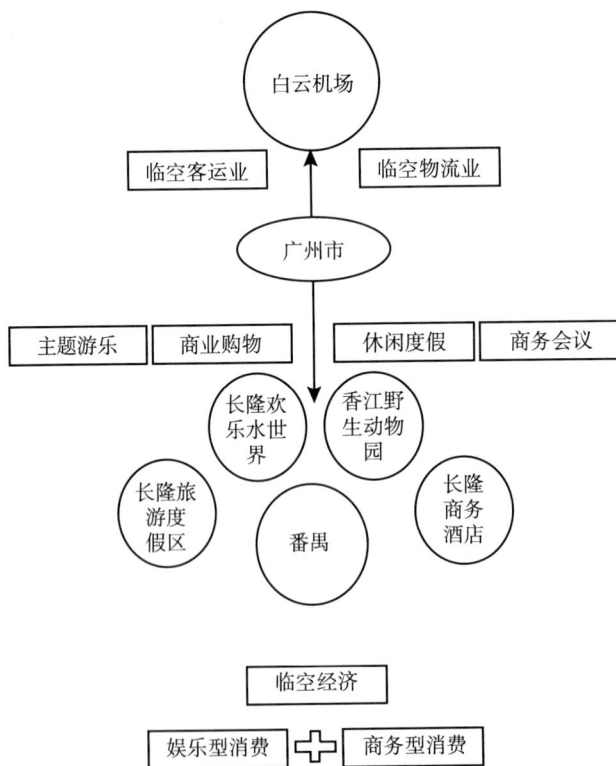

图5 广州白云机场＋番禺空港城发展模式

5. 西咸空港新城——第四代机场城市引领时代发展

以旅客消费服务为核心，复合型消费功能为外延，体现生态化智能化特征的第四代机场城市正是在此种背景之下提出的全新发展理念，其空间模式表现为"机场枢纽＋机场城市"的多组团格局（见图6）。

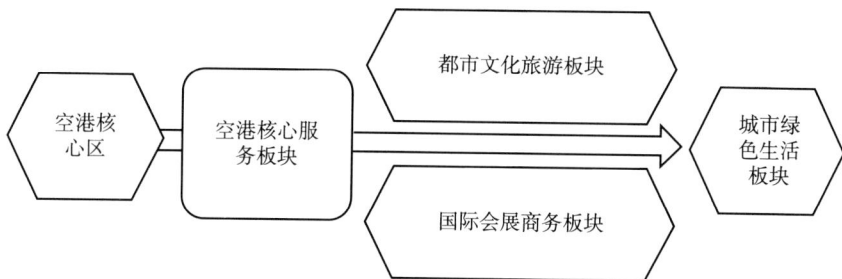

图6 功能板块与空间逻辑关系

6. 案例小结

通过以上国内外五大空港新城案例模式的总结，对大兴空港新城有较明确的借鉴指引，本研究从案例相似点和可借鉴内容两个方面对案例进行总结，从中寻求出大兴空港新城发展模式的选择（见表1）。

表1 案例总结

序号	案例名称	案例相似点	借鉴内容
1	美国奥兰多机场	乡村旅游发达	第一产业向第三产业转型之路,随着航空航天科技时代的来临,结合都市旅游项目,形成集高新技术、主题游乐、商业购物、乡村旅游、临空经济、休闲度假等功能于一体的综合产业之城
2	法国巴黎戴高乐机场	空港优势	空港辐射带动旅游、商业、物流等产业融合发展
3	仁川空港城	政府主导型	空港辐射带动旅游、商业、物流产业融合发展
4	广州白云机场＋番禺	旅游目的地城市	新航程＋旅游消费综合体(长隆模式)
5	西咸空港新城	大型枢纽城市	构建以旅客为核心,旅游＋文化创意＋会议会展＋居住等功能齐全的第四代机场城市

（二）第四代空港新城是大兴空港城发展模式创新选择

大兴空港新城借鉴成功空港城的案例，结合其自身门户优势，走出一条适合其发展的创新之路——第四代空港城。

机场与城市空间的融合演变，经历了航空港、临空产业区、空港城等发展阶段。随着空港规模的不断扩大，要求配套服务、综合消费日益完善。但机场内核承载力有限，难以提供消费服务所需发展空间，功能向机场周边区域溢出将成为必然趋势，机场由传统的"枢纽集散区"发展成为面向未来的"功能型城市区"（见图7）。

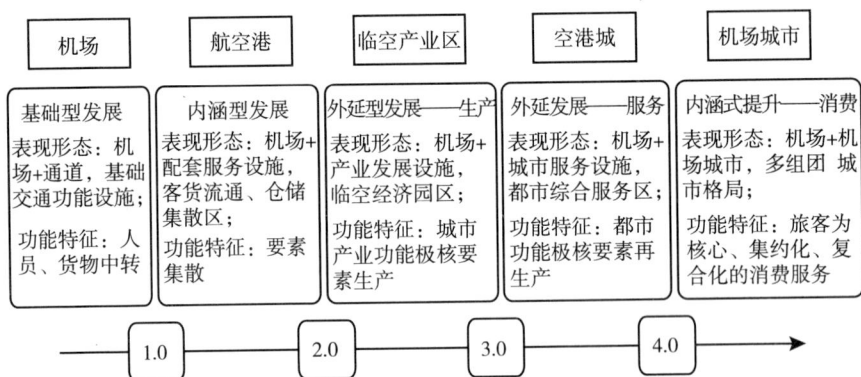

图7　机场城市演变历程图

依托国际枢纽级空港，以旅客为消费主体，发展以临空型现代服务产业为主的空港城市，将直接促进机场所在城市的产业结构优化，发展创意文化产业、休闲购物产业、高新技术产业、高端商务会议产业等，提升产业层次，扩大产业规模，以此促进城市影响力的扩大。同时，有效平衡城市发展空间、功能布局，形成新的区域经济增长极，实现城市经济腾飞，最终形成"机场枢纽＋机场城市＋娱乐消费综合体"的发展模式。

以旅客消费服务为核心，复合型消费功能为外延，体现以集散性、流动性为特征的第四代机场城市正是北京大兴机场的发展理念，其空间模式表现为："机场枢纽＋机场城市"的多组团格局。

（三）大兴空港城发展模式

1. 总体模式——空港城市

基于空港物流和临空加工制造传统临空经济区功能居于较弱的位置，与传统的临空经济区不同，大兴空港新城将建立以现代服务业为核心功能的空港城市（见图8）。

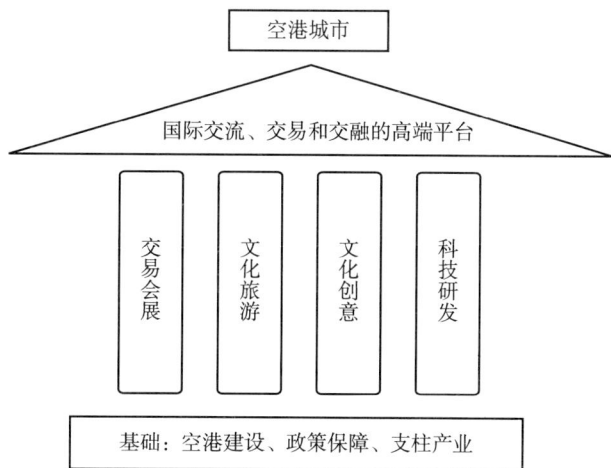

图8 空港城市发展模式

2. 发展基础——以空港建设和空港服务为核心

国际免税物流功能，配合国家战略区，争取诸如无障碍跨国旅行及旅游免税购物等政策；导入中央级的国际政治意愿，提升空港区域国际交流合作的政治能级。

3. 主干功能——交易会展、文化旅游、文化创意、科技研发

以国际生产要素交易服务为核心的商务会展功能；以国际文化交流为主题的旅游消费服务功能；以文化展示、创意商品交易为重点的文化创意功能；以科技研发为重点，提供京津产业提升的内生化动力。

4. 体系构建——四大平台、六大产业、若干产品

体系构建见图9。

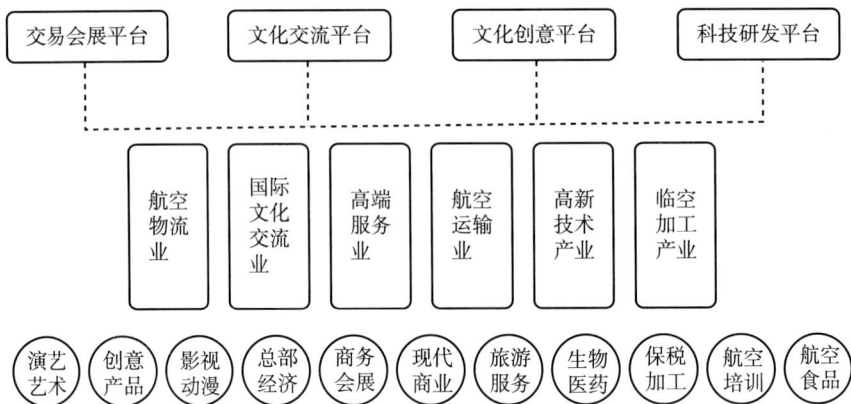

图9 空港城市四大平台、六大产业及若干产品

三　北京大兴空港新城发展举措

通过国际形势、国内需求以及北京机遇等分析，进而选择具有枢纽机场地位、临空产业发展成熟以及具有自身特色的新航城进行案例研究，充分借鉴其发展经验。在此基础上，分析大兴空港新城的战略定位、趋势预测、产业发展模式、产品设计等方面，探索北京空港新城的发展之路。

（一）北京大兴空港新城战略定位

1. 中国门户

北京大兴空港新城是世界面向中国的门户，是北京迈向世界城市的新名片，是国际化开放的空港城市。

2. 世界枢纽

世界级的北京新机场，将成为世界重要的交通枢纽，国门商务区吸引国际组织、企业总部、金融机构、物流企业及具有重大影响力的论坛入驻，成为世界政治、金融、科技、人才、信息的枢纽。

3. 区域引擎

立足北京，辐射整个京津冀鲁区域协同发展，成为跨省合作的典范；强力拉动，成为区域经济发展的引擎。

4. 生态新城

环状组团、职住平衡、环境友好、低碳节能、生态森林航城。

（二）五大工程构建大兴空港新城产品体系

1. 构建休闲服务系统工程

构建休闲服务系统是大兴在都市休闲时代下发展城镇化建设的现实要求。伴随着技术进步和物质产品供给能力的提升，公共服务需求不断增长、服务业快速发展成为当今经济社会发展的重要特征。

围绕大兴空港新城将打造一个国际旅游综合服务中心，集旅游咨询、汽车租赁、票务管理、预订服务等功能于一体，为过境旅客提供全方位的咨询服务。此外还将借助 72 小时过境游的相关优惠政策，建立一个免税购物港，提供更加便捷优惠的购物服务。

2. 主题小镇驱动城镇化建设工程

国家新型城镇化战略和"三农"战略将驱动乡村迈向小镇的蓬勃发展，众多拥有突出农业背景的乡镇、村落不约而同采取了以农业为基底，联动三次产业，并结合养生养老、创意旅游、主题运动、文化体验等要素，共同驱动旅游型新型城镇化的发展路径。

新航城所涉及的礼贤、榆垡、安定、魏各庄、庞各庄等村镇也将结合其自身特色发展主题特色小镇，如榆垡镇结合北京野生动物园打造休闲游乐主题小镇，将野生动物园扩大，延展其产业链，开拓家庭市场、亲子市场，打造类似长隆模式的娱乐消费综合体；庞各庄可继续发挥其西瓜特色，打造休闲农业、科技农业等特色主题。

3. 高端引领商务休闲业态升级工程

新航城以 72 小时一站式旅游目的地为目标，其商务客群也是主流客群之一。为满足高端商务人群来京参加会议、会展或休闲、购物等需求，新航城将提供一处商务休闲 RBD，RBD 将休闲娱乐、主题旅游、精品购物等各类项目加以整合，并与商务相结合，形成一种新型的旅游休闲产业，构成现代都市新亮点。以北京为中心的京津城市群形成了中国参与国际经济竞争的重要平台，为此，凭借新航城的发展契机将高端商务休闲平台做大，这也是城市生活方式的提升，特别是休闲生活成为品质生活的重要组成部分。

4. 文化创意产业注入创新业态发展工程

沿中轴路这条"龙脉"的大兴区，将奥运文化、历史文化、现代文化沿着"龙脉"在这里传承与延伸。星光影视园、北京设计产业园、北京国际印刷包装产业基地、国家新媒体产业基地核心区、时尚休闲体育产业区等一批文化创意特色产业园区在大兴迅速崛起。综艺节目制作、动漫制作、工业设计、服装设计、印刷包装、时尚体育等新兴产业在这里渐成规模。这些文化创意产业也将纳入到北京新航城这一大的新城体系中，成为其重要的产业支撑。

5. 临空产业经济持续发展工程

临空产业经济作为新航城发展的重要支柱，是具有特定的航空枢纽指向性、与航空运输业务紧密联系的产业，它包括服务于航空枢纽的产业、航空运输业物流服务产业以及具有明显航空运输指向性的高科技制造业。

依托新机场，发展临空产业，可以促进机场客货运增长；优化产业布局，实现北京市及大兴区的产业升级；同时，发展高技术高附加值的临空产业，可以培育新的经济增长点，带动区域经济增长，增加政府税收。

城市副中心背景下通州旅游
发展的战略性思考

北京旅游学会北京休闲旅游研究中心*

摘　要：

本文剖析了城市副中心定位下通州旅游发展的新机遇，对世界城市副中心旅游发展经验进行了总结，提出了通州城市副中心旅游发展的总体战略和战略行动，从而为推动城市副中心背景下通州旅游业发展提供借鉴思路。

关键词：

城市副中心　城市旅游　通州

一　城市副中心定位给通州旅游带来全新机遇

通州城市副中心定位，经过了一个认识变迁的过程。2007 年，北京第十次党代会提出建设通州、顺义、亦庄三个重点新城。进而，对通州新城定位为"现代化国际新城"及"北京发展新磁极，首都功能新载体"，要"突出'首都新区、历史名镇、北方水城'特色，打造首都科学发展示范区"。2012 年，北京第十一次党代会明确提出，"落实聚焦通州战略，打造首都城市副中心"的命题。至此，"功能完备的城市副中心"，成为通州最新、最为明确的区域发展定位。

---

* 北京旅游学会北京休闲旅游研究中心设立在通州区旅游发展委员会。本课题组成员：张小艳，通州区旅游发展委员会主任；李金玺，通州区旅游发展委员会党组书记；张书利，通州区旅游发展委员会纪检组组长；黄姝敏，通州区旅游发展委员会规划发展科科长；王焕之，通州区旅游发展委员会规划发展科科员；刘宇，北京联合大学旅游学院副教授、博士。

这一认识不断深化提升的过程，是北京市委、市政府对通州新城功能定位不断思考和完善的过程，是一脉相承、不断深化的结果。① 通州城市副中心的建设，是在北京建设中国特色世界城市的背景下，解决北京单中心、同心圆式的城市空间格局而造成的交通拥堵、环境压力等矛盾而制定的重大战略。通过通州城市副中心的重点发展和率先发展策略，将把通州建设成为中国特色世界城市的先行区、实验区和示范区，成为北京中国特色世界城市的重要构成部分。

城市副中心建设，也为通州旅游产业发展带来千载难逢的机遇。

首先，通州城市副中心建设，创造了全新的旅游环境。通州大力实施"一核五区"工程，大力推进新城核心区的城市综合体建设、大力推进水系景观建设，形成了一批独具特色的城市副中心标志性建筑群，构建了以水为魂，以绿为韵的"北方水城"景观，这将使通州旅游环境得到本质性的改善。

其次，通州城市副中心建设，将大大丰富通州的旅游吸引物。通州新城的标志性景观建筑彩虹之门、新北京中心等，将成为独具魅力的城市旅游吸引物。全球著名品牌主题公园、大型主题娱乐项目派格5D秀等将落户通州，将成为通州，乃至北京最具有吸引力的旅游景点。

最后，通州城市副中心建设，必定要进一步发展商业、文化、休闲、娱乐等特色功能，强化、新增城市功能，从而更有效地吸引和汇聚各类高端资源。这也必将大力拓展并提升通州旅游配套设施的数量、质量及档次。

二 世界城市副中心旅游发展的经验借鉴

巴黎、伦敦、纽约、东京等世界城市纷纷建设了功能完备的城市副中心，如巴黎拉德芳斯区，日本新宿、涉谷、池袋副都心，纽约巴特利花园城副中心等。这些世界城市副中心，无不是休闲旅游兴盛之地，甚至旅游还成为某些世界城市副中心的主体功能。

---

① 王云峰：《打造功能完备的北京城市副中心》，《前线》2012年第21期。

（一）世界城市副中心的发展经验

1. 副中心距离城市中心较近

世界城市副中心的发展经验表明，城市中心与新城的平均距离在 25 公里左右，且与城市中心区有一定的空间轴线关系，往往依托河流、公路等发展而成。

2. 有良好的公共换乘系统勾连

如伦敦、巴黎等，市区均有远程轨道系统连接城市副中心，以实现中心区与副中心的便捷连通。

3. 强调副中心就业与居住功能的平衡

世界城市副中心往往集聚了众多的大学、服务业、研发和轻工业等产业活动，保证居住与就业平衡，增强新城吸引力，就近满足郊区居民工作需求和生活需求。

4. 规划建设中非常注重与自然环境的融合

世界城市副中心都非常重视景观环境营建，很多城市副中心都将天然水系或人工湖泊纳入副中心区域，并外围有绿带环绕，与原有的城市化区域隔离开。

（二）世界城市副中心旅游发展经验

1. 景观建筑奇特，构成标志性旅游吸引物

很多世界城市副中心特色建筑本身就成为旅游吸引物的重要组成部分。如巴黎拉德芳斯副中心拥有蓬皮杜艺术中心、新凯旋门等极具观赏性的景观建筑。东京新宿副中心则以东京新都厅舍为核心，形成了超高层建筑的聚集布局，构成新宿副中心最显著的特色。

2. 文化创意丰富，丰富旅游产品内涵

巴黎拉德芳斯城市副中心建设了 MAX 剧院、CNIT 会展中心、德芳斯宫、新凯旋门屋顶展厅等，并定期举行展览、艺术表演、音乐会等文化活动，提高了拉德芳斯副中心的城市品位，也丰富了其旅游产品的内容。

3. 城市环境优良，旅游交通创新

巴黎拉德芳斯城市副中心，其规划不受巴黎城市规划政策的限制，在空间规划上进行了大胆创新，既为新区保留充分的地面空间以及街面的完整性，也为旅游交通开发留下空间。东京新宿在建设副中心的同时，非常注重交通网络体系建设。依托各个交通枢纽中心把各个副中心连接起来，并以此为基础发展旅游业。

三 城市副中心定位下通州旅游发展的战略思路

面对全新的发展机遇，通州旅游业发展的战略思路急需调整提升。包括发展方向、目标市场、旅游产品、产业格局、经济模式和管理模式6个方面。

（一）明确"城市旅游"为主要方向

北京城市副中心建设，给通州未来旅游开发带来潜力空间。一方面未来通州旅游业是配合城市副中心产业休闲功能的现代服务业，而不是仅满足市民需要的郊野休闲农业；另一方面通州既有的很多旅游资源，其实已经具有了典型的城市旅游产品特征及开发基础，如大运河森林公园、宋庄艺术集聚区、草莓音乐节以及众多的休闲生态资源等。

因此，未来通州旅游发展方向将是"城市旅游"。城市旅游，即以城市资源为主要旅游吸引物的旅游形式，包括城市景观、城市公共建筑、城市基础设施及服务设施、城市风物及风情等。城市本身就是多样性和便利性的产物，是功能最全面的旅游目的地，满足旅游者观光、休闲、度假、娱乐、教育等多种差异化需求。还需指出，通州必须要形成区别于城市核心区的"城市旅游"发展思路，既是具有"城市旅游"特征，同时又充分发挥都市田园风光优势的"城市旅游"。

（二）构建"北京、国内及国际"三足鼎立市场

通州旅游的目标市场以北京市民为主，辅之以京津冀等周边城市客源市场。通州城市副中心的建设，使得通州目标市场定位发生重大变化。一是国际

医疗服务区、国际组织集聚区等国际大项目建成后，外国人及驻京外国人将形成强大的休闲旅游消费需求。二是环球影城项目落户通州，根据环球影城在其他国家发展经验，其不仅会吸引全国旅游者，而且也会吸引周边亚洲国家入境游客前往。三是通州新城建成后，新城发展及新城建设历史会吸引专项商务考察者及来京公干的旅游者。四是目前的草莓音乐节、宋庄艺术文化节等通州区内的节事活动，已经在国内外具有了一定影响力，参与游客来自全国甚至全球各地。

综上分析，通州旅游未来市场定位，不能仅是面向北京市民休闲的目标人群，而应形成北京周边市场、国内市场及国际旅游市场三足鼎立之势，并呈现多元化主题趋势。

（三）打造通州新城"全域旅游产品"

通州旅游产品呈现典型"单项旅游产品"特征，如运河观光游产品、宋庄艺术游产品、都市休闲游产品等。在城市副中心建设背景下，仅凭单体旅游尚不能形成核心旅游吸引力，也不能够全方位地满足副中心建设而引致的现代服务业发展的多元化、多样性的衍生需求。

以城市副中心建设为契机，摆脱单体旅游产品的开发束缚，通州旅游产品开发应以"全域旅游"为总体思路。将整个城市视为一个大的旅游产品，以"城市旅游化"的思路，对城市资源与旅游资源、城市空间与旅游空间、城市居民生活方式与旅游者游览方式进行对接，实现城市资源旅游化最大程度的利用。

（四）形成以"旅游综合体"为主要载体的空间格局

在城市副中心背景下，通州旅游空间发展应弱化"景区、景点"概念，而以"城市旅游综合体"来替代。旅游综合体，是城市中一种以旅游功能为主体功能的空间经济聚落结构，已经成为城市空间与旅游产业紧密融合的新增长极。旅游综合体具有功能复合、产业融合、地块统筹及收益综合等特征，成为面向旅游业及生活性服务业的综合业态的盈利模式。

通州今后将大力发展两种类型的综合体。一是城市旅游综合体，随着通州新城建设，万达广场、环球影城、派格5D秀等项目相继落户通州，通州旅游产业的空间布局将走向集聚，城市旅游综合体将取代旅游景区，成为通州旅游经济的核心空间载体。二是都市休闲型旅游综合体，其基础是已经初步形成规模及特色的休闲农业集聚园区，如台湖镇的金福艺农等高科技创意农业园区，永乐店镇金篮子食用菌养生文化集聚园区等。

（五）全面向"质量型增长"经济模式转型

随着城市副中心建设及旅游产业结构升级的加快，通州旅游经济增长将由"数量型"向"质量型"转型，实现集约化、内涵式的旅游增长模式。一方面要加快通州旅游产业融合的步伐，形成产业链条长、产业结构高级化、经济效益好、社会影响大的旅游经济增长模式。另一方面通州旅游发展目标及旅游统计指标也要相应转型，从追求旅游人次增长、旅游总量增长向提高人均消费能力、实现游客满意度、促进区域和谐转化。

（六）全面向"大产业促进"管理模式转型

通州区旅游委的建立，已经打破了狭义的"旅游部门"概念，使旅游管理不再局限于传统的旅行社、酒店及景区等产业部门，也不仅仅是行使行业管理职能。未来，随着通州城市副中心建设及旅游产业融合的深化，通州旅游管理模式还应继续由"行业管理"向"产业促进"转型，顺应城市旅游与商业、农业、工业、交通业等多产业部门交叉的实际需要，更加发挥旅游委的综合协调职能，继续完善旅游产业促进、区域旅游营销、旅游公共服务等重要功能。

四 城市副中心定位下通州旅游发展的战略行动

（一）产品开发

借鉴世界城市副中心旅游产品开发经验，通州"新城游"旅游产品可形成八大产品系列。

1. 通州新城观光旅游产品

通州作为北京唯一的首都城市副中心，高端项目云集。在通州新城的建设期及建成后，要对新城的发展历程、拆迁、规划、建设、工程等内容进行总结，并开发形成集观光、游览、考察、公务、政务及会议等于一体的"通州新城观光旅游产品"，形成通州新城规划馆或博物馆游产品、通州新城超级工程游产品和新城休闲购物旅游综合体三个开发层次。利用通州城市副中心的标志性建筑群，如彩虹之门（双环）、新北京中心、长安运河等，以及以水为魂、以绿为韵的"北方水城"景观，打造"城景合一"的新型旅游吸引物。

2. "运河水岸·水上休闲"旅游产品

城市滨水空间成为一个城市最生动、最有吸引力的地方。通州五河汇聚，是大运河的起点，其水景资源及蕴含的历史文化成为北京世界城市副中心的独特优势。因此，通州旅游要做足"北方水城，漕运古镇"这篇文章，通州运河旅游产品包括水岸和水上两大开发层次。水岸休闲旅游产品，依托运河水域生态环境和滨水景观，引入咖啡馆、书店、画廊、创意手工馆等业态，打造运河水岸时尚休闲区；水上休闲旅游产品，在运河河道适宜区域重点发展水上休闲娱乐活动，如划艇、水球等活动，打造生动和有趣的滨水空间。将浓郁的运河文化元素与高端的国际城市形态完美融合，展现"白天因商务而繁荣、夜晚因休闲娱乐而繁华"的北方魅力水城形象。

3. 大型主题公园旅游产品

未来，随着通州文化旅游区建设的深入，世界著名主题公园、派格5D秀等大型项目纷纷入驻。大型主题公园类旅游产品，将成为继运河文化、宋庄集聚区和休闲农业以外的重要的新兴旅游产品。这些大型旅游项目的开发，将丰富通州文化旅游区的内涵，提升通州旅游的国际化水平，拓展国内外旅游目标市场。

目前，通州旅游应该充分、客观评估发展条件，最大限度抓住机遇，利用世界品牌的影响力来快速发展自己，最终实质性地消化大型项目落地带来的发展机遇，以"借名扬名"和"借船出海"战略，实现对通州旅游及经济、社会等方面的创新发展。

4. 新城商务会展旅游产品

举办大型国际会议是衡量城市国际化程度的重要指标，也是城市综合接待能力的集中体现。北京目前具有一定规模的会展场馆以及会展设施总量居全国第 4 位，还具有很大的开发空间。在首都副中心背景下，通州国际新城成为城市功能拓展提升区域，其中重要产业之一即应该发展国际会展，建设具有多种功能的国际会展中心，并依托会展资源积极开发通州会展旅游产品等。同时，应积极拓展节事活动旅游产品，如策划通州新城开城仪式、举办国际性及全国性会议及论坛等。

5. 都市生态休闲旅游产品

目前，通州都市休闲农业发展迅速，位列全市增速第 1 名，乡村旅游人均消费居全市第 2 位，未来通州还将依托较好的区位优势、便捷的交通优势、悠久的历史底蕴、丰富的文化资源以及得天独厚的科技优势，继续规范和发展。在空间上将形成"四区、四廊"发展布局：四区指高端科技农业集聚区、漕运古镇农业集聚区、生态休闲农业集聚区、创意农业集聚区；四廊指北运河文化生态农业廊、潮白河休闲生态农业廊、京津高速休闲农业廊、京哈高速高科技农业廊。

6. 创意艺术体验旅游产品

依托通州文化创意产业资源高度汇集的特性，以宋庄文化创意产业集聚区、九棵树数字音乐集聚区文创基地为龙头，形成集绘画欣赏、现场制作、零距离接触、艺术收藏为一体的"创意艺术体验游"系列旅游产品。

随着城市副中心建设，要继续整合发展宋庄片区的艺术馆（如宋庄美术馆、金麦国艺、李学功艺术区、向村艺术工作室等）、现代音乐学院片区的百家录音棚和音乐工作室以及韩美林艺术馆、运河瓷画馆、台湖国画院等旅游产品。

7. 高端康疗度假旅游产品

通州新城规划有国际医疗服务区，在现通州区潞城镇域内，建成后将成为辐射亚洲及全国的高端的、现代化的医疗产业集聚区。利用通州新城国际康体医疗旅游资源，打造集医疗保健、文化旅游、养老养生为一体的北京乃至中国重要的高端康疗度假中心。

8. 城市要素资源旅游产品

首都副中心背景下，通州旅游开发应持有"全域旅游"理念，利用新城建设资源，重点开发城市产业资源转化及社会资源转化两大产品系列。

（1）城市产业资源转化。以产业融合理念，将旅游与工业、农业等融合，如将美食（如通州三宝）、食品加工（如蒙牛）、工艺美术（如宋庄）、钢琴艺术（如珠江钢琴城）等行业全面与旅游融合，挖掘城市产业资源，开拓城市旅游"新产品"。

（2）城市社会资源转化。除了城市产业资源外，城市要素资源如通州的文化场馆、社区院落，甚至居民生活点等，都可以开发、纳入通州旅游"新名单"。如大力发展社区旅游，到大营民俗村等居民社区体验了解北京民众的生活状态。

（二）产业配套

通州旅游产业配套，是指为配合"新城游"核心旅游产品建设，便于旅游行为完成的游客服务产业链上的一切环节。具体来说，通州城市副中心旅游产业配套包括旅游交通业、旅游信息咨询、旅游公共服务、智慧旅游服务等众多环节。

1. 构建多元化的城市旅游交通系统

通州旅游交通系统，要充分利用通州新城城市交通体系，同时根据旅游者需求，大胆创新。未来新城旅游应该开发城市公共汽车、地铁、城市观光双层车、自行车骑游系统、景区内部旅游通勤车等多元化、立体化的交通体系。其中以双层观光车和自行车骑游系统为通州旅游交通建设的重点。

（1）开发通州新城环线观光游览车。城市环线观光游览双层车，沿途连接主要酒店、景观、游船码头、购物中心及文娱场所，并在车上提供专业导游服务的城市观光交通服务产品，是一种行亦游，游亦行的城市观光旅游产品。

（2）建设通州新城公共自行车骑游系统。公共自行车骑游系统，可以便利地连接城市旅游集散点与旅游景区、旅游景区与旅游景区、旅游景区与旅游服务设施，不仅为旅游者提供游览与休闲的便利，而且能够增加旅游者的深度体验。通州目前已经有2000多辆自行车投入运营，未来的自行车网点还应由现在的城区、新城向景区扩张。

2. 建设城市副中心旅游咨询中心

国际一流旅游城市，也是城市旅游公共服务体系最为完善的城市。北京旅游公共服务设施和城市休闲设施与巴黎、东京等世界城市相比，存在着较大差距。尤其是便利化、网络化的游客咨询中心等公共服务设施，在规模数量和服务品质等方面都存在显著差距。

随着通州新城建设和环球影城等项目落户，国内外游客将大量涌入，通州新城旅游咨询中心建设的最高目标，将是实现"国际散客旅游无障碍"。

3. 建立国际化旅游标识系统

随着通州城市副中心建设，通州旅游标识系统一是要完善，二是要旅游标识国际化和标准化。参照国家标准和道路标识标准，建立起人性化、国际化的基本信息和导向服务，规范公共符号系统。以简明、中英双语、多样的方式给游客提供人性化服务方面的信息。同时，利用北京 2009 年实施的"北京旅游语言无障碍工程"契机，完善道路导引系统、景区内标识及指引系统及国际通用标志，构建旅游综合性信息服务平台。

4. 探索智慧城市旅游系统

智慧旅游依托物联网、移动通信、云计算以及人工智能四大关键技术，通过感知化、物联化、智能化的方式，将旅游过程中的物理基础设施、信息基础设施、社会基础设施和商业基础设施连接起来，成为新一代的智慧化基础设施。

通过建设通州新城智慧城市旅游系统，可以实现游客到访前的虚拟旅游、信息查询、预订、导航服务等智慧旅游平台，访问中的触摸屏查询与体验服务，访问后的通州特产、旅游纪念品线上购物等。

5. 构建通州新城旅游环境系统

通州新城建成后，可能会以喧闹的"城市空间"取代了原有的安逸的"郊野空间"。构建通州新城旅游环境系统，不仅是为旅游者获得高品质旅游体验提供重要支撑，而且还为在通州新城落户的产业人群提供良好休闲空间，实现"和谐创业"环境和"休闲生活"环境的合一。重点构建运河水岸滨水环境营造和"夜运河·亮通州"两大环境系统。

（三）支持保障

1. 政策突破：以体制创新应对新机遇与新挑战

目前，重点突破、率先发展，把通州建成中国特色世界城市的先行区、实验区和示范区，已经成为通州新城建设的共识。在此背景下，面对新机遇与新挑战，通州新城旅游产业发展也必须大胆突破，破解发展过程中的瓶颈，主要包括：出台促进和支持旅游发展的产业政策、适应旅游大项目建设及旅游综合体建设的旅游用地政策突破、调节旅游经济的财税政策突破、激励旅游企业的金融政策突破、构建竞争活力的准入及投融资政策突破等。

2. 强化职能：进一步加强城市旅游管理职能

适应通州城市副中心发展的需要，通州区旅游管理机构要能够发挥综合、统筹及协调的职能，这样才能真正适应纷繁复杂、多产业融合的城市旅游发展的需要。具体说来，通州旅游委应强化如下管理职能：一是强化产业引导职能，引领旅游产业发展方向，控制低端旅游产业以及低档次旅游衍生品的过度出现。二是强化行业管理职能，继续规范旅游企业经营行为，坚决查处杜绝危害旅游者的价格欺诈等不规范行为。三是强化区域营销职能，将通州新城旅游作为一个整体进行区域营销。四是强化公共服务职能，为旅游企业提供人力资源培训等服务，为旅游者提供公共信息服务。

3. 规划先行：编制通州新城旅游专项规划

以"全域旅游"的理念，融合城市规划和旅游规划，编制《通州新城旅游专项规划》。借通州城市副中心建设的契机，由通州旅游部门和规划部门联合牵头，重点解决通州新城增长动力与旅游增长动力的对接问题，城市规划、土地利用规划与旅游规划的对接问题。《通州新城旅游专项规划》的编制，是推动通州转型为"城市旅游"的必要保证。

4. 重塑形象：以"新通州"贯穿旅游目的地营销

随着通州新城及环球影城建设，通州旅游目的地营销需要配合转型，包括目标市场定位、旅游形象、旅游产品开发方向及促销手段，都需要配合通州新城建设及环球影城建设而调整。《通州区旅游营销规划（2013～2018年）》，确定了通州旅游营销形象为"新通州"，并提出旅游口号为"古运河，新通州",以突出新城旅游的"创新"形象,并强调"国际化休闲"主题,传递通州旅游积极、向上、开放、前进的"正能量",最终实现通州新城旅游业服务于通州城市副中心区域经济发展及社会文化发展的总目标。

参考文献

北京市政府:《北京城市总体规划(2004~2020 年)》,2005。

通州区旅游委:《通州区"十二五"旅游产业发展规划纲要(2011~2015 年)》。

王云峰:《打造功能完备的北京城市副中心》,《前线》2012 年第 21 期。

张凌云、程璐:《北京旅游业在建设世界城市中的优势与不足——北京与巴黎等世界四大城市旅游发展差异比较》,《北京社会科学》2010 年第 5 期。

马亚西:《东京、巴黎打造城市副中心为北京建设世界城市提供的借鉴》,载《北京规划建设》2010 年第 6 期。

以旅游产业为主导推动
"新三起来"的探索与实践

北京旅游学会北京旅游发展改革研究密云基地*

摘　要:

2013 年北京市委、市政府提出了"土地流转起来、资产经营起来、农民组织起来"的"新三起来"改革任务,推动京郊大地经济发展。作为北京生态涵养发展区的密云,休闲旅游业蓬勃发展,在以旅游产业为主导推动"新三起来"方面做了积极的探索与实践,并进行了总结,一是与重大旅游项目相结合推动"新三起来"的"古北水镇"模式,二是与乡村旅游发展相结合实践"新三起来"的干峪沟"山里寒舍"模式,希望为北京市的"新三起来"改革提供一些借鉴。

关键词:

密云　旅游产业　"新三起来"

2013 年北京市召开"新三起来"工程新闻发布会,首次明确了"新三起来"概念,即"处理好农民与资源的关系,推动土地流转起来;处理好农民与积累的关系,推动资产经营起来;处理好农民与市场的关系,推动农民组织起来"[①]。密云是首都生态涵养发展区,"京郊旅游"重要组成部分,近年来,密云将休闲旅游产业作为全县战略性重要支柱产业进行培育,旅游业成为密云产业发展

---

* 北京旅游学会北京旅游发展改革研究密云基地设在北京市密云县旅游发展委员会(该基地共有两处,此为其中之一)。本报告执笔人:贾丽梅,北京旅游发展改革研究密云基地主要成员,密云县旅游发展委员会副主任,研究方向为公共服务管理;丁红玲,密云县旅游发展委员会产业促进科科员,研究方向为旅游经济。

① 于丽爽:《北京市"新三起来"促城乡一体化》,《北京日报》2013 年 9 月 23 日。

的"新名片",成为农民增收致富的重要途径,如何将旅游发展与农村地区"新三起来"结合起来,总结以旅游产业为主导推动"新三起来"的发展模式,实现旅游产业发展与"新三起来"双赢局面,是我们正在探索和实践的一大课题。

一 密云旅游产业发展现状

(一)密云旅游资源

密云是首都郊区重要旅游资源大县,县域内不仅有大量丰富多彩的自然景观,而且有多种类型的人文景观。其中自然景观包括山石型、水景型、地质型、生物型、气象型等26类,人文景点包括古城型、庙宇型、陵寝型、古村型、园林型、娱乐型等30类,大小景点不下百余处,[①] 除依托山水资源开发的黑龙潭、桃源仙谷等传统的观光型景区之外,近年来,通过第一、第二、第三产业融合发展,不断丰富密云旅游资源类型,开发出张裕爱斐堡国际酒庄、古北口紫海香堤香草艺术庄园、人间花海、港中旅房车营地等一批新兴休闲旅游产品,为密云旅游注入了时尚气息与文化内涵。

(二)密云旅游产业发展现状

1. 产业规模

《北京市国民经济和社会发展第十二个五年规划纲要》中明确提出建设"密云国际绿色休闲旅游产业综合示范区"(以下简称"示范区"),为密云旅游产业发展赢来了机遇。按照"发展高端旅游,提升传统旅游"的思路,通过近三年的持续打造,密云旅游产品类型更加丰富,产业结构得到优化,产业链条不断延伸,为密云旅游产业长期的良性发展奠定了坚实的基础。

依托县域内丰富的旅游资源,积极开发旅游产品,产业规模不断扩大,目前,全县共有旅游景区34家,其中4A景区3家;星级酒店(度假村)23家,其中五星级1家;星级宾馆、饭店17家,其中五星级1家,二星级5家,三

---

① 卢云亭:《密云风光与旅游开发》,北京出版社,1995,第1页。

星级 8 家，一星级 3 家；社会旅馆 138 家；旅行社 8 家，分社 4 家，门市部 10 家；民俗旅游村 90 个、民俗接待户 3096 户，其中市级民俗户 25 户，乡村旅游新业态 49 家；同时古北水镇、张裕爱斐堡国际酒庄、"山里品牌"等一批高端项目的落地、运营，将对全县旅游产业发展发挥强劲的带动作用。2013年，全县旅游共接待游客 907 万人次，实现旅游收入 38.57 亿元。

2. 乡村旅游发展现状

从 2011 年开始，密云乡村旅游按照"一个民俗村就是一个乡村酒店"的发展理念，将标准化、规范化、组织化和网络化要素植入民俗村、户，促进全县乡村旅游提档、升级，截至 2013 年年底，全县共有民俗村 90 个、民俗户 3096 户，组建 84 个民俗旅游专业合作社。32 个民俗村实现"五有、四统一"（即有游客服务中心、公共卫生间、停车场、文化活动中心、村级网站，统一门头牌匾、统一床上用品洗涤配送、统一卫生标准、统一经营模式）。2013年，全县乡村旅游共接待游客 702 万人次，实现旅游收入 6 亿元，密云乡村旅游收入连续 3 年居五个生态涵养区首位，逐渐成为密云旅游新名片、新亮点，实现农民增收、致富的重要途径。以古北口镇古北口村为例，2013 年乡村旅游共接待 15.5 万人次，实现综合收入 1060 万元；户均收入大约 6 万元，最高的已超过 60 万元，收入远远高于全县农民平均水平（2013 年全县农民人均可支配收入 16200 元）。

二 以旅游产业为主导推动"新三起来"的密云实践

（一）与重大旅游项目相结合，推动"新三起来"

重大旅游项目投资额大，带动性强，大项目易引领大建设、大发展，能够为区域旅游发展提供主要支撑，有条件的农村地区在推动"新三起来"的过程中，可以结合当地旅游资源优势，积极引进品牌旅游企业，打造重大旅游项目，依托项目建设单位的资金、管理、技术等方面的优势，以及大项目较高的社会关注度、获取政策支持的能力和巨大的引擎带动效应，以产业带动农村经济的良性发展，实现农民增收、致富，进而实现农村土地流转起来，资产经营起来，农民组织起来的"新三起来"发展目标。

1. "古北水镇"模式

"古北水镇"位于密云古北口镇司马台汤河流域，是密云县"十二五"期间引进的重大旅游项目，由中青旅控股股份有限公司牵头，IDG 国际投资公司和乌镇旅游股份有限公司、北京能源投资有限公司共同合作开发，总占地面积9 平方公里，其中古北水镇景区的总建筑面积约 43 万平方米，项目于 2010 年6 月正式签约，10 月正式启动建设，计划投资约 41 亿元。秉承中青旅对古镇开发、经营的先进模式，古北水镇坚持"一流的长城、一流的保护、一流的利用"理念，依托司马台长城的宏大背景，突出长城、冷泉、温泉等资源亮点，强化民俗文化展示，建设具有北方建筑、历史文化特点的"亲水山坡型"古镇，打造集观光游览、休闲度假、商务会展、文化创意等业态为一体，服务与设施一流，参与性和体验性极高的国际休闲旅游度假目的地，成为海内外人士更好地了解中国以及北京乃至北方地区历史文化的窗口，成为北京建设国际旅游城市的重要组成部分。2014 年元旦"古北水镇"景区对外试营业，预计2014 年 10 月景区将以完整的"全业态"对外开放。

（1）土地流转起来，集约利用发展产业

古北水镇项目规划建筑面积 43 万平方米，目前已完成规划建设面积的90%。项目规划初期，仅项目所在镇原有的建设用地指标，远远达不到建设需求。密云从服务全市重点项目的大局出发，整合全县建设用地指标为古北水镇项目服务，并结合沟域开发、新农村建设，为项目腾退一些建设用地指标，采取建设用地征用、非建设用地租用方式，将原本零散的建设用地指标集中使用，用于发展产业。并积极改造荒山荒坡等未利用土地，通过整理，有效转化为旅游用地。项目共征用建设用地 1000 亩，租用山场、林地等非建设用地12500 亩，既保障了项目的顺利实施，又使全县的土地得到有效流转和利用。

例如，司马台村将 29432 亩土地、山场流转到古北口镇政府，并出租给古北水镇项目方进行建设，每年村里增加收入 590 万元，使司马台村的山场和土地得到集约化利用，确保农民每年得到稳定的收入。

（2）资产经营起来，加快农村产业结构调整

一是有效盘活农民闲置用房。司马台村原来 8 个自然村分散，基础设施简

陋，经济发展缓慢。2011 年，根据古北水镇项目规划，将项目区域内的 5 个村庄搬迁，与区域外的 3 个自然村一并改造，在项目规划区域外集中进行新村建设，整体改善司马台 8 个自然村村民的居住条件。新村建设在改善农民居住条件的同时兼顾产业发展需要，共建住宅楼 119 栋 592 套，其中 2 层住宅 105 栋 312 套，每户可安排 3~5 间酒店式标准间用于住宿接待；功能性设施和环境打造，也按照发展民俗旅游村的需求进行统一规划、统一设计、统一实施，充分利用房屋资源、闲置劳动力资源发展民俗旅游，目前全村 502户中，已有 215 户利用自家回迁住宅搞起民俗接待。村里采用"公司 + 合作社 + 民俗户"的"三位一体"运营模式，2013 年 8 月成立了北京司马台云城旅游开发公司，公司是市场执行主体，合作社是整合管理主体，民俗户则是经营及收益主体。

二是集中盘活山场、果树、房屋等集体资产。将全村 19 块闲置地块按照属性进行区分，统一公开招租，用于果园、鱼池、茶寮、公共餐厅等农业和旅游设施建设，开发特色农产品和旅游商品，增加农业生产的附加值，从单一农业生产向乡村休闲转变，形成三次产业相结合的新型乡村休闲旅游体系。加强对集体房屋的盘活利用，将司马台村 52 栋别墅和 28 套楼房出租给酒店管理公司，用于特色民俗旅游的开发和打造，每年酒店管理公司向村里缴纳租金，增加农民资产收益率，提高集体资产经营效率。

2013 年 8 月 17 日，环境优美、设施完善的乡村酒店式民俗村——司马台新村正式开村营业。司马台新村的建设，实现了新农村建设与旅游产业的有机融合，初步解决了农民居住条件改善和本地就业的问题，加快了农村由以一产为主向多业态并举的产业结构调整与转型。

（3）农民组织起来，实现长效就业增收

司马台地区由于土地资源的缺乏和地理位置的偏远，使得当地农村经济发展缓慢。全村 502 户，原来从事民俗旅游的只有 68 户，其他劳动力都以从事农业生产和外出打工为主，2009 年司马台村的人均收入为 9700 元，低于当年全县农民人均收入的 10682 元。在古北水镇项目的带动下，司马台村农民的增收渠道被迅速打开，其收入来源包括四个部分。

一是补偿性收入。按照"定价补偿、回购定向安置房"的办法和"可给可不给的，给；可多给可少给的，多给"的原则，搬迁后，司马台村每个农户将获得宅基地、房屋、装修和附属物等项补偿，村民将这些补偿用于搬迁期间的正常生活和回购新居后，还获得人均 10 多万元的现金收入。

二是资产性收入。司马台村将土地和山场全部流转到村级资产管理中心，再由村级资产管理中心统一租赁给古北水镇。承租方式按照水浇地 2000 元、旱地 1500 元、山坡地和河滩地 150 元，山场及裸岩的标准，每 5 年随市场价格上调 10% 的标准支付租金。这样，村民每年就能够通过土地流转租赁取得一笔稳定的资产性收入。

三是工资性收入。古北水镇运营后，能安置 1700 名劳动力就业，按照约定，这些就业岗位将优先提供给项目区域内的村民。另外，民俗旅游合作社实行酒店式管理，也会提供大量服务性就业岗位。这样，村民离土不离乡，在家门口就可以成为产业工人，获得稳定的工资性收入。

四是经营性收入。司马台村原有民俗户 68 户，床位 200 张。2009 年全村民俗旅游综合收入 1180 万元，人均收入 9700 元。司马台新村建成后，全村民俗户迅速增加到 215 户，床位增加到 933 张。成立了旅游专业合作社，统一管理运营，使原来散乱、低端的民俗旅游市场得以规范和提升。截至 2013 年 9 月，人均收入已达 36000 元，随着古北水镇的试营业和对外正式营业，将给司马台新村民俗旅游带来数量可观的客源和更大的发展空间，预计未来 3~5 年，全村民俗旅游收入可达 3960 万元，人均收入可达 39000 元，是 2009 年人均收入的 4 倍。项目还将进一步延伸旅游产业链条，将当地丰富的长城文化、边关商贸文化、美食、农副产品、民间手工艺品等资源进一步开发利用，为农民提供更多的就业机会和致富渠道。

（二）与乡村旅游发展相结合，实践"新三起来"

依托北京国际大都市，京郊地区乡村旅游发展具备得天独厚的优势，乡村旅游是富民产业，对于农村地区经济发展，农民增收有突出意义。可以说，乡村旅游发展与实现农村地区"新三起来"互相促进，紧密相关，但目前乡村旅游普遍存在发展低端、经营分散、设施落后等一些问题，农村的土地、资产没有发挥最大效益，部分资产闲置，大环境不能吸引年轻人回乡就业，因此，与乡村旅游发展相结合，实现"新三起来"，需要乡村旅游转型、升级，引进先进的管理经验、经营方式，走产业化、集群化、高端化、经营组织化道路，真正将农村土地流转起来，农村资产经营起来，农民组织起来。

1. 干峪沟"山里寒舍"模式

"山里寒舍"位于密云北庄镇干峪沟村，干峪沟村是北庄镇最小的行政村，自然环境优美，风貌古朴，人迹罕至，全村户籍人口仅41户71人，平均年龄超过了60岁，常住人口不足20人，村内有宅院43处，大多数处于闲置状态，全村经济收入以红果、核桃等林果业为主。2013年通过村级旅游合作社平台，引入专业公司、团队，进行资源整合，提高融资水平和民俗户组织化程度，盘活土地、房屋资源，带动就业，政府做好道路等周边基础设施配套，成功打造"山里寒舍"高端乡村酒店，完成由传统农家乐向高端乡村旅游转型，实现农民增收、致富，成为在发展乡村旅游过程中实践"新三起来"的典范。

（1）成立旅游专业合作社，推动土地、房屋流转起来

2013年，干峪沟村成立民俗旅游合作社，村民以自家的宅基地、果树、土地自愿入社，集零为整，政府积极改造电力设施、治理环境、拓宽道路、增加照明设备、设置导视标识、建设停车场、配备遮阳伞等设施设备，通过旅游合作社平台，将现有闲置房屋、果树及耕地，在不改变房屋所有权的前提下，积极引入有经验的企业，整体承租村集体闲置房屋资源、山场资源、果树及耕地资源，进行资源融合，统一开发、运营管理，采用"企业＋农户＋合作社"的经营模式，引入企业保证每年为入社社员提供租金收入，优先安排就业，同时参与企业收益分红，由于有收入保证，全村有33处宅院的所有者加入了合作社。通过这种经营模式，改造闲置宅院，打造成为乡村酒店，利用闲置土地，开展有机种植，为游客提供有机农产品以及体验参与农事活动的场所，进而盘活土地、房屋资源，为农民带来持续的收入，每年人均增收2万元，若在企业就业，年收入可超过5万元。

（2）引进优质社会资源，确保资产良性经营起来

通过合作社平台，引进有经验有实力的旅游企业，对农村资源进行合

理开发，确保资产良性经营，是实现"新三起来"的保证，通过合作社平台，干峪沟村引进了北京北庄旅游开发公司，该公司已经在北庄镇从事民俗旅游多年，并且成功开发了黄岩口"山里逸居"国际驿站，积累了大量的客户资源以及管理经验，北庄旅游开发公司为干峪沟进行了统一的装修设计、统一的接待培训、统一的卫生标准及统一的床上用品洗涤配送、统一的定价体系和支付系统、统一的市场营销，并且聘请了马来西亚雪邦海滨度假酒店公司的专业经理人，与其构建战略合作和会员共享体系，进行国际市场开发，同时建立稳定的递增式股份分红体制，确保农民资产收益率，提高集体资产经营效率，实现农村集体资产保值增值，切实保障农民的集体收益分配权。预计2014年可接待游客2万人次，实现旅游综合收入2000万元。

（3）促进本地劳动力就业，将农民组织起来

政府、合作社积极协调企业在适当的岗位优先安排村民就业，村内老年人从事基本维修、客房、安保、卫生保洁、农场耕作、果林维护等力所能及的工作，同时吸引本地青年回乡就业，由于本地村民参与企业经营分红，更加调动了工作的积极性，通过企业组织培训，进一步提高工作技能，实现企业、农民"双赢"局面，真正将农民组织起来，共同致富。

三　以旅游产业为主导推动"新三起来"的思考

（一）因地制宜，从农村地区实际出发

旅游产业具有很强的带动性，是富民产业、绿色产业，是实践"新三起来"有效途径，有很多值得借鉴的发展典范，但要结合实际，选择适合发展的模式、道路，避免照搬、复制。

（二）树立可持续发展理念

农村地区需要发展旅游产业，需要实现"新三起来"，但在选择项目或者引进社会资源过程中，避免只顾当前利益，忽视长远发展。

（三）政府需要积极做好基础配套工作

以旅游产业为主导推动"新三起来"，旅游发展依赖于农村的资源与环境，游客对于农村地区的可进入性、通达性、便利性、舒适性都有比较高的需求。政府做好配套工作，对于招商引资、旅游长效发展意义重大。

北京大西山开发对北京都市
旅游发展的战略意义

戴学锋　徐凯睿*

摘　要：

> 北京旅游未来的发展方向是都市旅游，而皇家文化应该是北京
> 都市旅游的核心特色。西山的皇家园林、皇家陵寝、皇家寺院
> 是皇家文化的重要组成部分。因此，从这个意义上来看，西山
> 旅游是北京都市旅游的一部分。西山开发具有提升北京都市旅
> 游的文化品位、彰显北京都市旅游的特色文化、完善北京旅游
> 产业的空间布局、推动北京都市旅游的建设等重要意义。

关键词：

> 大西山　都市旅游　皇家文化

一　北京未来旅游发展的方向：都市旅游

都市旅游是由现代生产力催生的一种独特的旅游方式，是大城市发展到成熟阶段的产物。纵观世界，我们可以发现旅游业发达的地区，大多是以都市为核心构筑其旅游产业的。

北京作为中国的首都和六朝古都，拥有众多如故宫、长城、十三陵等闻名世界的名胜古迹。多年来一直是国内外游客的首选目的地。然而近些年来，北

---

* 戴学锋，中国社会科学院财经战略研究院旅游与休闲研究室主任，北京旅游学会副会长，北京旅游学会旅游产业发展研究中心主任（该中心设在中国社会科学院财经战略研究院旅游与休闲研究室），研究员，硕士生导师，研究方向为旅游经济、旅游规划；徐凯睿，中国社科院研究生院硕士研究生，研究方向为旅游经济、旅游管理。

京旅游业的发展却不尽如人意。2012 年数据显示，北京接待入境过夜游客数量在全国排名第 4 位，位列深圳、广州和上海之后。究其原因，虽然北京拥有丰富的旅游资源和雄厚的经济基础，但其旅游发展模式仍然没有走出传统的都市观光旅游的泥淖，一直没有发展出现代意义上的都市旅游。

《北京市"十二五"时期旅游业发展规划》明确提出，要"围绕建设中国特色世界城市的目标要求，将北京建设成为我国入境旅游者首选目的地、亚洲商务会展旅游之都、国际一流旅游城市"。为了实现这个目标，北京亟须发展都市旅游。

二　北京都市旅游的核心特色：皇家文化

（一）北京的都市旅游需要寻找自身的特色

上海、深圳等地都市旅游的发展告诉我们，一座城市生来旅游资源的多寡并不决定旅游业的兴衰成败，关键在于如何根据自身特点进行合理的开发与建设。都市旅游不同于传统的城市观光旅游，它更注重经济、文化、社会方面多元化的内涵和底蕴。文化是都市旅游的灵魂，是都市旅游者高层次的需求。要想发展好一个城市的都市旅游，就必须深入挖掘所在城市的文化特征，并且通过旅游开发来继承、捍卫和发展城市的文化特征。例如上海就是通过深入挖掘其独具特色的海派文化，成功找到了上海都市旅游发展的"根"，在旅游业发展的同时也极大地促进了海派文化的复兴。同样，北京的都市旅游要想获得成功也需要找到自己的"根"。上海有其独特的海派文化，深圳有其独特的特区文化，那么北京都市旅游的特色又是什么呢？

（二）北京的皇家文化

北京是中国"四大古都"之一，有 860 余年的建都历史。自金海陵王迁都燕京并改名中都之后，金、元、明、清共有 38 位皇帝或长期或短暂在这里生活和理政。因此，北京的皇家文化有着深厚的历史沉淀。尤其需要指出的是，北京是距今最近的古代都城。中国封建社会末期的几个王朝均建都于此，且最后一个封建王朝退出历史舞台不足百年。相比于其他几个知名古都，北京的皇家文化保存最为完整，文物古迹最为丰富，特征也最为独特。传统的皇家文化包括皇城、宫城格局与棋盘式的街巷风貌，皇家建筑群以及蕴含在其中的皇室、皇族习俗文化。其中，皇家建筑群主要包括宫殿、皇家园林、礼制建筑、皇家寺庙、皇家陵墓群五部分。北京市保留着目前世界上规模最大的明清两代皇家宫殿建筑群；最为辉煌而完整的清代皇家园林；建筑精美的礼制建筑群；庄严华丽的皇家寺庙；建筑齐全的明代皇家陵墓群。作为历史的载体，皇家建筑群中负载的历史文化含量是极为丰富的。北京市完整的皇家建筑群及其丰富的文物古迹以其不可替代的绝对优势居于各大古都之首。此外，北京的皇家文化还有一个特点就是分布广泛，由于北京保存的皇家文化众多，几乎遍布北京全境，遍地可见。因此，皇家文化不是北京某个局部地区的文化，它属于整个北京城。

（三）传统的皇家文化是北京都市旅游特色的核心构成

1. 北京的都市旅游需要嫁接皇家文化

北京传统的皇家文化是北京地域文化中最具特色最为突出的独有的文化，是使北京区别于全世界、全中国其他城市最重要的特征。虽然皇家文化脱胎于封建文化，但是它本身并不是封建残存的糟粕，它更多的是一种历史财富。虽然时代改变了，现代社会早已抛弃了传统的皇家思想，但是人们依然需要通过皇家文化的遗迹，来教育、启迪当代人和后代人能够从过去中吸取教义，能够从艺术中吸取灵感，能够从文化中吸取养分，感受祖先的智慧，感受历史与传承，提升国人对民族的自豪与自我的欣赏。北京作为过去封建王朝的都城，曾经把封建文化推向了登峰造极的辉煌，而这辉煌对世界文明的影响巨大而又深远。现在许多皇家文化，已经被评为世界遗产，它不仅是中国人民的宝贵财富，也成为世界人民的宝贵财富。因此，皇家文化毫无疑问是北京地域文化中最大的亮点。北京未来旅游需要以其独有的皇家文化为核心，融入丰富多彩的京味文化、奥运文化、现代商业文化等内容，让古老与现代相碰撞，让传统与新兴相融合，构建出具有北京特色的都市型旅游。

2. 皇家文化需要嵌入都市旅游之中

随着现代文化对传统文化的冲击，北京的皇家文化资源在一定程度上受到了破坏。老城墙的拆除，城市空间布局的改变，城池街区风貌的变迁，等等，使得北京市古代都城的形象受到了损害。以致外国游客在北京难以找到与这个地名相匹配的文化含义，从而淡漠了他们对北京的印象和重访北京的渴求。这些文化资源遭到破坏的其中一个很重要的原因就在于，皇家文化只是与传统的观光旅游结合，缺乏生命力。多年来，北京的旅游者仅仅是沿着中轴线观光祖宗留下的文化遗产，将一个个皇家建筑单体串起来参观，像是单一的中国明清古代建筑展览。皇家文化挖掘的广度和深度远远不够，很多宝贵的资源没有得到开发和利用而被破坏掉了。而都市旅游则不同，它需要文化渗透在都市生活的方方面面，它需要文化深度的挖掘和开发。所以，皇家文化需要嵌入到都市旅游之中，让其价值得到充分的体现，让其宝贵的资源得到利用和保护，也让其焕发新的生命力。

三 西山的旅游资源：以皇家文化为主要特色

北京西山泛指京城西北处的石景山、蟠龙山、翠微山、卢师山、青龙山、香山、玉泉山、百望山、城子山、阳台山、鹫峰、凤凰岭等诸山。它是太行山的支脉。西山山脉天然的形状犹如一条巨龙遥遥拱卫京城，因此古时的帝王视其为龙脉。由于北京西山地处上风上水的西北，得尽天时地利，自古以来就是京城的尊贵之地。在这里历代皇家园林、达官显贵的私家大宅遍布，具有浓郁的皇家文化气息。

（一）皇家园林

大西山地区是历史上著名的京西皇家园林区的重要组成部分。由于这里环境优美，历代帝王、王公贵族与文人墨客每每游西山而忘返，择此地为筑建离宫别苑之地。自辽至明代，西山已营建了数十个皇家园圃，如金代的金章宗在西山建立了八座行宫，称为西山八水院，为旧京皇家园林之先。而在清代前中期康熙、雍正、乾隆三朝盛世百余年间，更是在此营建了著名的"三山五园"。三山是香山、玉泉山、万寿山，五园是畅春园、圆明园、静明园、静宜园和清漪园（颐和园）。而在三山五园之间尚穿插了贵族大臣赐园20余座，更充实了这片规模巨大的风景园林区。三山五园的设立，最终确立了西山作为中国皇家园林文化首席代表的地位，其尊崇地位，无可超越。

（二）皇家陵寝

西山还曾经是皇亲国戚，太监官吏的丧葬之处。北京西山符合风水理论，前有照（水），后有靠（水），又符合"西方正路""驾鹤西游"之说，因此，自然成为皇室死后丧葬的理想场所。当地有"一溜边三府，七十二座坟"之说，这里的"府"是对封建王侯墓地的吉称，如娘娘府、四王府、杰王府、西小府等。从玉泉山北之金山往西到香山，山脉连绵，坟茔错落，据明朝人沈榜写的《苑署杂记》第18卷《恩泽·坟墓》中记载属于"赐墓"于玉泉山、金山的，就有1位皇帝、4位皇后、67位嫔妃、2位太子、15位公主、21位王爷和11位王妃。而这其中，恭仁康定景皇帝朱祁钰的景泰陵被誉为"十三陵外又一陵"。此外，清代很多声名显赫的王爷也埋葬于此，如礼亲王代善及袭爵后人、瑞怀亲王绵忻和袭爵后人、醇贤亲王奕𫍽、孚敬郡王奕惠、摄政王载沣等都埋葬在西山脚下。

（三）皇家寺院

北京作为千年古都，宗教文化源远流长，寺院也遍布各处。仅西山地区就有300多座，故有"西山三百寺"之说。有些寺院由于皇帝的恩泽，成为皇家寺院。西山地区的皇家寺庙不仅数量多，而且年代悠久，具有很高的历史价值，如始建于元朝的碧云寺、始建于唐代的卧佛寺、始建于辽代的大觉寺、始建于西晋的潭柘寺等等。

四 都市旅游视角下大西山旅游开发的意义

大西山地区作为皇家文化的一个关键组成部分，自然也是北京都市旅游的一部分。发展西山旅游对北京旅游未来的发展具有非常重要的意义。

（一）提升了北京都市旅游的文化品位

西山地区向来是北京的"风水宝地"。它以其独特的魅力吸引着历代的帝王显贵、骚人墨客来此涉足游憩。自然的赋予和人文的熏染让这片土地充满了高贵和优雅的气息。许多名人雅士都与西山有过不解之缘。从元代的熊梦祥到明代的孙承泽，再到清代的曹雪芹、顾太清等历史名人都曾居住于此；中华文化史上的代表人物陈寅恪、丁玲、老舍等，更对此地有着深厚的情结。历代文人墨客的西山情节，为这块宝地增添了神韵，而达官显贵的眷顾，更为这里的山水平添了尊贵。数量众多的皇家园林、陵寝、寺庙建造于此。这些皇家建筑代表了古代中国建筑的最高水平，代表了皇帝文化的理念，代表了帝王的政治理想和审美情趣，代表了皇帝的独尊与威严，具有极高的艺术品位和历史价值。西山的存在极大地提升了北京都市旅游的文化品位。同时，也让来此处游玩的旅客增长了见识和文化素养。

（二）彰显了北京都市旅游的特色文化

《北京市"十二五"时期旅游业发展规划》中指出，海淀西山板块作为北京旅游规划的 12 个板块之一，未来将"以高端为引领，重点建设西北部（海淀西山）高端文化休闲旅游区，发展皇家园林游、科教体验游、商务会展游、生态休闲游和都市风情游。"

在"十二五"规划中，西山旅游被定位为高端文化休闲旅游区。与都市旅游核心区（东城和西城）主打的代表着老百姓生活的京味文化不同。西山地区走的是以皇家文化为主的高端文化路线。这两者一"俗"一"雅"，分别代表着旧时北京地区的通俗文化与精英文化，这两者的存在使得北京的文化具有雅俗共赏的特点。西山地区与核心区形成了一种文化的差异性，对其进行了有效的补充，丰富了北京都市旅游的文化特色。

（三）完善了北京旅游产业的空间布局

按照"十二五"规划，北京未来将以"一核一轴、两带十二板块"为重点的网络化旅游产业空间布局。北京旅游未来发展将围绕各个区（县）的核心旅游资源进行差异化开发，形成各具特色的功能空间。海淀西山板块北临昌平板块，南临门头沟板块、石景山板块和中部核心旅游区，它有效地衔接了中西部与北部区域，使得整个北京旅游的结构紧凑，是整体空间布局的一个重要组成部分。

（四）推动了北京都市旅游的建设

西山旅游符合北京都市旅游的发展定位，符合未来发展潮流，且具有独特的文化特色，主题鲜明。因此，西山旅游项目被选为拉动北京旅游业整体提升的 20 个引擎性项目之一。"十二五"规划提出，要大力建设西山高端文化休闲旅游提升项目"依托颐和园、圆明园、香山等皇家园林和西山沿线生态资源优势，开展高档会所休闲、皇家文化深度体验、品质定制休闲度假、高端康体养生、智能精英生活体验等旅游产品，配套高端化旅游休闲接待体系和产业体系，建设世界高端旅游目的地。"

西山具有得天独厚的自然环境优势和丰富的历史人文资源，且靠近中关村高科技园区，具有信息科技优势和人才优势，非常适合开发高端的旅游产品。一般来说，高端旅游产品的投资规模相对较大，科技含量需求较高。它的成功可以有力地提升北京在世界文化旅游品牌的影响力，有助于推动北京旅游向都市旅游转型，具有拉动北京旅游业整体提升的巨大潜力。

五 结语

西山虽然地处郊区，但是由于其皇家文化的属性，让其成为北京未来都市旅游非常重要的一部分。西山旅游不能单纯从一个景区的角度进行开发，它需要从都市旅游的角度，从北京大格局来看待发展，以这个视角来挖掘其独特的皇家文化资源，打造成功的高端文化旅游产品。在很大程度上来说，西山旅游的开发，对丰富北京旅游，促进北京旅游大发展具有重要意义。

参考文献

戴学锋、金准：《都市旅游：北京旅游业的核心》，载《北京旅游发展报告（2012）》，社会科学文献出版社，2012。

尹钧科：《谈谈北京的地域文化》，《北京社会科学》2009 年第 6 期。

常华：《文化名人与北京西山》，《北京档案》2013 年第 12 期。

王兵：《北京市旅游资源优势辨析》，《北京联合大学学报》2001 年第 1 期。

G.35

利用京西古道打造
门头沟国家步道的思考

北京旅游学会北京旅游发展改革研究门头沟基地*

摘　要：

步道被喻为连接荒野与文明的纽带，促进公众保护、利用、享受和欣赏国家自然和历史资源。京西古道以其深厚的文化积淀和丰富的实物遗存成为门头沟区发展旅游文化休闲产业的重要资源，门头沟国家步道立意根植京西古道，成为连接古镇、古村纽带，致力打造富有地域特色和丰富内涵的京西古道文化品牌，成为名副其实的"连接荒野与文明的纽带"。

关键词：

门头沟　京西古道　国家步道

一　京西古道形成与分布

（一）京西古道的形成

京西古道的形成与发展离不开永定河，依水而居、随水迁徙，永定河流域

＊ 北京旅游学会北京旅游发展改革研究门头沟基地设在门头沟区旅游发展委员会，本课题负责人刘贵清为该基地主任，门头沟区旅游发展委员会主任。本报告执笔人：胡新宇，门头沟区旅游委副主任，研究方向为文化创意、旅游规划、产业发展、战略规划；王刚，研究基地成员，研究方向为旅游规划、统计、项目管理；刘玉，研究基地成员，研究方向为旅游规划、项目管理；邹兆莎，研究基地成员，硕士，研究方向为旅游规划、京郊旅游、项目管理。

以其天然优势为区域人类生活与生产提供了广阔的空间，200 万年以来，泥河湾人、周口店人、许家窑人、东胡林人等先民们利用永定河谷的天然廊道，穿过太行之首北京西山，往来迁移，此为京西古道之起源。

随着社会、政治、经济、军事、宗教的发展，人工修路成为主流，门头沟地区逐渐发展形成了一条条重要的交通干线和枢纽。尤其是 3000 多年前北京建城以来，永定河流域成为其后勤基地，北京西山成为其西部天然军事屏障，京西古道与太行山东麓、居庸关、古北口大道一起，成为北京连接西部和北部游牧民族，发展农耕民族交流融合的主要通道，并陆续形成了水陆两种形态和商旅、军事、宗教三大功能的交通道路网络，成为东连北京、西达冀晋蒙接合部的网带状文化线路。

（二）京西古道的分布

京西古道以两种形态三大功能网状分布于整个门头沟区域内，两种形态即水路和陆路，三大功能即军事、宗教、商旅。永定河一年四季"全天候"运行深入到更广阔的空间，由河滩向两岸、两侧平原沟谷及山坡、隘口不断延伸出纵横交错的人行小道，并不断修筑而成大道。由物流人行、宗教寺庙及其庙会进香、行军作战及守关成边等，逐渐分化出了商旅、军用、进香为主的功能道路，构成了由数条主干、多条支干形成的交通道路体系，纵横交错、遍布京西，呈网带状分布。总之京西古道历史悠久、文化多元、规格各异、遗存丰富，是开展探幽寻古，户外休闲运动，发展特色、高端旅游的重要资源。

（三）京西古道的确认

随着时代发展，京西古道的功能发生了变化，许多平原地区、沟峪古道变成了现代化道路。经对门头沟全域内京西古道的实地勘察，从步道的保存状态、生态敏感性及使用难度三个维度分析步道开发条件，建立 GIS 数据平台，最终确认 40 段总长 669.7 公里五大步道群古道，其中现存古道长度为 273.1公里，占总长度 40.8%（见表1）。

表1   初步指认的五大步道群

单位：公里，%

步道群称	分段名称	起点	终点	长度	现存步道比例
京西古商旅道（11段）	西山大路	三家店	王平口	19.5	28.7
	玉河古道	大峪	王平口	29.7	27.4
	麻潭古道	麻峪	赵家台	19.7	23.0
	庞潭古道	庞村	十字道	23.1	11.3
	芦潭古道	卢沟桥	戒台寺	15.7	9.4
	大寒岭古道	王平口	大寒岭关城	14.0	71.4
	七里沟路	大寒岭	军响	17.1	6.7
	东胡林路	军响	斋堂	9.7	0.0
	天津关古道	斋堂	麻黄峪	31.3	58.8
	石羊沟古道	军响	麻黄峪	37.5	78.7
	九龙山越岭道	韭园	岳家坡	5.2	85.9
	九龙山山脊道	琉璃渠	峰口庵	10.1	100.0
	门潭古道	南辛房	圈门	6.7	63.2
	通州峪联络道	鸽子	洼西胡林	26.4	82.9
永定河通道（5段）	永定河通道沿河城段	向阳口	小幽州	18.8	0.0
	永定河通道珍珠湖段	青白口	向阳口	19.2	34.3
	永定河通道雁翅段	安家庄	青白口	16.8	0.0
	永定河通道落坡岭段	下苇甸	安家庄	17.4	0.0
	永定河通道出山口段	三家店	下苇甸	14.4	0.0
沿长城通道（3段）	沿长城东道	镇边城	向阳口	21.6	22.9
	沿长城中道	向阳口	燕家台	4.3	18.2
	沿长城西道	燕家台	双塘涧以西	25.7	0.0
妙峰山香道（8段）	妙峰山北道	聂各庄	涧沟	13.1	46.0
	妙峰山中北道	北安河	涧沟	5.7	84.5
	妙峰山中道	徐各庄	涧沟	6.8	83.2
	妙峰山中南道	灰峪村	萝卜地	5.0	100.0
	妙峰山南道	陈家庄	涧沟	12.0	74.4
	妙峰山西道	下苇甸	妙峰山	12.0	87.3
	妙峰山北道延伸线	大风口	高崖口	12.2	50.1
	妙峰山西道延伸线	上苇甸	大村	21.0	73.7
百花山灵山登山道（10段）	清水河畔溯河路	斋堂	塔河口	13.6	0.0
	灵山齐家庄古道	塔河口	洪水口	14.2	0.0
	灵山北连接线	洪水口	椴木沟	18.1	0.0
	东灵山登顶步道	洪水口	江水河	11.5	100.0
	清水龙门涧步道	清水	椴木沟	18.2	46.6
	百花山塔河路	塔河口	百花山顶	30.3	21.2
	百花山田寺路	清水	百花山顶	11.5	50.5
	百花山马栏古道	斋堂	百花山顶	12.3	49.1
	百花山山脊步道	百草畔	宋家台	13.0	100.0
	百花山南连接线	宋家台	百花山顶	30.0	0.0
总计				669.7	40.8

二 建设门头沟国家步道的意义

（一）门头沟国家步道概念

门头沟国家步道是立意根植门头沟区珍稀的京西古道遗产，以国际成熟的国家步道系统理念，以文化线路遗产京西古道群为脉络，依据地形走向、旅游资源分布设置徒步步道，穿越并连接古村、古镇、古寺、生态景区，形成覆盖全区，传承保护，为游客提供公共通行、文化体验、生态教育、户外活动、景观欣赏的步行廊道，实现以步道"传承保护文化遗产、永续利用生态资源、促进发展旅游产业以及活络乡村经济"的"步道运动"，并以步道实现"串珍珠计划"，通过步道"以线带点，以线带面"驱动门头沟区旅游文化休闲产业全面发展。

（二）建设门头沟国家步道系统的必要性

1. 带动门头沟旅游文化休闲产业的发展，推动产业结构转型优化

"十二五"时期是门头沟区加快转变经济发展方式，实现经济社会跨越式发展的重要战略机遇期。长期以来，资源型产业是门头沟区重要支柱产业，随着煤炭、石灰、石材3个行业企业于2011年年底全部关停，导致当前主导产业缺位，亟待结合优势资源培养新的产业内容。门头沟区委在2011年明确提出将旅游文化休闲产业作为地区主导产业，以全域景区化理念，将门头沟打造成为首都国际高端山地旅游文化度假区。

但目前门头沟旅游文化休闲产业正处于培育阶段，门头沟国家步道系统的建设将向世人展示门头沟独特的自然风光、京西古村落、京西古道文化、历史文化古迹、现代产业园，经过媒体和国外游客的传播，引起社会关注，吸引游客和客商来门头沟观光、旅游、投资。通过系列相关论坛、洽谈、推介、招商、博览等活动，搭建起门头沟的推介、招商和投资平台，带动社会经济的跨越式发展。

2. 抢抓市场先机，构建先发优势，扩大门头沟的知名度和影响力

（1）紧抓潜力市场，促进旅游产业快速发展。近年来，随着城乡居民及游客户外活动的需求与日俱增，户外运动成为最时尚、最健康的群众体育休闲活动，而步道成为深入林间，提供游憩体验、舒缓压力、保存原乡文化、活络山村经济、提供自然学习的场所，徒步逐渐成为一种独特的旅游方式，引起了社会的广泛关注。相关数据显示我国"驴友"有 1500 万～2000 万人，户外用品零售总额 2011 年约为 160 亿元，人均消费 500～700 元，户外及特种旅游网站注册会员 500 万～1000 万人。

（2）顺势而为，抢抓市场发展先机。北京市于 2013 年出台的《北京市市级绿道建设规划》，初步确定市级绿道"三环三翼六廊"的总体布局，包括环城公园绿道、郊野休闲环绿道、森林公园环绿道、沿主要的水系和主干道建设绿色慢行系统，计划未来 3～5 年，全市将完成 1000 公里市级绿道建设。其中将率先实施 175 公里绿道建设，主要集中在中心城区、通州、顺义、昌平等区（县）；其次，延庆 2013 年推出 7 条登山国家步道，顺义向市场推出 125 公里五彩浅山步道，密云沿潮白河京密路复线建休闲绿道，房山于 2013 年编制了《房山区绿道总体规划方案》，昌平也将规划建设国家步道项目。可以预见，未来几年内步道旅游项目将会成为全市旅游重点发展类项目。

因此门头沟须顺势而为，抢抓市场先机，依托门头沟京西古道在全市独特的资源，致力于将门头沟国家步道打造成为中国首个与国际标准接轨的国家步道系统，引领全市以步道传承保护文化遗产、永续利用生态资源、促进发展旅游产业及活络乡村经济，扩大门头沟区知名度和影响力。

3. 保护京西文化线路古道遗产，防水土流失，实现旅游资源可持续利用和发展

随着时代的发展和岁月的磨砺，京西古道大多淹没在社会发展的脚步中，难寻其踪迹。虽然有部分修建在门头沟境内群山峻岭间的京西古道完整地保留下来，但沿线上杂草丛生，路段已经消失损毁，水土流失严重，存在安全隐患，需要架设护栏、边坡防护等安全设施，周边山体、田园、自然保护区、风景名胜区、京西古村落、历史文化古迹、现代产业园的各种地区级步道严重缺乏，无法形成紧密的网络关系。

门头沟国家步道建设将现状线路进行改造，保护仅有的京西文化古道遗产，防止水土流失、确保区域内珍贵的文物遗产资源得到有效、永续、可持续利用和发展。

三 以京西古道为主线，构筑门头沟国家步道系统

（一）门头沟国家步道现状情况

随着时代发展，古道的功能也发生了变化，许多平原地区、沟峪内的古道变成了现代化的道路。京西古商旅道位于浅山区段坡度相对平缓，随着向深山区深入，高坡度路段的比例逐渐上升，京西古商旅道及妙峰山香道由于地势较高，较多的线路为越岭道或沿山脊道，保存较为完好。百花山灵山登山道多处被改建为现代化道路方便通行，但海拔高处依然有相当比例步道保存较好。永定河通道大部分路段坡度较小，相对平缓，被现代化道路影响严重。沿长城通道由于地势平坦，未通车段坡度陡峭，通车段较为平缓。

目前的京西古道沿线上杂草丛生，部分路段已经消失损毁，存在安全隐患，需要架设护栏、边坡防护等安全设施，标示标牌设施、照明设施、服务设施（如厕所、铺装等）严重缺乏，未形成一套紧密的网络路游体系。

（二）门头沟国家步道发展思路

在主体五大步道群框架的基础上，通过文献补充、专家建议，以及网络信息搜集等途径，结合调研及专家访谈，增设地区级连接步道，从而构建出全联通的完整的门头沟国家步道体系，门头沟全区步道共有六大系统，包括三大国家级步道系统、两大系统及若干系统（见表2）。

表2 门头沟区国家步道方案布局

国家级步道	隶属太行山国家历史步道的京西古商旅道
	隶属永定河国家综合步道的永定河步道
	隶属长城国家历史步道的沿长城古军道
区域级步道	妙峰山古香道区域历史步道
	百花山—灵山登山道区域自然步道
地区级步道	狗牙山脊线、南石羊大峡谷、香峪梁等地区级步道

以上三大国家级步道和两大区域级步道兼具历史、自然与综合三种类型。利用古道遗存路段，仿古修复损毁路段，辅之以国、市、区、乡、村五级公路，构成多维交通步道系统，能够有效地串联起区域内山水、古村、古寺、古长城等景区景点，初步实现全域景区化目标，为北京提供一个大面积的户外运动、休闲健身及旅游场所。

（三）门头沟国家步道遴选

在门头沟步道系统梳理基础上，为引导未来 10 年门头沟步道开发方向，筛选出具有良好开发条件与潜力的步道完善建设，从步道等级、保存状况、资源条件、开发潜力等方面筛选出 22 条步道，作为门头沟国家步道建设的重点，针对每一段步道，从步道基本信息及沿线资源梳理入手，深度解析每段步道的自然及人文特色，进而提出步道主题定位及核心特色体验，并依据步道建设项目策划与邻近村落开发方向形成富有个性特征的体验线路。

（四）门头沟国家步道建设思路

1. 保护、修复和完善步道基础设施

门头沟国家步道建设内容包括道路设施、标识牌设施、照明设施及服务设施等。

道路设施包括人工道路清理平整、新修步行道、安全护栏、边坡治理、绿化工程、矿渣清理等。针对步道本体及沿线的历史遗迹，进行整体性的考虑，确保古道在历史文化上的完整性，根据不同情境的古道采取相应保护或修复策略，施工选用主要分为软底和硬底两种施工法，自然度较高的应尽可能使用软底施工法，增加排水性，常见的有土、草地、木屑、枯树叶、木材、碎石等材料；使用频繁的路段则可适当地使用硬底施工法，增加强度，后续维护成本低，可运用在游客使用度较高的步道段，常见的有石材、混凝土、透水砖、沥青煤渣等环保材料。低洼潮湿或穿越水流地带选用耐潮湿的石材及环保材料作为踏石或采用栈道，设置扶手，采用自然、防滑材料。边坡治理以安全防护为主，搭建挡土墙，优选石块材料，采取干砌方式处理，搭配较佳的固土植物，增加挡土墙的稳定及景观效果。

标识牌设施包含意象、指示、公告等管理性牌识，协助引导游客活动及活动管理；也包含导览及解说性牌子，通过标识牌将步道内的重要资源介绍给游客，增加活动体验深度。标识牌运用图文并茂的内容，让游客可以轻松而直接的理解想传达的概念，达到标识设置的目的。此外，警告牌应采用国际通用的色彩及图示，提供无障碍的信息。

其他相关服务设施建设包括步道景观亭、观景台、休憩座椅、停车场、垃圾收集设施等附属设施。

2. 串联景区景点，与周边社区互动双赢

国家步道的遴选设置，注重步道沿线旅游景区景点的数量与质量，引进社会资本，与周边景区景点、古镇古村互动双赢，共同发展，形成以提供的住宿、餐饮、商业、娱乐甚至气候条件等吃、住、行、游、娱、购旅游一体化发展产业链。根据对京西古道旁100处主要临近村落所属的类型进行考察，总体确认了六种类型旅游发展村落，如综合服务型的斋堂镇，积极引进发展高星级山地酒店、餐厅、户外运动商业形态、休闲商业等；以三家店、琉璃渠等为代表的文化古村落，适合发展古民居住宿接待、主题餐饮、民俗体验等；涧沟、韭园等田园休闲村落适合发展乡村住宿接待、乡村集市、农事体验等；黄草梁、百花山等适合发展原生态酒店露营基地等业态。门头沟国家步道不只是一个游客旅游的路线，它承载全面带动区域内乡（镇）发展功能，从而带动全区旅游全面发展。

3. 建立完善的国家步道转运体系

门头沟国家步道转运体系对步道发展至关重要，是游客进的来、出的去关键因素。考量区内步道、景区、景点的分布位置，策划无缝串联转运路线，提升公共旅游运输便利性。在既有道路架构下，依据旅游活动需求，以分级分层方式规划转运路线，各自分担不同的功能与角色，观光小火车承担旅游转运功能与电瓶车系统形成无缝串联，发展小公共车及自行车租赁骑游等交通工具实现转运衔接。为创造多层次的旅游体验，需设置多元运载工具的混搭使用，运用马、驴、骡、自行车等载具，创造旅游体验多样性及趣味性。

4. 完善顶层设计，健全运营保障机制

（1）成立门头沟区步道管委会，门头沟步道管理机构中的人员组成主要来自门头沟的相关部门，步道所在区域的镇政府组织协调，由步道所在地的村

委会及企业成立经济合作社，并吸纳从事步道研究的专家学者、志愿者以及相关企业代表组成步道发展顾问团，从而形成以政府为主导、利益共享、风险分担、各方代表广泛参与的管理架构。

（2）国家步道运营管理需整合社会力量参与运营维护，分类、分级管理和开发，适时引入游憩步道安全保险，借鉴护林防火管理模式，实施分段经营，属地管理。门头沟国家步道系统规划线路覆盖全区，涉及门头沟的龙泉镇、潭柘寺镇、永定镇、妙峰山镇、王平镇、雁翅镇、斋堂镇、清水镇及大台地区。为此，门头沟国家步道未来的管理模式采取在区步道管委会指导下，由各乡（镇）、景区进行步道属地管理，并对步道进行后期维护、设施配套、安全等方面经营管理。

（3）门头沟国家步道系统涉及建设、运营管理、步道内及邻近服务设施建设，要从土地、财税金融、招商、人才四个方面，详细制定相关的扶持政策，广泛吸纳社会资本参与国家步道系统建设，如完善土地使用和流转优惠政策、依托财税金融及基金的扶持政策、着重人才培养引进等方面的政策。

参考文献

门头沟区旅游发展委员会：《北京门头沟国家步道系统规划》，2013。

北京市门头沟区文化委员会、北京永定河文化研究会：《永定河文化漫谈》，团结出版社，2012。

金桥、贾书芳、李腾：《中国徒步旅游的发生、发展与展望》，"第三届国际（中国）徒步论坛论文集"，2012。

G.36
对房山旅游产业转型升级的思考

朱仕生*

摘　要：

新时期旅游产业作为现代服务业的重要组成部分，是扩大消费需求的重要领域，在转变经济发展方式中具有重要作用，处于机遇与挑战并存的黄金发展期。房山区将在提升旅游公共服务设施便利化水平、历史文化体验游、地质科普体验旅游、红色综合旅游等方面加大工作力度，全面加快旅游产业转型升级。

关键词：

转型升级　历史文化游　地质科普游

2013 年，房山区以推进中国房山世界地质公园建设为核心，大力推进功能区优化、新型业态发展、旅游市场开拓、服务体系保障等重点工程，旅游综合产业发展取得了明显成效，全年共接待游客 684 万人次，实现旅游综合收入 38.3 亿元，同比分别增长 5.9% 和 10.0%，在对促进全区产业结构调整，推动城市化进程，发挥了重要的作用。但在新时期北京旅游业发展过程中，房山旅游业转型升级还面临着公共服务基础设施提升、投入不足、体制机制等问题。

一　房山旅游业发展现状

（一）现有资源情况

房山旅游资源丰富，涵盖了旅游资源类别的 8 大类 28 个亚类。全区有

---

* 朱仕生，房山区旅游发展委员会党组副书记、主任，中级经济师。

周口店北京人遗址、西周燕都遗址、云居寺等 316 处文物古迹，浓缩了从古到今的人类文明发展进程；拥有丰富独特的地质遗迹资源，记载了从远古代、古生代、中生代到新生代几十亿年的地质演化历史，是中国地质工作研究最早之地，诞生了我国第一部区域地质志和上千部研究成果，被誉为中国地学工作者的摇篮，率先在首都提出以地质科普旅游为重点发展方向，具有十渡、圣莲山、上方山、百花山、白草畔等独具特色的山水资源和旅游产品。

（二）旅游发展状况

累计创建世界地质公园等世界级品牌 3 处，国家森林公园、风景名胜区、自然保护区、农业示范点等国家级品牌 25 处，文化旅游集聚区、自然保护区等省市级品牌 22 处，各类品牌总量居全市首位。A 级景区 20 家，居全市第 2 位；星级饭店 43 家，居京郊第 2 位；共评定市级民俗旅游村 33 个、市级民俗户 1387 户、旅游新型业态 40 家，均居全市第 1 位，全区旅游品牌的影响力进一步提升。全区旅游接待单位已达到 2760 家，旅游直接从业人员 1.1 万人，日接待住宿、餐饮能力分别达到 3.5 万人次、6.7 万人次。

二 房山旅游业面临的机遇和挑战

新时期旅游产业作为现代服务业的重要组成部分，是扩大消费需求的重要领域，在转变经济发展方式中具有重要作用，处于机遇与挑战并存的黄金发展期。

（一）面临的重要机遇

1. 旅游业发展环境趋好

近年来，国家出台了一系列促进旅游业发展的重大举措，加快旅游业发展已逐步成为产业发展的中心，特别是《旅游法》的出台和实施，为维护旅游者和经营者的合法权益、规范市场秩序、健全管理体制、促进旅游业健康发展创造了法制环境。

2. 改革带来的机遇

党的十八届三中全会通过的《中共中央关于全面深化改革若干重大问题的决定》，为旅游业全面转型升级带来了重大机遇和巨大的发展空间，为旅游产业发展引进社会资本、发挥市场的决定性作用提供了重大依据。

3. 新型城镇化加速发展

随着"一区一城"新房山建设全面推进，城市和产业格局已出现新的态势，"三大城市组团、两条城市发展带、一个城市发展环"的空间布局日渐清晰，旅游市场空间格局将进一步扩大，有利于旅游发展方式转变，形成旅游与新城发展的良性互动、互相促进发展的新局面。

（二）面临的主要挑战

1. 公共服务基础设施薄弱

景区建设发展的理念滞后，导致游客日益增长的消费需求和旅游服务设施不相适应，大部分景区功能单一、服务设施不完善，没有形成完整的"吃、住、行、游、购、娱"服务体系，难以满足游客多样化的消费需求，旅游便利化程度较低。

2. 旅游投资开发不足

房山旅游资源优质丰富，但相当一部分景点仍处于资源阶段，有限的政府投入不能将全区优质旅游资源有效转为旅游产品，形成市场竞争力。

3. 管理体制机制不协调

有的景区盲目建设，导致景区规模水平"小、散、低"、功能重复，甚至影响景区的协调性和形象，而全区旅游项目建设的管理手段较弱，在一定程度上制约了旅游产业的提升。

4. 专业管理人才缺乏

适应世界地质公园和大景区建设要求的专业人才相对缺乏，特别是地质专业型人才、管理人才、旅游业与其他产业融合发展的复合人才十分缺乏，难以适应旅游产业转型升级的要求。

三 几点思考

（一）以中国房山世界地质公园建设为核心，全面提升全区旅游公共服务设施便利化水平

1. 积极开展大景区综合规范服务试点建设

按照大景区的理念，选择 1~2 家景区，以吃、住、行、游、购、娱综合配套服务为重点，以规范化、标准化为要求，建成景区与服务协调发展，互相促进的旅游示范点，进一步提升景区承载力，使游客来的顺畅、吃到特色、住着舒适，体验到首都郊区的青山绿水和淳朴民风。

2. 加快旅游集散体系建设

要完善首都西南旅游集散中心综合调度和咨询服务功能，开通旅游客运班线，推进长阳旅游集散分中心和 8 个旅游交通综合服务区建设，不断完善旅游集散体系。

3. 提升便民服务水平

加快游客中心、停车场、厕所、商亭、垃圾箱、无障碍设施等便民服务设施建设，提升全区旅游便利化程度。要推行标准化试点管理，进一步规范景区标识牌，大力推进"智慧旅游"建设，加快电子导游图、电子点读笔等自助讲解设备的研发和应用，加大旅游环境综合整治力度，打造安全有序的旅游环境，不断提升行业品质、行业形象和游客美誉度。

（二）以功能区重大项目建设为核心，全面加快旅游产业转型升级

1. 以历史文化体验为内容，加快文化观光游向文化体验游转变

按照高端化、品牌化、国际化的方向，全面推进"北京源·文化旅游区"建设。加快云居寺文化景区建设，打造集博物馆、佛教论坛礼堂、舍利观瞻崇仰宫为一体的综合文化建筑，为游客提供丰富的世界佛教文化体验。加快周口店世界文化传承示范区建设，以现有北京人遗址保护区为核心，开发以原始文明体验和文化会议交流为主题的文化博览园，打造集观光、游憩、教育、交

流、交易为一体的文化参与体验旅游综合体，积极申办世界遗产大会和世界文化大会，进一步扩大周口店品牌的影响力和吸引力。加快北京文化硅谷项目建设，重点发展智能游戏、演艺、影视、动漫等内容。启动西周燕都遗址公园建设，以北京地区迄今为止发现最早的古城遗址——西周燕都遗址为核心，尽快启动建设展现北京地区3000多年前建城时的状况及文化风貌的体验公园。

2. 将地质科普与现代休闲相结合，加快山水观光游向地质科普体验游转变

大力发展特色旅游和新型业态，切实推动旅游产业向新领域发展。打造独具特色的地质科普旅游。房山率先在首都提出以地质科普旅游为重点发展方向，要依托房山世界地质公园和史家营国家矿山公园，积极建设具有互动体验功能的地质科普博物馆，增加游客的互动、参与和体验，开发具有地域特色地质科普旅游纪念品，使游客在游山玩水的过程中增加地质科普知识，寓教于乐。发展地质科普综合旅游，与文化、民俗、休闲度假等结合起来，加快推进十渡景区和九渡民俗村、英水养生谷的提升改造工程，打造独具房山特色的精品民宿游。大力发展乡村酒店、养生山吧等旅游新型业态，做好张坊葡萄酒庄园、十渡婚庆文化基地、现代工业游等专项旅游产品的开发，进一步提升长沟花田、京白梨大家族主题公园等旅农结合的新产品，不断提升房山旅游的科普性和体验参与性。

3. 要深入挖掘红色文化，加快红色旅游向综合体验转变

加快平西霞云岭红色旅游基地建设，深入发掘红色旅游中的历史人物故事，策划以红色文化为主题的大型实景演出，设立游客体验区域，开发原汁原味、苦中有乐、先苦后甜的爱国主义和革命传统教育体验性活动，增强红色旅游的感染力。以红色旅游为核心，打造综合型的红色旅游产品，将佛子庄第三空间、大安山山地汽车越野、蒲洼高山汽车露营公园等现代休闲体验旅游结合起来，打造北部环山自助游线路，不断增强红色旅游的体验度和传统教育水平。

（三）突出主题，拓展渠道，强化旅游整体宣传营销

坚持以"穿越之城、幸福之山"为主题形象，全面加大房山旅游的整体宣传推介力度。充分利用现代化手段，积极构建互联网、手机网、数字电视

"三网一体"的网络营销体系，不断扩大房山旅游宣传覆盖的广度和深度，增强营销推广的针对性和时效性。按照"年年有主题、季季有特色"的要求，高标准策划品牌节庆活动，吸引国内外高端旅游人群，扩大房山旅游的国际影响力。积极推进区域一体化联销，不断完善与首都西南五区及周边城市的合作机制，共同开发培育客源市场。

（四）优化服务，美化环境，树立房山旅游良好形象

以学习贯彻《旅游法》为契机，努力提升旅游服务水平，促进旅游业健康发展。一是结合群众路线教育实践活动，牢固树立宗旨意识和群众观念，改进作风，优化行风，不断求真务实、真抓实干。二是依据旅游行业法律法规、制度标准，加强旅游行业管理，规范旅游单位经营行为，进一步推动旅游单位标准化建设。三是加强景区景点、星级饭店动态监控，加大对旅游市场的集中整顿力度，净化市场环境，维护市场秩序，使房山成为游客满意的旅游目的地。四是建立旅游从业人员培训体系和投诉处理机制，进一步加强旅游服务质量监管，不断完善旅游安全应急管理，切实提高应对突发事件的能力，确保全区旅游安全和谐。

G.37

昌平乡村旅游升级发展的对策研究

袁丽民　李洪良　张宝良*

摘　要:

昌平乡村旅游从1997年发展至今，在各级政府、社会力量、村民群众的支持参与下，规模逐步扩大、作用不断显现、环境逐步改善，为昌平旅游增添了新的活力。昌平乡村旅游的发展，面临机遇与挑战，需要升级发展。昌平乡村旅游升级发展的总体思路是：继续坚持政府主导，农民自主，企业经营的发展原则，充分利用优势资源，抓住机遇，在原有农家乐、乡村酒店、采摘园等业态发展的基础上整合乡村旅游资源、深入挖掘内涵、创新发展形式，重点发展乡村旅游集聚区、乡村休闲度假产品、特色乡村旅游活动等创新型、休闲型、参与型乡村旅游产品，提高现有产品档次，提升整体服务管理水平。昌平乡村旅游升级发展的重点工作一是打造六大乡村旅游集聚区，二是创新乡村旅游项目，三是开展特色乡村旅游活动。

关键词:

乡村　旅游　升级　对策

前　言

昌平乡村旅游从1997年发展至今，在各级政府、社会力量、村民群众的

---

* 袁丽民，昌平区旅游发展委员会党组书记、主任；李洪良，昌平区旅游发展委员会副主任；张宝良，昌平区旅游协会秘书长。

支持参与下，规模逐步扩大、作用不断显现、环境逐步改善，为昌平旅游增添了新的活力，成为昌平旅游新的增长点，对解决"三农"问题起到十分积极的作用。随着人们消费水平的提升，旅游市场竞争的加剧，社会经济不断发展的需求，昌平乡村旅游需要进一步升级发展。需要深入挖掘乡村旅游内涵，创新发展形式，提升经营管理水平，促进昌平乡村旅游达到一个新的发展水平。为促进昌平乡村旅游的升级发展，本文通过对昌平乡村旅游现状、面临的机遇与挑战、结合旅游业发展趋势，探索昌平乡村旅游升级发展的思路与对策，推动昌平乡村旅游又好又快发展。

一 昌平乡村旅游发展现状

昌平乡村旅游起步于 1997 年。当年区委、区政府从解决"三农"问题入手，以旅游带动农民增收为切入点，选定全区贫困村之一的长陵镇麻峪房村做试点。当时，该村为全区 314 个行政村经济发展状况排名倒数第 2 位，人均收入不足 800 元。在历时半年多的帮扶过程中，该村成立了以村干部带头的 6 个农户为主体的乡村旅游度假村，并于 1998 年 7 月正式对外开业。经过两年的发展，该村 60 户农户中已有 56 户参与到乡村旅游中，使该村经济得到快速发展，人均收入达 1.5 万元，全村一举跨入全区富裕村行列。北京市旅游局于 2000 年在该村召开乡村旅游现场会，并颁发了全市第一个乡村旅游度假村标牌，后全市多家媒体对其进行综合报道，堪称"京郊乡村旅游第一村"。目前，全区已建成涉及 9 个乡镇的 60 个乡村旅游度假村，占山区半山区行政村总量的 27%，占全区行政村总量的 23%。其中，26 个市级乡村旅游度假村，包括原生态麻峪房村、文化新村香堂村、都市型旅游新村郑各庄村等，1400 多户为市级乡村旅游户，直接从业人员达 7000 多人，有效转移了农村剩余劳动力；62 个旅游观光标准采摘园，涵盖苹果、桃、梨、杏、李子、核桃、板栗、柿子、红果、葡萄、草莓、山楂、枣等十几个品种；形成了九种类型的乡村酒店 130 家，投资总额 5 亿多元。2013 年，全区乡村旅游接待游客 307 万人次，收入达 5.68 亿元。

二 昌平乡村旅游面临的机遇与挑战

（一）机遇

随着我国国民生活水平的不断提高和休闲时间的增加，选择乡村旅游的游客越来越多。乡村旅游能满足城市居民日益增长的回归自然和传统的生活方式的心理需求；从产品方面来说，乡村旅游产品丰富、创新空间大，对游客的吸引力会越来越强。我国乡村旅游起步较晚，目前尚处于成长期，前景广阔。2009 年 12 月 1 日，《国务院关于加快发展旅游业的意见》正式发布，北京市也出台了《关于全面推进北京市旅游产业发展的意见》，对昌平发展乡村旅游将起到强力的促进作用。

昌平乡村旅游升级发展的优势资源丰富。昌平地处北京中心城区近郊，周围与经济发达的朝阳、海淀等区相邻。昌平新城距北京城中心 30 公里，其中最南端距城区仅为 11 公里，距机场 30 公里。昌平的近郊区位在距离上便于乡村旅游的发展。目前，昌平区网络化的交通格局逐渐形成，有利于旅游人流的汇集。以八达岭高速公路和七北路高科技走廊纵横相交，初步形成支撑全区发展的"金十字"骨架。七北路使昌平区纳入首都国际机场半小时交通圈。轨道交通昌平线紧密连接市中心城区与昌平新城，线路全长 31.24 公里，北起十三陵景区，南至城铁 13 号线西二旗站，一期已开通。在昌平区 1352 平方公里范围内，有 2/3 的面积为山区、半山区，空气质量好，自然环境优美。昌平区林木绿化率和森林覆盖率已分别达 61.8% 和 40.3% 以上，空气质量二级和好于二级天数占全年比重常年保持在 78% 以上，并已成功获得"国家生态示范区"称号，是奥运会铁人三项比赛的举办地。现代农业资源方面，形成了以"六园三带三区"为载体的都市型现代农业发展布局和以"一花三果"（即百合花、苹果、柿子、草莓）为主导的特色优势产业；在新农村文化方面，有获得"北京最美丽的乡村"称号的香堂文化乡村，有发展作家创意产业的瓦窑、上苑新村，有"中国村庄名片"之称的郑各庄文化新村；昌平乡村旅游经过多年发展，已形成一定规模，体系初步形成，基础较好。

（二）挑战

昌平乡村旅游经过十几年发展，虽然取得了一定成绩，但也面临诸多问题和挑战：如对乡村旅游的作用的认识还需要进一步加深；对乡村旅游资源的了解、挖掘还不够，乡村旅游资源还没有得到充分利用；缺少统一规划，发展粗放，布局零散，没有形成集约优势；产品形式单一、缺少创新升级产品和业态、档次有待提高；乡村旅游企业活力还不够，大部分效益有待提升；基础设施还不完善，仍然不能适应游客的需求；从业人员素质不高，经营管理和服务水平较低；促销力度有待进一步加强；乡村旅游利益的分配有待完善等。

三 推动昌平乡村旅游升级发展的对策建议

（一）制定完善旅游业发展政策体系

结合国家和北京市旅游发展战略，紧紧把握发展机遇，围绕首都一流旅游强区和乡村旅游升级发展的目标，制定完善乡村旅游发展政策，提升昌平区服务型政府的产业引导促进功能，增强政策环境吸引力。为乡村旅游企业积极争取国家和北京市的政策、资金支持，重点投入乡村旅游基础设施和配套设施建设。认真落实国家、北京市、昌平区制定的各项促进乡村旅游发展的政策，进一步加大政策扶持和执行力度。提高旅游资源利用率。坚持"严格保护、科学开发、永续利用"的方针，充分发挥旅游资源的经济价值、环境价值和文化价值。结合昌平土地利用规划，实施《昌平区旅游用地发展规划》，为旅游项目建设提供用地保障。对纳入旅游发展总体规划，符合国家土地政策和规划、符合城市总体规划的重点乡村旅游项目，在土地使用方面给予优惠，优先安排建设用地指标，鼓励利用国有荒地、非耕农用地按照旅游规划，开发乡村旅游项目。制定财政、金融、税收、工商等优惠政策，鼓励国内各种经济主体参与乡村旅游资源开发、项目建设和投资经营，用足用活旅游业的各项减免税收政策。增加对乡村旅游的财政投入，主要用于引导发展、市场营销、资源保护和人才培训。重点增加对乡村旅游集聚区、旅游基础设施的投入，启动开发项目，改善旅游环境，创造吸引外部资金的有利条件。扩大市场开放程度，出台旅游投融资优惠政策，鼓励有实力的投资集团和民营资本投资乡村旅游产品的开发和重点旅游项目建设，筹集更多旅游发展资金。通过资产重组、产权置换等方式筹集旅游建设资金，积极运用开发性金融和商业银行贷款。

（二）加大宣传力度

强化区域宣传，利用一切高端平台和窗口宣传昌平的乡村旅游。建立政府旅游营销专项资金，并按一定比例逐年递增。积极参加国家、北京市及昌平区内与乡村旅游相关的各种活动，不遗余力地推介昌平的乡村旅游。设计昌平乡村旅游目的地形象系统，推进以"美丽昌平、绿色昌平、特色昌平"为主题的旅游目的地形象建设与推广，进一步探索"政府主打形象、企业主打品牌、社会营造环境"的一体化旅游目的地营销与推广体系。推进新技术营销工程建设，注重借助新媒体的形式宣传昌平乡村旅游。统一宣传口径，并从公关、媒体、活动等各个角度制定宣传计划。

（三）加大旅游岗位职务培训力度

大力加强乡村旅游岗位培训工作，培养乡村旅游需要的各种人才，全面提高从业人员整体素质、经营管理水平、服务水平。制定完善岗位培训规划，建立旅游岗位培训的制度，将岗位培训纳入各个旅游企业的考核评级标准。聘请专业的专家团队进行岗位培训。

（四）推进乡村旅游基础设施建设，优化乡村旅游环境

进一步加强中心城区至各乡村旅游重点景区（点）的公共交通线路，全面提升乡村旅游景区（点）的可进入性，新建、改建旅游连接线公路，创造条件构建本区和周边地区的旅游交通网络。适应自驾车旅游快速发展的要求，在主要旅游点、旅游道路节点、高速公路服务区、乡村旅游集聚区，加快建设相应的自驾车旅游服务基地及相关配套设施。加快乡村旅游集聚区道路建设，将其纳入全区公路交通网络体系。结合山区发展，加快旅游交通配套建设，为山区发展奠定交通基础。重点建设旅游集散中心、旅游咨询中心、游客服务中

心和旅游信息网。加快旅游信息化建设，形象宣传、信息服务、产品推介和产品预订一体化。完善乡村旅游单位主要道路交通标识牌和说明牌建设，完善魅力乡村交互系统建设。实现 12301 旅游咨询、投诉热线与 12345 非紧急救助中心系统的衔接，将旅游灾害预警纳入区政府非紧急救助中心系统，提高对旅游突发事件的快速反应和处置能力。

（五）昌平乡村旅游升级发展的重点工作

昌平乡村旅游升级发展的思路是：根据乡村旅游的特点和旅游市场发展趋势，昌平乡村旅游升级发展必须坚持政府主导，农民自主，企业经营，市场运作，突出特色，品牌战略，集约发展，可持续发展的原则，充分利用优势资源，抓住发展机遇，在原有农家乐、乡村酒店、采摘园等业态发展的基础上整合乡村旅游资源、深入挖掘内涵、创新发展形式，发展乡村旅游升级产品、重点发展乡村旅游集聚区、乡村休闲度假产品、乡村康体娱乐产品、特色乡村旅游活动等创新型、休闲型、参与型、体验型、互动型乡村旅游产品，提高现有产品档次，提升整体服务管理水平，以"美丽昌平、绿色昌平、特色昌平"为主题形象，以乡村旅游集聚区、乡村休闲项目、康体娱乐项目、乡村风光、民俗风情、新农村文化建设、现代农业等为依托，以构筑集约化、特色化、品牌化、规范化为目标，以政府支持、招商引资、社会参与和村民创业为抓手，以旅游活动、宣传促销为推手，加快昌平乡村旅游升级发展。

1. 打造六大乡村旅游集聚区

集聚发展符合现代经济发展规律和昌平乡村旅游升级发展的需要，便于资源整合、打造整体形象，形成影响力。昌平乡村旅游升级发展重点打造六大乡村旅游聚集区：小汤山现代农业旅游集聚区、十三陵乡村户外运动及特色民俗餐饮集聚区、延寿养生乡村旅游集聚区、流村百里环形生态乡村旅游集聚区、南口百合花乡村旅游集聚区、郑各庄新农村文化旅游集聚区。

（1）小汤山现代农业旅游集聚区。依托小汤山现代农业科技园、草莓博览园、市农科院精准农业试验基地、市农业局特菜基地、金六环农业科技园、市农科院水产所基地、小汤山温泉企业等企业，建设以现代农业旅游为吸引物的集温泉疗养、农家乐、采摘、垂钓为一体的乡村旅游集聚区。

（2）十三陵乡村户外运动及特色民俗餐饮集聚区。依托十三陵水库、蟒山公园、天池等著名景点及现有的一批民俗村、乡村酒店、观光果园，打造康陵春饼、长陵饸烙、悼陵监烙糕、上口驴打滚等十三陵特色民俗餐饮品牌及登山、长走、自行车等乡村户外运动集聚区。

（3）延寿养生乡村旅游集聚区。以21平方公里的大杨山国家森林公园开发为核心，结合北郊森林公园建设，通过水环境治理、荒山荒地育林、种植风景林、森林抚育管护等，进一步营造优良的生态环境；同时立足于新成立的延寿镇125平方公里的镇域，结合新农村和小城镇建设，通过以生态养生休闲为主的精品化、低碳化系列产品的开发，将项目打造为国际化的高品质的以高端旅游休闲、文化创意、健康养生产业为特色的大型生态发展示范区。

（4）流村百里环形生态乡村旅游聚集区。突出山水生态特色，以现有的民俗村、乡村酒店为基础，以白羊城遗址、长峪城遗址、瓦窑作家村、韩台红色故事、漆园红椿采摘、马刨泉骑车俱乐部为旅游项目，以百里环形生态骑游、漆园红椿采摘节为推手，打造流村百里环形生态旅游区。

（5）南口百合花乡村旅游集聚区。以百合花为主题，以百合花海为形象，组织百合花节，主推百合花婚庆、百合花观赏、百合花采摘、百合花衍生产品等特色项目，以此为龙头带动虎峪风景区、阳台子沟域、和平寺、响潭风景区、北京鳌山国际旅游基地等乡村旅游项目的发展，形成南口百合花乡村旅游集聚区。

（6）郑各庄新农村文化旅游集聚区。郑各庄主题村庄集聚区是目前北京郊区农村中规模最大的新农村文化产业集群。以新农村建设为依托，以"温都水城"文化旅游为龙头，通过对现有资源整合及对新资源的开发、培育，形成新农村文化旅游产业集群。未来该产业集聚区将要强化产业链条，建设成为旅游与影视传媒、电子信息、建筑设计、文化艺术相结合的新农村文化旅游集聚区。

2. 乡村旅游升级发展重点开发建设项目

（1）苹果郊野公园。利用本区山前暖带的气候资源、区位、环境优势，在京密引水渠北侧的苹果产业带（涉及兴寿、崔村、南邵、十三陵及长陵五镇），建设高标准的苹果郊野公园。其主要项目有：苹果观光大道8万平方米；果园主、支道路修整；建设游客服务中心 3 个，公厕 14 处，并匹配相应的标识牌与景观小品；道路绿化 5 万平方米，服务设施周边绿化 2 万平方米；必要的水、电、垃圾收集等配套设施。

（2）草莓公园。将举办世界草莓大会的场馆，包括草莓博览园和加工配送中心、培训展示中心（即"一园两中心"），建成草莓科技展示中心、农业休闲体验中心、科普教育中心以及草莓产业服务中心。"一园"占地 500 亩，"两中心"占地 45 亩（建设面积 3.5 万平方米）。其配套服务设施的建设重点，是温榆河两侧的鱼池，计 1800 亩水面。要将它们由目前的生产型改造为休闲垂钓型，更好地为采摘、观光的游客服务。选择草莓生产、经营较好的专业村，建设 30 个左右的观光采摘园。每个园的规模有 100 个左右的日光温室。

（3）葡萄文化主题庄园。葡萄是人们非常喜欢的水果，而葡萄酒文化则更加深远广博，利用昌平葡萄种植园的良好条件，开展葡萄观赏、葡萄采摘、名酒鉴赏等活动，开发葡萄酿制观赏参与项目，举办葡萄酒文化节，此项目将对游客有很大的吸引力，丰富昌平乡村旅游活动。

（4）低碳环保示范度假村。打造低碳环保节能示范度假村，环保与旅游相结合，引领高尚消费。

（5）"华夏百草"文化创意产业园。建百草种植园、药材种植园、有机蔬菜种植园、有机农业产品种植园以及农副产品加工厂，开展相关知识博览、生态旅游、采摘等活动。

（6）静之湖水乡国际旅游小镇。建设小镇旅游商业、街区商业、民俗文化商业、公寓、矿泉水疗中心等，打造一个欧洲小镇式旅游度假村。

（7）乡村文化艺术创作展示聚集区。以瓦窑作家村和上苑画家村集聚的艺术人才为代表，昌平区集聚了一大批高端艺术创意人才，这种自发性聚集能迅速培育区域的文化氛围，同时，北京市内其他艺术家集聚区成本提升、环境开始恶化，外溢效益显现（如 798 地区的人才外溢），昌平区要抓住吸引流失艺术家的机遇，促进瓦窑作家村和上苑画家村的发展，使之成为昌平的特色文化旅游项目、北京的以乡村为环境的文化艺术创作展示聚集区。

（8）格林童话山庄。利用流村镇生态环境和林木资源，建设格林童话式度假山庄。

（9）和谐美林农业生态主题公园。整合田园农事体验产品，打造集养殖、栽培、收获等为一体的农事体验主题公园。

（10）十三陵双园项目。以香薰草花海为形象，以香薰草系列产品及服务为旅游项目，建设集景观、养生、康体等为一体的养生文化园。

（11）银山汽车露营地。北京银山汽车休闲文化产业项目位于北京市昌平境内，是由北京银山九溪旅游开发有限公司开发的以汽车运动、汽车文化、休闲旅游为主题的创意文化产业项目。项目以银山国际汽车露营地为中心营地，与红栌汤泉营地、八道河摩托车自行车营地、十三陵四季果园营地，四大营地互联互动，形成产业集群。建设游客接待中心、汽车旅馆、车辆维修中心、营地俱乐部、露天影院、生态停车场、广场景观水戏、水电路改造等公共服务配套设施

（12）鳌山国际休闲露营地。北京鳌山国际风景区是国家3A级景区，该景区正在建设"京西北第一国际休闲露营地"，项目位于鳌山国际风景区中心区域，占地面积17万平方米。建设内容包括露营营地、房车、帐篷、自驾车停车场等。

（13）云中阁景区越野山地车露营地。此项目包括：越野山地车露营地，小西藏一条街，中华老人文化中心，房车休闲基地，云中阁接待中心，旅游步道、环形栈道建设工程等。

（14）白羊水湾户外拓展基地。一期工程，打造"原汁原味的徽派文化"核心旅游品牌，丰富趣味高尔夫球场、童学馆体验中心等板块；打造"白羊水湾人文山庄"品牌。二期工程对目前已有的户外拓展基地进行改造，建设山庄旅游公共服务设施，如可移动小超市、公共饮水区、观光车、医疗急救用品等。

（15）延寿养生文化主题公园。依托延寿寺，建设以养生文化为主题的集游览、养生、学习、培训、休闲、康体、娱乐、养老等为一体的高水准的养生文化主题公园。

3. 开展特色乡村旅游活动

（1）创新昌平苹果文化节举办形式。昌平苹果文化节作为推介都市农业、

促进农民增收、展示昌平环境的一项重要活动取得了良好的社会和经济效益，形成了较高的知名度和美誉度，已经成为在北京较有影响的品牌节庆活动之一。昌平苹果文化节是宣传昌平乡村旅游产业的重要平台，要创新举办形式，加大宣传力度，特别是要加大对昌平乡村旅游升级产品——乡村聚集区、乡村旅游特色产品、乡村旅游特色活动的宣传力度、借势发展，以节促旅、以节兴旅。

（2）继续办好农业嘉年华活动，打造都市现代农业旅游活动品牌。首届北京农业嘉年华是将嘉年华的娱乐方式融入农业节庆活动中，是拓展都市现代农业实现形式、发展方式、运行模式的一种新探索、新实践。首届北京农业嘉年华是农业与嘉年华首次在北京组合亮相，致力于打造一个突出农业主题，体现农业生产、生态、休闲、教育、示范等多功能于一体的都市型现代农业盛会。这项活动以"农味"为基本元素，以农业科技为支撑，充分挖掘农业的潜在价值，使更多市民走进农村、了解农业、关注农民，共享农业多功能的丰硕成果。活动将以新奇特品种栽培、园艺景观、科普展示、农事互动、农产品展销、游乐活动、创意文化为主要内容，以观光、品尝、体验、娱乐、购物为主要形式，以为市民与农民交流、接触农业提供场所和机会，保持和继承农业和农村的文化与传统，特别是发挥教育功能为主要目的。

农业嘉年华活动具有很高的旅游价值，对游客有很强的吸引力。首届农业嘉年华从开园到闭幕主场馆累计接待游客100余万人次，实现销售收入3000多万元，带动周边采摘产业销售收入近2亿元，且能带动都市型现代农业旅游的发展，因此要提高活动水平，使内容更丰富，形式更新颖，形成品牌。

（3）办好小汤山温泉文化节，创新举办形式。昌平温泉文化节已连续举办十届，取得了很好的效果，在北京形成了品牌。如何创新转变举办形式，产生更大的影响力，是今后举办温泉节的主要工作。要充分利用现代营销手段，与电信、联通、互联网等高科技企业合作，通过微博、短信、彩铃、彩信、博客、动漫、网络游戏、网络歌曲等新技术形式，实现全时段、立体式的营销传播；委托专业机构，结合昌平特点，有针对性创作一批有昌平特色的上述新技术作品，引导游客和昌平人下载特色信息发送，举办昌平旅游短信、彩铃、彩信、博客、动漫、游戏大赛等营销活动，进一步创新营销手段，使温泉节越办越红火。

（4）百合花节。百合花是一种从古到今都受人喜爱的世界名花。它由野生变成人工栽培已有悠久历史，中国的百合花传到世界各国后，也备受大众的推崇，它的种头是由近百块鳞片抱合而成，古人视为"百年好合""百事合意"的吉兆。根据百合花美好的文化寓意，举办百合花节，预期能带来良好的经济社会效益。

南口镇是昌平百合花主要生产基地，百合花也是南口镇的主要经济作物之一，选择百合花比较集中的地区举办百合花节，组织观赏、采摘、展卖、婚礼、民俗、美食等活动，通过百合花节带动南口百合花乡村旅游集聚区的发展。

（5）蟒山红叶节。金秋赏红叶有着广泛的群众基础，已成为北京市民秋季的主要旅游活动，香山地区是北京主要的赏红叶的地区，客源十分充足，每年都造成严重的交通拥堵。蟒山红叶极具观赏价值，且周围有风景如画的十三陵水库、天池风景区等景点，游客容纳量大，交通条件好，具备举办大型旅游活动的条件，着力打造蟒山红叶节，分流香山赏红叶的游客，使之成为北京著名的旅游活动，带动十三陵地区乡村旅游的发展。

（6）十三陵乡村美食节。十三陵镇康陵春饼宴、悼陵监烙糕宴、上口驴打滚、长陵饸饹宴在北京已有一定的知名度，进一步提升十三陵美食水平，增加品种，扩大规模，适时举办十三陵乡村美食节，使十三陵镇成为北京乡村旅游特色美食集聚区，带动十三陵地区及周边乡村旅游的发展。

（7）十三陵水库民间铁人三项活动。充分利用奥运会铁人三项比赛举办地的影响力和吸引力，组织十三陵水库民间铁人三项比赛，形成乡村民间体育活动品牌。

（8）流村百里环形乡村风光走廊自行车骑游挑战赛活动。自行车骑游活动是当下时尚风行的康体健身活动，有着广泛的群众基础，参与性强，流村百里环形乡村风光走廊风景秀丽，植被茂盛，公路条件好，是举办自行车骑游挑战赛活动的好地方，努力将该活动办出水平，形成品牌，带动流村百里环形生态乡村旅游区的发展。

4. 提升"一村一品"工程质量

提升"一村一品"工程质量，走突出特色，差异化之路。重点打造香堂文化新村、瓦窑作家村、上苑画家村、郑各庄文化新村、漆园香椿采摘、花塔民俗花卉、长峪城古村落、德陵古堡等特色民俗村。

5. 实施乡村酒店标准化环境美化工程

为适应市民乡村度假需求的提高，对苹乐园、乡居楼、雪雅小庄、鲜果乐园、桃花岛、香堂观光园、御馨苑、小涌谷、水榭萍乡、大溪地十家乡村酒店进行标准化环境美化工程。

（说明：本文统计资料来源：昌平旅游委）

G . 38

基于延庆旅游综合改革发展
乡村旅游的探索与研究

北京旅游学会北京"县景合一"旅游研究基地*

摘 要:

北京市乡村旅游经过20多年的发展,无论从旅游收入还是旅游人数上都有了稳步的提升,成为北京市旅游产业发展中的重要组成部分。延庆乡村旅游在这个发展历程中,经历了从无到有,接待游客从少到多,虽然有了极大的发展,但也凸显出一系列的问题,旅游基础设施和配套服务落后、旅游人均消费水平偏低、生态环保意识缺乏等,如何协调好旅游人数激增、人均消费水平提升以及旅游资源和环境可持续利用,需进一步思考。2012年11月,经国家旅游局批复,延庆县为全国旅游综合改革示范县,将在旅游体制机制、政策等方面有所突破,为延庆乡村旅游的进一步转型升级起到极大的促进作用。

关键词:

延庆 旅游综合改革 乡村旅游

"百里山水作砚池,妫河泼墨千年画,一城宁静半城园,推门长城就在屋

---

* 北京旅游学会北京"县景合一"旅游研究基地设在延庆县旅游发展委员会。本报告执笔人:张迁,中共延庆县委旅游工委书记,延庆县旅游发展委员会副主任,硕士,研究方向为旅游政策、旅游规划、旅游企业管理、文化创意等;张双锁,延庆县旅游发展委员会主任,研究方向为旅游政策、旅游规划、旅游企业管理等;郑爱娟,延庆县旅游发展委员会副调研员,政办室主任,研究方向为旅游政策、旅游综合改革、乡村旅游等;张春利,延庆县旅游发展委员会民俗中心主任,研究方向为乡村旅游规划与管理;张峰,延庆县旅游发展委员会旅游发展研究中心成员,研究方向为旅游发展研究。

檐下；古崖居里听故事，野鸭湖上等晚霞，葡萄架下慢生活，窗外康西草原飞骏马；四季花海品香茶，珍珠泉水煮香鸭，凤凰城内尝豆腐，园内冰灯映着龙庆峡。"一曲清甜优美的"北京画廊"唱出了美丽延庆的大好风光。近年来，无论是建设"美丽中国"的愿景，还是解决"三农"问题，既指出了开展乡村旅游的重要性，也明确了乡村旅游大发展的方向。延庆作为首都西北绿色生态屏障，县内旅游业经过多年的发展，已经成为京郊旅游大县，而乡村旅游作为其中重要的组成部分，对延庆旅游业的发展起到极大的促进作用。

一　延庆乡村旅游发展现状

（一）延庆乡村旅游情况

延庆乡村旅游自20世纪90年代在景区周边自发形成后，经过多年的发展，逐步满足城市居民返璞归真的休闲需求，迅速发展壮大。近年来，结合新农村建设，延庆不断完善乡村旅游服务接待站、民俗村标识、停车场、公共卫生间和休闲农业观光园区道路、水电、住宿、餐饮等基础设施建设，使乡村的村容村貌和生活环境得到明显改善，农村生产生活条件大幅改善，农村面貌发生了翻天覆地的变化，劳动力就业显著提升，农业产业结构更为优化，农民的文明程度、市场意识、商品意识显著提高，所有乡（镇）成为市级环境优美乡（镇），8个小城镇被评为首都园林小城镇，68个村庄被评为首都绿色村庄，7个行政村荣获"北京最美丽乡村"称号，6个行政村荣获"北京最美丽乡村"提名奖称号，延庆先后被评为"中国县域旅游品牌十强县""中国自驾车旅游品牌十大目的地""中国最佳生态旅游县"和"中国十佳休闲旅游县"。

经过多年的发展，延庆乡村旅游在规模化、特色化、品牌化方面取得了明显的发展，具体表现在：在休闲观光方面，形成了以百里山水画廊、四季花海为代表的观光旅游为龙头，带动全县生态观光、农业观光旅游快速发展；在农事体验方面，形成了以"乡下有我一分田"、山间别薯等为代表的新型乡村文化体验旅游产品备受游客青睐；在新型业态方面，形成了以绿茵溪谷、清泉农庄为典型的农家乐乡村休闲度假旅游逐渐成为主导，并逐渐发展了百里山水画廊、柳沟村、古城村等具有规模和档次的山水人家和乡村酒店特色业态集聚区；在特色餐饮方面，形成了以柳沟"火盆锅"、水磨"李记炸糕"、上磨"八六席"、玉皇庙"水豆腐"等为代表的乡村旅游特色餐饮；在休闲健身方面，规划建设了云瀑沟、凤凰坨、珍珠泉、慈母川、玉皇山、花盆、石峡谷等国家登山健身步道，打造了自行车骑游项目品牌，丰富全县休闲健身旅游项目。

截至 2013 年年底，延庆共有民俗旅游村 48 个，其中市级民俗村 29 个，市级民俗户 1256 户，全国农业旅游示范点 4 家，乡村旅游特色业态 24 家，建设"葡萄人家"30 户、"地质人家"31 户，观光农业示范园区 38 个（其中市级观光示范园区 8 个），全国休闲农业与乡村旅游四星级园区 1 家（北京华坤生态庄园），全国休闲农业与乡村旅游三星级园区 1 家（绿茵溪谷）；2013 年，延庆乡村旅游共接待游客 499.5 万人次，收入 2.85 亿元，同比分别增长 15.8% 和 17.4%。

（二）延庆乡村旅游发展过程中的问题

经过数十年的发展，延庆乡村旅游取得了长足进展，但也出现了种种问题。

1. 乡村旅游整体经济效益不高

游客人均消费水平低，拉动其他产业发展及促进农民增收作用不够明显。通过对北京市生态涵养区各区（县）2013 年统计数据（见表 1）分析可得，延庆乡村旅游收入排名第 4 位，接待游客量排名第 3 位，游客人均消费排至末尾。虽然在 2013 年延庆乡村旅游无论从旅游收入还是游客量上都有了大幅度的增加，但是人均消费太低，暴露出延庆乡村旅游业态相对低端，可供游客消费的项目较少。延庆乡村旅游发展过度依赖自然资源，表现在旅游吸引物上，主要以观光旅游、农家乐等初级旅游产品形式为主，旅游产业与其他产业的融合程度不够，特色休闲度假产品和新兴旅游业态开发相对迟缓，旅游附加值低；表现在旅游服务设施建设上，主要以大众化餐厅、以农产品等旅游纪念品为主的购物场所等为主，经济效益比较低。这种旅游产业结构低端化的现状，导致旅游产品对境外和京外游客吸引力小，人均旅游消费偏低，也使旅游产业对区域经济社会的拉动力不强。

表1　2013年北京市五区（县）乡村旅游收入和接待游客对比情况

单位：亿元，万人次，%

区（县）名称	旅游收入总额	增长率	接待游客人数	增长率	人均消费（元）
延庆县	2.8503	17.4	499.5	15.8	57.1
平谷区	5.2756	21.4	778.3	9.9	67.8
门头沟区	1.1446	−9.3	105.4	−7.8	108.6
密云县	6.0800	5.8	702.0	10.2	86.6
怀柔区	3.0738	6.9	408.5	4.1	75.2

资料来源：北京市各区（县）统计局网站。

2. 乡村旅游配套设施不足

旅游公共服务设施、旅游交通设施及旅游商品等成为旅游产业链条中的薄弱环节。具体表现在：在交通方面，近几年全县持续打造的四季花海景区，全长47公里，日接待最高达到2.5万余人次，在主要观景点，停车场等配套设施严重不足，在节假日时拥堵现象十分严重；在旅游购物方面，旅游商品特色不突出，绝大多数停留在对土特产和农产品简单包装，缺乏深加工，对游客吸引力不足；在娱乐活动方面，延庆缺乏体现当地特色的大型文化活动和夜间娱乐项目，导致游客停留时间短。

3. 乡村旅游产业布局缺乏空间集聚

目前延庆乡村旅游空间布局缺乏规划，旅游资源利用低效，旅游项目开发无序，旅游景区（点）开发建设档次低，形态趋同，普遍存在小、散、乱的问题，对区域辐射和产业带动作用较为有限，未能在空间上形成旅游产业集聚区，特色功能组团化方向发展不明显。

4. 生态环境保护还不完善

延庆乡村旅游开发历史比较短，加上对乡村旅游开发产生的负面影响重视不够，部分旅游开发者、导游、游客和居民缺乏生态环境保护意识，带来了大量生活废水、垃圾粪便等污染，对生态环境造成大范围的破坏，如果得不到及时有效的治理，乡村旅游赖以生存的洁净空气、山水资源将逐渐消失，对乡村旅游的长远发展和百姓生活环境造成不可修复的损害。

二 延庆旅游综合改革带来的机遇

2012 年 11 月，国家旅游局正式批复，在北京市开展省一级的国家旅游综合改革试点工作，北京市成为首个省级全国旅游综合改革试点城市，延庆则将作为"全国旅游综合改革示范县"，先期试点落实一些有针对性和创新性的改革措施。

自此，延庆全面开展旅游综合改革建设，按照国家旅游局的要求，在市旅游委的指导支持下，紧紧围绕首都生态涵养发展区的功能定位，以转变旅游发展方式为主线，力图破除体制机制弊端，加强基础设施和公共服务设施建设，深化生态文明体制改革，着力构建绿色朝阳产业，促进绿色就业、绿色城乡一体化管理，实现旅游产业优化升级，打造具有国际影响力和知名度的旅游品牌，为建设绿色北京示范区和美丽延庆提供坚实的发展保障。

延庆在推进旅游综合改革建设过程中，完成了《全国旅游综合改革示范县实施方案（审议稿）》（以下简称《方案》），制订了旅游综合改革年度工作任务分解表，明确了各职能部门职责；推进了旅游综合改革配套政策研究，在旅游用地方面，开展了按常住人口和旅游常态人口对土地的实际承载需求、农村集体建设用地流转发展旅游业等相关土地政策研究工作；在促进就业方面，整合现有促进就业政策，探索实施农村绿色公益性就业，争取全市农村绿色就业公益性试点地区政策、延长从事绿色项目用人单位岗位补贴和社会保险补贴政策期限等政策支持，力争在促进惠民富民方面实现新突破。旅游综合改革的推进，为延庆乡村旅游的转型升级提供了无限动力。

三 延庆乡村旅游未来发展的方向

结合全国旅游综合改革示范县建设情况，延庆将以举办 2014 年世界葡萄大会、筹办 2019 年世界园艺博览会和申办 2022 年世界冬奥会三件绿色发展大事为契机，以促进农业生产、改善人居环境、传承生态文化、培育文明新风、保护古老村落、促进旅游就业、提高农民收入为目标，重点发展一批特色旅游小城镇，完善乡村旅游配套服务设施，鼓励从事乡村旅游的专业大户、农民合作社或农业企业的发展，鼓励符合条件的传统民居从事旅游接待和住宿活动，动员全社会力量共同推进延庆"美丽乡村"建设，全面地提升京郊旅游发展水平，保证乡村旅游取得突破性发展。

（一）结合旅游综合改革，促进乡村旅游品牌化发展

延庆县在推进旅游综合改革建设中，着重促进旅游品牌知名度的打造，《方案》中提到，将创新"县景合一"的产品融合体系，尤其是在发展乡村旅游的过程中，实施"一镇一色，一村一品"战略，打造休闲延庆品牌，提升延庆乡村旅游品牌知名度。

1. 打造"绿色延庆"都市生态旅游品牌

促进旅游与都市型现代农业、新能源环保产业深度融合，大力发展园艺花卉产业、有机循环农业，建设与现代旅游相结合的创意农业示范园区等。目前，延庆打造了满族风情垂钓园、山间别薯生态农场、东小河屯农业休闲园、常里营牡丹园等休闲观光园，完善了"乡下有我一分田""乡间别薯"等农事体验活动，丰富了常里营牡丹园、天葡庄园、盆窑制陶等观光体验旅游项目，大力宣传了百里山水画廊、四季花海、珍珠山水、冰川绿谷等乡村旅游品牌，形成了知名的"绿色延庆"品牌。

2. 打造"文化延庆"传统节庆旅游品牌

挖掘延庆特色文化资源，促进旅游与文化深度融合，开展特色乡（镇）试点工作，打造文化创意村，培育新型业态；重点办好消夏避暑季、冰雪欢乐季、端午文化节、葡萄文化节、森林音乐节等精品节庆活动，丰富旅游产业的文化内涵。延庆结合新农村建设，深入挖掘民俗村特色文化资源，培育了有特色、上档次的"山水人家""养生山吧""生态渔家""采摘篱园"等乡村旅游特色业态24个，策划包装四季花海赏花季、柳沟豆腐文化节、赏花主题月等节庆活动，开发红色旅游村"霹破石"，推出"拥军饭"，建设"葡萄人家"30户、"地质人家"31户，策划推出"乡下有我一个家"主题活动，首批包装推出20户精品农家院；在未来的发展中，延庆将研究推出"乡村怀念"理念的旅游方式，打造"乡下有我一亩地，乡下有我一间房"

的发展模式，吸引更多的游客常年"入驻"乡村，选取文化资源丰富、具有代表性的传统村落、特色小镇作为试点单位，取得成功经验后将在全县乡村旅游中推广。

3. 打造"健康延庆"养生旅游品牌

促进旅游与养生深度融合，通过规划建设登山、骑游、冰雪娱乐等休闲运动服务活动，打造户外运动与休闲的活动品牌；通过包装升级"火盆锅""菊花宴""延庆火勺"等特色餐饮，打造生态保健餐饮品牌，完善"百草园""艾草堂"等中医药文化旅游示范基地，促进健康保健游的发展，通过包装野山菌、五谷杂粮、黄金茶等旅游商品，为游客提供健康方式生活的理念。

4. 打造"知名延庆"线上旅游品牌

加大与知名媒体合作，根据延庆不同季节资源特色，利用中央电视台《消费主张》，北京电视台《四海漫游》《京郊大地》《美食地图》《首都经济报道》等栏目从多角度对县内乡村旅游进行拍摄、宣传，提高整体品牌知名度；把手机终端与网站资源进行整合，实现新浪微博、微信、旅游网站"三站合一"，提高网络信息传播效率；利用机场、地铁、公交车身广告等媒介，推广"休闲延庆"核心品牌，实现宣传营销全方位立体化；编印乡村旅游宣传折页，并在延庆游客服务中心和民俗村、户放置，让游客随时可以了解到延庆旅游资源情况。

（二）结合"新型城镇化工程"，促进乡村旅游规模化发展

在城镇化过程中，新型城镇化强调就地城镇化，把城市服务引入到乡（镇）、农村，让农民能够就地转型，从农民转化为市民。乡村旅游的发展规划对于未来整个旅游业的发展有着至关重要的作用，结合城镇化工程，政府对乡村的道路、停车场、厕所等基础设施进行了合理的发展规划，提供了完善的配套设施，为乡村旅游大规模的发展提供了坚实的基础。《方案》中指出，推进家庭经营、集体经营、合作经营等共同发展的经营方式，促进乡村旅游规模化、专业化、现代化发展，因地制宜地发展旅游休闲、养生等产业，培育乡村品牌酒店，推进与周边城市的区域旅游合作进程，整合旅游资源，引导各乡村景点串珠成链，实现乡村旅游整体开发。

在党的十八届三中全会中指出，要"建立城乡统一的建设用地市场"，"允许农村集体经营性建设用地出让、租赁、入股，实行与国有土地同等入市、同权同价"。在新政策的指引下，延庆将在坚持和完善最严格的耕地保护制度前提下，鼓励承包经营权在公开市场上向专业大户、农民合作社或农业企业流转，发展一批乡村旅游发展大户和旅游体验式家庭农场，同时要避免盲目大规模的开发，造成旅游资源环境的恶化，也要注重特色化发展，避免千户民俗旅游户或家庭农场都是一个样子。综合考虑新型城镇化与乡村旅游化的一体化发展，让新型城镇化的建设给予乡村旅游更大促进作用，实现乡村旅游规模化发展。

延庆在已成立的 11 个乡（镇）民俗旅游协会基础上，又指导组建了柳沟村、旧县镇、卓家营村、珍珠泉乡 4 家符合当地特色的旅游专业合作社，县、乡（镇）、村三级管理体系不断完善，为全县乡村旅游提档升级、规模化发展起到了良好的推动作用。尤其是以柳沟村为典型代表，柳沟村以"火盆锅·豆腐宴"为主要卖点，2012 年被评为北京十大特色美食街区之一，自 2003 年开始发展乡村旅游以来，从最初的几户人家发展到现在全村成为乡村酒店集聚区，形成了规模化的品牌餐饮型乡村旅游业态。从 2003 年全村旅游收入的 17.3 万元，接待游客 6478 人次；到 2013 年的全村旅游收入为 3661.53 万元，接待游客 61.13 万人次，带来的巨大经济效益是非常明显的。

（三）结合旅游资产证券化，促进乡村旅游集团化发展

2012 年 2 月，央行等部门发布《关于加强金融支持旅游业加快发展的若干意见》规定："涉农金融机构要努力满足农村旅游业的资金需求，对于合理利用古村古镇、民族村寨、农村和农业景观资源发展观光、特色和休闲旅游的项目和企业，要积极采取多种有效信贷模式和服务方式予以支持。"乡村旅游发展融资困难是制约旅游产业发展的重要环节，在传统的融资方式（如政府投资、银行贷款、资本经营和外商投资）的基础上，创新金融手段拓展旅游融资，如通过资产证券化，以农村土地要素、景区门票、乡村酒店等资产进行质押，吸引更多的大型旅游集团公司到农村投资，促进乡村旅游集团化发展，有助实现乡村旅游资产使用的整体经济绩效最优，特别在旅游小镇、特色民俗

村、特色乡村业态运营中，能够显著提升农村居民的整体收益，令旅游产业的乘数效应与综合效益达到最优。

结合旅游综合改革，延庆计划组建县旅游开发集团，由八达岭旅游总公司为基础并控股，引入战略合作伙伴及县内旅游资本，构建延庆旅游产业投融资、建设和运营平台，整合县内旅游资源，利用多种市场商业手段将延庆拥有的自然风光和人文景观等有形资源转化为推动全县旅游发展的运行资本，对国有旅游资产进行统筹经营管理，确保延庆旅游资产正常运营和保值、增值。

（四）结合旅游标准化建设，促进乡村旅游精益化发展

精益管理最早在汽车行业中应用，现在已逐步延伸到企业的各项管理业务，其核心内涵就是以最小的资源投入，创造出尽可能多的价值，为顾客提供新产品和及时的服务，让企业实现价值最大化，因此，乡村旅游的经营管理模式从粗放型向精细化转变，将成为未来转型升级的方向。

《方案》中讲到要提高城乡精细化管理水平，按照旅游景区的定位，以大景区的标准，实施城乡网格化管理，加强水、电、气、热等城市生命线的运行管理，提高旅游资源的可持续利用，确保景区综合管理实现最大效益。延庆乡村旅游在转型升级过程中，加强对精益思维的学习和研究，将精益管理模式在旅游从业人员中广泛传播，使其真正体会到精益管理的必要性和紧迫性，鼓励其在日常经营管理过程中运用精益管理方法，比如采用哪种营销方式才会带来更多的客人、每天准备多少食材才会保证既不浪费资源又能保证游客的需求，抑或是旅游纪念品的价格定在多少才会确保游客会乐于购买且收益最大等等，只有在经验管理过程中，选择最小的成本获取最大收益的经营方式，才会确保乡村旅游管理向着精益化发展，实现乡村旅游转型升级。

（五）结合国家政策支持，促进乡村旅游惠民化发展

2014 年 1 月，中共中央办公厅、国务院办公厅先后印发了《关于全面深化农村改革加快推进农业现代化的若干意见》（即中央一号文件）和《关于创新机制扎实推进农村扶贫开发工作的意见》，两个文件都集中说明乡村旅游对于解决"三农"问题的重要性，尤其是《关于创新机制扎实推进农村扶贫开

发工作的意见》将"推进乡村旅游扶贫工作"作为组织实施扶贫开发的 10 项重点工作之一，提出到 2015 年，扶持约 2000 个贫困村开展乡村旅游。因此，乡村在未来发展中，通过促进乡村旅游发展，引领乡村经济结构转型，带动农村劳动力就业，让广大农民真正实现脱贫致富的目标。

依托旅游综合改革，延庆将以提高农村资源要素的配置效率、推进"新三起来"（土地流转起来、资产经营起来、农民组织起来）为导向，出台《关于促进延庆县乡村旅游产业发展扶持奖励办法》，每年安排乡村旅游发展资金 300 万元，专项用于扶持乡村旅游发展，鼓励和支持特色民俗村、户进行品牌打造、能力提升和规范管理，优先考虑扶持民俗旅游村、民俗旅游项目、民俗旅游产品和民俗旅游活动，极大地促进延庆乡村旅游品牌化和规范化发展。

党的十八届三中全会提出，健全城乡发展一体化体制机制，让广大农民平等参与现代化进程、共同分享现代化成果，因此乡村旅游在农民就地转型、发展农村服务业中发挥了重要作用。关于旅游绿色就业促进政策方面，按照旅游综合改革工作进度安排，延庆人力社保局已于 2013 年 4 月印发实施《用人单位岗位补贴和社会保险补贴管理办法》，新政策将第一产业岗位纳入补贴范围，提高了补贴标准，延长了补贴时限，为全县城乡劳动力绿色就业提供了更加优惠的政策支持，同时，于 2014 年将重点推进第一产业绿色就业员工化、造林管护就业企业化和绿色生态就业公益化等政策，提高绿色生态就业的组织化程度，稳定就业规模，提升就业质量。这就为从事造林管护、乡村旅游基础维护等工作的农民薪资待遇提供了更好保障。通过乡村旅游的发展，使原有聚居点的镇村居民留守下来，参与旅游服务业的生产活动，促进生态就业，推动绿色发展，实现旅游惠民富民和农业与旅游的双赢。

参考文献

延庆县旅游发展委员会：《延庆县关于打造"县景合一"国际旅游休闲名区建设全国旅游综合改革示范县的实施方案》，2013。

中国共产党十八届三中全会：《中共中央关于全面深化改革若干重大问题的决定》，2013 年 11 月。

中国人民银行、国家发展改革委、国家旅游局、中国银监会、中国证监会、中国保监会：《关于加强金融支持旅游业加快发展的若干意见》（银发〔2012〕32号），2012年2月。

中共中央办公厅、国务院办公厅：《关于全面深化农村改革加快推进农业现代化的若干意见》（中央一号文件），2014年1月。

中共中央办公厅、国务院办公厅：《关于创新机制扎实推进农村扶贫开发工作的意见》，2014年1月。

很高兴，2014年的《北京旅游发展报告》又如期与大家见面了。这是北京旅游学会组织在京旅游学界、业界和管理层的专家共同编著的北京旅游发展年度报告——"北京旅游绿皮书"连续出版的第三本。

2014年的本书仍然本着一开始就以明确的宗旨进行编撰，即立足北京，加强北京旅游发展的研究，以期能够对北京旅游和全国旅游的发展有较多的参考价值。

同时，在这里也要感谢北京市旅游发展委员会这些年来对《北京旅游发展报告》编辑出版的支持；说得更远些，北京旅游学会之所以能够成为全国寿命最长的民间旅游学会，正是30多年来，在京旅游学界、业界和旅游管理层同志们推动旅游科学研究精诚团结的结果，是北京市旅游局和北京市旅游发展委员会的诸位主事人对学会不懈关心与支持的结果。以"北京旅游绿皮书"年度报告的形式来总结一个省级的旅游发展，而且坚持了下来，这在全国各省、自治区、直辖市中或者也是唯一的一份。

2014年的《北京旅游绿皮书No. 3》，仍然是由主报告和专题报告组成的。书中两篇主报告和36篇专题报告，分别从整体上和专题上回顾和分析了2013年北京旅游的发展，并就此展望了2014年或今后几年的发展趋势，有的还积极地提出了有关的战略部署，或者提出了相应的措施和建议。

本书中，"主报告一"的《旅游业是推动北京国际一流和谐宜居之都建设的功能性产业》，是贯彻中央精神对发挥旅游业在建设"国际一流和谐宜居之都"中的功能的再思考。文章不仅实事求是地分析了首都旅游发展面临的机遇和挑战，并且科学而具体地规划了下一阶段的措施与战略。"主报告二"，是作为"主报告一"附录而安排的一个补充，它对2013年首都旅游业界职工卓有成效的工作作了一个简明的总结，以期让读者能够通过15个方面的工作了解 2013 年北京旅游发展的大略。

主报告下面的 36 篇专题报告，则是来自在京旅游企业、科研机构、高校和有关旅游的管理部门，其作者分别从自己的不同角度、不同侧面对 2013 年北京旅游发展做出了各自的总结与分析，作者们不仅充分发挥了单位与个人专业之所长，更可喜的是北京旅游学会设在在京科研机构、高等院校、旅游企业等处的研究中心与研究基地，也都发挥了自身积极的能动性；同时本书稿件的撰写和资料的获得还得到了北京市统计局等相关主管部门的积极支持。

书中这 36 篇专题报告，依次分为互为补充的四个板块，它们是"北京创新与前沿研究""市场调研与产业运行""科学管理与经营分析""区县发展与区域创新"。

"北京创新与前沿研究"篇下的 12 篇报告，共由两部分组成。一部分是新时期下如何推进北京旅游业改革创新的思考，如适应新时期发展的旅游业的改革创新、环境友好型与资源节约型示范产业的建设、市场主导与政府有为的旅游管理体制与运行机制的构建、旅游要素市场的优化配置、开放型旅游经济体制下的北京入境旅游研究等；其另一部分则是对此前北京旅游创新工作的总结和探索，如世界旅游城市联合会（WTCF）成立与工作的推进、72 小时过境免签政策的实施研究、以"9 + 10"为例的区域旅游合作机制研究、京津冀旅游协同发展的机制、首都旅游经济圈的构建、高速铁路网与津冀区域旅游发展方向的调整、"北京礼物"旅游商品的品牌提升等等。其实这些内容也多是北京乃至全国读者的共同关注。

"市场调研与产业运行"篇下的 9 篇报告，也是由两个部分组成的。一部分是市场调研的实证分析，如对国内居民来京旅游状况的调研，对入境旅游市场、对北京旅游在线关注度的分析，以及对北京市东城区旅游消费需求的调研分析等；另一部分是产业运行的分析，如北京旅游价格指数和北京旅游市场景气指数的研究，以及对乡村旅游、住宿业运行的分析等，而且这些报告大多在分析之后都提出了对策建议。这些基础性工作的开展和资料的获得，不仅为北京旅游业的进一步发展奠定了基础，相信它也是全国业界、学界和管理层深入研究问题的难得参考。

"科学管理与经营分析"篇下两部分的 7 篇报告，既有顶级企事业单位的经营管理，也有北京市的全行业管理。如世界遗产颐和园启动的"智慧颐和园"的智能化管理、全国不多的几家白金五星级饭店（中国大饭店）的创建经验、北京旅游咨询服务体系的发展、旅游节庆活动的发展研究、大城市旅游地产的研究、北京旅游上市企业的多元化运营状况、北京旅游业的财税贡献研究等，也都应该是全国业界、学界和管理部门十分关心的。

"区县发展与区域创新"篇下两部分的 8 篇报告，大多反映着北京市各区县旅游发展的创新探索。如大兴区有关都市休闲新城发展的战略研究、通州区有关首都城市副中心旅游发展的努力、密云县有关旅游业推动"新三起来"（推动土地流转起来/推动资产经营起来/推动农民组织起来）的探究、门头沟关于利用京西古道打造国家步道的思考，以及房山、昌平、延庆等区县在旅游业的转型升级、乡村旅游的升级发展等方面的诸多探索，还有跨区县的北京都市旅游的新开拓等，他们的这些文章，也都显现着北京市旅游发展中已经出现或将要出现的实践探索的不断丰富与创新。

2014 年的"北京旅游绿皮书 No.3"，一共有 100 余位作者为它撰稿，有 10 多位编委为它审稿改稿。文中既包含着他们多年来各自不同经历的体验，也汇聚着各自不同研究的成绩，所以这些报告才各有新意，各有专攻。撰稿人的这些研究报告，既反映着旅游业界、管理层和研究者的实践探索与思考，也反映着他们的锐意改革与创新；而他们观察问题的立足与视角的差异，在不同侧面与不同层次的分析，又正好构成一种十分难得的互相补充，从而也就使得本书将有可能适应的读者的不同需求。

安金明 刘振谭

2014 年 5 月

475

权威报告 热点资讯 海量资源

当代中国与世界发展的高端智库平台

皮书数据库 www.pishu.com.cn

皮书数据库是专业的人文社会科学综合学术资源总库，以大型连续性图书——皮书系列为基础，整合国内外相关资讯构建而成。该数据库包含七大子库，涵盖两百多个主题，囊括了近十几年间中国与世界经济社会发展报告，覆盖经济、社会、政治、文化、教育、国际问题等多个领域。

皮书数据库以篇章为基本单位，方便用户对皮书内容的阅读需求。用户可进行全文检索，也可对文献题目、内容提要、作者名称、作者单位、关键字等基本信息进行检索，还可对检索到的篇章再作二次筛选，进行在线阅读或下载阅读。智能多维度导航，可使用户根据自己熟知的分类标准进行分类导航筛选，使查找和检索更高效、便捷。

权威的研究报告、独特的调研数据、前沿的热点资讯，皮书数据库已发展成为国内最具影响力的关于中国与世界现实问题研究的成果库和资讯库。

皮书俱乐部会员服务指南

1. 谁能成为皮书俱乐部成员？

● 皮书作者自动成为俱乐部会员

● 购买了皮书产品（纸质皮书、电子书）的个人用户

2. 会员可以享受的增值服务

● 加入皮书俱乐部，免费获赠该纸质图书的电子书

● 免费获赠皮书数据库100元充值卡

● 免费定期获赠皮书电子期刊

● 优先参与各类皮书学术活动

● 优先享受皮书产品的最新优惠

社会科学文献出版社
SOCIAL SCIENCES ACADEMIC PRESS (CHINA)
皮书系列

卡号：6473875610326698

密码：

3. 如何享受增值服务？

（1）加入皮书俱乐部，获赠该书的电子书

第1步 登录我社官网（www.ssap.com.cn），注册账号；

第2步 登录并进入"会员中心"—"皮书俱乐部"，提交加入皮书俱乐部申请；

第3步 审核通过后，自动进入俱乐部服务环节，填写相关购书信息即可自动兑换相应电子书。

（2）免费获赠皮书数据库100元充值卡

100元充值卡只能在皮书数据库中充值和使用

第1步 刮开附赠充值的涂层（左下）；

第2步 登录皮书数据库网站（www.pishu.com.cn），注册账号；

第3步 登录并进入"会员中心"—"在线充值"—"充值卡充值"，充值成功后即可使用。

4. 声明

解释权归社会科学文献出版社所有

皮书俱乐部会员可享受社会科学文献出版社其他相关免费增值服务，有任何疑问，均可与我们联系

联系电话：010-59367227 企业QQ：800045692 邮箱：pishuclub@ssap.cn

欢迎登录社会科学文献出版社官网（www.ssap.com.cn）和中国皮书网（www.pishu.cn）了解更多信息

社会科学文献出版社

皮书系列

"皮书"起源于十七、十八世纪的英国,主要指官方或社会组织正式发表的重要文件或报告,多以"白皮书"命名。在中国,"皮书"这一概念被社会广泛接受,并被成功运作、发展成为一种全新的出版形态,则源于中国社会科学院社会科学文献出版社。

皮书是对中国与世界发展状况和热点问题进行年度监测,以专业的角度、专家的视野和实证研究方法,针对某一领域或区域现状与发展态势展开分析和预测,具备权威性、前沿性、原创性、实证性、时效性等特点的连续性公开出版物,由一系列权威研究报告组成。皮书系列是社会科学文献出版社编辑出版的蓝皮书、绿皮书、黄皮书等的统称。

皮书系列的作者以中国社会科学院、著名高校、地方社会科学院的研究人员为主,多为国内一流研究机构的权威专家学者,他们的看法和观点代表了学界对中国与世界的现实和未来最高水平的解读与分析。

自 20 世纪 90 年代末推出以《经济蓝皮书》为开端的皮书系列以来,社会科学文献出版社至今已累计出版皮书千余部,内容涵盖经济、社会、政法、文化传媒、行业、地方发展、国际形势等领域。皮书系列已成为社会科学文献出版社的著名图书品牌和中国社会科学院的知名学术品牌。

皮书系列在数字出版和国际出版方面成就斐然。皮书数据库被评为"2008~2009 年度数字出版知名品牌";《经济蓝皮书》《社会蓝皮书》等十几种皮书每年还由国外知名学术出版机构出版英文版、俄文版、韩文版和日文版,面向全球发行。

2011 年,皮书系列正式列入"十二五"国家重点出版规划项目;2012 年,部分重点皮书列入中国社会科学院承担的国家哲学社会科学创新工程项目;2014 年,35 种院外皮书使用"中国社会科学院创新工程学术出版项目"标识。

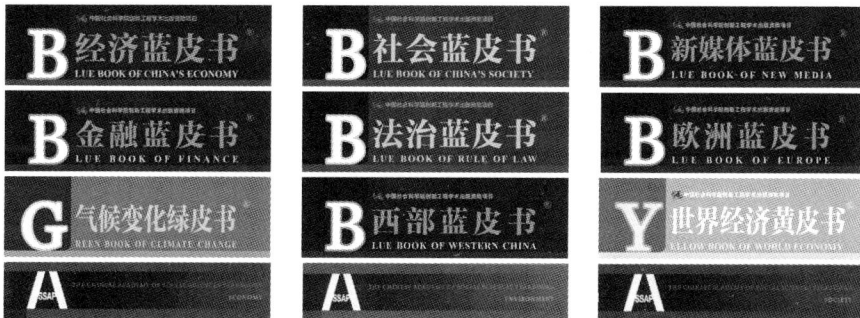

法 律 声 明